장애와 차별 탐구

이달엽 저

대구대학교출판부

ㅁ지은이 소개

이달엽

대구대학교 문학사 (사회복지)

연세대학교 교육학 석사(상담교육)

University of Missouri-Columbia, MA(Rehabilitation Counseling)

Southern Illinois University-Carbondale, RA · TA

Southern Illinois University-Carbondale, Rh. D.(Rehabilitation Research)

Tsukuba Univ. Institute of Disability Studies, Research Fellow

Fulbright, Senior researcher.

현, 대구대학교 직업재활학과 교수

현, 한국직업평가연구회장, 한국산재보상보험학회 부회장

한국직업재활학회장

<저서 및 역서>

신기술과 장애인 고용(한국장애인고용촉진공단, 1997)

재활과학론: 재활상담관점 (형설출판사, 1997)

재활상담을 위한 장애편람(대구대학교 출판부, 1998)

직업상담의 이론과 실제(형설출판사, 2000)

연구와 통계 방법(대구대학교 출판부, 2001)

단일체계 연구방법(대구대학교 출판부, 2002)

장애와 상담(교육과학사, 2003)

장애인을 위한 직업개발과 배치(학지사, 2004)

직업평가와 진로개발(대구대학교 출판부, 2004)

직업평가(공저, 학지사, 2005)

장애인의 역량강화(대구대학교 출판부, 2005)

역량강화 실천매뉴얼(공역, 푸른북, 2007)

재활전문가를 위한 장애인 상담의 이론과 실제(공역, 시그마프레스, 2008)

감정이입 피로 증후군(역서, 학지사, 2010)

1판1쇄 | 2012년 2월 20일

1판2쇄 | 2016년 8월 26일

지은이 | 이달엽

펴낸이 | 홍덕률

펴낸곳 | 대구대학교출판부

경북 경산시 진량읍 대구대로 201

전화 053) 850-5662 | 팩스 053) 850-5669

http://press.daegu.ac.kr/

찍은곳 | 동아문화사

ISBN 978-89-7794-581-4-93370

정가 | 11,000원

머리말

과학기술의 진보와 사회 각 영역에 있어서의 변화는 사람들에게 새로운 형태의 적응과 자기개발을 필요로 하고 있다. 또한, 예술, 문화, 종교 등에 있어서도 활기 있는 공동체를 스스로 만들어 나가야 하는 데에는 개별 구성원들의 만족스러운 삶과 자유, 그리고 교육의 역할 재조명이 필요하다. 핵가족 시대의 도래로 인해 가족 크기와 형제 수는 적어지고 사이버 공간 속으로의 몰두는 개인의 전인적 발달을 부분적으로 억제시키고 따라서 인간회복이 새로운 사회문제로 등장하고 있다. 수많은 정보로 점철된 사회 속에서 혼란과 무한 경쟁으로 인해 유발되는 심리적 스트레스와 지식의 가속화는 지적탁월성의 추구 뿐만 아니라 우리 사회가 협동과 공동노력으로 통합되어야 하는 점을 한편으로는 요구하고 있다. 지식격차 가설(The Knowledge Gap Hypothesis)은 대중매체에 의해 생산되고 전파되는 정보가 다양한 사회계층에 따라 어떻게 전달되고 그 효과는 어떠한가를 다룬다. 일반적으로 대중매체의 정보가 증가하면 증가할수록 높은 수준의 교육배경과 사회경제적 수준에 있는 사람들은 낮은 수준의 사람들보다 정보를 더욱 빠른 속도로 습득하는 경향으로 인해 지식격차가 줄어들기보다는 오히려 증가한다. 이런 변화는 빈곤과 같은 조건을 지닌 장애인에게도 똑같이 적용되며, 장애로 인해 생겨날 수 있는 좌절, 불안, 거부, 차별의 경험은 개인을 낙담시키고 자아 존중감을 저하시킬 수 있다. 이런 경험이 누적되면 심각한 경제적 문제가 발생하고 삶의 질은 떨어질 수 밖에 없다. 나아가 학습된 무용감으로 고착되게 되면 건강한 생활을 더 이상 유지할 수 없게 된다.

장애는 정상이나 비정상 혹은 전염성 질환이 아니지만, 종종 개인과 그 가족들에게 커다란 심리적 사회적 갈등과 스트레스를 유발시키며, 복잡한 현대사회 요소들은 건강한 사회생활을 방해하고 개인의 개발에 영향을 미치기 때문에 이와 같은 요인들에 초점을 둔 분석과 개인 개발전략이 항상 필요한 것이다. 재활은 장애인과 그 가족을 격려하고 사회적 안전망을 구축하도록 만드는 것으로 장애인 분야는 정책, 문화, 법률, 경제사회 등 굉장히 전문적인 분야임에도 불구하고 현재까지 장애인계만의 문제로 보아왔다. 인구고령화, 의료발달, 디지털화, 그리고 장애유형의 다양화로 인해 장애인구는 계속 확대되어 갈 것이며, 장애인의 권리에 대한 목소리는 점점 더 크게 증대되고 있다. 그러나 아직도 대다수의 중증장애인은 현대자본주의 사회 속에서 무산계급자요, 직업세계의 무국적자로 남아 영적인 피폐감과 평생을 귀속감 없는 존재로 살아가고 있는 것이다. 이런 원인은 중증장애인이 일할 수 있는 기회의 부족과 사회보장제도의 결핍에 있다.

그간의 장애인 정책분야의 발전과 패러다임의 변화를 살펴보게 되면 격리와 보호에서 재활과 사회복귀, 독립생활(independent living: IL)을 위한 그룹홈(group home)과 지역사회재활의 형태로 전개되었고 탈시설화, 시설중심의 보호에서 비장애인과 동일한 생활패턴과 생활형태로 조성해야 한다는 가치존중의 이념, 권리보장을 위한 정책수단과 지역사회 통합을 위한 다양한 이런 패러다임의 변화는 부족하지만 지금도 계속되고 있다. 의료서비스와 타인의 도움이 필요한 중증장애인에게 있어서 각종 권리의 보장과 생활보장이라는 안전장치 사이의 균형에 대한 인식이 매우 중요하다. 이런 문제들을 새롭게 조명해보고 장애인 삶의 질에 관한 의의와 역사적 맥락을 이해하게 되면 재활의 실천 현장이 더욱 발전할 수 있을 것이다.

소수집단의 사람들과 더불어 살아가는데 필요한 덕목들과 자기 자신 이외의 사람들에 대한 존중감과 배려정신을 함양하도록 탐구한다. 이런 것들은 장애인의 입장을 토대로 하여 주관적 객관적 측면에서 다루어져야 한다. 왜냐하면, 사회일반의 인식과 대중의 태도, 그리고 각종 사회제도는 차별을 재생산하고 정당화시키게 된다. 장애에 수반되는 이미지와 사회경제적 조건들을 영역별로 탐구하여 장애를 감염병과 동일시하거나 열등하게 보는 사회 일반의 태도를 개선하여야 한다. 왜냐하면, 이런 요소들은 문화와 법규, 관습, 종교적 이념, 그리고 이데올로기를 통해 장애인의 사회생활, 각종 이익과 권력 추구를 제한하기도 하기 때문이다. 사회가 발전할수록 사회적 약자에 대한 관심과 배려가 필수 덕목으로 더욱 중요하게 자리 잡을 것으로 전망된다. 주요 장애영역별 생물학적 의학적 발생 원인을 이해하고 장애와 차별관련 용어의 의미와 개념들을 이해함으로써 각종 장애로 인해 발생하는 사회적 불이익과 차별의 근거를 비판적으로 탐구할 수 있다. 나아가 장애를 있는 그대로 바라볼 수 있게 되고 장애인에 대한 태도, 공감, 인식 능력을 발전시킬 수 있다. 재활과 사회복지, 특수교육 등 재활에 관련된 업무에 종사하는 사람들과 부모 등 누구나 관심있게 읽을 수 있는 본 서를 통해 사람들의 장애와 장애인을 바라보는 관점, 공감능력, 태도, 인식이 증대되었으면 한다.

끝으로 책의 발간에 있기까지 수고로운 타이핑 교정 워딩에 도움을 제공한 학부생 김민재, 이지언과 박사과정의 손희준 선생, 대학원 박사과정 수료생 정중규 선생에게 감사를 드린다.

2011년 2월

대구대학교 경산캠퍼스에서 저자

차 례

제1장 장애발생 원인과 생물학적 토대의 이해

제1절 신경체계 ··· 1
1. 정상 구조와 기능 ··· 1
2. 중추신경계 ··· 2
3. 말초신경계 ··· 7
4. 뇌졸중과 뇌성마비 ··· 8
5. 간질과 다발성 경화증 ··· 12
6. 척수장애 ··· 15

제2절 신경학상의 질병과 장애 ··· 22
1. 외상성 뇌손상 ··· 22
2. 뇌손상의 분류방식 ··· 26
3. 뇌손상 장애인의 직업적 특성 ··· 29

제3절 심장혈 질환 ··· 30
1. 기능적 장애 ··· 31
2. 심부전 ··· 32
3. 관상 심장 질환 ··· 36
4. 류마티스성 심장 질환 ··· 38
5. 고혈압 ··· 39
6. 폐색성 동맥 질환 ··· 40
7. 동맥 강직성 장애 ··· 41
8. 노장성 정맥들 ··· 42
9. 혈전성 정맥염 ··· 42

제4절 지원고용과 재활서비스 ··· 43
1. 지원고용의 특성 ··· 43
2. 정상화와 기능회복 ··· 45
3. 뇌손상 장애인 관련 평가 ··· 49
4. 재활잠재력과 잔존 영향 ··· 51
5. 실어증과 기능적 문제 ··· 52

제2장 장애의 심리사회적 측면

제1절 장애인구의 크기와 특징 ··· 56
1. 장애영역별 분포 ··· 56

2. 장애인 등록제도 ··· 57
3. 장애의 과거 세 가지 구분 ··· 58

제2절 장애관련 용어 ··· 59
2. 장애정의의 유형들 ··· 62
3. 용어학적 구조와 명료성 ··· 63
4. 맥락의 영향 ··· 65

제3절 장애의 발견과 평가 ··· 67
1. 조작적 맥락에서의 평가 ··· 67
2. disablement의 사회적 측면 ··· 76
3. 핸디캡 ··· 78
4. 복합 상호작용 ··· 80

제4절 WHO의 새로운 장애 분류 ··· 81
1. 영 역 ··· 82
2. 차 원 ··· 86
3. 법률적 측면의 장애평가와 긍정적 정책들 ··· 88

제5절 장애의 의료적, 법률적 분류의 의미 ··· 90
1. 의 의 ··· 90
2. 우리나라 법적 장애 ··· 91

제3장 장애발생 과정별 적응과제

제1절 단계별 가족 주기 ··· 94
1. 1단계: 시작하는 가족 ··· 94
2. 2단계: 영아 양육 가족 ··· 95
3. 3단계: 3세에서 6세까지의 아동들을 가진 가족 ··· 96
4. 4단계: 학령기 아동을 가진 가족 ··· 97
5. 5단계: 십대 아동들을 가진 가족 ··· 98
6. 6단계: 진수 센터로서의 가족 ··· 99
7. 7단계: 빈 둥지 가족 ··· 100
8. 8단계: 노년가족 ··· 101

제2절 여성장애인 관련 이슈들 ··· 101
1. 이 슈 ··· 101
2. 여성장애인의 고통 ··· 102
3. 여성장애인 관련 통계와 지표 ··· 104

제4장 장애인 가족의 근심과 발달과제

제1절 장애인 가족과 어머니의 태도 ··· 109
1. 부정적 태도 ··· 109
2. 어머니의 행동유형과 가정환경 ··· 110

3. 가족 스트레스와 적응 ······ 113

제2절 가족 평가와 참여 ······ 116
1. 의 의 ······ 116
2. 후견인 제도 ······ 117
3. 장애발생으로 인한 가족기능의 변화 ······ 120
4. 가족모형 ······ 122

제5장 생명윤리와 장애인 인권

제1절 자기책임과 공동선 ······ 131
1. 도덕성, 개인의 생활양식과 사회질서의 관계 ······ 131

제2절 인 권 ······ 138
1. 인권의 개념 ······ 138

제3절 장애인의 인권 ······ 142
1. 장애인 인권의 개념 ······ 143
2. 미국장애인법에 나타난 장애인 인권 ······ 148

제4절 장애인 기본권의 성립 ······ 150
1. 현대 복지국가의 등장 ······ 150
2. 장애인기본권보장의 의의 ······ 151

제6장 자기결정과 사회정의

제1절 자기결정(Self-Determination) ······ 158
1. 인간의 존엄성 ······ 158
2. 자기결정의 개념 ······ 159
3. 권리로서의 자기결정 ······ 159
4. 자기결정과 그 한계 ······ 160

제2절 사회정의 ······ 161
1. 공정성 ······ 161
2. 사회정의의 기준과 관점 ······ 163

제3절 사회정의 사상에 의한 분배원칙 ······ 169

제4절 자기결정과 경제적 동기 ······ 173

제5절 사회정의의 유형 ······ 176
1. 교환적 정의 ······ 177
2. 배분적 정의 ······ 178
3. 법적 정의 ······ 180
4. 국가의 사회 서비스 수준과 각 정의의 관계 ······ 181

제7장 장애인 관련 운동

제1절 사회자원의 배분과 정부 기능 183
1. 소수집단 관점 185
2. 인간다양성 186
3. 내담자 참여를 위한 상담기법 188

제2절 독립생활운동 191
1. 역 사 191
2. 기본 철학 193
3. 필요성 194

제3절 우리나라 장애인 운동 194
1. 장애인 운동의 발전 194
2. 장애인 운동에서 다루어야 할 원칙 199

제8장 삶의 질 이슈

제1절 사회적 불평등의 문제 202
1. 불평등 기제 202
2. 불평등 이론 206
3. 소수집단과 문화 208

제2절 평등기회 이론 210
1. 기회평등의 실현과 역할 분배 212
2. 동등한 기회와 재활서비스의 성격 213

제3절 사회계층화 이론과 심리적 효과 216
1. 환경과 장애관의 변화 218
2. 재활서비스의 전달 229

제9장 거시적 논의와 역량강화

제1절 정책적 접근과 평가 236
1. 정책분석과 평가 236
2. 정책논의의 형태 240
3. 재활서비스 평가 243
4. 내담자 평가 244

제2절 역량강화의 원리 245
1. 원 리 245
2. 역량강화 촉진 모형 248

제3절 다양성의 해석과 역량강화를 위한 서비스 형태 251

제10장 차별 탐구

제1절 심리적 측면 ······ 255

제2절 정치적 제도적 측면 ······ 256

제3절 문화와 사회생활 측면 ······ 261

제4절 생물학적 차별 ······ 264

제5절 차별의 분류와 형태 ······ 265
- 1. 직접차별 ······ 265
- 2. 간접 차별 ······ 266
- 3. 정당한 편의 제공 거부에 의한 차별 ······ 266
- 4. 광고에 의한 차별 ······ 266
- 5. 장애인 관련자에 대한 차별 ······ 266
- 6 보조견, 보장구 사용 방해에 의한 차별 ······ 266

제6절 우리나라 국가인권위원회 ······ 268

· 부록_270
· 참고문헌_273
· 찾아보기_308

제
1
장

장애발생 원인과 생물학적 토대의 이해

제1절 신경체계

1. 정상 구조와 기능

신경조직은 몸의 다양한 기능을 위한 통신기관의 역할을 하는 복잡한 조직으로 전기적 자극을 조달함으로써 신체 구석구석의 활동을 제한하고 조정한다. 단순하거나 복잡하거나 간에 행동의 반응은 신경조직 활동에 따라 반응한다. 신경조직은 내부와 외부의 환경에 반응하는 운동 근육의 활동으로 움직임을 조직하고 지배한다. 물리적이고 감각적인 자극에 대해 지각한 후 행동하기 위하여 외부 세계의 상태를 점검하며 그것을 배우고, 기억하고, 생각하는 것과 같은 인식의 과정에서 중요하다. 나아가 구성단위로써 몸의 기능을 위해서 내부 기관을 조절한다.

뉴런이라고 불리는 특화된 세포는 신경계의 기능적인 측면으로 신경계의 자극을 전달한다. 이는 각 세포체로 구성되었으며 신경계 돌기로부터 특이한 진행 과정을 보인다. 신경계 돌기는 다른 뉴런으로부터 정보를 받아 다른 뉴런으로 전달하는 역할을 한다.

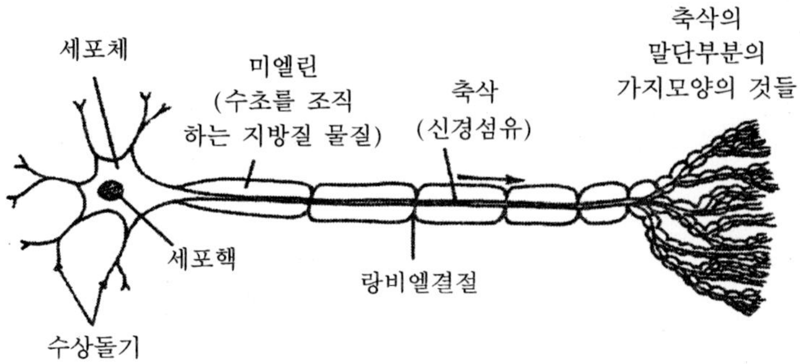

<그림 1> 수초 뉴런

정보는 전기적 자극과 화학적 자극으로부터 전해진다. 대사 작용은 기계적 에너지로 효소와 같은 촉매를 통해 전환시키는데, 온도나 ph에 의해 조절된다. 신경계 돌기로부터 나온 전기적 자극은 세포체를 통해 신경계 축삭으로 전달된다. 신경계 축삭 끝에서 나온 특별한 화학 물질은 신경전달 물질을 배출하는 작은 과정이다. 이 신경전달 물질은 뉴런 사이의 신경자극을 전달시키고 화학적인 활동을 발생시키는 것으로 뉴런 사이의 공간을 시냅스라 부른다. 배출 후 신경전달 물질은 뉴런으로부터 재흡수하거나 소멸한다. 많은 뉴런의 신경계 축삭은 미엘린이라 불리는 딱딱한 지방 껍질로 둘러싸여 있다. 이런 미엘린이 파손되거나 마모되었을 때 신경계 장애가 발생한다.

2. 중추신경계

중추신경계는 뇌와 척수로 구성되어 있다. 중추신경계의 백질은 신경 전달을 하는 미엘린이라는 조직으로 구성되어 있고 백질 조직은 뇌의 내부와 척수의 외부로 되어 있다. 뇌는 신경세포인 뉴런, 신경세포에 영양분을 공급하는 글리어세포, 그리고 혈관으로 구성된다. 신경세포끼리의 연락을 담당하는 140억개의 신경세포와 그 10배에 달하는 글리어세포가 있다. 뇌에 대한 이해는 해부학적 기능과 정보 흐름에 초점을 두는 접근 방법이 있다.

뇌의 외부와 척수의 내부는 회백질 혹은 미엘린 신경조직으로 구성되어 있다. 뇌의 회백질은 신경자극을 전달받고 조정하고 전달하며, 척수의 회백질은 반사적인 행동을 위한 중심 역할을 한다. 전두엽, 측두엽, 두정엽, 후두엽의 순으로 대뇌회질의 양이 크다.

뇌를 만들고 있는 주요 세포는 신경세포(neuron)와 글리아(glia) 세포로 신경세포가 정보처리와 전달을 한다. 글리아는 그리스어 gule의 의미로 지탱이라는 뜻을 지닌다. 뇌 속은 백질 신경다발 그리고 연접이 일어나는 세포액으로 이루어진다. 뇌반구들에는 각기 다른 기능을 가지는 엽들이 있으며, 피질의 기능에 따라 다른 구조를 가진다. 좌측 반구는 구심성 정보를 받아 원심성 운동을 개시한다. 아드레날린과 도파민과 같은 뇌 신경 전달물질이 스트레스에 반응하고 기능을 조절한다.

① 전두엽 frontal

베츠(Betz) 신경세포들은 추상적인 생각과 판단의 고도 신경기능을 다룬다.

② 두정엽 parietal

신체 자세를 유지하는 구심성 정보의 통합과 조정이 이루어지는 감각수용 영역이며, 기억기능을 촉진시킨다.

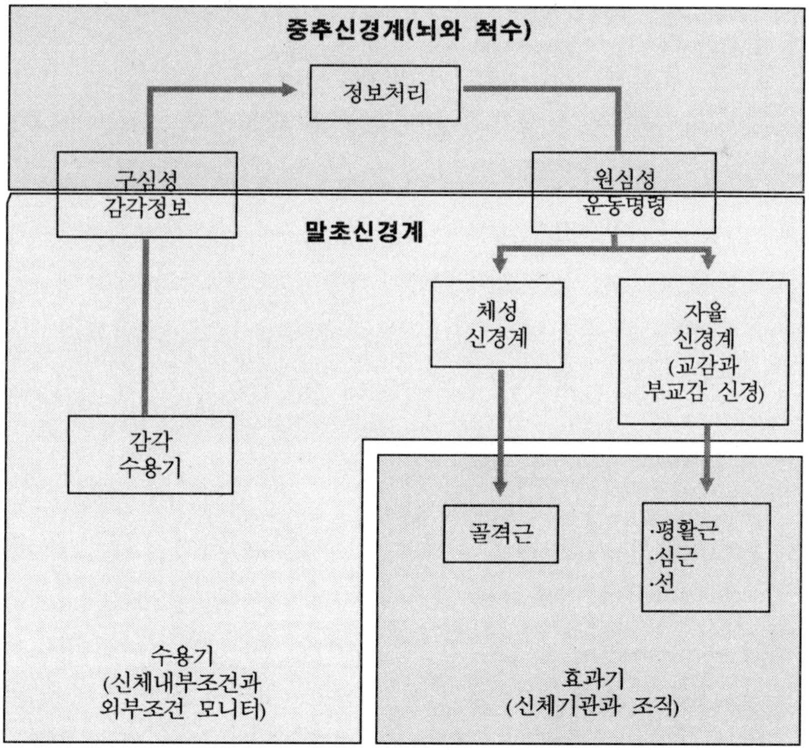

<그림 2> 뇌구조와 신경계 Martin, Bartholomew, & Welch (2000). p. 219.

③ 측두엽 temportal

피질과 청각기관의 중요한 자극을 처리하는 영역이다.

④ 후두엽 occipital

시각 자극들을 수용하는 주요 영역이다.

⑤ 기저핵 basal ganglia

수의적 운동과 자율 운동에 관련된 추체 외로계를 담당한다.

⑥ 소뇌 cerebellum

체간 균형과 평형상태 유지, 근육긴장 조절, 사지운동 조절과 신경반사를 담당한다.

⑦ 뇌간 brain stem

대뇌와 척수 사이에 위치한 뇌간은 심장조절과 호흡조절이라는 중요한 기능을 담당한다.

⑧ 척수 the spinal cord

두개골과 두개골의 뼈는 뇌를 둘러싸고 있으며 반면에 척추는 척수를 둘러싸고 있다. 척추는 목둘레에 위치한 경부(cervical) 척추 몇 개를 가진다. 12개의 흉부(thoracic) 척추는 등의 상부와 중간부분에 위치하고, 5개의 요추(lumbar)는 등의 아랫부분에 위치한다.

천골(sacral)은 구성된 요추의 뼈 아래에 위치하며, 천골의 가장자리에 있는 것은 미저골 또는 꼬리뼈라고 한다. 뇌와 척수의 뼈 덮개의 내부에는 추가적으로 보호하는 3개의 막으로 구성되어 있다. 뇌와 척수를 둘러싼 외부막은 경뇌막이라 부르며, 거미줄 형태의 막조직인 거미망막은 중간막이다. 뇌와 척수의 다음에 위치한 내부막은 연뇌막이다.

각 뇌막의 층 사이에는 공간이 있는데 이들 중 경뇌막과 뼈덮개의 내부 표면 사이의 공간은 경막외 공간이다. 경뇌막과 거미망막 사이의 공간은 경막하 공간이다. 거미망막과 연뇌막 사이의 공간은 거미망막 아래 공간이다.

뇌척수액(cerebrospinal fluid: CSF)은 중추신경을 보호할 뿐 아니라 완화시킨다. 뇌척수액은 공동이라 불리는 뇌안의 방이 있는 맥락막으로 구성되어 뇌와 척수로 재흡수되는 거미망막 아래의 공간에서부터 발원된다.

뇌는 대부분 신경전달의 융합, 조화, 개시, 해석을 위한 중심기관의 역할을 한다. 뇌의 가장 큰 부분은 대뇌인데 오른쪽 반구체와 왼쪽 반구체로 구성되어 있다. 뇌의 바깥층으로 구성된 회백질은 피질이라 불리고 그것은 3가지의 주된 기능을 하는 분야가 있다. ① 운동 신경, ② 지각적, ③ 연합 운동 신경 피질은 몸의 격렬한 움직임을 조절한다. 연합 피질은 ① 감각 기관의 정보 전달, ② 몸의 정보를 뇌에 전달, ③ 뇌피질 간에 정보 전달을 담당한다.

접촉, 통증, 후각, 미각, 시각, 청각과 같은 감각의 자극에 대한 인식이나 지각은 감각 피질에서 한다. 연합 피질은 기억, 추론, 추상적 사고, 자각과 같은 인식의 기능과 관련이 있다.

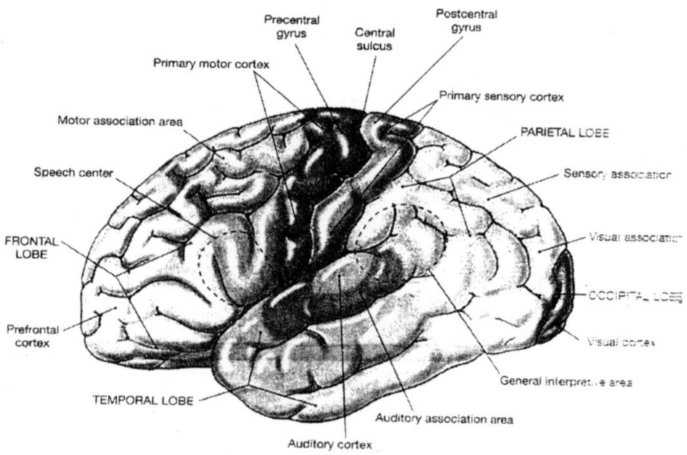

<그림 3> 뇌 구조

대뇌피질의 영역과 기능 연구를 위해 독일 의사 브로드 만은 1번에서 52번까지 번호를 부여한 뇌지도를 1909년에 작성하였다. 최근에는 fmri를 통한 두뇌의 기능을 밝히려는 뇌지도(brain mapping) 국회의 활동도 눈에 띈다. 위의 cortical area는 sensory, motor areas와 association cortex로 구성되어 일차 운동 피질 등을 담당한다. Wernicke's 영역은 상세로 다발로 Broca 영역과 연결된다. 브로카 영역의 pars triangularis(삼각부)와 pars opercularis(판개부) 모두 손상되면 운동 실어증이 야기된다. 시상 tha;amus은 relay 중추를 담당한다. 시상하부 hypothalamus는 멜

라톤으로 교감과 부교감의 신경계 기능을 수행한다.

뇌의 반구들은 전문화된 기능을 담당하는 부분을 포함한 엽으로 나눈다. 각 반구체의 앞부분에 위치한 전두엽은 첫째로 격렬한 움직임과 기술적 움직임을 시작하는 운동 신경부분이다. 또한 전두엽의 기능은 보다 높은 지적 기능을 다루는 부분이다. 두정엽은 각각 반구의 중간에 위치하고 있으며 이는 우선적으로 가벼운 접촉, 압력, 고통, 온도 등과 같은 감각영역, 통합적이고 해석적 감각이다. 그것은 또한 기억 기능 특히 감각 기능의 저장을 수행한다. 전두엽과 두정엽의 아래에 위치한 측두엽은 우선적으로 음성에 대한 식별과 판단을 인지한다. 각각의 반구 뒤쪽에 있는 후두엽의 일차적 기능은 시각적 자극에 대한 인식과 해석이다.

뇌의 몇몇 부분은 인식적, 해석적, 통합적 시각이나 청각적 자극을 구성할 뿐만 아니라 다른 사람에 대한 의사소통을 조화시키는 표현과 같은 언어적 기능과 관련 있다. 언어적 기능은 사실상 모든 오른손잡이와 대부분의 왼손잡이의 뇌 중에서 왼쪽반구에 위치한다.

측두엽과 두정엽 위에 위치한 워닉스 구역 (Wernick's area)은 감수성 언어기능의 주된 영역이다. 표현적인 언어기능의 주된 분야를 담당하는 브로카 구역 (Broca's area)은 워닉스 부분의 앞에 있다.

후두엽 바로 밑에 있는 뇌는 소뇌라고 불리는 타원형의 구조인데 우선적으로 격렬한 움직임의 조정과 통합 그리고 몸의 균형과 평형을 유지하도록 하는 것이다.

뇌와 척수 사이의 뇌간은 뇌의 바닥에 위치한다. 그것은 척수와 비교적 상부 뇌의 중심 사이에 있는 교차점으로의 역할을 한다. 뇌간은 순환, 호흡기관의 기능과 재채기나 기침과 같은 반사적 기능과 이완 행동의 중추이다. 또한 렉터큘러 구성으로 불리는 뇌간 안의 약점은 경계심을 유지하고 전달하는 것과 관련된 분산된 세포 그룹이다.

척수는 두 번째 요추로 확장된다. 척수의 백질 외부는 말초신경계와 뇌 사이에 상하 진동의 전기적 자극을 전달하는 역할을 한다. 운동신경과 지각척추 신경의 근원은 척수 둘레의 척추 사이에 트인 구멍을 통해 통과한다. 이 척추신경의 근원은 해당되는 척추 등급에 따라 명명한다.

3. 말초신경계

뇌와 척수로부터 확장된 모든 신경은 말초신경계로 구성된다. 신경은 중추신경과 몸의 다양한 부분 모두에 정보를 전달하는 중추신경 외의 관 속 조직이다. 말초신경은 중추신경계와 효과적으로 기능하기 위해 접촉해야만 한다. 뇌에서의 직접적인 메시지 접촉과 신경전달을 하는 12쌍의 말초신경을 뇌신경이라 부른다. 12쌍의 말초 신경은 후신경 olfactory, 시신경 optic, 동안신경 oculomotor, 활차신경 trochlear, 삼차신경 trigeminal, 외전신경 abducens, 안면신경 facial, 전정와우 vestibulocochlear, 설인신경 glossopharyngeal, 미주신경 vagus, 부신경 spinal accessory, 설하신경 hypoglossal이다. 한 부분의 두개골 신경은 감각과 운동신경조직을 포함한 다른 뇌에 반하여 단지 뇌로부터의 정보를 전달받는 감각 상의 조직을 포함한다.

척수에서 직접 접촉하고 전달하는 31쌍의 말초신경을 척추신경이라 부른다. 이 신경들은 감각과 운동신경에 대한 정보를 전달하기 때문에 혼합신경이라 부른다. 뇌와 척추신경은 몸의 각 부위와 중추신경계 사이에 본질적으로 연결된다.

신체의 다른 일부에서 중추신경계로부터의 정보를 이동하는 말초신경계의 신경은 감각신경이다. 중추신경계에서 몸의 다른 부분까지로 신경자극을 전달하는 신경은 운동신경이라 부른다. 외부 자극 (전기 신호)은 감각신경을 통해 대뇌피질에 전달된다. 뇌에 전달된 뇌의 동작 명령은 말단이 근육과 연결되어 감각 신경 부위에 통증을 일으키고 이것이 신경통이다. 혈관 수축성 분열은 신경 기능에 따라 보다 더 세분화된다. 말초신경계의 혈관 수축과 분열이 이루어지는 신경은 근육의 말단과 같은 체성 신경으로 불리우며, 자발적인 통제아래 몸의 구조를 자극한다. 혈관 축성 분열에 관여하는 다른 신경은 타의적인 기능의 통제와 관련된다. 이 신경들은 자율신경계이다.

자율신경계는 심장과 폐와 같은 생명유지 기관의 역할을 조정한다. 이 신경계의 우선적인 기능은 외부 환경 변화로부터 적응할 수 있도록 내부의 기관 활동을 조화시키는 것이다. 자율신경계는 교감신경계와 부교감 신경계로 나누어지고 내부기관의 기능을 조절하고 내장의 기능을 이완시키는 것을 통제하는 일을 하는 작용을 한다. 호르몬과 감정은 두 구조에 영향을 준다.

교감신경계는 스트레스와 위급상황 동안 활동한다. 심호흡, 심장박동 수를 증가시키고, 동공을 확장시키는 등으로 신체를 준비시킨다. 부교감신경계는 몸이 휴식을 취할 때 지배한다. 부교감신경계는 심장박동 수를 줄이고 눈의 동공을 수축시키는 것과 같은 두드러진 신체보호에 초점을 맞춘다. 부교감신경계는 방광의 신경자극 전달과 성적 기능에 또한 중요한 역할을 수행하며, 교감과 부교감신경계 모두 호르몬과 감정에 의해 영향을 받는다.

미국에서는 전체 장애인구의 11% 이상이 말초신경 장애에 따르는 어려움을 경험하는 것으로 보고하고 있다 (이달엽, 1998). 스티븐 호킹박사의 근 위축성 측상 경화증 (Amyotrophic Lateral Sclerosis: ALS)은 루게릭 병으로 알려져 있고 이제는 치료제가 개발되어 있다.

4. 뇌졸중과 뇌성마비

1) 뇌졸중

뇌졸중 (stroke)은 반신불수, 편마비, 중풍으로 표현되기도 한다. 뇌졸중은 뇌혈관 질환 (cerebral vascular accident: CVA)이라는 의학용어로 부르기도 하며, 다음과 같은 특징을 지닌다.

① 뇌혈관 장애로 갑자기 몸의 반대측 절반에 마비가 온 것

② 뇌혈관이 터져 뇌에 피가 고여 발생한 뇌출혈

③ 뇌혈관이 막혀 뇌에 피가 통하지 않아 뇌세포가 손상을 입은 뇌경색

뇌졸중의 주 증상으로는 일상생활 중에 갑자기 말이 잘 되지 않고 어깨나 다리가 무겁게 느껴지다가 점차 한쪽 팔다리를 움직일 수 없게 되는 경우, 전신이 괴롭게 느껴지다가 갑자기 의식을 잃고 마비가 오는 경우와 같이 마비가 일어난다. 특히 실어증과 조음장애, 시각장애, 인지능력장애와 같은 여러 장애를 수반하며, 발병초기에는 대소변 조절이 어렵다. 기타 안명신경마비, 감각이상, 운동장애, 언어장애, 발음장애, 두통, 복통, 어지럼증, 연하곤란의 증상을 나타내기도 한다.

뇌질환에 의한 기질적 장애와 기능적 장애를 구별하며 사고 후의 법적 문제

및 보상을 위한 객관적 자료를 제공하는 Benton Neuro-psychological Assessment (BNA) 심리검사 도구가 있고, 정상집단과 임상집단에서 기억기능을 평가하기 위해 개발된 개인 실시용 베터리 검사인 Memory Assessment Scales (MAS)도 있다.

뇌의 무게는 신체의 2%에 불과하지만 인체 혈액의 20%를 끊임없이 공급받아야 하는 주요한 기관으로 뇌혈관의 어느 부위든지 막히면 일어나는 뇌경색은 매우 위험하다. 굵기가 4㎜ 이하인 혈관이 막혔을 때 머리를 열지 않고 겨드랑이 등의 동맥으로 금속성분의 그물망을 밀어 넣어 뇌혈관까지 도달하게 해서 뇌혈관을 넓혀주는 그물망 수술의 성공률도 지금은 98%를 넘는다.

뇌졸중 (stroke)은 뇌의 특정한 부분에 산소와 영양물질을 운반하는 혈관이 갑작스럽게 파열되거나 차단될 때 발생하여 이차적으로 편측 마비가 발생되며, 환측 상지에서 굴곡근 경직은 흔하게 나타나 혼자의 수동 관절가동범위, 능동 관절가동범위, 기능적 능력 및 이동시 균형의 방해를 초래하게 된다. 장기간의 경직은 건 단축, 연부조직 구축, 그에 따르는 통증은 환자 치료에 있어서 해결되어야 할 커다란 문제 중의 하나이다 (Twist, 1985).

뇌졸중의 원인으로는 대개 고혈압과 동맥경화증이 직접적인 원인이라고 할 수 있다. 뇌졸중은 크게 두 가지로 나누는데, 뇌조직으로 가는 혈관 공급이 떨어져 뇌조직에 허혈상태(즉, 피 순환이 안 되는 상태)를 만드는 허혈성 뇌졸중(ischemic stroke)과 혈관이 터져 뇌조직으로 출혈을 일으키는 출혈성 뇌졸중(hemorrhagic strock)이 있다. 허혈성 뇌졸중은 피가 공급되지 않음으로 해서 뇌조직이 괴사하여 뇌경색을 일으킨다. 따라서 일반적으로 뇌경색이나 뇌출혈이라는 진단명을 사용하기도 한다.

허혈성 뇌졸중은 다시 혈전증과 색전증으로 다시 분류한다. 혈전증은 혈관 자체가 동맥경화 등으로 좁아지거나 막혀 발생하는 것이며, 색전증은 심장질환으로 발생한 혈전이나 뇌동맥경화의 혈전에서 떨어진 색전이 뇌혈관을 타고 돌다가 걸려서 혈관을 막아 증상이 발생하는 것을 말한다.

환자들은 초기에 먹기, 착탈의, 개인 위생, 이동과 보행기술들을 손상시키는 신체장애를 보인다. 좌측 대뇌 상해들의 경우 구두 의사소통이 손상되지만 비구두 의사소통은 손상되지 않을 것이다. 우측 대뇌 상해들의 경우 구두 의사소통은 손상되지 않지만 비구두 (지각적) 해석능력이 손상된다. 운전기술 또한 손상될 수 있는데 이것은 팔이나 다리마비 뿐만 아니라 읽기 가능한 결함과 의사소통 결함 때문이다.

2) 뇌성마비

뇌성마비 (cerebral palsy: CP)는 대뇌의 비진행성 병변으로 인하여 영속적인 운동 및 자세의 이상으로서 운동발달 지연과 경련성 발작, 불수의 운동, 운동실조, 강직, 진전 등의 증상을 보인다. 때때로 운동장애는 물론 시각이나 청각장애, 지각장애, 언어장애, 정신발달의 미숙 등과 같은 장애를 수반하기도 한다. 뇌성마비는 미성숙한 뇌의 비진행성인 병변에 의해 자세와 근긴장도, 운동의 이상을 보이는 경우를 통칭하며 보통 1,000명 중 7명에게서 발생하는 것으로 알려져 있다. 뇌가 발육하는 시기에 손상을 입고 기능이 저하되어 여러 장애가 동반되지만 마비가 더 이상 진행되지는 않는다.

뇌성마비의 원인은 시기에 따라 크게 세 가지로 나누는데, 첫째는 출생 전 시기에 자궁내 감염, 풍진, 약물중독, 태내 산소부족, 독성 물질의 작용 및 조산 등이 해당되고, 둘째는 출생 시 난산과 같은 산부인과적 위험상황으로 인한 산소결핍, 태아의 호흡곤란 등이 원인이 된다. 끝으로, 출생 후 시기에는 뇌막염이나 뇌염과 같은 감염, 교통사고 등으로 인한 외상, 혈관 기형에 의한 경우 등 다양한 경우에서 올 수 있다. 또한, 저체중아나 미숙아의 경우 발생위험이 더욱 높아진다. 태아기, 출생기, 초기 아동기 동안의 뇌의 손상은 뇌성마비의 결과일 것이다. 특히, 자궁내 감염을 예방하기 위해서는 산모의 건강한 임신 출산이 매우 중요하다.

뇌의 마비와 증세의 유형은 부상의 위치와 범위에 달려 있다. 어떤 사람은 손상이 심하지 않고 겨우 발견할 수 있는 증세를 가진 반면에 다른 사람은 심각한 손상을 가질 수도 있다. 뇌성마비는 유전되지 않는데, 일반적으로 근육의 제한과 조정에 차이점이 있다. 근육의 차례가 기형일 수도 있고 근육의 ① 경직 (경련, 긴장과도)은 다양한 신체 움직임을 수행하는 능력과 기민성을 제한하게 된다. 뇌성마비를 가진 개인은 운동실조 (dyskinesia, 근육 움직임의 정확성에 있어 무질서)를 가지고 걸음걸이의 균형과 조정에 영향을 받는다. ② 무정의 근육의 움직임인 운동실조를 보이기도 하고 근육의 마비가 나타난다.

운동실조의 특별한 유형은 천천히 몸을 뒤트는 것을 포함한다. 목적이 없는 움직임인 무정위 운동(involuntary movements in chorea, 무도병)과 특히 손(athetosia) 또는 돌발적이고 경련적인 움직임(choreoathetosis)을 보이며, 어떤 개인은 경련, 운동실조, 혹은 운동실조의 조화와 관련이 있다.

뇌성마비는 영구적인 뇌의 손상으로 인해 지속되지만 점진적이지는 않다. 뇌손상이 점진적이지 않으나 근육의 활동 또는 기능의 이상으로 구축 (운동범위의 손실 또는 관절의 고정) 또는 척추 측골과 같은 이차적 증상이 발생한다.

뇌성마비는 조기에 진단을 내려 치료를 함으로써 합병증을 예방할 수 있고, 단층촬영, 뇌자기 공명영상, 기뇌법, 유발전위 검사, 뇌파검사 등에서 보충적인 정보를 얻을 수 있다. 특히 뇌성마비의 진단에는 신경운동장애(motor disorder)와 복합증의 발현을 필요로 한다(이달엽, 1998).

관절의 구축을 방지하기 위해서는 매일매일 지속적인 관절운동이 필요하다. 보다 진행된 경우 페놀이나 알코올로 경직이 생긴 근육의 일부 신경을 차단하기도 하며 심한 경우 신경외과적 수술을 시도할 때도 있다.

근육이완제의 투여는 증가된 근육의 경향과 근육 경련의 감소를 위해 도울 수 있다. 어떤 경우에 물리치료와 외과적 수술은 효과적이다. 뇌성마비는 우선 근육의 제한, 시각-청각적인 손상을 포함한 추가적인 문제에 영향을 끼쳐 뇌의 다른 발달부분에 또한 영향을 끼쳐 지적장애를 발생시킬 수 있다.

뇌성마비의 분류에는 사지와 목이 뻣뻣하게 되는 ① 경직형, 억제하기 힘든 불수의 운동이 발생하는, ② 무정위 운동형 athetoid, ③ 긴장형 high tone, hypertonic, ④ 무긴장형 atonic, ⑤ 강직형 spasticity, ⑥ 운동실조형 ataxic, ⑦ 규칙적 리듬을 지니고 상반적인 불수의 운동이 일어나는 진전형, ⑧ 혼합형 mixed, ⑨ 그리고 진단이 어려운 미확정형으로 나누기도 한다.

5. 간질과 다발성 경화증

1) 간질

간질 (epilepsy)이란 invisible disability로 뇌세포의 과도한 흥분으로 인한 발작이 반복해서 일어나는 대뇌의 만성질환을 말하며, 우리나라의 경우 35-40만명 정도가 있을 것으로 추정된다. 일반적으로 정신을 잃고 입에 거품을 물고 팔다리 경련을 일으키는 대발작은 전체 발작가운데 3분의 1미만에서 관찰되는 반면, 갑자기 멍한 표정을 하고는 입맛을 다시고, 알듯 모를 듯한 말을 중얼거리거나, 뭔가를 잡으려는 동작을 하는 발작과, 말이 갑자기 안되거나, 의식은 명료한 상태에서 냄새, 소리, 빛 등의 이상한 느낌만 오는 부분발작이 더 흔하다. 또 유·소아에게 고열이 있을 때만 발작이 일어나는 열성 경련과 술기운이 떨어질 때만 나타나는 주정 금단 경련과 같이 특별한 상황에서만 일어나는 발작도 있다.

인간의 뇌에는 많은 뇌세포들이 서로 연결되어 있으며, 정상적인 상태에서는 미세한 전기적 자극에 의해 서로 정보를 주고받아 사람이 생각하고 행동하게 해준다. 이에 비해 경련이란, 마치 전깃줄이 합선이 되어 불꽃이 만들어지듯이 뇌에서 전기 에너지가 비정상적으로 과도하게 방출되어 신체에 여러 가지 변화, 즉 온 몸이 굳어지고 정신을 잃는다든지 의식이 혼란스럽게 된다든지 팔의 일부가 끄덕댄다든지 하는 현상이 생기는 것을 말한다. 이 전기적 폭풍이 맹렬하게 거쳐가는 시간을 제외하고는 뇌의 기능은 완벽하게 작용한다.

간질은 원인이 확실하지 않은 경우가 전체 환자의 60%를 차지한다. 밝혀진 간질의 원인으로는 뇌기형을 포함한 선천성 뇌이상, 뇌종양, 뇌외상과 같이 확실히 눈에 보이는 뇌질환 외에도, 출생 전후 시기 또는 영유아기의 저산소증, 열성 질환 등이 있다. 국제간질연맹 (International League Against Epilepsy)은 ① 초점발작, ② 잭슨발작, ③ 대발작, ④ 정신운동발작, ⑤ 소발작으로 간질을 분류하고 있다. 재활에 있어 가장 심각한 문제는 일반인의 태도에 의하여 부여되는 낙인 (stigma) 효과이다. 또 하나의 문제점은 장애에 대한 심리적 반응으로 자기 불신이나 이차적 이익추구 내지 패배주의자적 태도 등으로 반영된다.

간질에서 뇌의 뉴런은 발작 (어떤 몸의 기능 이상을 제한하는 것의 일시적인 손실)의 비정상적인 전기와 같은 것의 방출을 야기한다. 다양한 증세를 가진 간질에는 많은 다른 형태가 있다. 근육 경련, 혼동 또는 의식의 손실. 발작은 보통 짧은 시간 동안 지속된다. 뇌기능은 발작 사이에 정상이 된다. 간질 발작은 가벼울 수도 심할 수도 있고 종종 발생하거나 거의 없을 수도 있다.

발작의 증세는 뇌에 영향을 끼치는 부위에 달려 있고 뇌세포와 관련하여 비정상적인 지속 기간을 가질 수도 있다. 간질은 외상에 의한 뇌손상 또는 타격으로써 일어난 뇌 손실의 결과일 수 있다. 또한 그것은 뇌의 질병 또는 뇌막염과 같은 염증에 의해서나 출생 시 뇌에 발생하는 결점으로부터 야기될 수 있다. 비록 뇌의 부상이나 손상에 의한 간질이 어린 시절에 발생했다면 그것은 아주 빈번히 다른 문제가 발생했을 때인 어린 시절에 나타난다.

간질이 있는 개인에 대한 일반적인 예측은 발작의 유형, 근원적인 원인, 적당한 치료적 관리 그리고 규정된 섭생 치료에 따르는 개인의 마음과 능력에 달려 있다. 만약 그러한 상태를 정확하게 진단하고 적당하게 치료한다면 간질을 가진 대부분의 개인이 활동적이고 생산적인 삶을 살 수 있을 것이다. 간질은 경험된 발작의 유형에 따라 정의된다.

뇌를 통과하는 신경세포의 비정상적인 방출은 일반화된 강직-경련 (tonic-clonic) 발작의 결과이다. 어떤 개인은 발작이 시작되기 전의 섬광 또는 보통의 지각과 같은 전조 (warning)를 초래한다. 발작은 일반화된 몸의 강직을 가리키는 tonic 상태로의 발전 때문에 영향을 받은 개인이 의식을 잃고 기절하는 것이다.

이를 꽉 깨무는 경우와 방광 또는 내장에 손상이 발생할 수도 있다. 발작은 일반적으로 4분 이하로 지속된다. 발작이 끝났을 때 개인은 차차 의식을 되찾으나 혼동, 언어적 장애와 두통을 경험하게 된다. 비록 이러한 증세는 몇 시간 안에 완전히 없어지더라도 피로가 압도적일 수 있어 휴식이나 잠을 필요하게 된다.

강직-경련 (tonic-clonic) 발작은 위급하게 보여도 환경적 위험에도 불구하고 절박한 위험이 없다. 발작동안 개인들은 혀를 깨물지 않거나 가장자리를 부주의하게 깨물 수 있고 식도를 손상시킬 수도 있다.

강직-경련 (tonic-clonic) 발작과 같은 뇌를 통과하는 신경세포의 방출로 인한 결핍 때문에 발생하는 발작은 어린이들의 대부분이 경험한다. 청각적 공백의 발병 또는 눈에 띄는 발병과 환경의 인지에 대한 손상이 나타난다. 발작은 일반적으로 몇 초 동안 지속된다. 비록 비정상적 깜빡거림 또는 시각적 경련은 때때로 발생하지만 결핍에 의한 발작의 운동신경 조짐의 외면상 특징은 없다. 관찰자는 종종 꿈 또는 부주의에 의한 발작의 유형으로 오해할 수도 있다. 종종 일어나는 결핍에 의한 경련을 억제하기 위한 약제 (anticonvulsant)의 규칙적인 사용으로 발작조절을 시도하고 알코올은 회피하는 것이 필요하다.

부분적인 발작의 한 유형은 영향을 받은 뇌의 부분에 달려 있는 병소 발작이고 의식과 증상의 부위를 제한할 것이다. 간단하고 부분적인 잭슨 (Jacksonian) 발작은 손 또는 발과 같은 몸의 한 부분에서 경련성 마비 증상으로 시작된다.

부분적인 발작의 다른 유형은 환경의 인식 손실로 나타난다. 개인이 걷고, 목적 없이 돌아다니고, 무의식적인 움직임과 난해한 소리를 퍼뜨릴 수 있다. 발작이 끝난 후 정신적 혼동을 20분 동안 지속할 수 있다. 관찰자는 알코올 또는 약물 남용의 탓으로 돌리는 부분 발작의 증상으로 오해할 수 있다.

2) 다발성 경화증

다발성 경화증 (multiple sclerosis)은 뇌와 척수의 제한된 부위에서 미엘린이 파괴되어 중추신경계로 진행되는 질병이다. 신경 흉터 조직은 파괴된 미엘린의 일부로 전기적 자극을 방해하는 신경학상 결점의 원인이 되는 형태이다. 다발성 경화증의 원인을 바이러스에서 찾기도 하지만 자가 면역에 반응을 보이는 대부분의 경우, 종종 20세에서 40세의 젊은이들에게 발생한다.

다발성 경화증에 걸린 개인은 현기증, 허약함, 경련, 불안정성, 마비, 시각적 문제 또는 심한 수포를 포함한 다양한 형태의 증세를 보인다. 이런 증세는 중단되거나 천천히 진행할 수도 있고, 혹은 빨리 진행할 수도 있다. 예측하기는 어려우나 손상된 뇌 또는 척수와 관련된 부위에 따라 결정된다. 초기 증상은 모호하고 때때로 피로 스트레스와 관련이 있다. 또는 게으름이나 위축과 같은 후기 증상은 다양한 부위에 영구적 기능장애를 초래한다.

다발성 경화증에는 특별한 치료가 없고 따라서 증상조절과 악화 및 합병증 예방이 중요하다. 따라서 과도한 피로를 일으키지 않을 만큼의 활동을 유지하고 증상 악화의 방지를 위해 스테로이드계 약물을 사용하지만 장기 복용은 또 다른 암을 발생시킬 수 있다. 근육경련에 대해 근육의 완화제 혹은 진정제를 사용한다. 운동의 처방은 뼈로부터 칼슘의 손실을 감소시키고 약한 근육을 강하게 하고 근육의 세기와 관절의 이동성을 유지하는 것에 초점을 둔 물리치료가 바람직하다. 언어적인 문제는 발음연습과 의사소통판 혹은 음성 증폭기를 사용한다. 방광 증상을 경감시키기 위해서는 반콜린성 (anticholinergic) 약물을 사용하여 부교감신경을 자극시킨다. 요로분비를 경감시키기 위해 근신경 접합부에 작용하는 콜린성 (cholinergic) 약물을 사용하여 부교감신경을 자극시킨다.

6. 척수장애

1) 특징

척수는 뇌의 지시를 근육 등의 신체 운동계에 전달하며, 또한 피부나 근육 등의 감각계에서 발생하는 신호를 전달하는 중요한 가교로서의 역할을 한다. 또 자율신경계를 관장하고 여러 가지 반사의 중추적 역할을 하는데 어떠한 원인이든 척수에 손상 (spinal cord injury: SCI)이 발생하게 되면 하반신마비나 사지마비로 인하여 환자가 독립적인 생활을 영위하기가 어렵게 되고 요로감염, 욕창 등 많은 합병증이 발생하여 일생동안 관리를 요하게 된다.

척수손상 (SCI)의 원인은 크게 외상성과 질병에 의한 것으로 나누어 생각할 수 있는데 외상성의 경우는 질병에 의한 경우보다 흔한 원인으로 교통사고, 추락사고, 스포츠 활동 중 사고에 의한 것이 대부분이다. 발생 연령은 대부분 사회활동이 활발한 20대-30대이고, 남자가 약 80%를 차지하여 여자 20%에 비해 월등히 많아 평생 보호 비용 등 큰 사회문제가 된다.

척수손상은 신경학적 회복을 예측하는데 매우 중요할 뿐만 아니라 기능적 정도를 알 수 있다. 손상 정도에 따라 크게 완전 손상과 불완전 손상으로 구분하는데, 완전손상은 손상부위 이하에 운동이나 감각 기능이 완전히 소실된 경우를 말하며, 불완전 손상은 운동 및 감각기능이 부분적이라도 있는 경우를 말한다.

2) 손상 수준별 임상적 특징

척수손상은 대부분 젊은 연령층에서 발생하기 쉬우며, 척수손상 부위 아래쪽의 감각과 수의근 운동조절에 실패하게 된다. 척수손상에 있어서 3번 이상의 경추손상은 머리조절과 호흡조절에 지장을 초래한다. 4번 이상의 경추 손상에 따른 임상적 특징은 다음과 같다.

(1) 4번 경추

목의 근육과 횡격막 운동이 가능하여 목을 가눌 수 있으나, 상지 및 하지마비를 초래하여 휠체어에 스스로 타고 내릴 수 없다.

(2) 5번 경추

어깨의 삼각근과 팔의 이두근 사용이 가능하고, 팔 운동을 할 수 있으나 손목과 손의 기능이 불가능하여 휠체어를 움직이려면 손목과 손에 보조장치를 해야 하고 휠체어 바퀴에도 돌출부를 만들어야 한다.

(3) 6번 경추

크고 가벼운 물건을 쥘 수 있고 휠체어를 이용할 수도 있다.

(4) 7번 경추

휠체어를 스스로 움직일 수 있으며 턱걸이, 양궁, 탁구 같은 운동도 가능하다.

(5) 흉추상부

상지를 움직이는데 문제가 없으나 하지는 마비된다. 스스로 이동할 수 있으며 휠체어를 혼자서 움직일 수 있으며 양궁이나 볼링 같은 운동이 가능하다.

(6) 흉추하부

등근육 상부와 배근육을 완전하게 조종할 수 있다. 스스로 생활할 수 있으며 긴하지 브레이스를 사용하면 보행도 가능하다. 몸통을 가눌 수 있어 수영이나 웨이트 트레이닝이 가능하다.

(7) 요추부

고관절 조정이 가능하며 보행이 가능하고 스스로 일상생활을 할 수 있다. 휠체어를 타고 하는 육상, 농구, 테니스 등이 가능하다.

신체적으로 척수손상 부위 이하의 운동능력 상실, 감각기능 상실, 배변 및 배뇨의 장애, 호흡부전, 성기능 장애 등을 초래하게 되고, 우울증, 동기결여와 같은 심리적 문제점을 초래한다. 이때 중요한 것은 긍정적인 면, 즉 현재 불가능한 활동들의 부정적인 것들보다는 여전히 환자가 할 수 있거나 배울 수 있는 긍정적인 것들에 역점을 둔다. 신체적 장애는 손상부위에 따라 다양하여 제6경수 이하의 완전 척수손상의 경우 본인 스스로 침대에서 자세 변경을 하지 못하며, 일어나 앉기가 불가능하여 평생 일상생활을 영위하기 위해 남의 도움이 필요하다.

척수장애인의 재활치료는 환자의 손상부위에 따라 매우 다양하게 시행하게 되는데, 물리치료, 작업치료, 심리치료, 보조기, 방광관리, 기능적 전기자극, 성재활 등이 이에 포함된다. 궁극적인 재활치료의 목적은 그 기능을 최대화시키며 가능한 최대한의 독립적인 생활을 하여 사회로의 복귀가 가능하게 하는 것이다. 상지의 움직임이 전혀 없는 척수손상 환자에게도 목의 움직임이나 호흡을 이용하여 전동휠체어를 이용한 거동이 가능하도록 한다. 방광관리는 척수손상 환자에게 매우 중요한 부분으로 자립 방광의 획득을 통한 상부 요로계의 보호를 목표로 한다.

3) 치료와 지원체계

척수손상의 초기 치료는 개인의 물리적 조건의 안정화를 위해 중요하며, 척추가 손상 된 경우 뼈의 이탈을 막기 위해 견인 traction이 사용되고, 물리치료는 구축 혹은 기형 (footdrop)을 막기 위해, 사지마비 (quadriplegia)는 호흡의 문제와 합병증을 예방하는 것이 매우 중요하게 되어 경사판 혹은 순환침대를 이용한다. 조건이 안정되었을 때에 자기보호 기술들을 가르쳐서 휠체어사용, 옷 입기, 위생, 몸차림, 방광 기능 조절이 가능하게 한다.

신체장애를 지닌 많은 사람들은 직장을 얻고 유지하기 위해 필요한 능력들을 익힐 수 없어서가 아니라 오히려 이들을 위한 지원체계나 전략들이 부족한 것이다 (Eaton, Condon, & Mast, 2001). 자신들이 원하는 바는 무엇이고 어떤 능력을 갖춰야 할지, 일자리를 제공해 줄 고용주들에게 어떻게 접근 할 것인가 하는 적응의 문제들은 이전부터 중요한 관심사가 되어 왔다 (Eaton et al., 2001).

직무유지 중재기술들에 대한 근본적인 이유는 특히 척수장애인들에 있어서 고용과 그 밖의 긍정적인 심미적 효과들 사이의 연결을 고려할 때 강조된다. 직업을 상실한 척수장애인 개개인들은 또한 정신적인 행복의 중요한 원천을 상실했기 때문에, 재활 전문가들은 직무유지 서비스들을 제공해야 한다.

척수장애인들의 높은 실업률은 고용의 유지보다는 오히려 고용의 회복에 영향을 미치는 요소들에 초점을 맞추고 있다 (Roessler, 2001). 척수장애인들의 대다수가 미취업 상태라는 사실은, 재활연구와 서비스들이 척수장애인들이 성공적으로 직업으로 복귀하는데 영향을 미치는 요소들과 훈련들에 초점을 두도록 하였다 (Roessler, 2001).

고용으로의 연결은 자존심, 부정적인 직업의식을 버리고, 개인의 포부를 낮추는 것뿐만 아니라 환자의 역할을 줄임으로써 가능하다. 많은 고용된 척수손상 장애인들은 동기가 매우 높은 성취-지향적인 사람들이다 (Roessler, 2001).

척수장애인 피고용인들의 직무 유지율을 높이기 위하여, 재활 전문가들은 다양한 현장 훈련 추적 서비스를 제공하여야 한다. 이러한 서비스들은 직무 만족도의 평가, 그 만족도에 긍정적 · 부정적 영향을 미치는 요소들의 규명 (즉, 신체적인 접근의 어려움, 필수적인 기능들의 수행에 있어서의 장벽, 직무 전문기술에 대한 관심), 직무 만족도를 떨어뜨리는 장벽을 감소시키거나 제거하기 위한 지원과 중재 기술 (즉, 수정계획)들의 개발을 포함한다 (Roessler, 2001).

직무수정은 "장애인 개개인이 동일한 고용기회를 누릴 수 있는 가능성을 높이는 작업 환경, 직무에 대한 변경이나 조정, 고용 훈련"으로 정의된다. 직무유지의 목표에 따라서, 직업개발 전문가는 장애인의 고용 상태에 대한 정기적인 평가를 실시함으로써 직업재활 기관들이나 다른 서비스들을 통해 성공적으로 배치가 이루어질 수 있도록 한다 (Roessler, 2001).

직업개발 전문가의 일차적인 목표는 장벽의 규명과 제거이다. 장벽제거는 척수손상에 의해서 발생된 초기의 기능적 제한뿐만 아니라 의료적 부작용들, 신체적 쇠약, 정신적인 문제들로부터 발생하는 예측되지 못한 제한들 때문에 이루어진다. 척수손상 후 직업을 그만둔 많은 장애인들이 건강문제로 인하여 직업을 떠난 것으로 나타났다. 다른 요소들은 현장훈련 장벽들, 직업 스트레스, 감소된 직무 만족도 사이의 관련성을 강하게 지지하고 있다.

직무 만족은 개인의 직무 목표들과 자기-이미지와 같은 정신적인 변수들에 영향을 미친다. 직업에 있어서 재직 기간은 직무 만족도와 밀접하게 관련되어 있기 때문에, 장애를 가진 사람들의 직무 만족도에 영향을 미치는 요소들을 설명하는 것이 중요하고, 이것은 척수 손상을 입은 사람들의 요구에 대한 정보와 관련되어 있다.

문헌에서 척수손상을 입은 피고용인들의 직무 유지를 향상시키기 위한 수많은 현장훈련과 직무조정의 중요성을 강조하였다. 이러한 전략들은 작업장에서의 신체적인 조정, 보조공학, 유연성 있는 근무시간표 작성 (예, 짧은 업무날짜, 긴 휴식시간, 재택근무), 사무실 공간의 물리적인 변화, 직장 동료들에 대한 직무과제들의 일시적인 위탁, 특수한 주차공간을 포함한다 (Roessler, 2001).

대중교통 수단에 접근하기 어려운 척수장애인들은 직장에 도달하기 위해 그들 고유의 수단에 의존해야만 한다. 또 척수장애인들을 위해 유료도우미 (personal assistance service)는 조정의 하나의 중요한 형태이다.

산업재해와 교통사고에서는 척수손상의 발생 가능성이 높다. 척수 손상에서 회복되더라도 척수손상 수준에 따라서 영구적인 기능장애가 나타나게 되는데, 이러한 사람들에 대하여 직업평가를 통해 잔존 기능을 평가하고, 개발 가능한 기능적 목표들을 설정하여 의료적인 접근을 실시함과 동시에, 척수손상 수준에서 가능한 작업활동을 선정하여 집중적인 기능훈련을 통해 직업적인 자립을 이루도록 해야 한다. 이러한 과정에는 재활전문가, 즉 직업재활전문가가 적극적으로 개입해서 환자 개인의 직업개발에 관련된 상담뿐만 아니라 고용주와의 관계 유지를 위해 노력하게 된다. 또한 직업개발 전문가에게 내담자가 직업활동을 수행하는데 있어서 방해요소로 작용하는 건물 구조나 기계설비 등을 평가하여 수정하도록 고용주와 접촉하는 일도 필요하다 (Roessler, 2001).

4) 척수손상의 적응단계

적응단계에서 척수손상자 개인은 환자 역할 (sick role)에서 전이 역할 (transitional role)을 통해 최종적으로 재통합 역할 (reintegrated role)로 이행한다고 보았다. 이러한 적응과정에 있어서의 모형을 학습이론의 관점에서 고찰한 학자들은 적응단계를 하나의 일련의 학습과제들과 관련하여 분석하였다 (Byron, 1978).

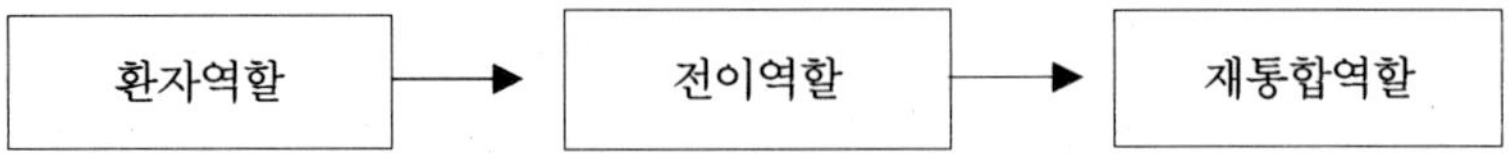

<그림 4> 역할이행

많은 연구에서는 척수손상자의 성격 특성이 일반 인구집단과 크게 다르지 않다고 보고하고 있긴 하지만 운전, 다이빙, 행글라이딩과 같이 높은 위험요소를 지닌 활동들에 종사하고 있는 사람들은 척수손상 위험집단이라고 볼 수 있다. 척수손상에 있어서 다루어야 할 중요한 요소들은 다음과 같다.

① 신체상

척수손상자들은 일반 인구집단에 비해 자신의 신체 크기가 매우 빈약한 것으로 간주하며, 신체상과 적응 사이에 긍정적인 상관이 있는 것으로 보고하고 있다. 또한 척수손상으로 인해 신체상이 변화하는 것으로 나타나 신체상과 관련한 다양한 적응 측정도구들을 개발하기도 하였다. 여기서 나타나는 특징은 척수손상자 집단의 신체상이 척수손상을 지니지 않은 다른 통제집단에 비해 보다 높은 가치와 보다 부정적으로 보고하였으며, 통제 집단에서 자아존중감이 신체상 보다 더욱 밀접한 관계를 가지는 것으로 나타났다.

② 우울

실증적인 연구결과들이 매우 부족하긴 하지만, 우울은 척수손상에 수반되는 적응과정의 일부라고 밝히고 있다.

③ 통제의 소재

척수손상의 적응과 관련된 심리학적 변수 중의 하나는 강화의 통제에 대한 개인의 지각이다. 사람들을 내적 통제의 소재와 외적 통제의 소재로 구분하여 분류할 수 있다.

내적 통제력을 행사하는 사람은 자신의 행동결과들에 대한 통제에 자신감이 있다고 느끼는 사람들이며, 외적 통제에 있는 사람은 외적 요인들에 의한 결과들이나 강화를 지각하는 사람이다. 이론적으로 통제의 소재에 대한 개인의 지각은 변화에 대한 적응에 있어서 매우 중요한 역할을 한다.

④ 동기화

재활에 있어서 동기화는 종종 개인의 열망의 소재와 명료도, 적절한 가치와 행동의 수용, 좌절 내인력의 정도, 그리고 재활과정 동안의 자기통제감과 관련하여 분석된다. 행동주의적 용어로는 재활장면에 있어서 내담자에게 유용한 강화제들의 양과 질에 관한 개인의 반응으로 규정된다.

⑤ 환경적 요소

내담자와 재활전문가의 상호작용 등 환경적 요소도 개인의 재활에 크게 작용을 한다.

이러한 척수손상자의 적응과정은 일반적으로 다음의 다섯 단계로 나누어진다 (Byron, 1978).

① 거부

거부 (denial)는 자신에게 일어난 장애에 대해 수긍하지 않는 것이다.

② 내면화된 우울

이 심리적 우울 (depression)은 내면화된 적개심과 철회 (withdrawal)의 특징으로 알려져 있다.

③ 외면화된 우울

이 우울은 외부로 돌려진 즉, 외면화된 적개심으로 특징 지워진다.

④ 의존적 반응

무언가를 붙잡고 그것에 집착하고자 하는 경향을 말한다.

⑤ 장애 전 성격으로의 재구조화

첫 번째 적응이론에서는 적응단계를 거친 장애인의 역할과 관련하여 경험적으로 고찰한 사람들의 견해이다. 두 번째 적응이론은 장애에 대한 다양한 반응들을 유형화하여 정리한 유형 분류학 (typologies)적 접근방법이다. 이 이론은 앞서 논의된 역할모형 혹은 단계이론에서처럼 하나의 반응유형에서 다른 유형으로 이동하는 것이 기대되거나 혹은 예측되지 않는다는 점에서 단계 이론과는 다르다. 그러나 단계이론 모형들과 비교하여서 분류학적 모형은 심리병적 반응, 의존, 자폐적 퇴행과 같이 매우 부정적인 반응들을 다루게 된다.

제2절 신경학상의 질병과 장애

뇌병변 장애는 중추신경계의 손상으로 인한 복합적인 장애로 뇌성마비, 외상성 뇌손상, 간질, 뇌졸중 등 뇌의 기질적 손상으로 인해 일어나는 장애를 의미한다.

1. 외상성 뇌손상

1) 문제의 크기와 형태

기술진보와 문명화는 현대 사회를 살아가는 누구에게나 뇌손상의 위험 기회를 불가피하게 증대시키고 있다. 달리 말하면, 응급 의료체계와 같은 의료기술의 발달 및 기계화가 증대될수록 외상성 뇌손상 (traumatic brain injury: TBI)의 기회가 커진다는 것이다. 렘 등 (Lam, Chan, & McMahon, 1991)은 1989년의 기관간 뇌손상 보고서 (Interagency Head Injury Task Force Report)를 인용하여 미국에서는 매 10초마다 누군가가 뇌손상을 입게 되며, 매년 발생하는 뇌손상자의 수는 50만명에 이르고 심한 외상성 뇌손상에서 살아남는 7만명에서 9만명에 가까운 사람들에 의해 발생하는 사회적 비용이 약 240억 달러에 이른다고 보고하고 있다.

또 다른 통계는 감염, 약물중독, 심장마비 등으로 인한 뇌손상자를 제외하고도 70만명 이상의 사람들이 매년 뇌손상을 입게 된다고 보며 (Golden, Smith, & Golden, 1993), 심지어 그 수를 100만명 정도로 추산하기도 한다 (Koch, Merz, & Lynch, 1995). 렘 등은 소득상실 비용을 제외한 간접 및 직접 의료비용을 포함한 지원서비스 등 전체 비용의 1/3에 가까운 금액이 재활에 소요된다고 추정하였다. 맥마혼 등 (McMahon, Shaw, & Mahafley, 1988)은 뇌손상 재활상담사의 진로기회에 관한 논문에서 다양한 의료적 및 경제적 요인들로 인해 뇌손상 재활은 가장 빠른 성장을 보이는 재활 전문영역이라고 간주하고 있다.

미국의 경우, 뇌손상은 척수손상 발생비율의 40배를 초과하며, 1974년에 한 명의 심한 뇌손상 장애를 입은 25세 청년이 평생 동안에 필요한 비용은 490만 달러에 이르는 것으로 추정하였으며, 뇌손상으로 인한 직접 비용만 백만달러를 초과할 수 있다 (Kosciulek, 1995; Kosciulek, McCubbin, & McCubbin, 1993).

이와는 달리 웨만과 문 (Wehman & Moon, 1988)은 뇌손상 발생율은 뇌성마비의 두 배, 다발성 경화증의 6배, 척수손상의 14배로 나타나는 것으로 보고하고 있다. 또한, 약 100만에서 180만명의 미국인들이 중간에서 심한 정도의 뇌손상을 지니고 살아가고 있으며, 이들은 사회에 매년 40억 달러의 비용을 부담시키는 것으로 나타났다 (Wehman & Moon, 1988).

코델과 투만 (Corthell & Tooman, 1985)은 다소 엄격한 기준을 적용할 때 미국 인구의 0.2%에서 0.3%가 매년 뇌손상을 입게 된다고 주장하였으며, 또 다른 통계는 매년 인구 200명당 한 명씩의 뇌손상인이 발생한다고 보고하고 있다. 이러한 이유로 인해 외상성 뇌손상은 "침묵의 전염병" (the silent epidemic)이라고 불리우며 (Musante, 1983), 뇌손상의 원인들 중 48%는 교통사고와 관련하여 기인되며, 20.6%는 추락사고로 기인되는 것으로 알려져 있다 (Corthell & Tooman, 1985).

2) 뇌손상의 원인과 재활

뇌손상은 35세 이하 인구의 장애와 사망의 주요한 원인이 되며, 우리나라의 경우에도 매년 교통사고로 인해 3만 여명의 장애인이 발생하는데 이들의 10%정도가 뇌손상을 입게 된다고 가정할 때, 매년 3천여명의 뇌손상 장애인이 발생하는 것이다. 그리고 교통사고 뿐만 아니라 추락과 같은 외부적 충격 및 손상, 종양, 뇌졸중, 약물과 알콜중독, 태아의 영양이나 생화학적 환경, 그리고 출생 시의 사고 등으로 사람들은 평생 회복이 불가능한 다양한 크기의 뇌손상을 입게 된다. 특히, 뇌손상 정도의 다양성으로 인해 뇌손상 장애인의 생활스타일 회복에는 인지치료전략, 직업재활상담, 자아존중감 회복, 불안감의 해소 등 조직적이고 체계적인 노력이 요구된다 (Haglin, 1996).

뇌손상 장애인들은 정신적, 정서적, 그리고 행동적 과정에 큰 변화를 경험하게 되며, 특히 15세에서부터 24세까지의 남자들이 많은 비율을 차지하고 있어 이들의 직업재활이 중요한 국가사회적 과제가 된다. 직업적 측면이 뇌손상 장애인 재활의 가장 중요한 결과변인 중에 하나이며, 이것은 뇌손상 장애인의 경제적 복지감과 자아존중감을 높이는데 직접적으로 공헌한다. 하지만, 우리나라에서 최근 진행된 직업재활 입법과 기술의 많은 진보에도 불구하고 뇌손상 인구는 이러한 성과로부터 도움을 거의 받지 못하고 있다.

불행하게도, 미국에서 직업재활 기관들 사이의 뇌손상 장애인들에 대한 직업재활 실패율은 71%에서 90%에 미치는 것으로 나타났다 (Corthell, 1990). 미국 10개 주에 거주하는 1,052명의 뇌손상 장애인들에 대한 조사결과 그들의 70%는 실업 상태에 있고, 또 다른 통계는 LA지역 142명의 뇌손상 장애인의 27%만이 근로하고 있다는 통계를 보여주었다 (Kosciulek, 1994).

한편, 많은 학문 영역에서의 뇌손상인에 대한 적절한 관리 및 처치교육의 결핍은 뇌손상 장애인의 신경심리학적 및 행동문제들에 대한 그릇된 가족의 이해와 좌절감을 야기시킨다. 따라서 뇌손상인의 가족기능과 항상성 (homeostasis) 유지가 하나의 문제가 되며, 뇌손상 문제의 심각성에 대한 인식부족은 이들에게 필요한 프로그램과 자원의 결핍을 초래한다. 미국 메사추세츠의 경우 1986년도 정신보건 예산의 1%에도 미치지 못하는 금액이 뇌손상 장애인의 직업적 서비스를 위해 사용되었는데, 우리나라의 경우에는 더욱 열악한 수준에 있다고 볼 수 있다 (Trotter, Minkoff, Harrison, & Hoops, 1988).

뇌손상 장애인의 재활에 대한 최근의 문헌에 따르면, 직업재활 프로그램의 필요성을 다음과 같이 요약할 수 있다. ① 대부분의 복지시설과 재활기관에서 뇌손상 장애인의 의뢰 수가 급격히 증가하고 있다, ② 뇌손상 장애인을 상담하기 위한 직업재활상담사 훈련 및 교육프로그램이 결여되어 있다, ③ 뇌손상 장애인을 위한 행정적 지원이나 구체적인 법규가 없으며, 이에 대한 사회적 인식이 지나치게 부족하다, ④ 뇌손상 장애인들의 전직업적 (prevocational) 혹은 직업적 훈련프로그램을 담당하고 이들에 대한 정확한 직업적 평가를 위해 필요한 유자격 인력이 부족하다, ⑤ 급격히 증가하는 재활대상 인구에 대한 지역사회 지원체계나 담당 기관이 결여되어 있다.

3) 뇌손상의 종류와 정도

외상성 뇌손상 (traumatic brain injury: TBI)은 외상으로 인해 뇌조직이 손상을 입은 것을 말하며, 두개골 안의 경막 손상 유무에 따라 폐쇄성 뇌손상 (closed head injury), 개방성 뇌손상 (open head injury)으로 나눌 수 있다. 또 외상성 뇌손상의 형태는 외상 시 충격으로 나타나는 일차적인 손상 (primary injury)과 뇌손상으로 인해 이차적으로 나타나는 손상 (secondary)으로 구분할 수 있다. 미만성 축삭 손상 (diffuse axonal injury)은 자동차 사고와 같이 고속의 충격이나 회전하는 충격이 가해졌을 때 생기는 것으로 뇌의 신경 경로가 눈에 보이지 않게 찢어지게 되는 것이다.

뇌좌상 (cerebral contusion)은 추락이나 주먹으로 맞는 것과 같은 저속의 충격으로 인해 뇌피질에 멍이 드는 것으로 보통 충격을 받는 바로 밑의 뇌피질과 반대편, 그리고 손상부위에 상관없이 전두엽의 하면과 측두엽의 전외측면에 잘 생기게 되어 이에 따른 증상이 나타나게 된다.

외상성 뇌손상의 정도와 손상부위를 평가하는 것이 예후와 관련되므로 computed tomography (CT), magnetic resonance imaging (MRI) 검사를 하고 뇌의 기능을 알아보기 위해 single-photon emission computed tomography (SPECT) 검사를 시행하게 된다.

외상성 뇌손상의 정도는 주로 Glasgow coma scale로 구분된다. 경도 (mild)의 외상성 뇌손상 환자는 91%-96%에서, 중등도 (moderate)의 뇌손상에서는 약 2/3의 환자가 신경학적인 회복이 일어난다.

예후가 좋지 않은 경우는 다음과 같다.

① 중증 (severe)의 뇌손상
② 외상 후 기억상실 (post-traumatic amnesia)이 14일 이상 지속되는 경우
③ 유발 전위 (evoked potential) 검사에서 반응이 없는 경우
④ 동공 반응이 없는 경우
⑤ 뇌실질 내 출혈이 있는 경우
⑥ 고혈당인 경우
⑦ 5세 이하이거나 65세 이상인 경우
⑧ 뇌손상 이전에 내과적 질환이 있거나 정신적인 문제가 있는 경우
⑨ 근골격계의 손상이 동반된 경우

반대로, 예후가 좋은 경우는 다음과 같다.

① 경도의 뇌손상
② 나이가 젊은 경우
③ 동공반사가 있는 경우
④ 일찍 눈을 뜨는 경우
⑤ 기계호흡이 필요 없는 경우
⑥ 뇌수종 (hydrocephalus)이 없는 경우
⑦ 가족이 환자를 잘 보살펴 주는 경우

뇌손상으로 야기되는 장기간의 결함은 개인의 대인관계, 정서적, 그리고 직업적 기능에 영향을 미친다. 뇌손상은 뇌손상을 입은 사람뿐만 아니라 그 사람의 전체 가족체계에도 영향을 미친다. 가족들이 직면하는 어려움들은 ① 손상을 가진 구성원들의 정서와 성격, 그리고 행동상의 변화들, ② 정보와 적절한 서비스의 부족, ③ 재정적 부담, 그리고 ④ 장기간의 보호로 인한 신체적 심리적 스트레스와 정서적 긴장이 포함된다.

뇌손상은 아주 독특하여 정확히 똑같은 증상을 보이는 사람은 존재하지 않는다.

2. 뇌손상의 분류방식

손상정도 및 위치와 관련하여 다음과 같이 세 가지 유형을 고려할 수 있다.

(1) 전두-측두엽 타박 (fronto-temporal contusions)

두개골 내부의 전방에는 두뇌가 외부 힘에 의해 가격될 때 조직을 찢거나 타박상을 남기는 날카로운 예리한 뼈이랑 (bony ridges)이 있다. 두뇌피질 (cortex)의 표면에 남기는 타박상이나 피멍은 전두엽과 측두엽의 선단이나 기저에서 일어나기 쉽다. 따라서 학습과 기억, 계획, 조직, 문제해결, 그리고 정서적 및 행동적 통제와 관련된 문제를 일으키게 된다.

(2) 가격/반가격 (coup/contracoup) 손상

두개골이 심하게 가격 당했을 때 그 타격은 두뇌 하단을 멍들게 만들고, 두뇌가 가격된 반대편의 벽으로 움직이게 만들어 가격된 반대 방향의 두뇌조직 또한 멍들게 된다. 이 때 야기되는 손상은 어떠한 두뇌영역이 상처를 받았느냐에 따라 감각의 부분상실, 운동, 지각, 언어기능, 해석력 등의 손상을 초래하기도 한다.

(3) 확산성 축삭손상 (diffuse axonal injury)

이것은 두뇌의 신경섬유들 (the axons)이 인장되고 찢겨짐으로 해서 야기되는 동시에 생화학적 기능장애가 일어나는 확산성 두뇌손상이다. 확산성 축삭손상은 주의를 집중하고 전환하는 데 따르는 문제, 걸음걸이, 동작, 언어, 신체적 스테미너의 유지, 그리고 정서 표현과 통제에 있어서 문제들을 야기시킨다.

또한 손상된 뇌세포 수와 뇌손상의 크기와 관련하여 다음과 같이 뇌손상 장애인들을 네 집단으로 분류할 수 있다.

① 가벼운 장애

가벼운 (mild) 뇌손상 장애인은 두뇌의 영구적인 상해나 구조적 (structural) 상해를 겪지 않은 사람을 말한다. 하지만, 많은 수의 가벼운 뇌손상 장애인은 과제수행 능력이라든지 주의집중의 어려움을 호소하며, 빈약한 주의력, 기억손상, 미묘하지만 느린 인지적 손상, 그리고 피로함이 수반되어 주위 사람들이 빈번히 오해하게 된다 (Wehman, Kreutzer, Wood, & Morton, 1988).

② 중정도 장애

중정도 (moderate) 뇌손상 장애는 다소 단기간의 의식불명 (coma) 상태와 관련이 되어 있으며, 약간의 정신적 손상을 나타내 보인다.

③ 중도 장애

중도 (severe) 뇌손상 장애는 수 일 혹은 수 주간 지속되는 의식불명 (coma) 상태와 관련되며, 보다 광범위한 신체적 장애를 수반한다. 따라서 이러한 사람들은 일반적으로 영구적인 변화를 겪게 되며, 따라서 매우 장기간의 시간이 요구되는 회복과정을 거치게 된다.

④ 카타스트로픽 장애

가장 심각한 형태의 카타스트로픽 (catastrophic) 장애로 이러한 뇌손상을 지닌 사람들은 종종 외부 환경과의 의미 있는 작용이 거의 불가능하고 죽을 때까지 병원이나 시설에 머물게 된다. 무의식 불면 (coma vigil) 혹은 지속적 식물상태 (persistant vegetative state)로 불리우는 유형의 뇌손상 장애인으로 분류된다.

한편, 단기 입원치료와 일시적 의식변화가 초래되는 가벼운 뇌손상 장애를 확산성 (diffuse)과 국소성 (focal)으로 나누기도 한다 (Hurt, 1991). 일반적으로 확산성 뇌손상은 정보처리 속도 및 능력 감소, 복합적 주의유지 곤란, 기억 및 학습력 손상, 추상적 사고의 문제 등의 결핍을 보이는 반면, 국소성 뇌손상은 일차적으로 학습과 기억 영역, 기획과 조직 능력, 주의집중, 그리고 정서통제력 결핍 등과 관련된다.

Hurt (1991)는 이들의 효과적 직업재활을 위해서는 뇌손상에 따라 나타나는 다음의 신체, 인지, 그리고 심리사회적 측면의 이차적인 기능적 결함들에 대한 체계적인 신경심리학적 평가가 중요하다고 보았다.

① 신체 장애

만성 피로, 신체균형과 조정 능력, 발작 증상, 만성 통증, 운동기능, 두통과 목, 허리 통증, 그리고 시각장애가 일어날 수 있고, 특히 신체적 스테미너와 직업인내력에 미치는 만성 피로로 인해 하루 동안 3시간, 4시간 정도만 일하는 것이 가능한 사람들이 많다는 것은 놀라운 일이 아니다.

② 인지 장애

기억 장애, 주의집중 곤란, 느린 정보처리 속도, 추론 기술 (reasoning), 조직, 계획, 목표 설정, 행동평가 영역에 있어서의 문제와 곤란은 직장에서 구체적 과제들을 성취하는 데 필요한 개념형성 곤란과 같은 작업수행 능력을 저해한다. 주도성과 좌절 인내력과 같은 정서적 문제 또한 직장 부적응을 야기하기 쉽다.

③ 심리사회적 장애

뇌손상에 의해 초래된 신체 및 인지적 장애는 자신에 대한 지각을 변화시키고 이와 관련한 문제들은 뇌손상 장애인을 이전의 직장으로 복귀하는 데 어렵게 만든다. 자신이 겪게 된 총체적 변화의 원인과 이유, 증상들에 대한 설명을 의료

전문가로부터 충분히 듣지 못한 내담자들은 좌절, 당황, 갈등을 경험하게 되고 따라서 이러한 국면들에 대한 많은 교육이 요구된다.

허트 (Hurt, 1991)는 가벼운 뇌손상 장애인이 겪게 되는 결함 정도 및 본질과 관련하여 ① 인지적 장애의 교정 (remediation) 및 직장에서 유용화시킬 수 있는 보상 전략들 (compensatory strategies)의 마련, ② 직업 기술에 대한 자신감, 자아 존중감의 향상과 함께 직업적 제한점들에 대해 많은 수용을 경험할 필요, ③ 작업인내력의 증가와 피로의 감소, ④ 경쟁 고용에 앞서 시범적 직업경험을 갖는 일, ⑤ 직장에서 좌절인내력과 정서의 통제능력 증진, ⑥ 고용에 필요한 계속적 서비스 제공의 여섯 가지 요인이 직업재활에 있어서 중요한 고려 사항이 된다고 보았다.

3. 뇌손상 장애인의 직업적 특성

외상성 뇌손상은 급성기 이후 만성적인 후유증을 남기는데, 만성기 신경과적 후유증으로는 기질성 기분장애, 기억력 장애, 외상후 간질, 외상후 정신병, 외상성 치매 외에도 약물치료가 필요한 후유증으로 저수준의 각성 (low arousal), 공격성, 전두엽 증후군 (비사회성, 무의욕증), 불안장애 등이 나타난다 (김영철, 1995). 외상성 뇌손상 장애는 일반적으로 두뇌의 강타, 충돌, 혹은 격렬한 뒤흔들림으로 일어나며, 다음의 특징을 지니게 된다. ① 뇌손상은 개인의 정상적인 발달과정에서 일어난다 ② 뇌손상은 급격히 일어난다 ③ 뇌손상은 확산된다 ④ 예측할 수 있는 경향을 보이는 종양 제거나 뇌졸중과는 달리 뇌손상은 복합적이다 ⑤ 뇌손상의 기제는 일차적으로 진탕성이고 파괴적이며, 이차적으로는 생화학적이다.

외상성 뇌손상은 퇴행성이나 선천적 요인이 아니라 외부의 물리적 힘에 의해 발생하고 일정 기간 동안의 의식불명 (coma)을 경험하기도 하며, 의식의 변경상태나 혹은 감소상태를 가져와 인지 능력이나 신체 기능의 역작용을 일으킬 수 있다. 이 때 두뇌에 미치는 손상 (impairments)은 일시적이거나 영구적인 형태로 나타날 수 있고 부분적 혹은 전체적인 기능장애 및 심리사회적인 부적응을 야기시킬 수 있다. 광범위한 신경심리학적 기능결함의 영향은 장애 상태와 관련된 심리학적 충격과 함께 신경행동학적 후유증 (neurobehavioral sequelae)으로 나타나게 된다.

자기평가 (self-monitoring) 능력 및 충동조절 (impulse control) 능력의 부족, 그리고 사회적 차별의 결과는 뇌손상 장애인의 심리사회적 기능을 심각하게 저해하고 이들이 적절히 사회적으로 통합하는 데 큰 영향을 미친다. 이러한 결함들에 대한 전반적인 인식부족과 거부 (denial)가 빈번히 수반되고, 이는 직업재활의 결과 변인에 부정적인 영향을 미친다. 따라서 적절한 재활전략을 마련하고 수행하며, 정확한 진단을 보장하기 위해 사고 이전의 성격특성들 (premorbid personality characteristics)과 심리적 반응들과 함께 뇌손상으로 야기된 기질상 및 신경심리학적 요인들을 매우 조심스럽게 평가하는 일이 중요하다 (Fabiano & Goran, 1992).

뇌손상을 초래한 개인은 또한 이동 능력, 언어, 기억, 사회적 행동문제 및 발작증상 (seizures)과 같은 의료적 복합증세를 보이기 쉽다. 외상성 뇌손상 경험 후 3개월이 지난 424명의 환자에 대한 조사결과, 그들의 79%가 지속적 두통, 기억 문제, 신체균형 빈약, 시각 장애의 문제를 가지는 것으로 보고하고 있다 (Moore & Bartlow, 1989).

뇌손상 장애인들의 치명적인 직업적 제한점은 종종 직업속도의 부족에서 기인될 수 있다. 그러나 대부분의 뇌손상 장애인들은 손상을 입기 전만큼 빠른 속도로 작업을 수행할 수 없다. 하지만 서두르지 않고 천천히 일을 하면, 고도의 질적인 작업을 수행할 수 있다 (Moore & Bartlow, 1989).

제3절 심장혈 질환

심장혈 질환들에는 심장을 손상시키는 질환과 말초 혈관계를 손상시키는 질환을 포함한다. 심장과 혈관은 일차적으로 이러한 질환들에 의해 손상받거나 혹은 겸상 적혈구 질환과 같은 다른 질환의 결과 이차적으로 손상 받을 수 있다. 주요 심장 질환들은 관상 동맥 경화성 심장 질환, 류마티스 심장 질환, 그리고 심부전(heart failure)이다. 심부전은 특수한 심장원인 질환의 결과로 나타지만 장애의 주요한 원천이 되고 직무 수정이 요구 논의된다.

주요 말초 동맥질환은 폐쇄성 및 동맥 강직성(arteriospastic) 장애를 포함하며, 정맥 장애, 정맥노장 정맥들(varicose veins)과 혈전 정맥염 등이 있다. 종종 말초 혈관 질환은 말초 동맥 질환의 의미를 지니긴 하지만 하나의 집단으로서 이 질환들은 말초 혈관 질환들로 불리어 진다.

심장혈 질환 환자의 수와 비용과 관련하여 중요한 의료 문제로 1977년 미국에서 이 질환에 따른 비용은 267억 달러에 이른다. 이 수치는 병원, 널씽홈(nursing home) 서비스, 장애로 인한 생산성의 상실, 의료 및 간호서비스, 그리고 투약의 총 비용이라는 순서의 크기로 나타났다. 미국에서 적어도 400만 명이 심장 마비(heart attack)를 일으키는 관상 동맥경화 심장 질환으로 매년 약 150만 명이 심장 마비를 겪고 약 67만 명이 생존하게 된다. 이들의 1/3은 65세 이하이기 때문에 잠재적인 직업적 서비스의 수요자가 되고 중요한 신체적 혹은 심리사회적 장애가 나타나지 않는 경우 심장 마비를 앓은 젊은 환자들은 직업을 유지한다. 미국에서 매년 이러한 심장 마비 후의 젊은 환자들의 잠재적 숫자는 대략 60,000명에 이른다. 재활상담사가 직면하는 하나의 도전은 증가하는 심장 마비 후 환자들과 기타 심장혈관 질환자들이 직업적으로 유능하도록 하는 일이다.

선천성 심장 질환은 신생아의 0.5퍼센트에서 발생하며, 선천성 심장 질환을 지닌 사람들은 청색증과 비청색증의 두 가지 주요한 하위 집단으로 나눌 수 있다. 청색증 심장 질환 집단은 푸른 입술 빛깔과 손톱밑바닥을 가지고 어려서 사망하며, 기능상의 능력을 증대시키고 직업적 연령까지 수명을 연장시키기 위한 조기 외과적 수술을 요구하는 복합적 심장 결함들을 가진다. 비청색증 심장 질환은 피부와 손톱밑바닥이 정상적인 빛깔을 보인다. 이 심장 결함들은 덜 복합적이며, 쉽게 수술을 통해 교정할 수 있어 정상적이거나 좋은 기대수명과 직업전망을 보인다.

1. 기능적 장애

기능적 증상적 입장에서 적절히 통제된 조건의 심장 질환을 지닌 내담자는 다양한 지역사회 환경들을 다루는 능력을 저해할 성취수준의 손상은 없다. 특히 식사, 착탈의, 개인위생, 혹은 의사소통 기능들과 이동능력의 손상이 있다고 하더라도 크지 않다. 많은 장애인들과는 대조적으로 심혈관 질환을 지닌 내담자는 다른 사람들에게 드러나지 않는 숨겨진(hidden) 장애를 가진다. 숨겨진 장애는 성취기대들이 높지만, 충족될 수 없을 때 내담자에게 문제들을 야기시킬 수 있다. 감독자들, 고용주들, 이웃 사람들, 혹은 가족 성원들의 오해가 불가피하다. 심장 질환에 있어서 이러한 숨겨진 장애들은 심부전, 통증, 심장리듬 이상(심장부정맥: arrhythmia) 그리고 심리사회적 손상들과 관련된 것들이다.

협심증은 심장의 산소공급과 산소가 필요한 심근의 요구들 사이의 일시적 불균형을 나타낸다. 협심증 발생 시에 심근 손상은 나타나지 않으며, 내담자는 통증이 사라진 후에 일상적인 활동들을 지속할 수 있어야 한다. 협심증은 일반적으로 통증을 촉발하는 요소를 피하고 나이트로글리세린 투약으로 완화된다. 때때로 심근 부위에 대한 혈액과 산소공급이 매우 부족하게 되거나 결핍되어 심근 부위를 상호작용적으로 괴사시킬 수 있다. 이것이 심장마비 혹은 심근경색 과정이다.

2. 심부전

심장 장애의 주된 원인들 중의 하나는 혈액을 적절히 펌프질하는 심장의 능력부전을 일컫는 심부전이다. 이것은 어떠한 형태의 심장 질환에서도 일어날 수 있다. 펌프질된 혈액량의 감소는 피로, 권태, 쇠약, 무감동, 빈약한 기억력과 우울증상들을 야기시킨다. 혈액의 정체와 야기된 폐 충혈은 똑바로 누울수 없는 증상들을 야기시키며, 이는 기침, 호흡 단축(paroxysmal nocturnal dyspnea)으로 인해 심야에 급작스럽게 깨어나게 되는 호흡의 가빠름 (shortness) 때문에 일어난다.

심부전은 어떠한 형태의 심장 질환으로부터도 야기될 수 있으며, 종종 스트레스에 대한 심장의 방어들이 한계에 도달했을 때 최종 단계를 가리킨다. 하지만 심장마비 혹은 심장리듬의 심각한 이상의 발달과 같은 급성 스트레스와 관련된 급성 심부전 형태들도 있다. 심부전의 이러한 증상들은 종종 일시적이며, 직업에 있어서 복합적 문제들을 일으키지 않는다.

심장 질환에 있어서 통증의 주된 기원은 심장으로 통증의 일반적인 원인은 심근부위에 대한 산소의 부적절한 공급 때문이다. 이 현상이 나타날 때 내담자는 협심증(angina pectoris)이라고 부르는 가슴의 불쾌감을 경험한다. 협심증은 일반적으로 흉골 뒤쪽에 위치하고 압박감, 중압감, 갑갑함, 수축 혹은 격렬감으로 진술된다. 이것은 종종 좌우 팔의 내부 측면을 따라 아래로 반사되고 턱 위쪽의 전후로 통과하기도 한다. 협심증은 호흡곤란, 구토, 오심, 그리고 한냉과 오한을 수반할 수 있다. 일반적인 급발 요소들로는 신체운동, 심장리듬 이상, 흡연, 냉기에 노출, 그리고 정신적 혼란이 포함된다. 심장마비의 통증은 협심증의 통증과 유사하지만 심장마비의 통증이 더 심하다. 직업적 관점에서 가장 중요한 통증은 협심증이다. 개별 내담자의 협심증을 급발시키는 특별한 활동들을 피하거나 제한함으로써 직업 환경을 최적화하는 것은 재활상담사, 의사, 그리고 내담자의 책임이다.

대부분의 주요한 심장 질병들은 급사의 위험을 지닌다. 내담자는 직장, 놀이시, 그리고 휴식시 경고없이 사망에 이를 수 있다는 것을 인식하고 살아간다. 다행스럽게도 이러한 인식이 일반적으로 심각한 정서적 문제들을 일으키지 않는다. 대부분의 심장 질환자들은 질병을 건설적으로 다루며, 질병의 위협들을 수용할 수 있다. 하지만 어느 정도의 정서적 혼란과 심리사회적 손상은 일상적으로 나타나며, 의료적 결과와 더불어 직업적 결과를 최적화하도록 다루어져야 한다.

정서적 장애는 특히 급성 심장질병, 심장 마비 후 혹은 심장마비동안 우세하다. 불안과 우울을 경험하게 되고 정서적 반응의 크기는 내담자 성격에 따라 정도가 다르다. 만성적 불만상태, 만성 우울, 건강염려, 지나친 의욕, 시간제한적 그리고 강한 목표 지향적 상태에 있는 사람은 심각하고 가능한 정도의 혼란상태와 혹은 불안과 우울에 반응하는 높은 경향이 있다. 성격 유형과는 관계없이 심장질환의 진단부여는 종종 위기적 사건이며, 내담자의 생활, 즉 직업, 수입, 오락, 가족, 지역사회 관계, 보건, 그리고 물론 생명 그 자체에 대한 많은 부분들을 위협한다. 또 다른 잠재적인 반응은 거부이다. 내담자는 질환의 출현, 질환과 관련된 증상들의 중요성, 혹은 야기된 어떠한 신체적 장애의 존재를 거부할 수 있다. 많은 재활전문가들은 비현실적 기대들과 질환의 제한점들에 대한 적응이나 혹은 이해의 부족을 반영하는 정서인 내담자의 방어기제로서의 거부의 수용에 곤란을 가진다. 급성 심장 질병에 대한 반응은 공격적, 건설적 혹은 퇴행적 반응으로 분류될 수 있다. 이 분류는 특히 재활잠재력의 평가에 있어서 유용하다.

① 공격적 반응은 내담자들이 종종 어떠한 관점에서 장애와 질병이 있다는 점을 거부하는 경향으로 나타난다. 그들은 근심스럽지 않고 불안하거나 우울하지 않을 것이며, 주요한 질병의 합병증들이 나타나지 않는 이상 가능한 조기에 직장으로 복귀할 것이다. 심각한 거부로 인해 그들은 일반적으로 의료적 조언을 따르지 않고 자신의 치료에 크게 주의를 기울이지 않기 때문에 재활은 신속하지만, 단기적으로 취약한 경향이 있다.

② 건설적 반응은 질병에 대한 현실적인 태도, 병의 자연적 과정, 그리고 장단기 보건 및 직업목적들을 극대화시키기 위해 필요한 것들로 나타난다. 이러한 내담자들은 급성 질병과 관련된 불안, 근심, 그리고 우울을 효과적으로 대처하고 자신의 치료에 참여하며, 처방에 따르고 일반적으로 매우 잘 지낸다.

③ 퇴행적 반응은 질환의 실제적 문제들에 대처하는 능력 부족의 특징을 띠는데, 내담자들은 자신의 상황에 대해 매우 당황하게 되어 스스로 편안하고 생산적인 생활 등을 기능적으로 잘 이끌 수 있지만, 정서적으로는 그렇게 하지 못한다. 이러한 사람들의 조기 재활잠재력은 빈약하다. 재활상담사를 매우 어렵고, 도전적이게 하는 노력을 보일 것이다.

내담자의 기능적 능력에 대한 측정은 기능적 분류방식의 사용에 따른 기록을 통해 기능적 능력평가를 파악하고 이것은 일반적인 활동수준과 관련되어 있다. 내담자의 일상활동 평가와 관련하여 기능적 능력과 관련된 어떠한 객관적인 정보를 확보하는 일이 최선이지만, 객관적인 지침들이 결여된 경우에는 주관적 평가도 필요하다. 한계 심장박동율 정보 제공에서 협심증이 나타나지 않고, ECG가 정상이고 혈압 반응이 수용할 만하며, 심장리듬 이상들이 나타나지 않는다. 고려해야 할 직업환경적 요소는 심장의 부담을 증가시키는 극단적 온도, 혈액의 산소를 감소시키는 계단, 경사로, 사다리 오르는 활동들은 피해야 한다.

심장혈관 질환을 지닌 내담자들을 위한 최적의 치료는 기능적 능력들에 있어서의 변화와 질환의 진전 상황을 발견하기 위해 정기적인 의료적 사후평가가 필요하다. 근심, 불안, 그리고 우울의 심리적 반응들이 지연되고 정상적인 일상생활

기능을 손상시킬 때 임상 심리학자나 혹은 정신과 의사와의 상담이 유용하고 필요할 수 있다. 작업치료사가 가정과 직장에서 필요한 작업단순화 기술들을 제공할 수 있도록 조언을 보낼 수 있다. 물리치료사는 관절운동 및 특수 근육부위의 강도 개선을 위한 특수 운동들을 제공하고 재조건화 프로그램을 원조할 수 있다. 의료방문은 포괄적인 심혈관력과 신체검사, 종종 심전도, 가슴엑스레이 그리고 운동스트레스 검사를 포함한다. 뿐만 아니라 심리사회적 그리고 직업적 문제들과 같은 장애의 비의료적 원인들에 관해 의문을 품을 때 적절한 의뢰 조치들이 취해져야 한다.

심각한 심부전, 생명을 위협하는 심장리듬 이상, 불안정한 가슴 통증과 같은 생명위협적 합병증들이 수반되지 않는 심장 질환을 지닌 대부분의 내담자들은 매우 좋은 장기 전망을 지닌다. 심장 질환을 지닌 내담자는 적성들에 있어서의 변화, 지적 능력에 있어서 질환관련 손상들, 학습능력, 언어 혹은 산수 기능들, 형태와 공간지각, 눈-손 협응, 손과 손가락 기민성, 혹은 색채구별에 있어서 손상을 미치지 않을 것이다. 심장 질환은 일반적으로 직업, 놀이, 가정 혹은 지역사회 활동들에 있어서 내담자의 흥미를 바꾸지 않는다. 급성 심장발작의 조치후 정상적이거나 혹은 관습적 생활 측면들로 완전히 되돌아가는 것을 격려하는 것이 매우 바람직하다.

심장 질환 내담자와 직업의 신체적 요구조건들에 관한 어떠한 일반화에 앞서 내담자의 심장이 어떠한 다른 근육활동 유형들에 어떻게 반응하는가를 이해하는 것이 유용하다. 재활상담사는 다양한 직무과제들에 관련된 근육운동의 형태를 파악할 수 있어야 한다. 그리고 내담자를 잠재적으로 위험하게 하거나 증상들을 일으키는 과제들을 최소화하도록 상담사가 도울 수 있다. 주의가 요구되는 세 가지 주요한 근육활동 형태들로는 에어로빅, 등척성, 등장성 운동이 있다. 이 운동들은 특별한 심장 반응을 일으킨다.

등척성(isometric) 운동은 고정되고 움직이지 않는 저항에 작용하는 근육활동이다. 따라서 근육들이 수축하기는 하지만 팔이나 다리 동작은 최소화되며, 때때로 정적 운동으로 불리운다. 일반적인 예들로는 Bull 보행기 장치운동, Charles Atlas 역동적 긴장 프로그램, 문간이나 탁자운동, 머리위에 양손을 얹고 걷기/어깨근 등척성 그리고 바켓이나 수케이스 옮기기(전박 등척성)를 포함한다. 등척성 운동에 대한 심혈 관계의 반응은 에어로빅 스트레스 반응과는 매우 다르다. 등장성 운동에 있어 심장 박출량, 산소소비 혹은 심장 박동률은 거의 증가하지 않지만 수축기와 확장기 혈압에는 매우 큰 증가를 보인다.

등장성(isotonic) 운동은 부분 혹은 완전 관절운동역을 통해 근육의 부피를 똑같이 유지하는 활동들에 의해 특징지워진다. 이 활동들은 일반적으로 리드믹하며, 운동은 계속된다. 등장성 운동은 직업과제들에서 일반적이다. 등장성 운동에 대한 심혈관 반응은 움직여지는 물체에 의해 제공된 저항과 관련된다. 저항이 낮을 때, 이 반응은 에어로빅 운동과 유사하다. 저항이 높을 때, 이 반응은 혈압이 상승되는 등척성 운동과 보다 유사하다. 많은 직업들은 에어로빅, 등장성, 그리고 등척성 운동의 조화를 필요로 한다.

3. 관상 심장 질환

관상심장 질환은 흔하며, 비용이 많이 드는 질병으로 정확한 원인은 알려져 있지 않지만 몇 가지 급발 요소들은 파악되었다. 이 요소들 중 가장 중요한 것들은 혈액 속의 높은 콜레스테롤 수치, 고혈압, 그리고 흡연이다. 다른 위험 요소들로는 연령 증가, 남성, 신체적 비활동, A유형 성격, 비만, 혈액중 높은 트라이 글리세라이드(혈액 속의 다른 지방 성분), 당뇨, 그리고 고칼로리 지방식과 정제 설탕의 섭취를 포함한다. 보다 나이가 젊은 집단들에게서는 남자들이 관상 심장 질환을 보다 많이 갖는 경향이 있고 관상 심장 질환의 가족력을 지니는 경우가 많다. 관상 동맥 벽에 지방 성분이 축적되는 과정은 궁극적으로 동맥이 연결된 심근의 산소 수요들을 충족시킬 수 없는 범위까지 동맥을 좁힌다. 협심증은 일반적으로 휴식과 나이트로 글리세린에 의해 완화된다. 협심증은 일시적이며 심장조직의 괴사를 일으키지 않기 때문에 심장마비는 아니다.

심장마비(심근 경색)가 일어났을 때 심근 부위에 산소공급이 완전히 차단되고 근육의 일부가 괴사된다. 심장마비의 통증은 협심증의 통증과 유사하지만 보다 심각하다. 심장마비는 휴식이나 나이트로글리세린에 의해 경감되지 않으며 일반적으로 완화를 위한 마취제들이 필요하다. 관상 심장 질환의 다른 합병증들에는 급사, 심부전, 부정맥, 협심증, 그리고 심근 경색이 포함된다.

관상 심장 질환은 종종 생애 아주 초기에 시작된다. 이러한 질환의 몇몇 조기 증거가 유아들의 동맥들에서 발견된다. 이 질환은 오십대 혹은 그 이후에 뚜렷이 나타나기 전까지 오랜 동안의 잠복기를 보인다. 하지만 관상 질환과 심장마비들은 내담자들의 삼십대, 심지어 이십대에 나타나며, 진단이 이루어지고 나면 계속 진전될 것이다. 질환의 증후로 협심증만 나타날 때 평균 치사율은 연간 약 4퍼센트이며, 진단 이후의 평균 기대수명은 약 10년이 된다.

관상 심장 질환을 지닌 내담자는 신체적 손상을 지니지 않을 수 있거나 혹은 운동유발 협심증, 심부전 증상들 혹은 부정맥으로 인한 증상들에 의해 제한될 수 있다. 이동은 증상들의 잠재적 발달로 인해서 많이 제한된다. 일상생활의 모든 활동들은 일반적으로 안전하게 수행되며, 교통이나 혹은 의사소통 기능들과 관련된 제한점들은 없다. 만약 내담자의 조건이 안정되지 않고 급속한 진전을 보인다면 3개월에서 6개월의 단기 직업목표들이 적절하다. 다른 한편, 그 조건이 안정되고 합병증을 수반하지 않을 때 수년이 소요되는 장기 목표들도 수립될 수 있다. 관상 심장 질환을 지닌 내담자의 훈련프로그램들은 신체적으로 과도하지 않은 직업들을 강조함으로써 질환의 가능한 진행과 새로운 증상들의 발달이 직업수행 능력을 저해하고 재훈련을 요구하도록 하지 않아야 한다.

협심증의 발생을 예방하기 위해 사용되는 몇 가지 장기작용 질산염 조합제들은 나이트로글리세린과 거의 같은 방식으로 작용한다. 이 조합제들은 다양한 방식들 중에 한가지로 취해질 수 있다. 혀 아래에서의 용해, 씹기, 삼키기, 혹은 피부 연고로 적용될 수 있다. 만약 관상동맥 조영법이 국소적으로 협착된 증거를 보일 때 관상동맥 측부로 수술이 필요하다. 이 수술은 협심증의 완화에 성공적이었으며, 직장과 놀이 활동에 있어서 보다 정상적인 수준으로 회복시키는 데 기여하여 왔다. 심장마비를 앓은 내담자들의 70퍼센트에서 90퍼센트 사이는 일반적으로 심장마비 이전에 가졌던 직장으로의 복귀가 가능하다. 이 사람들의 삼분의 일은 정서적인 스트레스 상황들의 회피, 물건을 들고 옮기는 일을 축소시키는 것과 같은 직무과제들에 대해 어느 정도의 수정을 요구한다. 심장마비후의 대부분의 내담자들은 극단적인 온도를 피할 수 있는 환경 속에서 좌식, 가벼운, 그리고 중간 작업을 수행할 수 있다.

4. 류마티스성 심장 질환

류마티스성 심장 질환은 급성과 만성 형태들 모두에서 나타난다. 급성 형태의 질환은 성인들에게만 때때로 나타난다. 류마티스성 고열과 같은 급성질환은 일반적으로 7세에서 12세 사이에서 일어나며, 연쇄상 구균성 박테리아들 중의 하나에 대한 반응으로 발생된다. 급성 질병의 주된 증상들에는 심근, 심장 판막들, 그리고 심낭을 손상시킬 수 있는 심장 침습이 포함된다. 관절염, 피부발진, 피부아래의 소결절들 그리고 사지의 비자발성 동작들(무도병: chorea)이 또한 나타날 수 있다. 급성 류마티스성 고열은 강한 재발 경향성을 지닌다. 만성 류마티스성 심장 질환을 지닌 내담자들의 최소한 절반은 급성 류마티스성 고열의 증상에 대한 지식을 가지고 있거나 혹은 기억하지 못할 것이다. 만성 류마티스성 심장 질환의 주된 문제는 심장판막에 반흔을 남겨서 판막 개폐를 제한하고(협착: stenosis) 판막의 불완전 폐쇄를 초래한다(기능부전, 역류: regurgitation).

판막 협착은 판막 뒤쪽의 심방 비우기에 저항을 일으켜서 보다 좁은 구멍을 통해서 충분한 혈액을 펌프질해야 하는 혈액량을 증가시키며, 폐쇄에 실패하는 판막을 통해 되돌아오기 때문이다. 심장에 부과된 부담은 심방들의 확대와 심벽들의 비후 기제에 의해 초래되는 일반적으로 심장이 인내할 수 있는 주요한 심장 판막 문제들을 승모판 협착, 승모판 역류, 대동맥 협착, 그리고 대동맥 역류라고 부른다. 삼천판이 때때로 손상되며 폐판막은 거의 손상되지 않는다.

승모판 협착의 합병증들에는 심장리듬의 이상, 심장혈액 배출량 감소와 폐혈관 울혈, 우심실 부전, 그리고 좌심실의 혈병 형성의 증가를 포함한다. 부숴지고 순환기속으로 방출된 색전들이 뇌속에 들어가서 뇌졸중을 일으키며, 사지에 들어가서 절단에 이르거나 혹은 특히 신장과 같은 다른 신체기관들 속으로 들어간다. 승모판 역류는 일반적인 통로로 대동맥을 통해 전신계 순환 내와 좌심방 속으로 약간의 혈액이 되분출 하도록 만들어 좌심방과 좌심실에 큰 부담을 준다. 대동맥 협착은 좌심실에 압력 부담을 주며, 내담자들은 폐혈관 울혈, 심장혈액 분출량 감소, 졸도 발작이나 실신상태에 빠지고 때때로 협착이 심하게 될 때 협심증을 가진다. 류마티스성 고열에 의한 반흔이 형성된 심장 판막과 인공 판막 모두 잠행성으로 발병되는 생명위협 합병증인 위험한 박테리아성 감염(박테리아성 심내막염)의 대상이 된다.

만성 류마티스성 심장 질환을 지닌 내담자들에게 있어서 신체장애는 일반적으로 나타나지 않아 일반적으로 거동할 수 있으며, 아무런 문제없이 일상적인 신변처리를 할 수가 있다. 이처럼 의사소통이나 교통수단의 이용에도 아무런 어려움을 지니지 않지만 판막 결손들은 운동과 활동 내인력 수준들이 감소되는 지점에 이를 수 있다. 내담자는 어떠한 진전이 있는지의 결정, 의료적 치료의 적응, 그리고 외과적 치료의 고려에 필요한 최적의 시기 결정을 위해 정기적 추후 의료방문을 해야 한다. ECG, 가슴 엑스레이, 심음향도 (echocardiogram), 그리고 간혹 운동스트레스 검사를 포함하는 일반적인 심혈관 평가는 적절한 검사로 의사가 혈류와 압력들의 직접적 평가를 수행할 필요가 있을 때 심장 도관법이 요구된다.

거의 모든 내담자들은 심장 판막 교체후 매일 항응고성 약제를 복용하게 되고 적어도 매주 단위의 정기적 실험검사가 필요하다. 뿐만 아니라 류마티스성 심장 질환을 지닌 사람들은 모두 박테리아성 심장 내막염에 취약하기 때문에 치과적 처치들과 외과수술 혹은 비뇨생식기 기계 사용과 저부 위장관 기계 사용전후 및 사용시에 항생제의 사용이 필요하다.

5. 고혈압

고혈압은 주요한 의료 문제들로 모든 연령과 성별에서 나타나며, 일반적으로 성인기에 시작되고 정기적 의료검사를 통해 발견된다. 대부분의 고혈압 원인은 알려져 있지 않고 환자들의 극히 일부만이 한쪽 혹은 양쪽 신장의 혈류가 감소되는 것과 같은 식별 가능한 원인을 보인다. 합병증에는 관상 심장 질환, 좌심실 심부전, 심부전, 신부전, 맹, 그리고 뇌졸중을 포함한다.

젊은 고혈압 내담자는 그 질환의 가능한 치료형태들을 발견하기 위해 충분하고 조심스런 의료평가를 받을 필요가 있다. 이 평가에는 신장 검사들, 부신선(adrenal gland), 그리고 다른 호르몬 기능들에 대한 검사들을 포함한다. 신장 조직검사, 신장에 공급되는 혈액의 엑스레이 영상(신장 동맥 조영술), 그리고 다른 복잡한 과정들과 같은 진단적 검사가 요구될 수 있다. 고혈압의 원인을 발견하고 치료를 실시하며 밀접한 계속적 사후평가를 실시하는 것이 중요하다.

고혈압 치료에 유용한 많은 약물들이 있다. 식염의 제한이 또한 처방된다. 많은 내담자들에게는 이뇨제와 함께 하나 혹은 그 이상의 약물들이 제공되는데, 강력한 약물의 복용은 몇몇 사람들이 성적 불구에 이르게 할 수 있다. 또 다른 사람들은 가벼운 현기증, 복시, 시력 감퇴, 졸음 혹은 일반적으로 허리굽히기, 신체기울이기, 앉기, 혹은 서기와 눕기 자세와 같은 신체 자세의 급속한 변화에 따라 졸음 혹은 실신에 가까운 증상이 나타나는 기립성 불내성(intolerance)을 일으킬 수 있다.

급속히 상승하는 고혈압 형태를 지닌 소수의 내담자들에게는 단기 목표들이 가장 이상적인데 내담자의 인지, 학습능력, 언어나 산수기능들, 협응력이나 혹은 기민성을 손상시키지 않는다.

6. 폐색성 동맥 질환

폐색성(obliterative) 동맥 질환의 주된 원인은 관상 동맥들을 손상시키고 관상 심장 질환을 일으키는 과정이 진행되는 동맥(죽상) 경화증(atherosclerosis)이다. 동맥 경화증은 가장 일반적으로 복부(대동맥, 장골) 동맥들과 양다리(표재성 대퇴골, 심부 대퇴골, 슬와부) 동맥들을 손상시키며, 일반적으로 성인 중기에서 성인 후기에 나타난다. 부적절한 혈액이 공급되는 근육에 탄탄하고 긴장 경련성 감각을 경험하고 운동시 나타나는 불쾌감을 파행(claudication)이라고 부르며, 방해받는 동맥들에 따라 골반, 장딴지, 그리고 대퇴에서 느껴질 수 있다. 휴식시 증상들에는 저린감, 자통 그리고 일반적으로 양발과 발 끝에 나타나는 지속적인 통증을 포함한다. 중증 질환에서 조직들에 영양을 유지하기에 부적절한 혈액공급이 일어나 표재성 궤양들과 괴저를 일으키고 절단이 필요하게 된다.

드물기는 하지만 뚜렷한 폐색성 동맥 질환 형태는 20세에서 40세 사이의 젊은 남자에게 주로 나타나는 비아테롬성(nonatheromatous) 조건인 버거스(Buerger's) 질환이다. 중간 크기와 대동맥들을 손상시키는 폐색성 죽상 경화증과는 대조적으로 버거스 질환은 작은 동맥들을 손상시키며, 다리와 손 모두 손상시킨다. 양손과 다리의 파행이 일어나지만 장단지 파행은 드물다. 손 끝 궤양들이 나타나며, 절단을 요하게 되고 시각 장애가 흔하게 나타난다.

폐색성 동맥 질환은 파행으로 인해 보행을 제한할 수 있다. 손끝 괴저가 나타나지 않는 한 개인 신변처리 기술들은 상실되지 않고 교통과 의사소통 기능들은 손상되지 않는다. 사지 상실율은 낮은데, 당뇨를 지니지 않는 내담자의 경우 연간 2퍼센트 그리고 당뇨를 지닌 내담자의 경우 연간 7퍼센트로 나타난다. 동맥의 엑스레이 검사들(동맥 조영술)이 수술에 앞서 폐색성 축상경화증의 분절된 협착 부위들을 파악하기 위해 필요하며, 빈약한 피부영양의 증거에 의해 임상적으로 파악된다. 외과적 치료는 거의 요구되지 않지만 손상된 동맥들에 연결되는 교감신경의 절개(요부 교감 신경 절개술)나 혹은 손상된 동맥들의 방해 부위에 대한 이식을 포함한다. 내담자는 일반적으로 들기 작업을 할 수 있으며, 추운 날씨를 피하고 실내 작업을 갖도록 해야 한다. 특히 사지에 있어서 외상 및 피부 손상과 관련된 직업들은 혈액공급 부족이 상처치유를 지연시키기 때문에 피해야 한다.

7. 동맥 강직성 장애

두 가지 동맥 강직성 장애는 레이노병(현상)과 망상 피반(livedo reticularis)으로 한냉이나 혹은 정서적 자극들에 반응하는 창백, 청색화, 그리고 한쪽 사지, 일반적으로 양 손에 나타나는 홍조의 발달로 특징된다. 이 조건은 일반적으로 여성들에게 발견되고 십대 후반에 시작되며, 양 손이 대칭적으로 손상되는 경향이 있다. 망상 피반은 그물망 모양을 보이는 피부의 푸르스럼한 얼룩으로 인식된다. 손 끝에 궤양들을 가질 때 신변처리 기술들이 손상될 수 있다. 이차적 형태들은 원인 질환의 예후를 보이는데 진단은 조심스런 환자의 개인력에 의해 이루어진다. 내과 전문의 혹은 말초 혈관 질환의 전문 외과의는 일반적인 자문대상이 된다. 원인 질병의 발견을 위해 포괄적인 검사실의 평가가 요구될 수 있다.

일차적인 형태들에 있어서 혈관들에 대한 신경의 외과적 제거(교감신경 절제술)는 일관성없는 결과들을 보여왔으며, 몇몇 약제들이 도움되는 것으로 보고된다. 이차적 형태의 관리는 원인 질병의 관리로 내담자들은 냉기에 오랫동안 노출되는 직업들을 피하도록 조치되어야 한다. 실내 직업이 일반적으로 가장 바람직하다.

8. 노장성 정맥들

노장성(varieose) 정맥들에서는 판막들이 심장으로 되돌아가는 혈액을 불완전하게 하는 사지의 정맥들이 일반적으로 손상된다. 20세 이후에 특징적으로 나타나며, 유전적 요소들이 중요하긴 하지만 그 원인은 명확하지 않다. 노장성 정맥들을 지닌 내담자는 하루 일과가 끝날 무렵에 특히 현저하게 나타나는 양 다리의 피곤함과 무거움을 경험한다. 일반적으로 무릎 아래의 발과 다리의 부종이 나타난다. 이 증상은 양 다리를 높임으로서 신속히 완화된다.

노장성 정맥들은 생명위협 조건은 아니며, 일반적 관리로 잘 맞는 압착성 스타킹을 착용하는 것이다. 만약 저부 정맥계가 개방되지 않았다면, 노장성 정맥들이 피부 궤양들을 일으키는 일은 드물다. 때때로 표재성 정맥들을 묶고 절제하는 수술이 요구되고 특별한 약제들은 없다. 많은 시간 고정적으로 일어서서 행하는 일이 최소화된 직업을 고려해야 하고 정맥류(varicositieo)를 지닌 내담자들은 들기 조건들에 의해 직업적으로 제한 받지 않으며, 궁극적으로 모든 신체적 과제를 수행할 수 있고 환경적 고려들은 필요치 않다.

9. 혈전성 정맥염

혈전성 정맥염은 염증과 혈병 형성으로 특징지워지는 중요한 급성 정맥들의 질환이다. 이 질환에서 정맥들, 손상된 하지 정맥들이 매우 연약해진다. 일반적으로 특수한 원인은 발견되지 않지만, 손상, 감염, 그리고 화학적 자극이 조사되어야 한다. 혈전성 정맥염의 급발 요소들에는 중증 질병, 부동, 심부전, 그리고 외과 수술과 중증 외상을 포함한다. 혈전성 정맥염은 일반적으로 양쪽 다리와 복부의 심부 정맥들에서 나타난다. 치료가 지연되거나 질환이 인식되지 않을 때 혈병들이 부숴져서 우심장에 흘러들어가 폐경색을 일으키는 폐동맥들에 걸리는 폐색전이 발생한다.

정맥염후 증후군(post-phelbitic syndrome)은 만성 정맥 폐색과 정맥들 속 판막들의 파괴를 초래하는 저부 혈전성 정맥염의 하나 혹은 그 이상의 후기 합병증이다. 내담자는 사지의 부종과 피부 아래의 조직에 반흔과 궤양들을 남기는 색소침착에 이르는 표재성 정맥들의 파열을 야기할 수 있고 하루 일과의 끝 무렵에 특히 악화되는 통증과 부종을 호소할 것이다. 이 조건은 진행성이고 일시적으로만 완화될 수 있다. 폐색성 동맥 질환과는 달리 이 조건은 절단에 이르지는 않으며, 심리사회적 손상은 일반적으로 나타나지 않는다. 진단은 개인력과 신체검사를 기초로 하여 이루어지는데 의심스러울 때 정맥조영이 필요하고 정맥들 속의 혈류에 대한 초음파 검사들이 또한 유용하다. 급성 혈전성 정맥염의 경우에 입원, 병상휴식, 거상 그리고 항응고성 약제들이 사용된다.

제 4 절 지원고용과 재활서비스

1. 지원고용의 특성

1) 특징

지원고용 (supported employment)은 외상성 뇌손상 장애를 지닌 사람들에게 매우 고무적인 직업재활 서비스 유형이다. 지원고용은 1984년 이래로 미국 교육부 특수교육 및 재활서비스국의 주요한 하나의 서비스였다 (Wehman et al., 1988). 이것은 중증의 장애를 지닌 사람들이 자연스런 환경 속에서 필요한 직업기술들을 익히게 하는 것으로 중증의 장애인 구직자에게 실제적인 직업환경을 제공하는 직업재활 모형이다. 직업배치 후에 직업훈련을 강조하는 이러한 직업재활 모형에서의 내담자는 직업코치로부터 무제한적인 계속적 지원을 받게 된다.

직업코치에 의한 일대일 훈련과 감독이라는 지원고용의 정신은 뇌손상 장애인과 같은 재활 인구에 가장 적합한 것으로 보인다 (Hanley-Maxwell & Bordieri, 1989; Golden et al., 1993). 지원고용은 정신장애인들에게도 매우 효과적이었으며, 미국의 경우 지원고용은 1986년 개정재활법에 의해 규정된 최근에 가장 유용한 직업재활 프로그램으로 손꼽히고 있다 (Leland et al., 1988). 생활표 (Life Table)를 이용한 중증 정신장애인들의 고용기간 및 지원고용의 효과를 측정하기 위한 연구에서 리렌드 등 (Leland, Lewis, Hinman, & Carrillo, 1988)은 메릴랜드의 볼티모어시에 거주하는 233명의 만성 정신장애인들의 12개월 직업보유율이 59%에 미치는 것으로 보고하였다.

2) 기본 전제

내담자는 장애를 지니지 않은 다른 근로자들에게 적용되는 임금수준에 따라 시간제이든 전일제이든 주간 최소 20시간이상 근로하여야 한다. 특히, 직장에서 장애를 지니지 않은 근로자들과의 정규적인 접촉을 전제로 하는 지원고용은 1986년의 개정재활법에 의해 장애가 심해 스스로의 힘으로는 일반 지역노동시장의 통합적 경쟁고용을 획득하기가 불가능한 장애가 심한 사람들을 그 대상으로 하고 있다 (Hanley-Maxwell & Bordieri, 1989).

지원고용이 여타의 다른 직업재활 서비스들과 구분되는 주요한 특징은 직업코치에 의한 강렬한 계속적인 (on-going) 지원서비스의 제공에 있다. 이러한 지원은 직무분석, 직접훈련, 직장에서의 간접적 중재와 원조, 상담, 그리고 여타의 직업관련 서비스들을 포함한다.

지원고용은 ① 경쟁고용, ② 통합된 작업환경, 그리고 ③ 계속적인 훈련 및 서비스의 제공이라는 세 가지 기본전제를 바탕으로 하고 있다 (강위영, 1993). 통합된 작업환경은 대부분의 근로자들이 장애를 지니지 않은 사람들로 구성된 직장을 가리키며, 따라서 장애인들을 격리시키는 것이 아니라 정상화 (normalization)의 철학적 기저를 바탕으로 지역사회 내에서 장애인 근로자들의 정상적인 직장생활을 추구하는 것이다. 지역적으로 또는 사회적으로 분리된 보호작업장과 장애인 수용시설 내의 근로프로그램들과는 달리 직업생활의 추구를 그 본질로 한다. 사회통합에 관한 과거의 관점은 즉 정상성 (normality)을 강조하여 장애를 지닌 사람들의 욕구에 대해서 수용과 인내를 요구하였고, 따라서 대중에 대한 교육에 강조를 두게 된다. Oliver (1996)는 소위 이 정상성 (normality)은 다양성이 존재하는 현실 속에 부과된 하나의 구성체 (a construct)에 지나지 않기 때문에 장애인 스스로에 의해 균등 정책의 주요수단이 되어야 하며, 권리에 의한 도덕적 헌신이 사회통합을 위해 필요하다고 보았다. 나아가 그는 사회통합을 정치인이나 주요한 정책결정자들 혹은 전문가들에 의해서가 아니라 권한을 지닌 (empowered) 장애인 스스로의 통합을 위한 투쟁과정에 의해서 가능하다고 보았다. 궁극적으로 장애를 지니지 않은 사람들이 설정한 사회와 규범, 그리고 행동 준거들 속에 동화시키거나 수용하는 기회의 균등이 보장되는 포함 (inclusion)정책이 바람직하다고 보았다 (Olive, 1996).

2. 정상화와 기능회복

1) 용어와 직업기능

정상화 (normalization) 이론은 일탈로부터 야기되는 문제와 낙인 시 효과, 그리고 사람들의 태도와 가치에 강조를 둔 것이다. 사회적 가치절하의 위험에 있는 사람들의 가치 있는 사회적 역할을 창조하고, 지지하고, 방어하기 위한 중심 개념으로 Wolfensberger는 normalization이라는 용어를 social role valorization으로 나중에 바꾸었다. normalization의 개념은 당시로서는 혁신적이었고 그 전제는 기능주의였으며 상호작용주의의 내용을 담고 있지만 전문가에 의한 서비스의 통제라는 이슈들은 효과적으로 해결하거나 다루지 못하였다 (Fulcher, 1996).

Nirje는 지적장애인들의 normalization에 필요한 여덟 가지 조건들을 다음과 같이 개념화하였다 (Fulcher, 1996). ① 일상의 생활리듬, ② 일상의 주간리듬, ③ 일상의 인간리듬, ④ 생활 주기에 따르는 정규발달 경험의 기회, ⑤ 지적장애인의 선택, 희망, 욕구의 존중, ⑥ 양성으로 구성된 사회 속에서의 생활, ⑦ 정규 경제적 기준 충족, ⑧ 물리적 환경조건들이 비장애인들의 것과 동일하여야 한다.

코쉬우렉 (Kosciulek, 1991)은 ① 뇌손상 장애인들에 대한 기술회복, ② 내담자 재동기화, ③ 진로목표의 재구조화는 상호작용을 미치는 지원고용의 성공을 위한 주요한 세 가지 영역이라고 보고, 정보, 팀접근, 창조적인 전략, 고용주 및 내담자 교육, 지역사회 네트워크, 교통 및 주택 등이 내담자의 직업보유와 성공을 원조하기 위해 매우 중요한 요소인 것으로 고려한다. 특히, 뇌손상 장애인에 대한 현실적인 재활 프로그램들을 계획하고 실행하기 위해서 뇌손상 장애가 어떻게 일어나며, 어떠한 변화들이 내담자의 전체 행동에 영향을 미치는 가하는 초보적인 지식을 이해하는 것은 필수적이다.

뇌손상 장애인에 대한 광범위한 조사결과는 적절한 서비스가 수반될 때 뇌손상 장애발생후 2년 이내에 직업에 종사할 수 있는 비율이 10%에서 25%정도지만, 지원고용과 같은 구조화된 강렬한 직업재활 서비스가 제공될 때 그 비율을 50%에서 60%까지 증가시킬 수 있다 (Moore & Bartlow, 1989).

2) 평가와 보상전략

뇌손상 장애인들에 대해 지원고용 프로그램을 적용하는 데 있어서 그들의 듣기, 보기, 말하기, 쓰기 능력의 손상은 직업적으로 상당한 제한을 부과하기 때문에 메모지와 입력장치의 사용 등 지원고용 과정에 있어서 이러한 기능들을 적절히 훈련하거나 보상하는 방법을 찾는 것이 필요하다. 벤더-케스탈트 (BG)와 같은 여러 가지 심리적 검사만으로는 직업장면에서 나타날 수 있는 내담자의 행동결함을 효과적으로 평가하기 어려우며, 뇌손상 장애인의 직업적 제한점이나 잠재력과 관련한 평가에는 어려움이 많다. 외상성 뇌손상을 입게 되는 사람들은 변화를 위한 다양한 준비단계에서 재활에 착수하게 된다. 어떤 사람들은 자신의 결함들에 대한 합리적인 인식을 지니고 있을 수도 있고 이러한 사람들은 자신의 결함들을 교정하고 재활을 하려는 비교적 준비가 된 상태라고 볼 수 있다. 이들은 변화를 위한 준비가 되어있고 자신에 대한 이해를 높이는 치료조치가 좌절감을 떨쳐버리고 행동을 취할 수 있도록 하는 동기를 부여할 수 있다.

또 다른 사람들은 자신들에게 아무런 문제가 없다고 생각하고 행동변화를 위한 어떠한 필요도 달가워하지 않을 수 있다. 이들은 재활과정에서 장기간에 걸쳐 비용이 드는 뇌손상 장애인의 재활서비스로부터 적극적인 수혜자가 될 것 같지 않다. 따라서 재활계획은 내담자의 실제적 준비단계와 보조를 맞추어야 한다. 변화를 위한 준비성과 일치되는 중재전략의 목표를 인식함으로써 재활에 필요한 제 측면에 대한 이해를 높이고 준거를 설정하는 일이 필요하다 (Lam, Chan, & McMahon, 1991). 내담자 자신과 재활전문가를 당황하게 하는 것은 뇌손상 장애인이 경험하게 되는 결함들의 복합성에 있다.

중증 뇌손상 장애인에 대한 조사연구는 뇌손상 후 일정기간이 경과하고 나서도 대부분의 사람들이 실업상태에 있다는 것을 보여주었으며, 직업적응과 가장 밀접한 관계가 있는 요인들은 신체적 상태, 사고능률, 집중능력, 그리고 운동협응력들로 나타났다 (Wehman et al., 1988). 또한, 뇌손상 장애인들은 장기기억, 우울, 발작증상의 문제들을 각기 88%, 78%, 15%씩 나타내는 것으로 보고하고 있으며, 한국전 동안 파병되었던 864명의 퇴역군인들 집단에 대한 15년 간에 걸친 전후 손상에 관한 연구에서 하루 이상의 의식불명 (coma) 상태에 있었던 사람들은 55%의 고용율을 보인 반면, 의식불명의 상태를 거치지 않은 뇌손상 장애인들의 고용율은 85%에 이르는 것으로 보고하고 있다 (Wehman, et al., 1988). 결국, 직업재활의 개입이 지연될수록 뇌손상의 잔여효과와 충격은 증가된다고 볼 수 있다 (Kosciulek, 1991).

앞서 지적된 것처럼 뇌손상의 신경행동학적 결과들은 사회적, 신체적, 인지적, 언어적, 정서적, 그리고 행동적 기능에 큰 영향을 미치며, 이것은 내담자의 생활뿐만 아니라 가까운 가족 성원들의 심각한 분열을 야기시킬 수 있다 (Rape, Bush, & Slavin, 1992). 따라서 뇌손상 장애인의 재활을 저해하는 주요 요인으로 판명되는 가족의 거부 (denial) 또한 적절히 이해되고 재활과정에서 다루어져야 하며, 지원고용에 있어서 가족의 참여는 본질적이다. 뇌손상 장애인들을 대신하여 이루어지는 가족들의 의사결정 과정으로 인해 지원고용은 가족의 헌신 없이는 성공할 수 없다.

뇌손상 가족 성원의 적응을 개념화시킨 발달단계 모형들은 심한 뇌손상 장애인에 대한 가족 성원의 적응을 개념화하는 명제들을 제공하는데, 먼저 뇌손상 장애인 가족들이 장애의 본질과 결과를 이해하는 것이 중요하며, 이들이 내담자에게 구조화된 반응을 제공하는 것이 중요하다. 가족중재를 위해서는 가치 재구조화 (value restructuring), 스트레스 대처, 가족 상담 등의 노력이 필요하다 (Ridley, 1989).

한편, 뇌손상 장애인의 기능 수준을 높이기 위해 적절한 환경수정이 필요불가결하게 되는데, 이를 위해 메모 및 전자수첩과 같은 보조기억 장치의 마련이 필요하기도 한다. 뇌손상 장애인의 재활을 위해서 일하는 사람들은 관찰, 문제해결, 그리고 창조성에 탁월한 능력을 보여야 한다.

뇌손상 장애인은 각기 다르게 장애의 영향을 받기 때문에 개별적으로 다루어져야 한다는 점에서 지원고용 방법이 보다 적절하며, 지원고용은 직업전 준비라든지 직업전 훈련과 같은 측면을 강조하기보다는 즉각적인 직업적 기회와 지역사회의 참여를 강조한다. 비록 뇌손상 장애인은 예측 불가능한 장애특성과 불확실성 때문에 재활이 가장 곤란한 인구 중의 하나이며, 정서적 불안정뿐만 아니라 다양한 행동적 및 인지적 결함을 지닌 경향이 있고 장애상태의 개선은 매우 느린 속도로 이루어지지만, 지원고용 모형은 이러한 장애집단의 재활에 가장 이상적인 것으로 보인다.

지역사회의 통합된 장면에서 직업코치에 의한 계속적이고 융통성이 있으며, 무제한적인 사후지도 서비스의 제공은 뇌손상 내담자의 직업보유와 기술유지를 극대화시킬 수 있는 장점과 사회적 통합의 장점이 있다. 이러한 이상적인 뇌손상 내담자의 지원고용을 위해서는 첫째, 적절한 재활계획의 수립과 실행에 필요한 장애의 본질과 직업장면 등 정확한 뇌손상 평가체계의 확립이 필요하다. 둘째, 내담자의 뇌손상 정도에 토대하여 적절한 유형의 지원고용 접근전략이 만들어져야 한다. 셋째, 직업코치를 위한 뇌손상의 특성들과 관련한 훈련 패키지가 개발되어서 그들의 뇌손상에 대한 지식의 정도를 깊이하고 개선하도록 하여야 한다. 이들은 필요한 평가, 훈련, 수퍼비젼, 상담, 직업배치, 직무분석, 그리고 내담자 사후지도를 제공할 수 있는 능력이 있어야 한다. 특히, 뇌손상 장애인의 재활에 관여하는 전문가의 인식전환과 인내는 필수적이다.

1990년대 들어 전국의 장애인 종합복지관에서 시작한 지원고용의 실행에 따른 인력에 소용되는 비용의 문제가 이슈가 될 수 있지만, 장애인 종합복지관에서 시행하고 있는 프로그램을 정신 사회재활 영역에서 적용을 못할 이유가 없다. 지원고용에 필요한 사업체의 고용주 인식의 문제는 직종 연구를 바탕으로 하여 업무의 성격분석과 고용주의 이해가 따르면 해결 가능하리라고 본다. 지원고용의 특징은 중증장애인이 할 수 없는 것을 규정하는 것이 아니라 중증장애인도 근로할 수 있다는 전제에서 출발한다 (Gardner et al., 1988).

3. 뇌손상 장애인 관련 평가

중증의 폐쇄성 (closed) 뇌손상 장애인의 문제해결 전략을 위해 Goldstein과 Levin (1991)은 그림을 이용한 20개의 질문을 제시하고 탐구하였다. 특히 추론화나 문제해결력과 같은 집행기능 (executive functions)에 대한 연구를 위해 피험자들의 복잡한 행동 자료를 조직화하고 반응패턴을 전환시키며, 피드백을 효과적으로 사용하고 자기수행을 평가할 수 있는 능력들을 점검하였다. 이들의 지능은 정상 범위로 회복이 되지만 융통성 있는 문제해결력, 행동의 수정, 계획력, 등과 같은 관리기능에 손상을 가지고 있는 것으로 나타난다. 문제해결적 행동은 동기, 분석하는 능력, 전략의 선택, 그리고 자기평가를 포함하며, 광범위한 추론화 기술을 포함할 뿐만 아니라 질문의 형태를 조사함으로써 질적 분석도 시행한다.

이들은 Glasgow Coma Scale이 8점 이하인 32세 이하의 성인 13명을 조사하여 나이와 교육수준을 고려하여 짝짓기 한 10명의 통계군과 비교하였다. 42개의 일반 물체들의 칼라 그림이 범주화된 영역과는 무관한 순으로 나열되어 최대 30가지 질문을 던질 수 있다. 질문의 분류는 세 가지로 나누어진다. 첫 번째는 직접 "말이에요?"라고 묻는 질문이다. 두 번째 항목의 "비 올 때 쓰는 것이에요?"와 같이 속성을 묻는 질문이다. 마지막에는 "동물이에요?" 와 같은 범주를 묻는 질문이다. 이 실험에서 장애인 집단은 통계군 집단보다 더 많은 질문 수를 요구하며, 문제해결에 있어서 전략부족을 나타내었다. 두 번째 질문형태에서 역시 유사한 결과를 나타내었다. 문제해결의 전략으로 범주형 질문에서는 pseudo-constraint형 질문은 더 적게 사용한데 반해 constraint형 질문은 더 많이 사용하였다. 결국,

문제해결 능력은 뇌손상 후 크게 손상되는 것을 보여주었다. 능동적인 사고능력, 세련된 문제해결의 책략, 반응의 전환 등의 집행기능에 대한 더욱 많은 연구들과 더불어 검사기법이 개발되고 더 나아가 치료와 재활에 이용되어야 할 것이다.

외부의 물리적 힘에 의한 뇌의 상처로 정의되는 외상성 뇌손상은 퇴행적이거나 질병 과정의 결과가 아니며 선천적이지도 않다. 충격을 받은 뇌반구는 흔히 몸의 반대편에 마비가 생긴다. 결과적으로 우뇌의 충격은 몸의 왼쪽 편마비를 초래하고 (왼쪽 반신불수) 반면에, 좌뇌의 충격은 몸의 오른쪽 편마비를 초래한다. 이런 개인은 옷을 입는 것과 같이 개인이 옳게 과제를 수행하는 것이 보증되기 위해 단순한 과제를 빈번케 할 필요가 있다.

우측 뇌의 손상을 가진 개인은 언어 기능을 가지지만 그들은 일반적으로 공간시각에 관한 결점을 가진다. 의사소통의 능력은 손상되지 않았기 때문에 남은 다른 기술과 능력에서는 과대 평가될 수 있다. 종종 그들의 환경에서 이해된 시각적 신호와는 다른 것을 가지기 때문에 환경의 단일화와 좋은 조명이 움직임과 관련한 그들의 능력에 중요하게 작용할 수 있다. 특별히 우반구에 충격을 받은 개인은 질병부인 (anosognosia, 한 측면에서는 태만)을 경험할 수 있다. 청결하던 개인이 외모에서 지저분하게 행동을 하는데 처음에는 자기 상태의 징후보다는 게으름, 무관심, 비협동으로 오해될 수도 있다.

비록 신경학상의 결손은 일시적이지만 만약 치료를 통해 잠재적인 위험상태를 통제하지 않으면 장차 개인에게 큰 결손을 초래할 가능성에 대해 미리 주의해야 할 것이다.

어떤 개인은 외상성 뇌손상 후에 간질이 발생한다. 부상 후 초기의 발병은 두개골 내 (intracranial) 압력의 증가와 관련되거나 부상의 직접적 결과와 관련될 수도 있다. 이 후에 나타나는 발병은 뇌에서 생긴 반흔 조직의 기능과 관련되어 있다.

뇌척수액을 여과하고 전환하는 뇌에서 한 혈관을 다른 혈관으로 돌리는 외과수술로도 치료한다. 외상후의 뇌수종으로 발전되는 진단은 다양하게 내려진다. 물리치료는 관절과 근육의 합병증 예방에 초점을 두고 신체 이동 개선 노력과 균형을 위해 이루어진다.

4. 재활잠재력과 잔존 영향

뇌외상이나 뇌졸중을 지닌 내담자의 직업재활 계획수립 시에는 몇 가지 요소들이 고려되어야 한다. 뇌손상이나 뇌졸중에 의해 야기된 손상은 진행성이 아니며, 따라서 급성기 이후 개선이 일어날 수 있다. 뿐만 아니라 다양한 장애요소들에 대한 환자의 적응은 일정기간에 걸쳐 개선될 수 있을 것이다.

몇 가지 일반화가 가능한 항목들은 다음과 같다.

① 혼수 상태가 짧을수록 내담자의 기능회복 기회는 크다.

② 손상된 사지 기능회복 개시가 빠를수록, 기능의 전반적 회복은 크다.

③ 발병 후 2개월 가량 지나 약간의 기능회복을 보이며, 이 영역의 궁극적인 기능사용 가능성은 낮다.

④ 사회경제적, 교육적 배경이 높은 사람일수록 자신의 잠재력을 보다 많이 사용하는 경향을 지닌다.

⑤ 정서적 지지와 의존욕구들을 충족시킬 수 있는 가족성원들을 가진 사람들일수록 성공 경향이 높다 (Twist, 1985).

비록 많은 경미한 뇌손상이 심각한 잔존영향을 미치지 않지만, 심한 두통에서 경한 기억장애나 집중력 부족과 같은 외상의 잔존영향이 있을 수 있다. 심한 뇌손상은 매번 다양한 영역에서 잔존영향을 미친다. 잔존영향의 유형이나 정도는 뇌손상 부위나 범위에 따라 다르다. 심한 뇌손상은 신체적, 지적, 행동적, 정서적인 면이 모두 관련되어 있다. 종종 신체적 지적능력 뿐 아니라 성격에서 급격한 변화가 오기도 한다.

심한 뇌손상의 잔존영향은 운동 협응에 어려움을 가지기도 한다. 마비, 허약, 근육의 경련성 마비 같은 운동결함이 있을 수 있다. 근육 협응력이 부족하면 균형의 손상을 가져와 비틀거리는 걸음걸이가 되게 하고 다른 종류의 운동 능력 결함은 비정상적인 움직임이나 비정상적인 근육상태가 있기도 한다. 심지어 근육의 운동기능이 손상되지 않고 남아있더라도 어떤 행동을 하기 위한 특수한 근육의 움직임이 일어나게 하는 능력이 손상될 수도 있다.

운동기능의 어려움은 말하기에도 영향을 미치기도 한다. 근육들의 마비나 허약 때문에 이차적으로 근육, 입술, 혀 등 다른 말하는 구조들의 정확성과 협응 능력의 결함을 일으키기도 한다. 이런 결함은 조금 불명료하게 말한다든지 불명확하게 말하기도 한다. 성대가 잘못되면 목소리에 영향을 미친다. 너무 과다하게 침을 삼킴으로 침을 삼키는 반사작용에 영향을 끼치기도 한다. 침을 삼키는 반사작용이 힘들게 되면 끊임없이 흘러내리는 침이 생길 수도 있다. 어떤 경우에는 호스로 음식물을 투여하는 것도 필요하다.

관절이 약하거나 불협응 상태가 아닌데도 반사행동 관절의 부조화로 일어나는 언어의 문제가 일어날 수도 있다. 예를 들면 이가 없어도 혀로 극소량의 음식을 먹을 수는 있지만, "t" 발음을 내기 위해 혀를 이 앞에 놓을 수는 없는 사람도 있다. 이런 상태를 소리 실어증 (失語症)이라고 한다. 이런 사람들은 복잡한 말하기나 긴 문장을 읽을 때 더 어려움을 느낀다. 소리 실행증 (apraxia)은 개별적으로는 거의 일어나지 않고 빈번히 발음과 연결하여 일어난다.

5. 실어증과 기능적 문제

실어증은 언어를 표현하거나 이해하는 능력의 결함을 말한다. 소리를 내는 근육기관의 결함보다는 대뇌 언어중추의 잘못된 기능 때문에 일어나고 언어를 글로 의사 표현하는데 영향을 준다. 비록 많은 유형의 실어증이 있지만 두 개의 공통되는 범주로 ① 유창하지 못한 실어증과 ② 유창한 실어증이 있다.

브로카 실어증은 말이 매끄럽지 못하거나 힘들여 말하기, 주저해 말하기, 단어 수가 줄기와 같은 특징의 비유창성 실어증 유형에 속한다. 그러나 이런 사람이 간단한 문장을 읽고 이해할 수 있는데 문장의 길이가 길어지거나 메시지가 복잡해지면 어려움이 더 확연해진다. 비록 이해할 수 있다 하더라도 생각을 말이나 글로 표현하는데 어려움을 가질 수 있으며, 보통 읽는 능력은 글쓰는 능력보다는 낫다.

말하기에는 힘이 들고 느려지며, 이해하는 걸 어렵게 한다. 전치사 같은 작은 연결단어는 생략되기도 한다. 또 다른 유형의 비유창성은 포괄적인 실어증이 있는데 이것은 의사소통하는 능력을 제한시킨다. 예를 들면, OK와 같은 상투적 언어를 말할 수도 있고 간단한 질문에 적절히 대답하기 어려울 수도 있다.

워닉스 (Wernick) 실어증은 상대적으로 정상적인 문법구조와 말하는 것도 원활한 유창성 실어증의 유형인데 말하는게 많지만 그 사람이 말한 걸 잘 이해하지 못하게 한다. 듣기, 읽기 이해력은 여전히 부족하다. 워닉스 실어증은 전형적으로 자신들의 의사소통에 있어 어려움을 잘 인식하지 못한다.

감각문제도 또한 있을 수 있다. 비록, 눈 자체가 손상을 입은 것이 아닐지라도 눈으로부터 오는 신경 자극을 받아들이고 지각하는 등의 뇌부분이 손상되면 시각문제가 생길 수도 있다. 시각문제는 전맹, 복시증, 시야 주변부위의 손상이나 검은 점, 시야의 반만 보이는 것, 색맹을 포함한다. 다양한 다른 자극을 이해하는데 영향을 받을 수도 있다. 감각 이해력의 손상이 있을 수도 있다. 예를 들면, 어떤 사람들은 듣거나 보지만 이미지를 해석하지 못할 수도 있고 감각으로 사물을 구별하지 못할 수도 있다. 잔존 울림이나 듣는 감각신경이 손상을 경험할 수도 있다. 만약 후각신경이나 뇌의 상응부분이 손상되면 냄새를 맡지 못하거나 연기, 가스 누출, 다른 중요한 위험 신호와 같은 위험을 추적하는 능력에 영향을 끼칠 수도 있다. 시각-공간 결함으로 거리를 잘못 판단하거나 지각의 깊이를 모르고 전체 사물의 개념을 감지하는 능력이 손상될 수도 있다. 결과적으로 이런 사람은 환경 내에서 위치를 정하거나 이동을 하기 위해 시각정보를 정확히 이해하는데 어려움을 가진다.

외상성 뇌손상은 다양한 인지능력을 변화시킬 수 있다. 측두엽 해마의 주기능인 기억은 외부세계에서 오는 지각을 저장하고 분석하고 후에 재인지하고 회상하기 위해 이런 지각들을 범주화하는 능력을 포함한다. 이런 사람들은 연관된 단계들을 기억하지 못하거나 과제의 첫 번째 단계들을 완성한 후에 원래 하려 했던 바를 망각하기 때문에 옷 입기 같은 일상의 간단한 과제도 수행하지 못할 수도 있다. 다른 가능한 인지적 결함은 전체로 조합하는 능력이 감소하거나 주의산만, 문제해결 능력이나 추론능력이 감소하는 걸 포함한다.

모든 심한 뇌손상과 관련된 성격 변화뿐만 아니라 행동이나 감정 변화도 나타난다. 성격의 발달이나 감정의 혼란은 외상성 뇌손상의 가장 흔한 장애요소이다.

때때로 장애 그 자체와 관련된 손상에 개인적 반응부분과 뇌에 생리학적 손상의 직접적인 결과로 성격이 변하는 부분을 식별하는 것은 어려운 일이다. 외상성 뇌손상 후에 어떤 사람들은 기뻐지거나 슬픈 기분 사이를 반복하거나 기분이 수시로 바뀌거나 짜증을 거의 나타내지 않기도 한다. 그들은 자신 위주의 행동을 하거나 행동을 시작하는데 어려움을 겪기도 한다. 그들 행동의 결과에 대해 생각하거나 예상하지 않고 재빨리 반응을 나타내며 충동적으로 행동하기도 한다.

빈약한 자기인식은 심각한 뇌손상의 직접적인 생리학적 결과일 것이다. 이들은 자기 행동의 부적절성에 대한 통찰력이 결핍될 수 있거나 그들의 결함에 대해 인지되지 못할 수도 있다. 이런 사람들은 능력에 대한 비현실적인 기대나 평가를 표현할 수도 있고 행동이나 수행에 대해 다른 사람들이 평가에 대해 부인하거나 동의하지 않을 수도 있다. 사회에서 적절히 기능하기 위해 요구되어지는 사회적 능력을 나타내지 못하는 결함을 보인다. 그러나 적절한 피드백과 경험으로 어느 정도의 자기인식을 회복할 수도 있다.

외상성 뇌손상의 결과로 인해 공격적 행동이 나타나고 이것은 좌절에서 오거나 뇌손상의 직접적인 생리학적 결과로 올 수도 있다. 공격성은 오히려 적극적이거나 수동적, 언어적이나 신체적으로 달리 표현될 수도 있다. 공격적 행동은 사람이나 사물에 대해 폭력적 언어, 신체적 행동, 협동능력 부족, 어떤 과제를 수행하는데 있어서의 실패를 포함한다.

우울, 불안, 낮아진 자긍심은 외상성 대뇌손상과 가장 빈번히 관련되어 있다. 이런 사람들은 외상성 뇌손상에 필연적으로 따르는 생활방식의 변화나 상실, 후퇴감 등을 더욱 크게 인식하게 되기 때문에 무희망과 불안에 의해 압도될 수도 있다. 그들은 무가치함과 비탄의 감정에 빠지게 될 것이다.

외상성 뇌손상을 경험한 대다수의 사람들은 알코올이나 다른 처방되지 않은 약물을 섭취하지 말아야 하며, 손상으로 야기되는 부가적 손상뿐 아니라 이런 제한점들에도 유의해야 할 것이다. 그리고 이들은 그런 제한점들을 극복하기 위해서 상당한 교육과 지원이 요구된다. 그러나 알코올이나 다른 약물섭취는 뇌손상 후의 간질에 대한 가능성도 증가시키고 처방, 조제된 약물과의 부작용이나 상호작용은 위험한 결과를 초래할 수도 있다. 게다가 알코올이나 다른 물질은 현재 존재하는 인지나 심리운동적 기능의 결함을 촉발시킬 수도 있어 사고나 부가적 손상 기회를 증가시키게 된다.

<토론주제>

1. 사람들은 어떻게 장애인들이 변화에 적응하도록 도울 수 있나요?
2. 치료와 교육 등 중증장애인들의 특수한 욕구는 가족과 주변 사람들에게 어떻게 부가적인 걱정거리를 만들어 낼까요?
3. 지나친 온정주의, 과보호가 장애인당사자에게 미치는 형향을 토론해 봅시다.
4. 카펄터널증후군과 근위축증 등 신경학상의 질병과 뇌병변장애로 고생하는 주위의 지인이나 가족들이 호소하는 문제점들을 논의해 보시오.

제 2 장

장애의 심리사회적 측면

제1절 장애인구의 크기와 특징

1. 장애영역별 분포

세계보건기구 (WHO)는 전 세계인구의 10%를 장애인으로 추산하고 있다. 우리나라 전국 장애인 수자는 약 144만 9천 5백 명으로 추정되고 경제활동 가능 장애인은 1,331,5천명이며, 현재 실제로 경제로 경제활동에 참가하고 있는 장애인 수는 636.7천명에 이르고 실업자 수는 전체 약 28.4% 인 180.9천명에 이른다 (보건사회연구원, 2000). 그러나 2002년 실제 등록된 장애인 수는 1,217천명에 이르고 있으며, 2000년도에 추정된 유형별 장애인 수와는 아래의 표와 같이 다소 다른 통계적 결과를 보이고 있다. 2010년 12월 현재 우리나라 등록 장애인 수는 전체인구의 5% 수준인 2,517,312명이다.

<표 1> 추정 및 등록 장애인 수

(단위: 명, 퍼센트)

분류	전체	지체	뇌병변	시각	청각 언어	정신 지체	발달 장애	정신 장애	신장	심장
추정수	1449,496	605,127	223,246	181,881	175,578	108,678	13,481	71,797	25,284	44,424
비율(%)	100	41.7	15.4	1.6	12.1	7.5	0.9	5.0	1.7	3.1
등록수	1,217,837	719,526	78,813	126,248	115,502	99,953	3,190	36,196	30,350	8,059
비율(%)	100	59.1	6.5	10.4	9.5	8.2	0.2	3.0	2.5	0.6

출처 : 보건사회연구원, 2000; 보건복지부, 2002

장애통계는 그 나라의 각종 장애정책을 계획, 수립하고 그 결과를 평가하는 데에 필요 불가결한 것이며 지역사회중심 재활프로그램 등 구체적인 장애인 대상 프로그램을 이행하는 데에 선행 기준과 지침이 된다. 장애통계의 필요성은 국가의 경제수준이 높아지고 선진화될수록 증대되고 그 역할이 중요해 진다. 현재 모두 15개 범주의 장애인복지법상의 법적 장애유형과 분류체계가 있지만, 정부 예산과 공무원 수적 증대의 가능성이 높아 현 범주를 확대하지 않고 있다.

2. 장애인 등록제도

장애인등록 동기는 연구결과를 통해 살펴보면 학교의 요구 또는 진학을 위해 (31.0%), 자발적으로 내가 원해서 (27.0%) 등의 순으로 나타나 대부분 이차적 이득을 얻기 위해 장애등록을 한다는 점을 알 수 있다. 장애정책의 적용 대상을 생활수준별, 장애급수별로 획일적으로 규정하기보다는 신청주의에 의한 시책 적용으로 자격요건이 변경되어야 할 것이다. 많은 등록 장애인은 당연한 권리로서 서비스를 스스로 주장하고 있는 반면 서비스를 전달하는 직원의 태도는 매우 불친절하여 이들에게서 받는 수치심, 낙인감이 매우 큰 것으로 나타난다.

일본, 홍콩, 대만, 싱가포르 등의 국가에서는 장애인 등록을 실시하고 있으나 미국, 스웨덴 등은 실시하지 않고 있는데 이는 장애의 종류가 다양하고 복잡해서 일률적인 장애근거를 정한다는 것이 의미가 없다는 주장이다. 스웨덴의 경우는 장애인만을 대상으로 하는 별도의 법률이 제정되어 있지 않으며 장애인 복지를 위한 단일 전문기관도 비현실적, 차별적이라 하여 설치하지 않고 있다. 장애인 등록제도는 단순히 실태파악이 아닌 재활의 기회를 제공하기 위한 매개적 수단으로 장애등급을 의료적 측면이 아닌 사회, 심리, 교육, 직업적 측면까지 고려한 종합적 등급으로 그리고 전시적이고 홍보적인 시책이 아닌 실질적인 혜택을 고려하는 것이어야 한다.

우리나라는 등록장애인에 대한 이차적 이득인 혜택이 많아 보이지만 실질적으로 장애인은 필요한 서비스를 적절하게 받지 못하고 이곳저곳의 이용시설을 방문하여 상담하게 되는 이중삼중의 부담을 가지고 있다. 장애인 등록에 따른 정책의 긍정적 측면뿐만 아니라 낙인과 같은 측면에도 초점을 맞추어 가능한 한 낙인감을 줄일 수 있도록 국·공립박물관 무료입장 등과 같은 과시적 정책보다는 장애연금과 직업보장 등과 같은 실질적 정책이 요구되어지며, 서비스를 전달하는 직원이 부과하는 낙인문제는 개선되어야 한다. 우리나라 장애정책은 형식상으로는 세계 선진국에 못지 않지만 그 내용 면이나 철학적 바탕은 매우 취약한 장애인 불신 구조로 되어 있다.

3. 장애의 과거 세 가지 구분

우리나라 장애인복지법 상에서 장애인이라 함은 지체장애, 시각장애, 청각장애, 언어장애 또는 지적장애 등 신체적 정신적 결함으로 인하여 장기간에 걸쳐 일상생활 또는 사회생활에 상당한 제약을 받는 자를 말하는데 15개 법정 장애범주가 있다.

장애인이란 일반적으로 신체의 어떤 부분에 결함이 있거나 정신기능과 지능이 결여되어 사회 적응이 잘 되지 않는 경우를 말하는데 이러한 신체적, 정신적, 지능적 결함은 치료, 교육, 훈련 등으로 많은 개선효과를 거둘 수 있다. 따라서 장애인을 판정하고 구분하는 기준도 과거 신체적, 지적 결함의 정도에 두던 것을 일할 수 있는 능력과 가정생활 및 사회생활의 불편정도 등으로 바뀌어야 함이 타당한 것으로 여겨지고 있다. 과거 1973년 미국 재활법의 제 5편에서 규정하고 있는 장애인 (handicapped individual)은 다음과 같다 (Laski, 1979).

① 개인의 주요한 생활 활동들을 하나 이상 크게 제한하는 신체적 혹은 정신적 손상을 가진 사람

② 그러한 손상을 가진 기록을 지닌 사람

③ 그러한 손상을 가진 것으로 고려되는 사람

<표 2> 과거의 장애구분과 전문영역

전문영역 / 장애구분	내용	의학과 공학	교육	직업	사회복지
impairment (손상)	심리, 인체구조, 해부학적	합병증의 예방 재활치료와 회복 재활간호와 재활 훈련	지적 발달 사회성 발달 정서적 발달촉진	적성직종개발 직업훈련 직업상담	사회보장급여 의료보험
disability (기능장애)	기능제약으로 인한 활동 저하	보철구, 보장구 처방 가구, 가옥 개조 상담과 심리치료	의사소통 치료교육	직업평가 사업장조정 직업재활공학	가족상담 사회재활 레크레이션 스포츠
handicap (사회적 장애)	일상생활, 사회활동 제한	장애운동 사회적 계몽	통합교육 교육시스템개방 진로지도	통합고용 기본권 보장 고용제도 확립	사회교육 홍보 대중계몽 사회행동

당시에 장애인을 규정하는 이런 법규는 매우 유연하지만, 기본적으로 장애는 의료적인 성격을 지니며, 개인 건강상의 특징을 전제로 한다. 따라서 최중도의 장애인으로부터 장애를 지니지 않은 건강한 사람 사이에는 무한히 분할될 수 있는 단계들이 존재한다. 장애인과 비장애인의 구별은 양자 모두가 인간이라고 하는 공통의 본질적인 특성 속에서 가능하지만 장애인은 비장애인을 전제로 해서만 그 존재 성립이 가능하며, 이러한 장애의 특성을 전제로 하고 있기 때문에, 어디까지나 상대적인 구분에 지나지 않을 수 있다. 그러나 장애의 정의는 사회적 문화적 문제들과 관계된 사람들, 영구 장애를 지닌 사람들, 일시적 장애를 지닌 사람들을 포함할 수 있도록 충분한 융통성이 있어야 한다 (Acton, 1972).

제2절 장애관련 용어

1. 정밀성의 필요

용어는 보통 관념을 전달하고 사회적인 스테레오타입을 형성하는데, 장애에 관한 토론만을 위해서가 아니라 보건영역의 다른 복잡한 이슈들과 관련하여 정밀한 용어학 (terminology)의 사례는 Mitchell에 의해 다루어졌다. 의학 용어들의 사용에 있어서 정밀성은 종종 현학적이라고 무시되었다. 그럼에도 불구하고 의사들에 의해 사용되는 용어들이 주의깊게 규정되는 것은 관련전문가들과 의료전문가들 사이의 지적인 커뮤니케이션을 가능하게 하도록 하기 위해 매우 중요하다. 정밀한 용어학은 항상 특수 목적들을 위해 원조를 제공하는 유자격자들을 식별하는 것과 같이 효율적인 행정을 위해서도 필요하다. 예를 들면, 중증의 선천성 핸디캡을 지닌 가족을 돕기 위해 정부에서 기금을 조성하였다면 핸디캡, 중증, 그리고 선천성이 무엇인가 하는 의문이 있다. 이런 용어들이 적절히 규정되지 않으면 정부 기금과 서비스들은 의도하지 않았던 사람들에게 제공될 수 있고 서비스가 가장 필요한 사람들에게 적절히 사용되지 않을 수 있다. 다음의 표는 1980년 국제 장애분류 방식을 나타낸다.

장애를 분류할 수 있는 각 차원은 소위 신체, 개인 또는 사회차원에서 중요성을 경험하는 수준을 의미하는데 국제 장애분류에서는 이들 장애의 차원을 다음과 같이 인식하였다.

<표 3> 1980년 국제 장애분류의 기초적 모형

차원	기 능	내 용
1	어떤 비정상적인 것이 개인에게서 발생한다.	○ 병적 변화: 징후 (증상이나 표시) ○ 건강 조건 (health condition)
2	누군가 사건과 같은 것을 인식한다.	○ 표시는 외면화된 것이다 (임상적 병은 눈에 띈다). ○ 손상 (impairments) ○ 신체수준
3	개인에 의해 활동수행이 달라질 수 있다.	○ 객관화된 활동제한 ○ 병적인 행동/병 ○ 현상 ○ 장애 (disabilities) ○ 개인적 수준
4	개인은 다른 사람과 관련하여 단점에 놓이게 된다.	○ 개인적 경험에의 사회적 반응 (말하자면 참여의 제한) ○ 불이익 (handicap) ○ 사회적 수준

위의 impairment, disabilities, handicap이라는 세 차원으로 장애를 분류한 1980년의 국제장애분류는 이러한 차원들이 갖는 상호관계들에 대해 적절히 설명하지 못하였다. 질병→손상→불능이나 기능제약→불리라는 단순한 도식은 이 세 가지 차원이 인과모형이나 반복적 변화를 겪는 고정방식으로 인식되도록 하기도 하였다. 또한 이는 단일 경로만을 인정하고 있으며, 사회적 · 물리적 환경변인이 장애에 미치는 영향들을 충분히 반영하지 못하였다.

따라서 건강 이상과 배경요인 간의 관계 즉 환경적 · 개인적 요인간의 상호 복합관계의 역동성을 설명할 수 있는 다차원적 접근이 필요하였다. 그러한 역동성이란 한센환자, 정신과 퇴원환자들에서 발견할 수 있다. 즉 ① 신체적 손상은 있으나 활동상의 제약이 없는 경우, ② 행동제약은 있으나 가시적인 손상이 없는 경우, ③ 참여문제는 있으나 손상이나 활동제약은 없는 경우, ④ 근육활동의 정지 상태가 근위축 (atrophy)을 초래하고 사회적 기능들을 상실한 경우 등은 종래의 인과 모형적인 국제 장애분류 방식으로는 설명하기 힘들다.

이러한 1980년의 국제 장애분류는 다음과 같은 한계를 지닌 것으로 보여진다.

① 개념간의 관계에 대한 부적절한 정보를 제공한다.

② 질환이나 질병 (disease or disorder), 손상, 장애 그리고 불이익에 표시된 화살표는 시간에 따른 변화의 방향과 일반 모델을 표시하는 것으로서 해석한다.

③ 손상으로부터 장애 또는 불이익이 무방향적인 흐름을 암시하는 것으로 받아들여진다.

④ 장애의 과정에서 사회적 그리고 심리적 환경의 역할을 적절하게 반영하지 않는다.

손상, 장애, 핸디캡의 의미는 동일하지 않지만 검정되지 않은 전제들이 이러한 특성을 획일적으로 덮어버리고 스트레오 타입화 시킨다. WHO의 손상, 장애, 핸디캡의 분류와 관련하여 필립 우드 박사는 정확하고 논리적 방식으로 손상, 장애, 핸디캡이라는 용어의 사용을 합리적으로 규정하는 용어 체계를 개발하였다. 우드 박사는 이러한 세 용어를 포괄하는 질병 결과들에 대한 포괄적 개념이 필요하다고 느끼고 'disablement'의 사용을 권장하였다 (이달엽, 2006).

사람들 사이의 잘못된 이해를 피하기 위해서는 정확하게 표현된 용어학이 필수적이다. 1973년 장애인의 재활에 필요한 사회 서비스들과 사회보장의 기여에 관한 세미나가 바르샤바에서 UN에 의해 조직되었다. 장애의 현상을 둘러싸고 있는 개념들의 명료화가 매우 중요했기 때문이다. 많은 문헌들은 질병 (illness, sickness), 손상, 핸디캡, 그리고 장애와 같은 용어들의 사용이 의료전문가들에게는 일반적으로 건강이 나쁜 증거들로 간주하는 어떠한 증상들이나 증후군으로 규정되지만, 다른 사람들에게는 사회적 기능과 관련하여 규정된 상태 혹은 사회적 본질 (entity)로 고려된다.

장애는 종종 보다 의료적인 조건으로 기술되거나 순수하게 의료적인 조건은 아닌 것으로 특정 지워지지만 의료적이거나 기능적인 것이 아니라 하나의 행정적인 평가로 고려되기도 한다. Nagi는 장애의 의료적인 분류와 행정적인 분류 사이의 구분을 시도했을 때 혼란의 가장 중요한 이유, 즉 사람들이 용어를 다르게 사용할 뿐 아니라 사람들이 상이한 유형의 정의를 혼돈하고 그 용어들이 의도되지 않았던 자신의 관심영역들에 적용된다는 사실에 주의를 기울였다.

2. 장애정의의 유형들

장애정의와 관련하여 사회적, 의료적, 법률적 목적의 정의를 고려할 수 있다. 사람들이 장애에 대한 효과적인 정의를 규정하는 방식의 문제에 대한 근원을 살피면서 Slate와 같은 학자는 효과적인 정의들은 사용되는 연구의 독특한 목적들의 관점에서 이루어지고 조작적 정의와 관련하여 더욱 세분화될 필요가 있다는 점을 지적하였다.

하나의 조작적 정의라는 것은 어떠한 유형의 최선의 정의라기보다는 경험적 준거 (reference)가 간접적인 어떠한 개념을 기술하는데 필요한 연구 과정들을 위한 출발점으로써 가능하기 위해 의도된다. 따라서 장애의 조작적 정의 (operational definition)를 규정하기 위해서는 장애가 설정될 수 있는 현상의 실제 존재 여부를 결정하는 사실들에 의해 연구 활동들을 개괄적으로 기술하는데 필요하다.

장애와 같은 용어에 대한 조작적 정의를 내리는 (ascribing) 필수적인 부분은 효과적인 정의가 사용될 다양한 맥락들을 상세히 구체화하는 일이다. 즉 법률적, 객관적, 사회적, 의료적, 그리고 경제적 초점들은 본질적이고 기본적인 것들을 보다 깊이 규정하는데 사용될 수 있다. 여섯 가지 관련된 용어들은 다음과 같다.

① 주관적 정의

② 행동적 정의

③ 중요한 다른 사람들에 의한 정의

④ 전문 의료적 정의

⑤ 법률적 정의

⑥ 지역사회 정의: 자조와 이동과 같은 활동제한과 관련하여 장애에 초점

이러한 용어들의 사용과 관련하여 짐작할 수 있는 것은 정의를 조작하는 수단들이 제한된 배경맥락 (context) 속에 명료하게 초점을 두지 않으면 혼동이 일어난다는 사실이다. 예를 들면, WHO가 규정한 병적 상태 (morbidity)의 과거 개념은 생리학적 복지상태와는 다른 어떠한 주관적, 혹은 객관적 이탈 (departure)이라고 규정하였다. 여기서 한 걸음 더 나아가 보다 일반적인 장애의 정의는 질병 (illness) 혹은 손상으로 인한 개인의 활동상에 발생하는 모든 제한이라고 사용되

었다. 그러나 Jazairi는 이러한 정의는 대소 질병 및 손상과 관련한 사회적 삶의 보건지표들 (indicators)과 같이 장애 지표들의 기초로써 사용될 수 있다고 보았다.

따라서 지금까지의 논의는 개념화의 다른 차원에서건 혹은, 동일한 차원이지만 매우 다른 목적들과 맥락들에 적용되었건 장애용어들의 상이한 개념들 사이의 혼돈은 더 나아가 사고의 혼돈을 야기시킬 수 있다는 점이다. 효과적인 정의는 다양한 맥락들 속에서 잘못 사용되지 않도록 정밀해야 하지만 조건을 제한하고 맥락이 명료하게 구체화되는 조작적 정의 이상으로 정밀할 수는 없다.

3. 용어학적 구조와 명료성

Harris 등은 불이익 혹은 장애에 의해 유발된 활동제한으로 규정되는 핸디캡 내에 가장 중요한 장애 측면으로 고려되는 "활동제약"의 개념을 포함시킴으로서 장애의 용어를 수정하였다. WHO에 의해 채택된 이 개념은 개인적, 사회적 요인들에 의해 수행된 역할을 강조하고 있다. 여기서는 핸디캡을 손상, 장애 (혹은 모두) 그리고 환경, 특히 사회적 요인들과의 상호작용에 따른 사회적 불이익으로 간주하는 것을 강조한다. 핸디캡이 이러한 방식으로 지각되면 핸디캡은 장애, disablement 혹은 손상의 동의어와 유용한 완곡한 표현 이상의 의미를 지니게 된다.

핸디캡의 중요한 특성은 그 상대적인 의미에 있다. 즉, 개인의 성취나 신분과 그가 속한 집단의 기대 사이의 부조화가 그것이다. 만약 공학적 중재력이 제한된다면, 그 대안은 부조화에서 나아가 다른 요소를 고려하는 것이다. 핸디캡은 사회적 가치들과 장애인의 자아상과 자기충족에 있어서 잠재적 영향을 미치는 핸디캡의 영향을 받지 않는 사람들의 반응들 사이에 존재하는 하나의 작용이다.

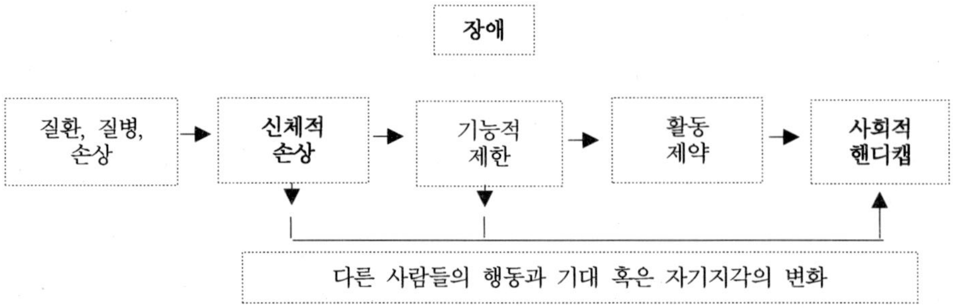

<그림 5> Taylor의 손상과 장애의 핸디캡 경로(이달엽, 2003)

Taylor (1977)는 특히 손상과 장애가 핸디캡으로 이행하는 하나의 대안적 경로로써 장애인과 다른 사람의 지각 모두를 포함함으로 인해 사회적 규범들과 개인적 규범들의 관계 속에 핸디캡을 규정하는 중요성에 주의를 기울였다(이달엽, 2003).

WHO는 위의 개념을 다소 수정하여 신체 기관들의 부적절한 기능이나 혹은 사지 운동제한들을 손상에 포함시켰다. 이 개념구조는 위의 그림에서 기능적 제한이 제외된 단순한 것이다. 따라서 장애는 손상의 결과로 자신이 속한 집단의 행동규범들과 일치되지 않는 개인의 불능 (inability)으로서 지각된다. 이 개념구조는 손상이란 신체기관의 핸디캡은 앞에서처럼 손상과 장애로 인한 개인적 수준에서의 불이익을 의미하는 것이다.

손상과 장애로부터 기인된 불이익으로 크게 핸디캡을 간주함으로써 disablement의 역동적 개념화의 주된 줄기를 명료하게 요약할 수 있다. 이를 통해 장애인이 겪는 불이익들이 의료적 사회적 중재의 조화를 통해 가장 효과적으로 감소될 수 있을 것이라는 점을 알 수 있다.

현존하는 상황이 어떻게 그릇되었나 지각하는 것은 어렵지는 않으나 그것을 유감으로 생각하는 것도 이롭지 않다. 장애연구들을 방해하는 용어학적 상이점들은 감소되는 동시에 장애를 기능적 제한점들과 질환과정과 손상으로 인한 행동상의 결과로 해석하려는 관점이 증대되었다.

이 disablement 모형은 장애가 손상과 질환 과정들로부터 야기되는 방식으로 공식화되었다. 장애, 병적 상태 (sickness), 질병(illness)은 모두 행동경향들이지만, 여기서 장애만이 유독 손상과 기능적 제한들의 결과에 의한 것이다.

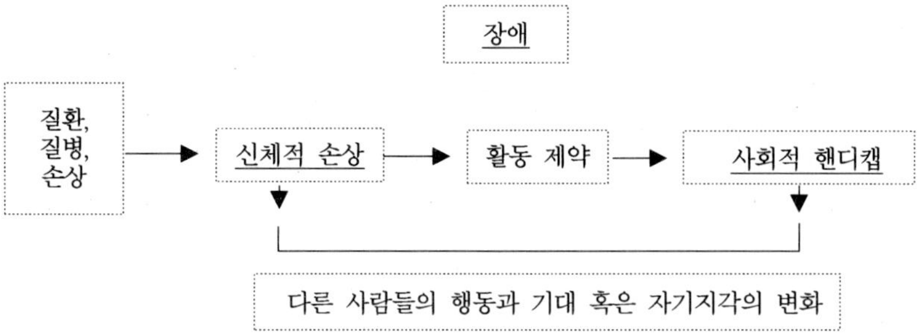

<그림 6> WHO의 장애모형

4. 맥락의 영향

Mitchell은 핸디캡의 개념을 아동이 자신의 독특한 환경적 상황들 속에서 요구되는 혹은 기대되는 것으로 장애와 관련지었다. 장애와 핸디캡 사이의 관계에서 장애는 상황들과 관련하여 핸디캡으로 고려될 수 있다고 보고 핸디캡의 정도를 결정하기 위해서는 전체적인 상황이 고려되어야 함을 지적하였다.

이것은 핸디캡 정도를 평가함에 있어서 환경적 요인들의 중요성을 강조하는 한편, 각 아동은 독특한 환경 속에서 장애를 경험하기 때문에 모든 장애아동들이 핸디캡을 지니게 되지는 않다는 것을 보여준다. 핸디캡은 단순히 장애의 동의어이거나 장애의 결과는 아니며, 환경적 요인들에 의존하기 때문에 필수적으로 일어나는 하나의 결과도 아니다. 예를 들면, 신체구조나 혹은 기능의 손상으로 인해 어떤 신체장애아동이 아동의 장애에 잘 대처하는 방법을 아는 교사가 있는 작은 크기의 교실에 배치된다면 그 아동은 교육적인 핸디캡을 지니지 않는다.

만약 정부기관이 장애와 관련한 회의를 개최한다면 경제학자들은 장애와 관련한 재정적 비용에 주된 관심이 있기 때문에 장애와 핸디캡을 구분하기 위한 세세한 논의를 인내하기는 어려울 것이며, 의학자들의 관심은 진단이나 분류 그리고 원인 요소에 관심의 초점을 집중할 것이다. 따라서 손상, 장애, 혹은 핸디캡의 효과적이고 조작적인 정의에 대한 조심스런 구별과 적절한 이해는 매우 중요하게 된다. 신체결함들이나 혹은 표면적 기능상의 손상들에 대한 초점이 손상이나 결함을 지닌 개인을 보상하는 문제에 대한 공정한 해결책을 항상 제공할 수는 없다. 왜냐하면, 이러한 것들은 상이한 사람들에게 동일한 행동상의 영향을 미치지 않기 때문이다.

하나의 모형은 단지 용어와 개념들이 어떻게 관련되어 있는가를 보여주는데 그치지 않고 실제의 생활상의 맥락에서 개념들을 다루어 준다. Wan (1974)의 직업적 장애에 대한 역학적 모형은 어떻게 장애유발 요인들이 상호작용하며 서로 영향을 미치는지 잘 보여준다(이달엽, 2003).

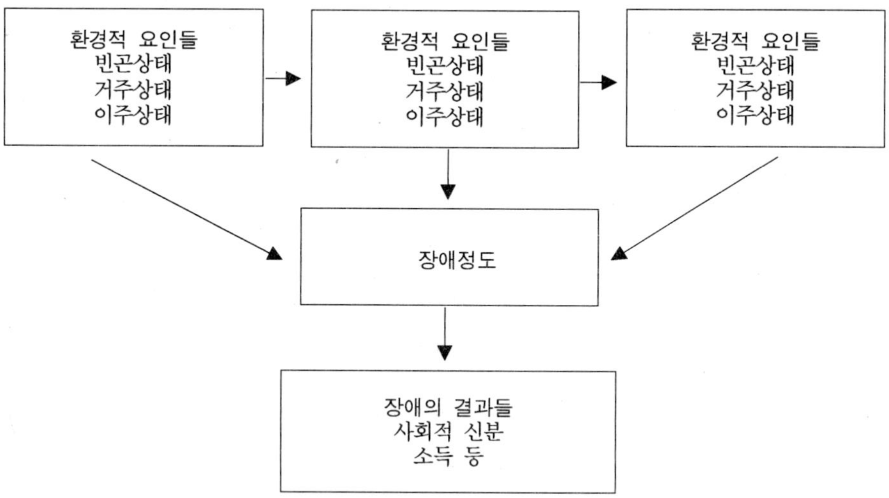

<그림 7> 직업적 장애에 대한 역학적 모형

Wan은 위의 그림에서 볼 수 있는 것처럼 환경적 요인들과 다른 숙주요인들을 장애의 사전 조건이 되는 이상조건 그 자체로 간주한다. 이 모형에서 장애의 결과들은 다양한 핸디캡 영역들을 포함하고 있기 때문에 핸디캡의 측면에 상당히 초점을 두었다는 것을 알 수 있다.

Warren(1978)은 재활과정과 그 맥락을 중요시하는 아래의 모형을 제시하였다(이달엽, 2003, p. 144).

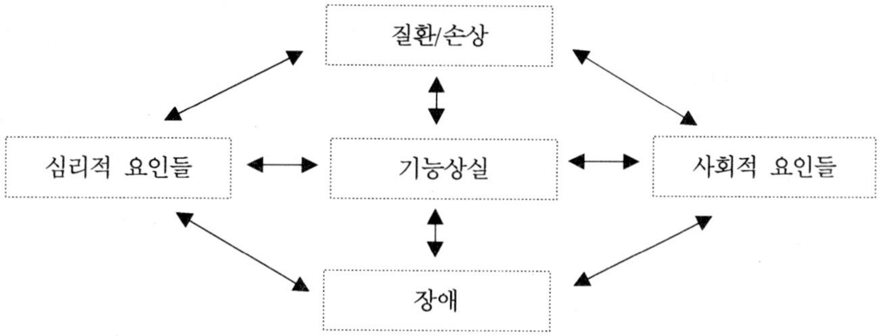

<그림 8> Warren의 장애 요인 상호관계 수준모형(1978)

이 "장애의 요인 상호관계 수준모형"의 목적은 재활과정에 영향을 미치는 개인적, 사회적, 환경적 요인들에 대한 명확한 준거를 제시하는 것이다. 이 모형은 특히 묘사된 모든 장애 측면들과 함께 사회적, 심리적 요인들 사이의 상호 작용에 의해 특징 지워진다. 여기서 일반의나 혹은 적절한 의료전문가의 관심은 수평면 위쪽에 관심이 모아지고 재활전문의의 관심은 아래쪽에 모아진다. 심리적 사회적 요인들을 포함하지 않고는 이 개념구조가 순수 의료, 재활의학으로 치우치게 된다. 이러한 요인들을 포함시킴으로서 이 개념체계는 심리적, 사회적 요인들이 장애과정에 미치는 중요한 영향들뿐만 아니라 재활 과제들에 대한 적절한 개념화의 역동적 본질들을 강조하게 된다.

제3절 장애의 발견과 평가

1. 조작적 맥락에서의 평가

1) disablement

1998년 미국의 개정재활법이 중립적 용어라고 하여 disability를 대신하여 사용을 권장한 impediment와 함께 국제사회에서는 disablement의 사용을 권장하고 있다 (이달엽, 2008). 장애의 발견과 평가에서는 먼저 무엇이 장애라는 것을 알 수 있는가와 장애의 정도를 평가할 수 있는가 하는 두 가지 요소가 중요하다. 일반적으로 동의하는 방식으로 장애를 규정하는 것을 이해함으로써 장애의 정의와 용어가 규정하는 다양한 개념구조를 살필 수 있다. 사람들이 혼돈을 일으킬 수 있는 주된 이유는 개념화의 상이한 수준들에서이건, 혹은 동일한 수준이지만 매우 상이한 목적과 맥락들에 적용될 때이건 disablement 용어의 상이한 정의들 사이에 혼란이 있다는 것이다.

조작적 맥락, 장애인과 그 장애인을 평가하는 사람 사이의 상호작용에 있어서의 문제를 출발점으로 할 경우에 사람들이 생각하는 장애에 대한 차이점들의 실제적 결과들을 점검하는 것이 효과적이다.

2) 신체적, 기능적 측면

(1) 장애와 손상의 평가

손상 (impairment)은 일반적으로 나타나는 문제들을 기록하는 것으로서, 상당히 단순한 방식으로 평가되는 의학적 현상이다. 이것은 일반적으로 직접적인 관찰이나 혹은 검사를 통해 이루어질 수 있다. 예를 들면, 사지기능 상실과 같은 이동체계의 손상 시 기능이나 신체 내인력을 파악하기 위해서는 검사들이 필요할 것이다. 이러한 검사들은 종종 기능적 장애에 대한 검사들로 항상 고려된다. 산업재해와 교통사고 보상에 따른 평가체계들이 상당히 손상 지향적이다.

장애를 지니고 태어난 사람들은 성장하면서부터 점차 그들이 대부분의 사람들과 다르다는 인식을 하게 되고, 부정적으로 평가받으면서 자라게 된다. 예를 들면, 일정한 행동규범을 정해 두고 있는 사회 속에서 장애아동이 이 행동규범에 도달할 수 없는 경우에 심리발달에 영향을 주는 자극제공, 장애상태에 대한 반응들은 부분적으로 언제, 그리고 어떻게 그것이 발생하였는가와 정서적 행동적 특성들을 수반하게 되며, 장애유형 및 정도, 안정성, 성별, 내적 자원, 기질, 자아상, 자기존중감, 사회적 지지망, 소득, 공학의 유용성 등과 같은 요소들에 의해 영향을 받게 된다.

Vash (1981)는 장애상태에 대한 네 가지 결정요소를 ① 장애로부터 직접 기인된 요소들, ② 장애인이 된 사람들과 관련된 요소들, ③ 개인에 밀접한 환경으로부터 나타나는 요소들, 그리고 ④ 광범위한 문화적 맥락의 부분이 되는 요소들로 구분하였다. 예를 들면, 배가 고픈 휠체어 이용자는 식당계단으로 인해 식당이용이 불가능하며, 안내견을 이용하는 시각장애인은 대부분의 식당에서 환영받지 못하기 때문에 내쫓길 수도 있다. 따라서 사회가 장애를 완화시키는 방안은 ① 장애인들을 규준집단들로부터 격리시키는 일을 없애고 ② 진단과정이 성공적 치료방법에까지 연결될 수 없는 경우에는 그 진단과정을 없애고, ③ 한 치료방법이 성공적임을 증명할 수 없으면 그 치료방법을 전적으로 피해야 한다 (이태영, 1984).

장애의 평가 문제에 직면하는 방식이 어떠하든지 간에 사람들은 여러 가지 당황스러운 상황에 직면할 수 있다. 기능적 제한에서부터 활동제약에 이르기까지 장애의 많은 측면들이 있지만 이 범위는 장애가 무엇인가 하는 것에 관한 논란의 많은 이유 중의 하나이다. 어떤 집단의 사람들은 장애를 기능적 제한과 관련하여 고려하지만, 다른 사람들은 장애가 일상활동들의 문제를 반영하는 활동 제약에 초점을 두는 경향이 있다.

따라서 상이한 관심 집단의 사람들은 동일한 단어를 사용하지만 보다 일반적인 문제의 상이한 측면들을 의미할 수 있다. 어떠한 경우에는 기능적 제한은 개인의 손상과 직접 관련되며, 손상과 거의 동의어로 사용될 수 있다. 이 경우에는 손상을 야기시키는 기능적 제한을 통해서만이 몇몇 손상들을 발견할 수 있다. 시력의 상실이 이 경우에 속하는 반면, 활동제약은 개인이 처한 인접 환경과 그 개인이 수행해야 할 과업들과 활동들에 보다 관련되어 있다.

활동제약은 손상과 기능적 제한의 매우 복잡한 결과이며, 정상적인 활동들의 곤란을 초래하는 방식들로 나타난다. 매우 중요한 유형의 활동제약들은 걷기, 앉기, 일어서기와 같은 보편적 활동들과 관련되며, 자조 (self-care)와 같은 다른 임상 활동들에 있어서의 능력과 관계된다. 이러한 활동제약 유형들이 일반적으로 일상생활 동작 (activities of daily living: ADL)의 수행평가를 구성한다.

직업의 맥락에서는 일상생활 동작들과 이동에 관련된 기본적 활동제약들이 고려된다. 이러한 요소들은 작업장에 출퇴근하고 비교적 자기 충족적으로 행동하는 것과 같은 고용에 필요한 능력을 손상시킨다. 뿐만 아니라, 특별한 직업들에 따르는 적절한 활동들에 제한이 있을 수 있다.

장애를 평가하는 대부분의 접근 방법들은 하나, 혹은 그 이상의 극단적 요소들을 이루는 경향이 있다. 예를 들면, 생물 역학적 접근방법은 장애의 의료적 평가에서처럼 매우 기능 제한적 요소들에 초점을 둔다. 일상생활 동작 수행과 연금이나 수당 등에 대한 적격성 사정과 같은 것이 이러한 요소들의 활동제한 목적에서 이루어지는 경향이 있다.

특별한 직업들과 관련된 매우 복잡한 활동들을 구체화하는 것이 어려울 때에는 직업적 장애와 관련하여서는 대부분 초점이 기능 제한적 요소들에 모아진다.

(2) 손상, 기능적 제한, 활동제약, 그리고 직업적 장애의 상호관계

이러한 요소들이 환경, 생활양식과 관련하여 어떻게 상호작용하며, 활동제약들이 초래되는 가에 관해 면밀히 살펴보는 것과 특별한 직업들을 수행하는 능력이 중요한 요소이지만, 평가에 있어서 불능 (inabilities)이 존재하는 이유를 이해하는 것이 직업적 장애의 평가에 있어서 중요하다. 이러한 이해는 특히 직업배치 계획 수립과 재훈련, 혹은 직무수정에 있어서 적절하다.

손상과 손상을 초래하는 장애 사이의 연결은 환경적, 사회적 영향이 보다 예민하고 정확하게 평가될 수 있도록 하기 위한 하나의 명료화를 요하는 복합적인 과정이다. 류마티스성 관절염 환자들에 있어서 일상생활 동작들에 장애가 미치는 영향을 관절손상의 경향성과 관련하여 생각해 볼 수 있다. 상지의 사용을 요하는 상이한 유형의 활동들은 부분적으로는 상지 관절들에 영향을 끼치는 활동이 관절염에 능동적인 손상을 주는 것으로 설명될 수 있다. 이와 유사하게, 사람들이 제공받는 도움들과 그들의 배후에 있는 기능적 문제들 사이에는 하나의 예언적 관계가 있을 것이라는 사실이다. 이런 이론적 전개 방식은 관련된 활동들과 이러한 활동들의 가능성과 관련된 장애인들과 관련하여, 하나의 직업에 대해 복합적이고 소모적인 진술을 피할 수 있는 수단을 제공한다.

3) 맥락

평가가 수행되는 맥락을 살펴볼 때, 본질적으로 독특한 환경이나 장소 내에서

평가자와 피평가자 사이의 ① 문제들에 관한 정보를 교환하는 평가와 일반적으로 ② 평가자가 중요한 역할을 수행하는 지정 (assignment)이라는 두 가지 단계로 구성된다. 지정단계에서 평가자는 평가에서 발견한 내용들에 대한 행동을 취할 수 있는 방식으로 요약하고 피평가자를 독특한 범주 속에 지정하기 위해 유용한 정보를 선별하고 평가함으로써 그 개인의 상황에 대해 어떠한 유형의 범주화를 시도해야 한다. 이러한 범주화의 목적은 취할 수 있는 행동을 가리키는 것이므로 이상적으로는 평가받는 개인의 문제를 반영하여야 한다. 이러한 범주화는 그 결과가 표준화된 방식으로 나타나는 공식적 기록이 유지되는, 하나의 공식적인 문서이지만 그것은 평가자의 마음속에서 일어나는 하나의 비공식적 과정이 될 수도 있다. 어느 것이든 그것은 추후 행동에 필요한 기제로 기능하는 상호작용의 목적생산물이 된다.

이러한 사례는 환자와 의사 사이에 일어나는 상호작용과 같은 것이다. 여기서는 평가단계가 임상력, 검사, 그리고 엑스레이와 혈액검사들과 같은 적절한 검사수단들에 의한 증상과 증후의 도출로 구성된다. 지정단계는 진단과 관련하여 최종 범주화에 이르게 되는 적절한 정보의 선별과 변경이다. 의사가 이러한 독특한 환자의 문제들을 의료지식 체계와 관련 지우고 적절한 치료에 필요한 처방을 내리는 것이 진단에 의한 이러한 범주화의 인지에 속하는 것이다.

4) 범주화의 시도

평가가 일어나는 환경은 피평가자와 평가자 상호작용의 결과에 영향을 미칠 수 있다. 예를 들면, 의료재활의 맥락에서 일상생활 동작 평가의 결과들은 환자 자신의 가정에서 일어나는지 혹은 병원 물리치료실에서 일어나는지에 따라 다양하게 나타날 수 있다. 이와 같은 결과에 있어서 유사한 차이점들은 실제작업장에서 실시되는 평가와 다른 장소에서 실시되는 평가 사이에서 발견될 수 있다.

종종 간과되는 또 다른 영역이 평가자의 특성들이다. 평가자가 탐구하는 질문들의 교환에 대한 평가 목적에서 평가자가 수행하는 검사들과 측정은 평가자의 전문영역과 훈련배경, 그리고 평가를 수행하는 기능이나 요령에 의해서 크게 영향을 받을 것이다. 예를 들면, 의사는 증상이나 증후들에 초점을 맞출 것이지만 사회복지사는 개인력, 가족력, 그리고 성격에 초점을 둘 것이다. 뿐만 아니라, 지정을 위한 행정적 혹은 여타 조건들이 또한 순수하게 전문적 용어들로 표현될 수 있는 평가와 양립되거나 모순될 수 있다.

제한된 관심영역 내에서 평가자는 또한 그 자신의 이전 경험, 선입견, 그리고 다른 검사들이나 객관적인 측정 수단들에 의해 영향을 받을 수 있으며, 측정될 수 있는 것을 측정하는 집중경향이 나타난다. 이와 같은 방식으로 사람들은 자신이 인식하는 것을 조망할 수 있고 평가자는 그 자신이 아는 것만을 평가할 수 있을 것이다.

평가자의 지각력과 감정이입 능력에 관련된 개인적 특성들 또한 평가에 소요되는 시간의 유용성과 같이 중요한 역할을 할 것이다. 이러한 요소들 중 많은 것들이 장애 지정과정에 있어서 역시 중요하다. 개인을 지정하려고 하는 평가자의 분류 혹은 유목들은 자신의 훈련과 전문적 배경의 산물이기 때문에 어떤 의사는 한 개인을 진단적 집단과 관련하여 구별하며, 심리학자는 성격 유형과 관련하여 구별할 것이다.

최종 범주화는 또한 특별한 분야에 있어서의 지식 정도를 반영할 것이며, 최종 범주화 체계가 어느 정도 어떻게 구성될 것인가를 결정할 것이다. 이 범주화 체계는 사람들을 다른 상황들 속으로 지정하고 평가하는 과정 속에서 경험적으로 도출될 수 있다. 이것이 이러한 수단들에 의해 확립된 어떠한 준거내의 하나의 공식적 과정일 수가 있다. 이 범주화는 실패나 성공 혹은 유사한 다른 기준들이 설정되어 있는 채택 가능한 객관적인 검사들로부터 기인될 수 있다. 혹은 대안적으로 도출된 이론에 의해 기인될 수 있으며, 이러한 모든 요소들이 범주화 체계의 개발에 있어서 중요한 역할을 한다.

장애분야의 문제들 중 하나는 장애인들의 문제들과 적절한 행동을 평가하는데 사용될 수 있는 인정할 만한 장애의 범주체계가 없다는 점이다. 정의상의 용어들에 있어서 무엇이 장애인가를 결정하는데 많은 어려움이 있었으며, 이러한 요소들을 어떻게 적절히 고려할 것인가에 대한 고려가 부족하였던 것으로 보인다.

달리 말하면, 특히 이상적 상황 아래에서 진단적 용어는 문제의 유형이 무엇인가 하는 지표와 적절한 행동과정, 심지어 그 조건의 원인들과 진단을 가능하게 한다는 점을 상기할 때 진단적 용어를 대응할 수 있는 것이 장애영역에는 존재하지 않는다는 점이다. 임상 적용이 가능한 손상, 장애, 그리고 핸디캡의 분류는 직업적 장애 분야에서 WHO의 후원아래 개발되고 있다.

장애분류는 특히 직업적 요인들에 대한 특별한 조건들을 부여하지만 장애의 복합적 본질로 인해 장애 경험의 상이한 모든 영역들을 적절히 반영하는 단일 분류체계는 가능할 것 같지 않다. WHO 분류 자체가 다영역적이기 때문에 평가의 이유와 관련하여 평가를 받는 사람들의 문제들을 반영하기 위해서는 평가의 최종 결과에 초점을 두도록 해야 한다. 달리 말하면, 문제를 반영할 뿐만 아니라 취해야 할 행동을 가리킬 필요가 있다는 것이다.

이것은 어떠한 행동을 취해야 할 것인가에 관한 결정들에 도달하는 것으로부터 시작되고 변화되며, 선별되는 방식과 수집된 정보의 보다 심각한 평가에 이르게 될 수 있다. 따라서 장애인의 문제와 욕구들에 밀접하게 관련되어 있는 경험의 영역들의 범위와 관련한 정보의 적절성을 다루어야 한다.

5) 직업적 측면에서의 평가

직업적 장애와 관련하여서는 지능, 시력, 혹은 자조 능력의 측정과 같은 다른 유형의 문제들이 평가된다. 여기서 종종 생략되는 단계는 이러한 정보들이 평가의 목적에 맞게 개인의 상황과 행동을 범주화시키는 가이다. 단순하게 표현하자면, 이것은 한 개인을 특별한 직무를 수행할 수 있는가 아니면 수행할 수 없는가의 유목 속으로 분류하려는 노력이다. 손상, 기능적 제한, 그리고 활동 제약 사이의 관계에 대한 이해가 불분명함으로 인해 적절한 평가와 최종 범주화 사이에서 문제가 발생한다.

분리된 평가, 지정, 범주화의 과정들은 일반적으로 직업적 장애의 맥락에서 그리고 일반적인 "평가" 용어 내에 포함되거나 혼돈될 수 있고 이러한 다양한 측면들을 포괄하기 위해 상호 교환적으로 사용되는 경향이 있다. 이런 혼란은 적절한 평가 방법과 기술들을 개선하는 데에 노력을 집중시키며, 이것을 행동으로 전환시키거나 혹은 진행 중인 문제에 적절히 전환시키는 방법은 크게 고려되지 않을 수 있다. 이러한 경향은 또한 평가와 지정에 있어서 가치판단의 문제와 소위 객관적인 측정 자체에 의해 잘못될 위험을 낮출 수 있다.직업적 장면들에서의 불이익과 곤란의 경험에 접근하는 주된 요점들은 개인의 입장에서는 의료적 문제들과 포괄적으로 다르지 않지만 다음의 예에서 살펴보자.

첫째, 비숙련된 노무자 한 사람이 석면지붕을 교체하고 공장 바닥에 타일을 까는 회사에 고용되었다. 고용기간 중에 류마티스성 관절염이 심화되었고 일련의 관절들을 손상시켰다. 3개월 이내에 이 노무자는 옷을 입을 수 없게 되고 상당한 고통을 느꼈으며, 자신의 아침일과를 수행할 수 없었다. 이 노무자의 자기 존중감에 전반적인 손상이 일어났고 이것은 경제적 측면과 관련한 심각한 불안을 일으켰다. 비록 자신은 일하고 싶고 통증에 굴복하기 싫었지만 퇴직을 할 수밖에 없었다. 곧이어 직면한 단기적 재정문제들은 생각했던 것 보다 크지 않아 그는 놀랐다. 그가 받았던 저임금과 비교했을 때 자신에게 해당하는 모든 사회보장 수당들과 의료보건 혜택들은 실직한 자신의 기본 임금에 가까운 수준이었기 때문이다.

질병의 초기 몇 주간은 비교적 재정적 곤란을 겪지 않았다. 그러나, 점차 장기 실업의 상황에 직면하게 되었고, 6개월 이후 그는 자신의 상황에 대한 조언을 받지 못한 상태로 의료와 사회보장수당이 급격하게 감소되어 어려움을 겪었다. 직장으로 복귀하기 위해서 필요한 급성 통증의 인내에는 엄청난 노력이 요구되었다. 이 과정은 그 자체로서 가족 내에서 자신의 질병과 그로 인한 문제들로 인해 심각한 영향을 초래하였다. 12개월 이상 질병이 지속되는 기간 동안 이 사람은 정부로부터 아무런 조언이나 도움을 받지 못했으며, 외래진료를 통한 일부 기본적 치료만을 제공받았다.

둘째, 이 사람도 유사한 중증 관절손상과 간헐적 급성 통증을 경험하였다. 열 명 남짓한 사람들을 고용하고 있는 작은 엔지니어링 회사의 소유주로서 그 자신은 전국적으로 생산품들을 판촉하는 일을 하였다. 질병의 발생시기에 그는 사실상 휴식을 취할 수 있었음에도 불구하고 이전에 일했던 것보다 더 많은 시간을 일하였다. 가정과 직장에서의 피로와 과민성은 문제를 악화시키기만 할 뿐이었다. 입원 당시의 주문 감소와 경제적 불황은 그 사람의 회사 존재를 위협하였을 것이다. 어떤 이유로든 장기 실업의 위협은 더 클지 모르지만 여기서 작용하는 단기 요소는 위의 공장 노무자 보다 심하지 않다.

여기서의 주된 요점은 만성질병이 직업과 수입에 미치는 영향과 관련하여 자영업을 하는 사람과 공장노무자의 입장들을 비교하는 복잡성에 있다. 뿐만 아니라, 사회집단들 사이의 유사성들은 관련된 사람들의 지각과 경험에 직접 반영되지 않는다. 정부 연금과 각종 혜택들에 대한 자영업자와 공장근로자 사이의 상이한 관계들은 매우 상이한 문제들을 초래할 수 있다.

자영업자들은 자신들과 비교된 노무자들 보다 상대적으로 나은 입장에 있다. 이러한 집단들은 보다 높은 수준의 전문직과 관리자 집단들을 구별하도록 요구한다. 따라서 장애로 인한 직업적 불이익은 육체노동자들과 육체노동자가 아닌 사람들 사이의 구별로 단순하게 관련지을 수 밖에 없다.

만성 질병과 장애에 있어서 이슈들 중의 하나는 사람들이 그들의 증상들을 표시하거나 숨기는 방식이다. 통증을 호소하거나 혹은 호소하지 않는데 따르는 결과와 그 조건에 의해 야기되는, 일을 할 수 없는 것을 나타내는데 대해 기대되는 반응은 모두 부정적 결과들을 최소화하기 위한 시도들 속에서 이루어진다.

직장에서 두 손을 사용해야 하는 류마티스 관절염을 앓는 두 여인에 관한 연구의 예를 보자. 한 사람은 작은 컴퓨터 소프트웨어 회사에서 컴퓨터 카드를 분류하는 일을 하고 있고 다른 한 사람은 지방의 대규모 신문사 전화교환원으로 일하고 있다.

손가락들과 팔목들의 부종과 경직이 증가함에 따라 두 사람이 처한 환경들은 크게 대조되고 질병을 다루기 위해 사용된 전략들에 대한 평가가 예민해 질 수 있다. 따라서 컴퓨터 카드를 분류하는 근로자의 사례에서는 고용주가 나타날 때마다 자신의 질병을 숨기는 데 주된 관심이 있고 같은 부서의 다른 근로자들과 같은 속도를 유지하는 일이 일차적인 중요성을 지닌다. 여러 가지 이유를 들어 병원을 찾게 되고 질병을 지닌 근로자가 점점 질병이 악화된다는 것을 동료 근로자들이 알고 있지만 그렇게 동정적이지 않다는 것을 느꼈다. 그 근로자가 택한 전략의 주된 근심은 자신의 직무가 요구하는 조건들을 충족시키지 못하는 것이 고용주에 의해 밝혀지는 것이다. 노동조합의 권한이 확립되지 않은 공장과 특히 실업률이 높은 그 지방에서 근로자는 일자리를 잃을까봐 걱정하는 동시에 자신의 부서에서 다른 사람들과 똑같이 다루어지기를 원하는 것이다.

전화교환원의 경우에는 인근 다른 동료 근로자들이 자신의 질병을 어떻게 보느냐가 더욱 중요하다. 여기에서는 고용주와의 관계는 실제적 문제가 되지 않는다. 그 전화교환원이 속한 직종별 노동조합은 병가와 출산휴가에 관계된 상세한 합의를 고용주와 이루어 놓았다. 비공식적으로 야기된 실제의 부담은 근무장소 그 자체 내에서 생긴다. 긴 연속 스위치보드에서 다른 다섯 명의 근로자들과 함께 일하는 데에 있어서 한 사람의 결근은 출근한 다른 사람에게 업무 부담을 과중시키게 된다. 질병의 어떠한 징후나 심지어 기침이나 코를 흘리는 일도 불편하고 조퇴나 휴식을 할 수 없도록 경고한다. 이러한 비공식적 사회적 통제는 질병을 앓는 근로자가 자신에게 일어났던 일을 인식할 때마다 매우 힘들게 한다. 그 근로자의 손 기민성 역시 손상되고 전화 응답속도와 메시지를 받는 속도 또한 손상된다. 앞의 사례와는 대조적으로 다른 사람들과 보조를 같이 하는 능력과 정상으로 간주되고 싶은 욕망은 그 직업의 다른 특성들과 관계되고 따라서 그 직장에서 받는 압력들도 다르게 된다.

2. disablement의 사회적 측면

여기서는 사회정책의 우세한 측면과 그것이 손상과 장애의 결과들을 개선하는데 있어서 보건 및 복지서비스 전달에 미치는 영향에 주된 관심을 둔다. 핸디캡을 감소시키기 위해 개인적 수준에서 그리고 가족, 작업장, 혹은 보다 넓은 지역사회 속에서 많은 노력들이 이루어 질 수 있지만 적절한 정책들을 통해 마련된 가능한 (enabling) 환경이 매우 중요할 수 있다.

이러한 지적은 핸디캡과 관련된 복합성들이 단순한 해결방법들의 처방에 이른다는 것을 의미하지 않는다. 사실 그 강조점은 적절한 정책들이라는 용어에 주어지며, 이것은 결코 규정하기가 용이한 이슈는 아니다.

사회적 정책들은 장애의 결과들에 대한 정확한 평가 (appraisal)와 우월한 사회적 문화적 환경 속에서 개인의 지위와의 관계를 반영하는한 적절할 수 있다. 핸디캡은 불이익을 의미하고 불이익은 독특한 상황들과 우월한 가치들에 따라 상대적이며 다양하게 나타난다. 장애인의 욕구들과 관련한 논의는 이러한 관점으로부터 불이익의 현실적인 상태를 표출하는데 빈번히 실패하였고 장애 그 자체는 사람들이 이해할 필요가 있는 모든 것을 제공할 수 있다고 전제하였다.

문제의 일부는 disablement가 다양한 요소들과 상호 관련되는 방식으로부터 기인한다. 대부분의 경우에 손상은 핸디캡을 유발할 수 있는 장애를 유발하는 직접적인 과정이라고 전제된다. 몇몇의 경우에는 이것이 사실이지만 손상과 장애의 경우에 그 순서가 종종 바뀐다.

<표 4> 질환 결과들 사이의 상호관계들

손 상	본질적 (intrinsic) 상황, 외적인, 기능적 제한을 둠 (exteriorized itself) 장애 활동제약들로 객관화
핸디캡	불이익으로 사회화됨 (socialized)

위의 표는 손상과 장애의 상호관계를 나타내며, 문제의 본질을 보여준다. 안경착용이 보편적이지만, 자신이 손상을 지녔다고 생각할 사람은 거의 없으며, 장애인이라고 생각하는 사람도 거의 없다. 한편, 안면기형 (disfigurement)은 장애를 야기하지 않을 것이지만 사회적 상황들 속에서는 매우 심각한 불이익을 야기시킨다.

장애 그 자체는 하나의 동질적인 현상으로 다루어져 왔다. 이것은 장애가 일어나는 특별한 상황들이나 배후 원인들 고려하지 않음으로서 사회로부터 보다 공정한 반응들을 제공할 수 있을 것으로 기대되었다. 이러한 기대는 사회정책이 포괄적으로 보편적 범위에서 그러할 것이라고 생각되어져 온 것이다. 사회 집단들 사이의 경계선을 초월하는 것은, 특히 장애인 집단들 사이의 공평하지 않은 처우와 삶의 질 향상을 시도하는데 있어서 매우 바람직하다. 하지만 그러한 목적들은 원인과 결과들에 예민한 평가방법을 고집하지 않아야 한다. 배후의 원인들이 중요하며, 보다 행동주의적 관점에서 생략될 수 있는 특수한 현상에 직접적인 주의를 기울여야 한다.

disablement를 구성하는 요소들은 선형관계도 아니고 그 정도가 유사하지도 않기 때문에 단적으로 우리들은 핸디캡에 대해 그 자체의 현상으로 접근해야 하며, 손상이나 질환의 예측이 이루어져야 할 것이다. 전쟁, 산업재해 혹은 교통사고로 인한 손상은 이제 안정되지 않고 상대적으로 예측할 수 없는 만성적 조건들에 의해 나타나고 있다.

앞서 물리적 환경이 disablement의 경험에 중요한 영향을 미친다는 것을 지적하였다. 또한 상이한 소득 경향, 주택, 기타 자원들도 장애인의 삶의 질과 이동성(mobility)에 중요한 영향을 미친다. 가정에서이건 공공장소에서이건 물리적 환경은 장애의 재활과 적응 방식에 있어서 실제적 장벽들이 될 수 있다. 이러한 수준들을 개선하지 않고는 치료와 처치 (treatment and therapy)에 있어서의 진보는 소용이 없을 수 있다.

환자들은 장애를 입게 됨으로써 필요한 가족적응이나 단순히 그 개인을 원조하는데 있어서 도움이 되지 않는 환경들 속으로 되돌아가게 될 것이다. 손상의 정도와 이동과 같은 문제들 사이에 명확한 관계가 항상 존재하지는 않는다.

3. 핸디캡

disablement 경험의 규준적인 측면들을 통합하려면 관습적 행동 혹은 효과적 활동과 같이 특수한 문화적 맥락들과 사회적 장면들을 고려하여야 한다. 즉, 인간생활의 모든 측면에서 이러한 핸디캡 경험이 가능해지며, 시간이나 장소를 가리지 않는다고 볼 수 있다.

<표 5> **핸디캡의 영역들**

1. 오리엔테이션 핸디캡	심리적 물리적 환경들과 관련하여 자신을 오리엔트하는 개인의 능력
2. 신체의존 핸디캡	관습적으로 효과적인 독립 존재를 유지하려는 능력
3. 이동 핸디캡	자신의 환경에서 효과적으로 이동하는 개인의 능력
4. 직업적 핸디캡	자신의 성별, 연령, 문화에 일치하는 방식으로 시간을 사용하는 능력
5. 사회적 통합 핸디캡	관습적 사회관계들에 참여하고 유지하는 능력
6. 경제적 자기충족	관습적인 사회경제적 활동과 독립을 유지하는 능력

종종 이러한 핸디캡은 심리적 자존의 준거에 기초한 전반적인 장애 평가의 한 부분으로 나타난다. 사회적 관점에서든 혹은 심리적 측면에서든 핸디캡의 내용은

여러 가지 조건들을 통해 파악할 수 있는데 몇 가지 그 기준들을 다음 표와 같이 설정할 수 있다.

<표 6> 핸디캡의 지표들

지표	내용	빈도
독립성	화장실을 이용할 수 없음 목욕을 할 수 없음	3% 22%
이동	침대나 의자에 제한됨 재택	3% 10%
직업	조기 퇴직	24%
사회적 통합	고립되어 생활함	21%
경제적 자기 충족	중간 임금	일반인구의 5%

위의 표에 따르면 손상인구의 다섯 명 중 한 명은 스스로 목욕을 할 수 없고 열 명 중 한 명은 재택 상태에 있고 다섯 명 중 한 명은 고립되어 살아간다. 직업에 있어서 손상과 장애의 효과들과 그로 인한 재정상태 또한 나타나 있다. 거의 25퍼센트는 조기 퇴직을 해야 했고 장애로 인한 비용이 발생함에도 불구하고 임금은 일반인구의 절반에 그친다. 불이익에 의해 초래되는 문제들을 분석하는 이러한 방법은 용이하며, 개념적 명료성과 적절한 측정수단들의 개발과 적용 또한 중요하다.

순수하게 양적인 방식으로 핸디캡을 평가해서는 disablement의 현실에 대한 사회정의를 결코 실현할 수 없을 것이다. 개인적 경험에 있어서의 다양성들은 필연적이며, disablement에 대한 문화적 맥락의 강조는 보다 조심스런 주의를 요한다. 장애를 유발시키는 질병의 발생은 정상적인 관계들을 와해시키고 물질적, 사회정서적 조건들에 있어서 개인들에게 가능한 지원의 유용성을 크게 경감시킨다. 장애는 개인의 생계와 소득을 위협하며, 동시에 가족관계와 다른 사람들과의 정상적인 상호작용도 위협한다. disablement의 사회적 측면들은 한 사람 혹은 다른 사람들에 의해 간단하게 감소될 수 없다. 그것은 핸디캡에 대한 주의가 나타내는 경험 수준들 사이의 작용이다.

4. 복합 상호작용

손상, 질환, 그 결과, 그리고 개인의 사회적 상황의 역동성 사이에 복합 상호작용이 존재한다. 물론 장애인의 삶의 질 개선은 이러한 수준들의 전체 혹은 하나에서 나타내는 행동에 의해 손상될 수 있다. 환경과 타인의 반응에 의해 장애를 인식하고 수용하는 과정에서 장애로 인해 자아에 대한 개념이 부정적으로 형성될 수 있는 가능성이 높다. 이처럼 한 개인의 상황에 대한 평가는 평가를 실시하는 사람에게 달려 있고 또 이것은 중재에 영향을 미친다. 의료적 중재는 약물치료와 여타의 치료 및 보건수단을 통해 증상들을 완화시키는데 중점을 둔다. 기능적 수행은 그것을 극대화시키기 위해 원조하는 보조기기들과 장비들의 제공과 같은 가능한 (enabling) 환경에 의해 강화될 수 있다.

사회적 서비스들이 되건 혹은 각종 수당들이 되건 촉진적 사회정책들의 사회적 장면들은 그 장애인과 가족들에게도 보다 이로울 수 있다. 따라서 이러한 여러 요소들의 내적 관계에 주의를 기울일 필요가 있다.

또 다른 대안은 의료적 관점에서 혹은 행동주의 관점에서 disablement에 대한 환원주의 관점이다. 직업적 불이익과 같은 문제에 대한 접근에 있어서 개인에 대한 평가는 다음과 같다.

① 모든 구인 직업들에 대한 완전하고 공정한 (fair) 고려
② 재활 혹은 훈련 이후에 가능한 한 직장에서 장애를 입은 피고용자의 보유
③ 훈련, 진로개발과 승진에 있어서의 평등기회
④ 장비의 수정, 특수 고용 보조 장치들이 적절하다면 직무 재구조화
⑤ 필요시 가옥의 개조
⑥ 재활상담사와의 밀접한 협력

1975년 겨울 미국의회는 인력서비스위원회 (Manpower Service Commission)에 보다 많은 장애인들을 고용시키도록 촉구하였다. 이에 따라 개발된 장애인 고용지침은 고용주와 장애인 근로자들의 이익을 증대시키도록 장애인들의 기술과 능력들, 잠재력을 우선 보장하기 위해 실행되었다. 이 지침서는 장애인들은 가벼운 일과 손쉬운 일들만 수행할 수 있다는 오해를 불식시키기 위해 마련되었다. 상황

과 개인의 조건을 고려한 요소들을 다음과 같이 생각해볼 수 있다.

1) 의문 사항들

① 장애인의 직무 수행능력

② 유자격자들에게 동등한 기회를 주는 것

③ 고용주들이 구인하는 일자리에 적합한 실업상태의 유자격 장애인들이 있는가 (자발적으로 등록된 장애인의 수)

④ 경기불황기 동안에 장애인에 대한 배려를 위해 시간과 비용을 사용하도록 고용주에게 요구하는 것이 합리적인 가

⑤ 공공부문에서 할당제를 충족하는 가

2) 고용주에게 필요한 노력

고용주에게 필요한 것은 법률과 지침서를 관계자와 함께 검토하고 장애인이 기여할 수 없는 부분들을 탐구하며, 상담전문가들과 재활상담사와 협력관계를 유지하는 것이다.

제4절 WHO의 새로운 장애 분류

세계보건기구는 1980년에 공포한 국제장애분류체계를 질적으로 개선하려는 노력을 구체화시켜 1999년에는 체계적인 현장 전문가와 이용자 검정 및 충분한 자문을 통해 새로운 장애 (disablement) 분류체계를 정립하였는데 여기서 장애는 손상, 활동, 참여의 세 영역과 환경과 개인이라는 두 가지 차원의 상황적 요인들로 복합적으로 분류된다. 기본적으로 장애는 기능상의 요소와 의학적인 요소를 함께 다루게 된다.

1. 영 역

장애영역 (domains)에서 손상과 활동은 개인 수준에서의 기능수행 범위와 본질을 의미하는 것으로 기간, 본질, 그리고 질적인 측면에서 제한될 수 있다. 또 새로운 장애영역 중 하나가 참여이며, 참여는 손상, 활동, 보건과 상황적 요인들과 관련하여 생활상황들 속에서 개인의 관여정도와 본질을 의미한다. 참여는 기간, 본질 (내용), 그리고 질적인 측면에서 역시 제한될 수 있다.

세계보건기구가 제안한 국제장애분류개정안 (International Classification of Impairments, Disabilities, and Handicaps: ICIDH-2)은 지금까지 세계적으로 통용되고 있는 국제장애분류의 한계를 인식하고, 장애와 관련하여 보다 생태학적 관점으로 접근하려고 시도하고 있다. 1980년 국제장애분류의 한계에 따른 새로운 국제장애분류 개정의 목적은 다음과 같다.

① 건강이상의 결과나 파급효과를 이해할 수 있도록 과학적 기초 및 근거를 제공한다.

② 다문학적 영역의 전문가들의 의사소통이나 장애인 간의 의사소통 증진을 위한 공통어를 제정한다.

③ 장애가 개인생활이나 사회참여에 미치는 결과나 파급효과를 이해할 수 있도록 기초나 근거를 제공한다.

④ 장애인의 사회참여를 향상하는데 더 나은 보호와 서비스 제공을 위하여 건강이상에 따른 결과나 파급효과를 정의한다.

⑤ 국가 간 혹은 전문영역 간 혹은 시대 간의 자료를 비교할 수 있는 토대를 마련한다.

⑥ 보건정보체계를 위한 체계적 코딩체계를 제공한다.

⑦ 건강이상에 따른 결과나 파급효과에 관한 연구를 장려한다.

⑧ 장애인의 사회참여에 미치는 사회 내의 촉진제 혹은 장벽에 관한 정보나 자료를 수집한다.

따라서 1999년까지 체계적인 현장전문가와 이용자 검정 및 충분한 자문을 통해 새로운 장애 (disablement) 분류체계를 정립하였다. 1980년 제정된 일차국제장애분류 (ICIDH-1)는 국제질병분류가 여러 건강상의 제 조건을 지닌 사람들의 다양한 경험들을 포괄하고 있지 못한 점을 지적하여 장애를 손상, 불능이나 기능제약, 사회적 불리라는 삼차원으로 정의하였다. 그러한 이후 20년 가까운 시간이 흐르면서 의료서비스는 물론 장애에 대한 이해에서의 커다란 변화가 요구되어, 국제적 합의를 토대로 이를 개정하게 되었다. 이것은 국제장애분류개정안 (International Classification of Impairments, Activities, and Participation: ICIAP)로 불리워진 것이다.

국제장애분류개정안 (ICIAP)은 장애와 핸디캡이 내포하고 있는 부정적 이미지 (connotation)를 제거하고 건강조건 그 자체보다는 건강조건의 결과나 파급효과를 설명하기 위해 통합적이고 표준적인 준거를 제시한다. 이때에는 건강이상의 조건과 관련한 기능변화라는 관점에서 신체, 개인, 사회차원의 모든 불편들을 포괄하며, 국제장애분류와 마찬가지로 국제질병분류와는 달리 질병이나 질환을 분류내용으로 삼지는 않고 있다.

여기서는 의료적 모형이나 접근을 사회적 모형이나 접근과 대립적인 관점으로 이해하는 것이 아니라 통합된 형태로 접근하는 것으로 생체 · 심리 · 사회적 입장이며, 생체 의학적 접근과 태도적 · 이념적 접근을 포괄하는 것이다. 따라서 disability와 handicap이라는 용어의 사용을 제한하고 disablement라는 중립적 표현을 채택한다.

1980년의 국제장애분류는 손상을 아홉 가지의 하위분류로 규정하고 있지만 새로운 장애분류 개정안은 손상을 기능과 구조의 두 가지 하위차원으로 분류하며 손상, 행동, 참여, 배경요인이라는 다양한 용어들을 사용한다. 또한 종래의 아홉 가지 범주를 개정안에서는 20가지의 하위분류에 의해 총 1,596가지로 구분하며 여기서 다시 손상 (873개), 활동 (617개), 참여 (106개)로 나눈다.

새로운 WHO 국제장애분류개정안을 이해하기에 앞서 다루어지는 용어들의 개념을 간략하게 살펴보면 다음과 같다.

① 장애 (disablement)

관습적 행동 혹은 효과적 활동과 같이 특수한 문화적 맥락과 사회적 장면들을 고려해야 한다.

② 손상 (impairment)

장애가 경험되는 수준이나 차원의 하나로서 신체구조나 생리적, 심리적 기능의 손실이나 이상이 있는 것이다.

③ 행동 (activity)

하나의 차원으로서 기능제약 (disability)을 말하며 개인수준의 특질과 기능전반이다. 기간, 본질 그리고 질적인 측면에서 제한될 수 있다.

④ 참여 (participation)

하나의 차원으로서 불리 (handicap)를 가리키며 손상, 활동, 건강조건과 전후관계의 요소와 관계있는 개인의 삶의 상황과 관련되며 본질, 기간 그리고 기질에서 제한될 수 있다.

⑤ 배경요인 (contextual factors)

환경과 개인이 갖는 요인을 고려해야 한다.

⑥ 장애차원 (dimension)

장애에 따른 결과나 파급효과의 경험수준을 말하는 것으로 즉 어느 정도의 제한을 경험하는가를 구분하기 위해 신체, 개인, 사회를 이용한다.

이러한 분류개정안은 장애분야, 범위와 범주, 분류 단위, 그 조직 그리고 상호관계를 구조화함으로써 장애를 분류하고 있다. 즉 건강상태와 관련하여 ① 신체구조의 기능-기능의 손상과 구조의 손상, ② 개인 행동-활동, ③ 사회참여- 참여라고 하는 세 가지 차원을 포괄하는 포괄적인 용어로 분류한다. 그러므로 그것은 병, 장애, 재해 그리고 다른 건강과 관계된 문제와 관련한 신체, 개인 그리고 사회의 수준에서 기능하는 건강의 세 가지 측면을 설명하는 건강 분류이다.

이것은 모든 사람들을 대상으로 하는 것으로서 어떤 사람이라도 장애를 입을 수 있거나 장애를 가질 수 있다는 것을 전제로 한다. 새로운 국제장애분류에 따르면 장애의 문제는 다른 사람들과 다른 집단이나 사람을 표시하는 특성이 아니라 보편적인 인류의 경험이다.

WHO가 2001년도에 확정한 최종적인 국제장애분류(International Classification of Functioning, Disability and Health: ICF)는 한편으로는 사람들의 특성/경험을 그리고 다른 한편으로는 사람들이 스스로 찾는 상황/환경을 분류하였다. 즉 이것은 크게 개인적 요인과 환경적 요인으로 분류될 수 있는데 환경적 요인이란 개인에게 외부적인 것들 다시 말하면 사회의 태도나 건축, 법적 체계 등을 들 수 있다. 반면 개인적 요인이란 장애를 경험하는 것에 영향을 미치는 성, 나이, 건강, 생활습관, 양육, 대처양식, 사회적 배경, 교육, 직업, 과거나 현재의 경험, 전체적인 행동유형과 특성 스타일, 개인적·심리학적 자산 등을 포함한다. 따라서 사람들 그 자체가 분류의 단위가 아니라는 것이 중요하다.

<표 7> 새로운 국제장애분류개정안의 차원별 기본개요

영역 내용	손 상	활 동	참 여	전후 맥락 요소
기능수준	신체영역	개인 (전체로서의 사람)	사회 (사회와의 관계형성)	환경 요인 (기능에 대한 외부영향) 개인 요인 (기능에 대한 내부영향)
특 성	신체기능 신체구조	개인의 일상활동	상황과의 관계	신체적, 사회적, 개인적 의견에 대한 미래
긍정적 측면	기능과 구조적 보존	활동	참여	촉 진 체
부정적 측면	손 상	활동제한	참여제한	장 벽
기 질	엄 격 국 한 지 속	난 이 도 원 조 지 속 전 망	참여전반 촉진제와 환경의 장벽	없 음

한편, 국제장애분류개정안은 자세히 살펴보면 다음 그림과 같이 손상 (impairments: I), 활동 (activities: A) 그리고 참여 (participation: P) 세 가지 영역에 따른 구조화된 평행적 분류이다. 그것은 장애의 기능에 대한 설명이고 그 조직은 중요하고, 상호 관계되며 쉽게 접근할 수 있는 방법을 제공하기 위한 구조를 제공한다.

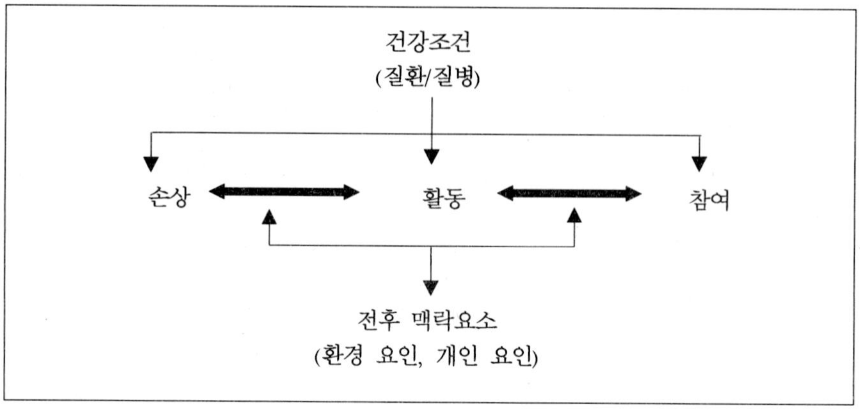

<그림 9> 국제장애분류의 각 차원간 상호작용

2. 차 원

위 그림에서 차원은 수평적 부분들이 해당된다. 장애영역과 차원을 고려한 기능적 손상, 구조적 손상, 활동, 참여, 상황적 요인들의 환경요인 목록을 구체화시켜 살펴보면, 각각 10가지, 10가지, 10가지, 7가지, 6가지로 나누어진다. 따라서 43개의 중분류가 가능하다.

1) 기능적 손상

제 1장: 정신기능

제 2장: 음성, 말하기, 듣기, 전정기능

제 3장: 보기기능

제 4장: 기타 감각기능

제 5장: 심장혈관 및 호흡기능

제 6장: 소화, 영양, 신진대사 기능

제 7장: 면역 및 내분비 기능

제 8장: 비뇨생식 기능

제 9장: 신경근육골격 및 운동관련 기능

제 10장: 피부 및 관련구조의 기능

2) 구조적 손상

제 1장: 뇌, 척수 및 관련 구조

제 2장: 음성 및 말하기 관련 구조

제 3장: 귀 및 전정기관 관련 구조

제 4장: 눈 및 관련구조

제 5장: 혈액순환 구조 및 호흡체계

제 6장: 소화체계 및 신진대사 관련구조

제 7장: 면역 관련구조 및 내분비 체계

제 8장: 비뇨생식체계, 배설억제, 생식작용 관련 구조

제 9장: 운동관련구조

제 10장: 피부 및 관련구조

3) 활동

제 1장: 보고, 듣고, 인식하기

제 2장: 학습, 지식의 적용, 과제성취하기

제 3장: 의사소통하기

제 4장: 동작 (movement), 운동활동들

제 5장: 주변이동하기

제 6장: 일상생활 활동들

제 7장: 필요충족과 가사활동들

제 8장: 대인관계 행동들

제 9장: 특별한 상황들에 대한 반응과 처리하기

제 10장: 보조기기, 공학기구 및 기타 활동들로 구분된다.

4) 참여

제 1장: 신변독립과 관리의 참여

제 2장: 이동의 참여

제 3장: 정보교류의 참여

제 4장: 사회적 관계의 참여

제 5장: 교육, 직업, 여가, 영적인 영역의 참여
제 6장: 경제생활의 참여
제 7장: 시민생활과 지역사회의 참여로 구분된다.

5) 상황
제 1장: 생산품, 도구들과 소비재들
제 2장: 개인지지 및 옹호
제 3장: 사회적, 경제적, 정치적 체계
제 4장: 사회문화, 구조적, 법규, 규범
제 5장: 인간이 만든 물리적 환경
제 6장: 자연환경으로 구분된다.

여기서 분류된 모두 1,596개의 장애는 종종 기술들, 과제들, 그리고 환경들에 대해 보다 구체적일 필요가 있다. 그러나 이러한 장애와 관련한 삶의 질 개선노력들은 그 이상 그리고 사회적 구조들과 관계들의 중요한 영향을 강조하는 보다 폭넓은 준거 속에서 다루어져야 한다. 우리나라 통계청에서도 2009년 2010년에 걸쳐 코드화된 장애분류체계의 국내활용을 우해 ICF 활용 가이드 개발에 필요한 연구를 수행하였다.

3. 법률적 측면의 장애평가와 긍정적 정책들

장애의 평가에 대한 법률적 목적들은 사회보장 체계와 같은 공공 영역과 교통사고나 상해보험과 같은 민간 영역에 있어서의 보상과 주로 관련된다. 장애문제에 대한 접근은 사회복지, 교육, 노동, 소득보장, 주택, 의료 등 각종의 법령, 규정 등에 기초하여야 하고, 교육적 조치를 종합적이고 신속하게 행해야 한다. 개인이 입은 상처들을 평가하는데 고려하는 일차적인 관찰에는 순서가 있다.

첫째는 손상인 (원고)이 사고에 대한 책임이 있는 사람이나 사람들 (피고)에 대한 정당한 청구가 있어야 평가과정이 이루어진다. 둘째는 소송이 완료되는 법원의 결정이다.

1) K. P. Darke 고용서비스과 (the Employment Service Division)

영국의 장애인 (고용)법은 1946년부터 시행되었고 수십년 간 전국 장애인 고용자문협의회 (the National Advisory Council on the Employment of Disabled People)와 의회 주정부 장관 자문위원회와 같은 기구들에 의해 면밀히 검토되었다. 장애인이 일반인구의 실업률을 두 배 이상 상회하는 상황 하에서 이 법이 요구하는 등록된 장애인의 3% 의무고용률을 충족하지 못하는 회사들에 대해 강력한 제재조치를 취하지 않는다는 비판은 장애인 고용지침이 발간된 배경이 된다. 영국은 1990년대에 들어 새로운 법 개정을 통해 의무고용제를 폐지하였다.

2) WHO

WHO는 질병, 기능장애, 능력저하, 사회적 핸디캡 모형을 설정하여 질병과 그 후유증이 사회생활에 미치는 영향을 측정하고 대책을 평가하려고 하였다. 영국의 Wood는 이 세 가지를 정리해서 말할 경우 disablement라는 용어를 사용토록 제안하고 있다.

3) 일본의 소득보장 관계법 (연금 급부)

일본은 장애와 관련하여 아래와 같은 다양한 소득보장관련 제도들을 시행하고 있다.

① 국민연금의 장애후생연금
② 후생연금의 장애후생연금
③ 각종 공제조합의 장애공제 연금
④ 노동 재해의 장애(보상)연금
⑤ 공해 건강 피해 보상법의 장애보상비
⑥ 상이군인 등에 대한 증가은급, 상병연금
⑦ 심신장애인 부양공제 제도
⑧ 공해건강피해 보상제도
⑨ 생활보호의 장애인 가산
⑩ 특별 장애인 수당제도

⑪ 특별 아동 부양 수당제도

⑫ 신체장애인 재활자금 제도

⑬ 세제상의 장애인 공제

⑭ 지방자치 단체의 각종 장애인 수당

제5절 장애의 의료적, 법률적 분류의 의미

1. 의 의

장애의 의료적 측면에 관한 지식은 재활관련학과 졸업생들을 가장 많이 고용한 시설과 기관의 프로그램, 각종 사업에서 여전히 중요한 역할을 한다. 이러한 지식은 서비스체계에서 의학적 상태나 장애를 증명하고 서류화하는 재활서비스의 적격성 단계 중 가장 중요하다. 재활교육 교과내용의 목적은 장애조건과 상태를 최대한 폭넓게 설명하는데 있다. 종합적인 참고서 및 논문들이 인용되어 의학용어 및 재활서비스를 제공하는데 있어서, 건강관련 전문가와의 협조 등의 역할을 잘 이행하도록 요구한다. 여기에는 다음의 내용과 더불어 관련된 의학적 용어의 이해와 장애조건들에 대한 특정 범주 범위내의 의학적인 요인들의 특징, 진단절차, 병인, 치료 방법, 예후, 심리사회적 및 직업적 의미, 의뢰 고려점 (referral consideration) 등이 포함된다.

① 신체생리 및 기능과 장애와의 관계에 대한 이해

② 광범한 건강관리 서비스 규정조건들의 주제 및 재활 서비스와 의학적으로 관련된 사례관리에서 의미하는 것들의 이해

③ 다양한 장애 조건들의 제한점을 최소화하는데 있어서 가장 일반적인 처방 약물에 대한 지식

④ 장애의 범주와 특성, 진단 절차, 의학 용어, 치료방법, 예후, 전형적인 약물, 기타 조건과 관련된 심리사회적 및 직업적 의미 등에 대한 지식

⑤ 특정한 의학적 전문성과 건강관련 전문가 (예를 들면, 정형외과의, 심장병전

문의, 비뇨기과의, 작업치료사, 물리치료사, 기공사, 청각사 등)의 기능과 관계에 대한 이해

⑥ 장애에 의한 기능적 제한점들을 분석하고 설명하는 능력과 의료보고서를 해석하는 능력

⑦ 재활상담사, 장애 검사자, 기타 재활 전문가 및 서비스 전문인력 등이 실무에 사용하는 의학적 지식에 대한 역할

⑧ 재활계획 및 능력 결정을 하는데 있어서 도움을 주는 가상 사례연구들로부터 의학적인 정보를 이해하고 해석하는 능력

2. 우리나라 법적 장애

우리나라는 제5공화국 탄생기인 1981년에 최초로 심신장애자복지법을 제정하였다. 뒤이어 1999년 2월 8일 개정된 우리나라 장애인복지법 제2조에서는 장애유형을 크게 신체적 장애와 정신적 장애로 분류하고 있으며, 동법 시행령 제2조에서는 장애종류를 ① 지체장애인, ② 뇌병변장애인, ③ 시각장애인, ④ 청각장애인, ⑤ 언어장애인, ⑥ 정신지체인, ⑦ 발달장애인, ⑧ 정신장애인, ⑨ 신장장애인, ⑩ 심장장애인으로 분류하고 그 기준을 규정하고 있다. 나아가 2007년 개정된 장애인복지법상에는 모두 15개 영역의 장애를 규정하고 있다. 이처럼 시간의 경과와 더불어 혹은 국가사회의 발전 추이에 따라 장애범주와 내용은 점차 확대되고 있다.

1) 신체적 장애

(1) 외부 신체기능의 장애

① 지체장애: 절단장애, 관절장애, 지체기능장애, 변형 등의 장애

② 뇌병변장애: 중추신경의 손상으로 인한 복합적인 장애

③ 시각장애: 시력장애 · 시야결손장애

④ 청각장애: 청력장애, 평형기능장애

⑤ 언어장애: 언어장애, 음성장애

(2) 내부기관의 장애

① 신장장애: 투석치료중이거나 신장을 이식 받은 경우

② 심장장애; 일상생활이 현저히 제한되는 심장기능이상

2) 정신적 장애

① 정신지체: 지능지수가 70이하인 경우

② 정신장애: 정신분열병, 분열정동 장애, 양극성 정동장애, 반복성 우울장애

③ 발달장애: 소아자폐 등 자폐성 장애

<표 8> 외부장애의 분류

주요 장애	신체장애의 구성
운동 장애 (운동력 신체장애인)	환경에 있어서의 이동 곤란(손상)
	자세이동의 손상(신체 다른 부분과의 관계)
	손으로 하는 능력의 손상, 운동 내성 감소
시각 장애 (시각적인 신체장애인)	시야의 전체적인 손실
	시야의(회복할 수 없는) 격심한 손상
	시야의 손상, 지각적 결손
의사소통 장애 (의사소통 신체장애인)	듣기 손상, 말하기 손상
	읽기 손상, 쓰기 손상
내장 장애 (내장적인 신체장애인)	섭취의 장애
	생리(배설물)의 장애
	외부 개방, 생명(구조) 기계에 의존
지적 장애 (지적인 신체장애인)	정신지체(선천적인)
	정신지체(후천적인, 획득한)
	학습기술의 손실
	학습능력의 손상, 기억 손상
	공간 또는 시간에서의 적응 손상, 의식 손상
정서 장애 (정서적인 신체장애인)	정신병(정신장애)
	신경증(노이로제)
	행동장애
	약물(마약) 장애(알코올 중독 포함)
	반사회적 장애, 감정적 미성숙
눈에 안 보이는 장애 (눈에 안 보이는 신체장애)	영구 치료를 요하는 신진대사 장애들(예: 당뇨병, 낭포성 섬유증)
	간질, 그리고 예측이 어려운 의식 손실
	특별한 외상에 대한 감염 (예: 출혈성 장애, 뼈의 허약, 상처 압박에 대해 감염)

	간헐적인 쇠약(예: 편두통, 천식, 현기증)
	작열통 그리고 기타 동통 장애
혐오 장애 (혐오스러운 신체장애)	보기 흉한 만곡 또는 신체부분이 결함
	보기 흉한 피부 장애와 흉터
	신체의 비정상적인 운동(안면경련, 찌푸린 얼굴 등)
	사회적으로 받아들이기 어려운 후각, 시각 또는 음성
노화 장애 (노화 신체 장애)	노화의 적응성 감소, 노화로 인한 회복력 감소
	노화의 신체적 또는 정신적 기능의 둔

지금까지 살펴본 것처럼 장애의 정의는 누가 어떤 특정한 상황에서 활동의 단점 또는 제한을 초래하게 되는가?의 문제를 지닌다. 따라서 미 (beauty)의 관점과 마찬가지로 장애 (handicap)는 보는 사람에 달린 것일 수 있다. 안경을 착용하는 사람에게 안경이 중요하듯이 청력향상을 돕는 기구를 사용하는 사람들도 그렇다. 하지만 대부분의 경우에 휠체어나 보청기를 사용하는 사람은 즉각적인 낙인 효과를 가진다. 환경은 장애 (impairment)의 영향을 제한할 수도 있고, 촉진시킬 수도 있다. 따라서 장애 (disability)를 보다 폭넓게 개인이 지닌 특성이나 혹은 환경적인 문제로 보는 안목이 필요하다.

<토론주제>

1. 중증장애인 당사자와 그 가족에게 적절한 치료와 상담이 중요한 이유들을 토론합니다.
2. 중증장애인의 성장기에 특별하게 필요한 교육적 환경적 의료적 배려는 어떠해야 할까요?
3. 접근권, 이동권, 건강권, 안전권, 근로권 등 장애인 인권에 대해 토론해 봅시다.
4. 장애를 지닌 성인의 직업이 중요한 이유를 개인, 국가, 지역공동체 측면에서 토의해 보시오.

제 3 장

장애발생 과정별 적응과제

인간의 생애주기 변화는 광범위한 사회적 구조의 이해와 요구, 그 의미를 이해하는 것과 깊은 연관성을 가지고 있다. 아동기는 치료와 교육에 따른 밀접한 활동을 필요로 하게 되며, 성인기는 직업과 사회 사이의 밀접한 관계 속에 사회통합적 재활을 추구하게 된다. 이처럼 개인의 생애주기 변화과정들은 재활 노력과 사회적 변화에 영향을 미치고 있음을 인식해야 한다. 가족생활 주기의 시각은 그들이 하나의 단계에서 다음의 단계로 시간적으로 이동하는 가족의 개념에 기초를 두고 있다. 외부세계에 관한 가족의 역할과 가족과제의 상대적 중요성은 가족생활주기의 각 단계마다 상이하다. 가족생활 주기의 맥락에서 이러한 이동은 예측이 가능하고 규준적인 변화는 가족구성원의 발달을 지원하는 관계체계에 포함된다. 이러한 이동의 시기는 "종종 불확실성, 불안, 조절과정의 상실감, 재조직, 통합과 적응"에 의해서 특징지워진다.

제1절 단계별 가족 주기

1. 1단계: 시작하는 가족

결혼은 하였지만 아이들이 없는 가족, 이혼, 재혼을 포함하는 이 생활단계의 과제들로는 관계 형성, 갈등, 차이점들을 협상절충, 서로의 책임을 전제한다. 즉 두 가지 현실을 하나의 관계 속으로 재정립해야 하는 것이기 때문에 상호 이해와 교감, 그리고 성격 특성들을 강조한다. 부부역할들이 막 출현하는 이 생활단계에서 장애의 출현은 부가적인 갈등을 초래할 수 있다. 두 부부의 관계기원에서 결혼으로의 전이가 훌륭하게 일어나야 한다. 배우자가 실망할 수 있고 따라서 친밀감의 발달이 정지된다. 장애와 질병을 구분하지 못하는 젊은 부부는 경제적 심리적 자원들을 총동원하여 소위 '정상아'로 만들려는 노력을 강도 높고 지속적으로 착수하기 시작한다. 이런 노력이 잘못될 경우에는 엄청난 심리적 경제적 소모나 고갈로 인해 부부관계가 파탄에 이르기도 한다. Erikson은 1세까지의 시기로 보고 불신감과 신뢰감이 형성되는 중요한 양육자의 일관성의 문제를 지적하고 아이가 욕구불만에 시달리지 않도록 주의를 요청한다.

2. 2단계: 영아 양육 가족

3세까지의 아동을 가진 가족으로 배우자들은 장애 영아의 욕구들과 필요에 반응해야 하고 서로 유용한 도움을 나눌 수 있어야 한다. 신생아의 출현이 가족관계에서 변화를 요구하는 이 시기는 탈 환상의 시기로 어머니의 관심과 주의는 남편으로부터 영아에게로 이동되는 시기이다. 신생아를 보살피는데 투입되는 시간과 주의력은 부부관계나 다른 에너지를 소모하게 되어 배우자들은 가족생활 내에서 부부관계를 유지하기 위해 서로 시간을 보낼 필요가 있다.

만약, 이 때 특이하게 부부 중 어느 한 쪽이 장애를 입게 되면 아이들의 욕구와 배우자의 욕구들을 충족하기가 어렵게 되고 부부 관계의 만족스런 유지도 곤란하게 된다.

아이들에 대한 주의는 장애를 입은 배우자를 분노하게 하기도 하고 장애가 아동에게 발생할 때에는 어머니의 주의가 모두 아동에게 집중되고 남편, 아버지로서의 소외감이 발생할 수 있다. 장애의 초기 인식단계는 충격, 균형상실, 무기력, 대체능력 상실과 같은 부정적 형태로 나타나기 쉽다. 아동초기에 있어서 언어와 운동영역의 지체로 인한 보호책임이 뒤따르게 된다. 자녀가 비일상적인 것에 대한 공포, 진단, 치료방법을 발견하고 확대 가족의 다른 구성원에게 장애에 관해 이야기해야 하는 과제가 있다. Erikson은 이 때를 2세에서 3까지로 보고 자율성과 의혹이 형성되는 중요한 양육자의 일관성의 문제를 지적하고 아이가 수치심을 지나치게 발달시키지 않도록 주의를 요청한다.

3. 3단계: 3세에서 6세까지의 아동들을 가진 가족

심리적 충격에 대한 대처 단계로 부모는 장애 자녀의 미래 성장 패턴의 불확실, 장애자녀 양육에 대한 불확실성, 장애아동이 가족들에게 어떠한 영향을 미칠 것인가에 대한 불확실성과 모호성으로 인해 정신적 스트레스를 받게 된다. 그러나 시간의 경과와 함께 서서히 장애 자녀와 함께 살아야 하는 생활에 적응해 간다.

부부 두 사람 사이의 친밀감을 유지하기 위한 부담 속에서 양육을 제공하는 부모가 되는 부담의 효과적 균형을 필요로 한다. 자녀의 양육과 보호, 부모-자녀 사이의 권위적 관계의 유지, 애정의 표현, 성적 관계의 만족 등이 중요한 과제가 되고 기타 가족 변화에 적응해야 한다.

종종 가정에서의 몸부림은 장애아동을 교육시키고자 할 때 어려움에 직면하게 된다. 따라서 보건과 교육과 같은 기본적인 서비스와 자원에 대한 접근은 장애아동들의 삶을 변화시키기 위해서는 필수적이다. 아동은 자신의 가정에서 벗어날 수 없으며, 따라서 자원이 결핍되거나 능력이 부족한 부모 아래에 있는 장애아동은 적절히 조기에 아동교육이나 취학전 교육을 받을 기회를 가지지 못한다. 아동보호와 관련된 전문가들 역시 제한된 정책의 영역범위 내에서 장애아동을 포함해야 한다는 욕구를 무시하거나 민감하지 못하였을 수도 있다. 장애아동은 부모의 태도와 그 가정의 분위기에 영향을 받으며 성장하게 된다. 즉, 대부분의 장애아동의 생활습관, 상식적 지식, 대인관계, 자조능력의 향상 등은 매일매일 함께 생활하는 가정의 부모에 의해서 이루어진다. 자기 자신을 먼저 인식하고 사랑하며, 자기성장을 추구할 수 있어야 한다. 부모들은 아동의 욕구와 욕망에 적절하게 반응하고 인간성 자체를 존중하며, 아동들의 생활에 적극 참여하도록 하고 그들의 복지와 성장을 돕는다.

행동조정과 규율 면에서는 학습자와 교사가 되어 생산적, 자아성취적, 사회적으로 수용될 수 있는 행동을 발달시키도록 하고 권위적 존재이기보다는 사랑과 규율면에서의 일관성을 유지하는 태도가 필요하다. 생애과정의 수립(permanency planning)은 부모가 보호를 제공할 수 없거나 부모가 사망하였을 때 가정에서 전환을 계획하는 것으로 가족에게 중요하다. 이것은 조력을 제공하고 만족시킬 수 있는 상호의존성과 거주대안이 제한된 현실에서 기인한다. Erikson은 이 시기를 4세에서 5세까지로 보고 주도성과 죄의식감이 형성되는 신체조정과 모방을 넘어선 활동과 솔선성을 발달시킬 수 있도록 주의를 요청한다.

4. 4단계: 학령기 아동을 가진 가족

충격이나 부정적 감정에서 벗어나 보다 양호한 적응 상태를 보여주기도 하며, 새로운 환경과 적응에 어려움을 보이기도 한다. 부모들은 육체적 건강의 악화를 호소하기도 하고 정서적 스트레스 등으로 인한 만성적 정신적 문제를 호소하기도 한다. 장애아동의 취약성은 어른들에 의해 지배당하는 사회 속에서 명확하게 나타난다. 장애아동은 신체적 필요에 의해 누군가에게 의존하게 될 때 특히 신체적 성적인 학대에 취약할 것이다. 의사소통의 어려움 때문에 무슨 일이 일어났는지 주장할 수 없을 것이고, 이런 주장에 대해 아무도 믿어주지 않을 것이다.

장애아동은 종종 그들의 손상 이상으로 사회적 장벽을 더 많이 경험한다. 그릇된 인식과 낙인은 믿음과 실제 현실과 연결되어 있다. 사회 속에서 장애아동을 영구히 배제시키고 주변화시키는 장벽을 형성한다. 나아가 가족과 지역사회 속에서 그 아동의 통합과 참여를 제한한다.

장애아동은 무력하고 의존적이라는 전제는 그들을 자선적인 관점과 접근에 기초해서 개별적인 욕구를 무시한 채 바라보도록 만들어 장기간의 역량강화보다는 단기간의 자선이나 구호에 초점을 둔다. 부모의 지나친 간섭은 아동을 의존적이며 무기력하게 만들고 욕구불만을 지속시킬 수 있다.

장애 자녀와 정서적으로 연결된 끈을 찾지 못하는 애착 결여 현상은 부모가 냉정한 태도를 유지하거나 사회적 고립감과 외로움을 호소하게 만들기도 한다.

역할에 대한 심한 정신적 부담감과 억압감, 좌절감에 빠져들어 아동에 대한 분노, 증오로 표현되기도 하며, 부부 갈등을 초래하기도 한다.

구체적인 양육과 직접적인 신체 관계를 통해 자녀와 긴밀한 관계를 형성하게 될 때, 학교교육의 문제와 특수교육에 대한 다른 가족성원들의 반응에 직면한다. 장애아동들의 생활 속에서 다른 사람들의 태도와 그들이 살고 있는 사회의 경제, 국가의 정책과 서비스, 그들의 부모 등도 인성형성에 영향을 미치게 된다. 장애아동의 삶에서 또 다른 중요한 요소는 그들이 제공받는 서비스들의 접근성과 적절성이다. 기본적인 건강보호에서부터 교육, 영양공급체계, 정서 등에 이르기까지 모든 수준과 영역들을 포함한다. Erikson은 이 시기를 6세에서 11세 까지로 보고 근면성과 열등감이 형성되는 중요한 발달 단계의 과제를 잘 수행해서 무엇을 하고 가정 밖에서 어떻게 일하는 지를 알게 되는 것으로 파악한다.

5. 5단계: 십대 아동들을 가진 가족

자녀들의 성인 역할을 준비하도록 하고 여러 가지 과제들에 직면하고 자녀의 책임성과 독립성 개발에 필요한 책임감을 가지게 된다. 가족발달을 위한 한계와 구조를 유지하고 부부 역할에 있어서 고도의 유연성을 유지하며 의사결정이 민주적으로 이루어지도록 하는 것이 필요하다. 역할공유의 어려운 점은 각자가 서로 부가적인 희생없이 더 많은 보상을 원하는 데 있다. 뇌성마비 자녀를 둔 부모에 대한 연구는 경제적 부담, 사회적 고립, 제한된 여가 활동, 행동 관리 문제, 일상적인 가사 일에 따른 제한점이 늘어나고 보다 비관적인 미래관을 가지는 경향이 있는 것으로 보고하고 있다. 따라서 또래 아동의 거부와 직업문제, 그리고 성문제에 직면한다.

청년장애인의 진로에 관한 어려움들은 ① 훈련의 지속적인 연결고리, ② 장기간에 걸친 의존, ③ 적절하고 알맞은 거주지 부족, ④ 지역사회와 건물에의 접근, 그리고 ⑤ 건강과 다른 서비스들에 대한 부적절한 접근방법 등에 있다. 특히, 뇌성마비 청년은 어릴때 생긴 의존성과 열등감으로 인해 대인관계가 원활하지 못하고 언어장애와 신체적 활동성의 제약으로 인해 사람을 기피하게 되고 고집스런 경우에는 알고 있는 사람들만 사귀려는 경향으로 인해 더욱 고립될 수 있다(김재익, 2011).

의도적 독립과정은 성인기와 함께 자동적으로 성취되는 것이 아니다. 총체적인 인구에서 장애청년과 비교해 볼 때 성인 삶에서 있어서 독립의 달성정도가 아주 취약하다. 장애청년에 대한 전환연구에서 단순히 '학교에서 직업'으로의 전환을 고려하는 것뿐만 아니라 청년기와 어른을 위하여 함께 연계되는 다양한 욕구에 초점을 맞추어야 한다.

청소년기에서 사회로의 이행은 발달장애인 개인뿐만 아니라 가족에게도 많은 스트레스를 준다. 따라서 학교에서 직장으로 이행하는 개인의 가족은 전환기 이행의 성공에 중요한 요인으로 작용한다. 미국의 재활부서 The Office of Education & Rehabilitative Service는 학교에서 직장으로의 이행을 고용(employment)으로 이끄는 서비스로 광범위한 "결과-지향적 과정"이라고 규정하였다 (Lustig, 1996). 가난한 가정에서는 장애인들이 짝을 찾고 결혼을 하고자 하는 노력 역시 심각한 제한을 받는다. Erikson은 이 발달 단계를 12세에서 18세 까지의 사람들이 정체감과 역할 혼미를 경험한다고 보고 가족로멘스에서 사랑의 대상 찾기나 신체변화와 같은 새로운 대인 문제에 직면하는 중요한 과제를 해결하도록 요청한다.

6. 6단계: 진수 센터로서의 가족

자녀가 성장함에 따라 장애 상태를 개선시켜 주기 위한 노력을 꾸준히 하게 되지만 이로 인해 부모는 정신적 물질적 부담을 안게 된다. 젊은 자녀들이 스스로 독립적으로 살아갈 수 있도록 하고 자녀들이 가정을 떠난 후 새로운 개인적 가족적 목표들을 세워야 하고 독립한 자녀들과 의사소통을 효과적으로 하는 방법을 강구해야 하지만 애정, 재창조, 금전적 독립 등 자녀들의 필요가 가족 밖의 사람들에 의해 충족되기란 쉽지 않다.

분리를 특징으로 하는 이 단계에서 장애자녀의 발생은 가족구성원 독립의 인식을 저해한다. 자녀의 개별화는 장애 가족구성원에 대한 관심 집중화로 곤란하게 된다. 자녀의 직업과 관련하여 부부는 고심하게 되고 주체성과 독립성의 성취를 위한 방법을 탐구한다. 성장한 자녀의 독립, 재정적 문제와 생활환경의 문제, 그리고 사회적 기회의 문제에 직면하게 된다.

성인기는 항상 경제적 독립과 사회적 독립이라는 특징을 지닌다(Botterbusch, 1989). 독립생활을 뒷받침해 주는 지원과 서비스체계는 개인의 필요와 욕구에 적합해야 한다. 독립생활은 매일 수행하는 활동과 의사결정에서 다른 사람에 대한 의존을 최소화할 수 있는 선택을 바탕으로 자신의 생활을 통제하는 것을 의미하기 때문에 공학적 보조, 행동관리, 지역사회 참여, 사회적 역할 범위의 이해, 신체적 심리적 의존 최소화, 의사결정 등이 포함된다. 독립생활과 관련된 경제적 합리성이란 말은 개인주의, 자유주의 사상에 바탕을 둔 경제적 효율성의 가치를 지향하는 것으로 이해될 수 있다. 미국을 포함하는 서구사회의 기본적 에토스의 하나는 개인주의 사상이다. 개인의 존엄과 가치에 바탕을 두고 개인의 능력에 따라 사회적 성공을 조장하고 그것을 높이 평가하는 사상이다. 이러한 사회에서 장애인도 하나의 개인이며 자기의 능력에 따라 자립적 생활을 하도록 요청받게 되는 것이다.

성인기로의 이행은 대다수 사회에서 생존을 위해 중요한 것이다. 장애를 지닌 사람에게는 성인역할에 관한 정체성의 위기를 만들어내게 되고 전체 가족에게 있어 경제적인 문제가 된다. 또 나이가 들어감에 따라 병약해지는 것은 장애로 인해 더욱 심각하게 되는데, 그로 인해 독립성이 일부 훼손될 수도 있다. Erikson은 친밀감과 고립감을 경험하는 이 때를 청년 말기에서 성인 중기에 이르는 시기로 보고 결혼과 가족형성, 그리고 생산적인 일에의 참여를 통해 사랑과 이상을 나누는 인생의 중요한 포인트가 된다고 지적한다.

7. 7단계: 빈 둥지 가족

은퇴와 자녀들의 출가로 인해 성인 대 성인 관계에 대한 인식이 일어난다. 부부는 만족감이 감소되고 적응이 새로이 필요하기도 하고, 장애자녀의 출현은 친밀감의 상실로 인해 관계를 재중재하기 어렵기도 하며, 함께 하는 시간의 결여로 인해 방해받기 쉽다. 부부는 여러 가지 신체적 변화와 감각 기관의 둔화현상을 경험한다.

더 이상 자녀들이 가족발달의 목표나 초점이 되지 않는다. 부부 관계의 중요성을 재인식하고 그 역할들을 재규정하여야 한다. 레크레이션 활동들의 추구와 의사소통, 건강, 재정적 문제들을 다루어야 하고 배우자의 사별과 같은 위기도 극복하여야 한다. 자녀에 대한 장기적인 안정과 서비스 제공자와의 상호작용을 하고 장애 자녀의 결혼이나 출산에 대한 관심에 대처해야 한다. Erikson은 이 시기의 사람들은 관용성과 자기몰입을 해결해야 하는 중년기에 침체의 문제에 직면할 수 있다고 보며, 이웃과 미래 세대와 사회에 관심을 가져야 할 때라고 본다.

8. 8단계: 노년가족

노령의 요소들과 관련되고 거기에 따른 적응의 문제들이 일어난다. 노부모 사망이후의 장애자녀의 보호와 감독 문제가 발생하며, 가족의 다른 하위체계나 서비스 제공자에게 부모 책임을 전이시키는 문제가 발생한다. 노년기 뇌성마비 장애인의 경우 우울증에 빠지고 스스로 삶에 대한 애착을 가지지 못해 절망감을 느끼는 사례들이 있다(김재익, 2011). Erikson은 통합감과 절망감을 맛보는 이 시기에 일의 마무리나 즐거움과 회상이라는 중요한 경험들을 성취해야 한다고 본다.

제2절 여성장애인 관련 이슈들

1. 이 슈

여성장애인 문제는 단순한 장애인의 문제로 머물지 않고 신체적 기능을 비롯해 외모와 전통적인 성역할에 대한 문화적 규범으로 인해 억압받고 있기 때문에 수적으로 남성과 비슷한 비중을 차지하고 있음에도 불구하고 상대적으로 정책적인 측면에서 배제되는 모습을 보이고 있다. 특히 여성장애인의 고용문제는 장애인 고용에서도 주변적으로 다루어졌을 뿐 성별을 고려한 별도의 혹은 추가적인 접근이 필요하다는 인식은 충분히 형성되지 않고 있다. 역사적으로 지적 장애를 가진 여성들에 대한 지배적인 담론은 그들은 아이를 가지기에 또는 어머니가 되기에 부적합한 것으로 치부해 버렸다. 이러한 태도는 지적 장애를 가진 여성이 자신을 바라보는 시각에 어떤 영향을 미친다. 그러나 이제 모성에 대한 전통적인 관점은 도전을 받고 있다. 현대 여성들은 아예 아이를 갖지 않거나, 전통적인 가족구조에서 벗어나기를 원한다.

이러한 이슈에 대한 논쟁은 지적 능력이 부족한 사람들의 육아 능력을 입증하는 것에 주의를 돌리는데 그쳤다. 스스로의 선택에 의하여 여성들은 역량 강화되고 그들의 신체와 삶을 조정할 수 있기 때문에 의사결정에 영향을 미치는 요소들을 관조해야 한다.

2. 여성장애인의 고통

장애인으로서 괴로운 경험과 아이를 갖는 결정에 대해 그들은 어떻게 느끼는가? 강요에 의한 낙태, 불임에 대한 요구, 그리고 아이를 가지려는 열망과 좌절과 같은 모성과 가족 삶에 대해 강한 중점을 두어야 한다.

아이를 갖는 소망의 합법성에 대한 도전, 그리고 여성들의 결정에 영향을 미치는 많은 요인들, 자신의 소망과 권리에 초점을 맞춘 사회적 담론을 과거에는 가능한 것으로 생각하지 않았다. 지적 장애를 가진 여성들이 어머니가 되는 것을 반대하는 사회와 가정의 압력은 장애로 인한 차별과 불임을 금지하는 법이 있음에도 불구하고 매우 강력하다.

그들은 가족들의 반대에 대항하여 싸우고 있지만 가족구성원들에 반하는 것이 어렵다는 심한 내적 갈등을 경험하게 된다. 다른 형제, 자매와 차별 받고 있다는 느낌은 이러한 여성들에게 공통적인 일이다. 여성들은 이러한 반응을 억압적이고 자신의 삶을 제한하고 어렵게 만드는 고통스런 것이라고 보고 있다.

아이를 갖는다는 것은 육아에 필요한 안전장치와 건강을 돌볼 수 있는 준비·경제적 바탕 등이 필요하다. 부모들이 자녀가 성인생활에 들어가는 것과 관련된 주요한 스트레스는 ① 절차가 복잡한 이행, 특수교육 체계에 의한 관여에서부터 성인서비스 체계로의 변화, ② 학교의 정해진 절차보다 상대적으론 보다 불확실한 성인 생활의 과정으로의 가족변화, 그리고 ③ 상태변화, 아이를 보호하는 것에서부터 독립적인 성인으로의 개인적인 변화에 의한 상태변화에 관계된다.

생명과학기술의 발달은 불치의 병으로 고생하는 사람들에게 치료의 희망을 가져올 수 있는 긍정적인 신호가 된다는 점에서 높은 가치를 가진다. 그러나 태어나지 않은 생명에 대한 유전적 정보를 노출할 가능성이 높고, 이 장애를 부적합한 것으로, 생의 부담으로 보는 담론이 팽배한 사회 속에서 유전 검사를 통해 한 태아가 장애특성을 가진 것으로 판명이 되면 그 아이의 생존 확률은 줄어들 것이다. 그 태아의 생존과 출산의 권리는 부모의 판단과 부모의 선택 권리에 의존할 수밖에 없기 때문이다.

이러한 문제를 장애 여성의 출산 선택의 권리와 결부시켰을 때는 다음과 같은 사회적, 윤리적 측면의 논쟁을 불러일으킬 수 있다.

① 장애를 가진 여성 특히 유전될 가능성이 있는 장애를 가진 여성의 경우 임신 혹은 출산을 막아야 하는가?

② 임신과 출산을 선택하는 결정은 누가, 어떻게 내리는가?

③ 결정에 영향을 주는 요인은 무엇인가?

④ 출상 후 책임은 누구에게 있으며 책임을 지기 위해 임신과 출산을 선택한 부모, 가족 그리고 사회는 어떤 역할을 해야 하는가?

⑤ 특정 장애를 가진 여성들의 육아능력은 어느 정도인가?

역사와 사회문화적 배경에 따라 그 수준의 차이가 있기 마련이겠지만 지적 장애를 가진 여성에 대한 타고난 모성에 대한 자기결정에서 장애인도 삶의 가치를 지니며, 그 삶을 막을 수 있는 것은 어떠한 권리로도 어떠한 입장으로도 정당성이 성립될 수 없다.

그러나 현실적으로 장애인들이 살아가는 이 세상은 너무나 장벽이 많고 자기결정에 대한 책임을 장애인 혼자서 지고 간다는 것은 거의 불가능한 일이다. 따라서 장애인의 삶에서 중요한 사건에 대한 결정의 권리를 인정함과 동시에 그 장애인을 둘러싸고 있는 환경이 함께 그 책임을 지고 나가야 한다.

빈곤은 여성들을 가장 황폐화시키는데, 여성들은 생존자체가 위태롭다. 낮은 교육수준을 지닌 경계선 수준의 건강상태를 지닌 여성들은 위험한 임신을 할 가능성이 높아지고, 결국 저체중아를 출산하게 되는데, 그런 아이들은 장애를 지니게 될 가능성이 훨씬 높다.

3. 여성장애인 관련 통계와 지표

여성장애인은 유교문화가 지배적인 우리사회에서 여성과 장애인 이중차별 구조에 직면하게 된다.

오혜경(2002)은 여성장애인의 경제활동 실태 및 취업에 영향을 미치는 요인을 노동공급 측면의 변수만을 다루어 연구하였다. 연령, 가구소득, 사회적 차별정도, 불편정도, 도움정도, 건강상태, 장애인에 대한 비장애인의 인식 정도 등에서 모두 유의미한 상관관계를 나타냈다.

곽지영, 조정아(2006)는 여성장애인의 직업 선택 및 유지 과정 경험에 관한 질적 연구를 하였는데, 직업에 대한 왜곡된 인식, 교육기회의 부족, 직업재활서비스에서의 소외, 채용조건 상의 차별, 구직과 관련된 정보 부족 등이 중요한 영향을 미치는 것으로 나타났다.

2008년 장애인 실태조사 결과, 우리나라 전체장애인 214만 명 중 여성장애인은 89만 명으로 41.4%(남성 58.6%)로 남성이 여성에 비해 17.2% 높게 나타나, 2005년의 조사결과(남성 59.9%, 여성 40.1%)와 같이 남성의 비율이 여성의 비율보다 높은 것으로 나타났다.

교육수준은 남성장애인과 전체 국민에 비해 월등히 낮은 특성을 보이고 있다. 무학 · 초등학교 졸업 이하인 여성장애인은 67.3%인 반면 대학 이상의 학력을 가진 여성장애인의 비율은 4.6%에 불과하다. 남성장애인의 경우 대학 이상의 학력을 가진 비율이 14.1%, 전체 여성의 경우 30.5%, 전체 남성의 경우 41.7%로 나타나 여성장애인이 남성장애인, 전체 국민과 교육격차가 매우 크다는 것을 보여준다.

결혼상태를 살펴보면, 여성장애인의 경우 배우자가 있는 비율이 52.8%로 가장 높았고, 사별 32.2%, 미혼 8.6%로 나타났다. 남성장애인도 배우자가 있는 비율이 72.1%로 가장 높게 나타났다.

건강상태에 있어 여성장애인은 약간 나쁘다는 비율이 41.9%로 가장 높았고, 보통이다 22.8%, 매우 나쁘다 20.0% 순으로 나타났다. 남성장애인은 약간 나쁘다가 30.2%로 가장 높았고, 보통이다 27.7%, 약간 좋다 19.8% 순으로 나타났다.

여성장애인으로서 특히 어려웠던 점에 대해서는 '취업 등 경제적 자립 어려움'(34.4%)이 가장 큰 어려움으로 지목했으며, '사회의 편견과 무시, 이중차별'(12.1%), '교육기회 부족'(10.7%), '여가시간 활용의 어려움'(10.3%), '결혼 후 시댁식구들의 학대차별'(7.1%) 순으로 나타났다. 장애유형별로 살펴보면, 전반적으로 '취업 등 경제적 자립 어려움'이 공통적으로 나타나는 가장 큰 어려운 점으로 나타났으나, 안면장애(35.1%), 자폐성 장애(33.7%), 지적장애(24.7%)는 '사회의 편견과 무시, 이중차별'이 가장 큰 어려움으로 나타나, 다른 장애유형과 차이를 보였다.

여성장애인 경제활동참가율은 25.48%로 남성장애인 52.1%의 절반으로, 인구대비 취업자 비율도 23.7%로 남성장애인의 1/2 수준이다. 최근 전체 여성의 경제활동참가율이 꾸준히 증가하는데 비해 2008년 여성장애인의 경제활동참가율은 2005년(28.4%)에 비해 하락한 것으로 나타나 여성장애인의 고용문제가 여전히 개선되지 않고 있음을 보여준다.

여성장애인은 남성장애인이나 전체 여성에 비해 경제활동참가율 및 취업률이 낮은 특성을 보인다. 또한 취업한 경우에도 임금이나 지위 등이 남성장애인에 비해 열악한 것으로 나타나고 있다. 여성장애인의 월평균 임금은 59만원으로 남성장애인 135만원의 절반 수준에도 못 미치며, 평균 근무기간이나 근무시간 등이 남성장애인에 비해 더 짧게 나타났다.

여성장애인은 장애인 이전에 한 명의 여성으로써 동등한 욕구와 권리를 가지고 있다는 측면에서도 간과되고 있는데, 고용환경에서 고용주 및 동료사원의 인식부족으로 인한 업무배치, 승진, 임금 격차, 여성근로자 지원제도의 부족 등 직장생활 전반에 대해 어려움을 가지고 있었다. 그리고 사회의 고정된 성 역할 태도로 인해 여성의 외모를 중시하는 데서 오는 어려움이나 성희롱 문제 등으로 실제적인 취업 및 고용유지에 부정적인 영향을 받고 있다.

<토론주제>

1. 성인기의 특징으로 경제적 독립과 사회적 독립을 나눌 수 있는데 이를 중증 장애인의 경우에 어떻게 적용하고 해석할 수 있나요?
2. 가족적응을 주기적 관점에서 보는데 대한 비판적 시각들을 제시하시오
3. 여성장애인의 경제활동 참가율이 남성에 비해 낮다면 이를 개선할 수 있는 여러 가지 정책적 실천적 방안들을 토론해 보시오.

제 4 장

장애인 가족의 근심과 발달과제

장애아동에게 있어서 가족은 사회화에 따른 순기능을 하기도 하고 역기능을 하기도 한다. 중요한 대리의사 결정자로서 또 보호제공자로서 가족의 역할을 가리킨다. 나아가 중증장애인의 재활을 통해서 가족부담 경감과 사회적 비용 감소를 기대할 수 있다. 재활은 장애인의 독립적인 생활과 삶의 질을 향상시킬 수 있는 방향으로 접근해 나가는 노력이기 때문에 이를 통해 장애인 가족의 심리적 경제적 부담을 줄이게 되는 것이다.

가족은 장애인의 지지체계이기도 하지만 한편으로는 의존성 조장적 과도한 보호와 사회적 정서적 곤란을 초래하는 위험집단에 포함되기도 한다. 또 재활전문가에게 있어서 장애인가족은 매우 중요한 파트너가 되는 동시에 재활계획수립과 같은 재활과정에서 종종 갈등과 의사결정 문제에 직면하게 된다.

장애아동의 출생은 거의 모든 가족에게 위기를 느끼게 만드는데 가족체계를 기반으로 스트레스와 대처기제에 대한 가족 스트레스, 조절, 적응의 탄성모형(Resiliency Model)은 지적장애 청소년이 학교에서 직장으로 이행하는데 대한 가족의 조절을 이해하는 이론적인 기초를 제공한다.

Resiliency Model에서는 생활변화에 대한 가족의 반응을 구체적으로 조절단계와 적응단계의 두 가지로 나눈다. 조절단계에서 스트레스 원이 되는 사건이나 이행에 대한 반응으로 가족의 조절수준은 다음 요소들의 상호작용에 의해서 결정된다. ① 스트레스 원이나 이행의 중대성, ② 동시에 발생하는 요구와 가족의 생활

주기 단계의 적체에 의해서 결정되는 가족의 취약성, ③ 가족의 특징적인 행동양식, ④ 스트레스 원의 요구에 대응하기 위한 가족의 가족, ⑤스트레스 원에 대한 가족의 평가, 그리고 ⑥스트레스 원에 대한 가족의 문제해결 능력과 대처 반응. 조절은 가족에게 최소한의 변화를 포함하는 스트레스 원에 대한 단기적인 반응이다. 만약 스트레스 원의 강도가 가족의 대처능력을 초과한다면 보다 실질적인 변화가 요구된다.

지적장애인 가족성원이 경험하는 가정의 비일상적인 경험은 사건이 언제 발생했느냐와 만약 그것이 발생한다면의 두 가지 대표적인 것에서부터 시작한다. 개인과 가족에 있어 중요한 생활사건이 순서 매겨지는 시간표는 사회적으로 규정된다. 지적장애 청소년이 있는 가정의 부모들은 아이의 성장발달과 양육에서 기대하는 것과 실제로 무엇이 발생했느냐의 사이에서 불일치가 있을 때 가족생활주기에서 위기를 경험한다.

일반적으로 지적장애 자녀들을 이해하는 열쇠는 가족이 상호 의존하는 체계이며, 가족 구성원은 가족에 의해서 변화한다. 가족은 개인적인 구성원들의 행동, 발달적 과정에 의해서 변한다는 것이다. 가족관계의 몇 가지 전문적인 원칙은 다음과 같다. ① 부모와 전문가들은 공동으로 노력해야 한다. ② 전문가는 가족의 역할을 조화시키는데 융통성이 있어야 한다. ③ 사전의 동의가 있어야 한다. ④ 부모와 전문가는 지식을 표명하고 각자의 경험 및 다른 전문적 지식을 존중해야 한다. ⑤ 체계는 부모와 전문가 모두에게 강요됨으로 이러한 사실을 인식하는 것이 주요하다. ⑥ 전문가와 부모는 서로 다른 문화, 신념, 계급(class), 가족의 구조를 존중해야 한다.

이전에는 부모들이 자녀의 장애에 대해서 죄의식을 가지고 있거나 사회적인 편견 때문에 자녀의 장애를 숨기거나 방치하였으며 최선의 경우에는 시설에 수용하거나 보호하는 정도였다. 그러나 사회적 문화적 맥락 속에서 장애인관의 변화가 일어나고 일반인의 장애인에 대한 시각이 전환되기 시작하였고 장애인의 인권과 복지에 관심을 가지게 되었다. 장애인의 재활에 대한 인식이 증가하면서 장애인이 다른 사람들과 동등하게 사회에서 기능하고 사회적 자원에 접근하는 기회를 가지게 되었다. 장애인이 완전한 개인으로 사회에 기능하고 독립된 생활을 하기 위해서는 직업을 가지는 것이 가장 중요하다고 할 수 있을 것이다. 그러나 아무리 일반인의 장애인에 대한 시각이 개선되고 변화되었다 하더라도 장애인이 완전한 직업을 가지기 위한 과정은 개인이나 그 가족에게 많은 스트레스를 경험하게 만든다.

제1절 장애인 가족과 어머니의 태도

1. 부정적 태도

가족은 공동거주, 경제적 협력 그리고 생식을 특징으로 하는 사회적 집단으로 사회적으로 성관계를 허용 받은 최소한의 성인남녀와 그들에게서 태어났거나 양자로 된 한 명 이상의 자녀로서 이루어진다. 가족은 혈연관계로 결합된 사회 최소단위로서 구성원끼리 서로 영향을 주고받는다. 따라서 가정은 최소단위의 사회적 환경이고 자녀출산과 양육이라는 가장 큰 기능을 지닌다. 특히 재활전문가에게 있어서 장애인 가족은 파트너가 되는 동시에 갈등 요인이 되기도 한다. 부모들의 양육태도에서 지적장애 아동의 부모는 일반인 부모보다 더 거부적, 지배적인데 비하면 일반 아동의 부모는 지적장애 아동의 부모보다 더 보호적, 복종적으로 나타나기도 한다. 부모의 부정적 태도는 다음과 같은 결과를 초래하기도 한다.

① 장애아동이 태어난 의문을 죄의 대가로 받아들이기도 한다.

② 아동의 발육상태를 정확하게 파악하는 것이 어렵고 장애아동에 대한 의논상대를 찾기가 쉽지 않다.

③ 주위로부터 위로나 동정 받는 것을 부끄럽게 생각하고 장애아동이 자기의 가정에 있다는 것을 알리기 싫어한다.

④ 새로운 임신에 대한 두려움으로 출산을 포기하고 스스로 고립되기를 원한다.

⑤ 가정에서의 긴장이 심하고 종종 우울한 분위기가 되는 것이 참기 어렵다.

⑥ 장애아동과 함께 생활함으로써 받는 정신적 긴장, 불만, 불안의 누적 등 감정을 지탱하기 어려운 경우가 많다.

⑦ 충격-불신과 부정-감정적 격동-책임감과 죄책감-분노-우울-협상과 수용-현실적 계획과 교육은 자연스런 정서 반응이다.

⑧ 어머니의 정서적 성숙도, 가정의 사회경제적 지위, 사회문화적 환경, 교육 및 재활시설 유무, 의사와 전문가들의 태도 등에 영향을 받는다.

2. 어머니의 행동유형과 가정환경

적응상의 문제를 초래하는 장애아동들을 생산할 수 있는 부정적 행동유형은 다음과 같이 분류될 수 있다.

① 부정과 불신의 지속

② 장애 원인의 계속적 추구

③ 가정불화

④ 과잉보호

⑤ 무관심과 학대

⑥ 지속적 가정위기의 마음상태

1) 장애아동 가정의 중요성

장애아동의 가정은 아동의 성장과 발달에 큰 영향을 미치며, 그 중요성을 다음과 같이 구체적으로 열거할 수 있다.

① 부모의 태도와 그 가정의 분위기에 영향을 받으며 장애아동은 성장하게 된다.

② 즉, 대부분 장애아동의 생활습관, 상식적 지식, 대인관계, 자조능력의 향상 등은 매일매일 생활하는 가정의 부모에 의해서 이루어진다.

③ 개방형 가족은 적응이 용이한 반면, 폐쇄형은 가족 내에 위협과 위기의식이 상존하게 된다.

④ 형제자매 (sibling)의 태도와 관련하여서는 모두 가족의 의사결정과 토론에

참여하도록 한다. 장애형제에게 보이는 반응과 대답 추구에 있어서는 정직성이 요구되며, 이들의 고통에 대한 배려가 필요하다.

2) 부모의 역할

장애아동을 가진 부모는 가족기능과 역할에 있어서 장애아동의 영향을 받으며, 반대로 장애아동의 적응과정에 큰 영향을 미친다.

① 한 개인이 성인단계에 접어들면 다른 사람을 돌보려는 성숙적인 동기를 갖게 되어서 자연스럽게 부모의 역할을 한다.

② 이성과 논리에 근거한 선택적 행동으로 부모의 역할을 선택한다.

③ 아동은 자신의 부모를 모방함으로서 사랑을 배운다.

④ 자기 자신을 사랑하고 인식하도록 사랑과 규율면에서의 일관성을 유지한다.

⑤ 아동의 사랑과 존경받을 가치와 원리를 침해하지 않으며, 규제를 할 때에는 상세한 설명을 제공한다.

3) 정서적 안정감

장애를 지닌 아동이 조직 구성원으로서 존재 그 자체에서 사랑을 받는다는 느낌을 갖도록 하고 과잉보호를 피한다.

① 사회적 경험

동료 의식의 자연적 추구, 자기 자신과 타인을 받아들이는 태도를 배운다.

② 아동의 지적 발달에 대한 책임을 지고 전문가의 파트너로서 기능한다.

③ 사랑스런 또래 친구를 통해 창작성, 언어성, 학업 기술들을 함양하도록 한다.

④ 아동자신과 주위환경을 탐색할 수 있는 자유를 제공한다. 아동은 실패나 이 과정을 통해 위험한 것, 소유, 자유 등을 배운다 (error-free environment).

⑤ 즐겁고 안전한 생활을 통해 삶에서 즐거움을 느끼고 신변처리를 스스로 할 수 있다.

4) 가족협동

어머니가 아동의 양육을 전담하는 것이 아니라 가족구성원 서로의 역할과 협동사항을 분담한다.

① 가족참여의 증진

의논, 역할강화, 행동원칙 등을 설정한다.

② 아동의 수준파악과 목표를 설정한다.

③ 인내와 주의 사항들을 견지하고 역할모형을 제공한다.

④ 치료프로그램에 적극 참여한다.

5) 부모-자녀관계의 일반적 특질

부모-자녀 관계는 단순히 생물적, 혈연적 관계에 그치지 않고 자녀의 출생이후 부모의 사후까지 계속되는 심리적 운명적 공동관계이며, 도덕적 문화적 측면에서도 강한 통제력을 갖는 사회화의 작용요인이 된다 (김재은, 1981, 43-50).

① 부모-자녀 관계는 유전인자에 의한 생물적 연결을 가지고 있는 관계이다.

② 자녀의 출생이후 부모의 사망까지 계속되는 영속적이고 운명적인 공동 관계이다.

③ 자녀는 사회화의 최우선적인 대상이며, 사회적 경험과 역할상과의 동일시를 제공하는 교육적이고 문화적인 관계이다.

④ 정서적 관계, 비합리적이고 비타산적인 일체감을 갖는 관계이다.

⑤ 부모-자녀관계는 부모의 생육환경을 포함하는 역사적, 법제적, 관습적, 도덕적 제 조건에 의해 규정되어진다.

⑥ 친족관계의 일환으로 매우 복잡한 요인의 상호관련이나 역동적인 인간관계의 역동성에서 결정된다.

⑦ 서로 다른 세대 간의 관계로서 부모의 연령과 자녀의 성장에 따라 변화, 발전하는 관계이다.

심리사회적 상호작용 측면에서 장애인 가족성원을 둔 가족은 그 자체로 장애인의 재활을 위한 하나의 자원이기도 하지만 사회적 정서적 곤란을 초래하는 위험집단에 포함되기도 한다. 일반적으로 가족성원이 재활과정에 많이 참여할수록 재활 성공률은 높아진다.

재활전문가들은 가족들이 지적장애인들의 삶에서 가장 큰 영향력을 미친다는

데 동의한다. 지적장애인들의 안전한 고용, 정보를 이용한 선택, 그리고 독립성의 획득에 대한 가족들의 욕구는 증가되어 왔다. 중증장애인 가정의 세 가지 주요한 경향은 부모와 함께 사는 것, 기대 수명의 증가, 그리고 노령화문제이다. 부모들은 장애 자녀에게 필요한 서비스와 관련된 입법노력에 주력해 왔다. 또 부모집단을 포함한 옹호집단은 재활과정에서 중요하고 가치 있는 역할을 하는 것으로 나타났다. 부모참여 및 지원과 격려는 재활계획의 성공에 결정적일 수 있다. 가족의 적응 (family adaptation)은 위기상황에 뒤따르는 것으로 한 가족에게 균형과 조화, 일관성, 그리고 만족스러운 기능수준에 대한 새로운 수준을 야기하기 위한 가족의 노력들의 결과로 정의하였다.

내담자 중심 계획은 지적장애인, 가족, 학교성원, 재활상담사, 기타 관계자로 구성된 여덟 단계과정, ① 내담자의 프로파일 수집, ② 내담자의 관계도표 개발, ③ 미래의 비전 창조, ④ 목표확인, ⑤ 정신적 장애물, ⑥ 정신적 자원, ⑦ 선택과 자원의 결정 (우선순위), ⑧ 행동계획 개발로 발전하였다.

3. 가족 스트레스와 적응

가족이라는 개념을 가족관계의 '구조', 역할과 책임의 '기능', 그리고 계열적 단계의 '발달'의 세 차원에 의거하여 찾아 볼 수 있다. 따라서 이 각 차원에서의 가족 상호작용과 역동성 및 가족환경과 그것이 개인의 발달에 미치는 영향은 크다고 볼 수 있다. 가족생활 주기이론의 관점에 의하면 가족의 각 생활주기에 있어서 각 단계는 새로운 일련의 도전과 만족을 줄 수 있는 원천을 제시한다고 본다. 다음 단계를 넘어가는 이행기적 시기에 스트레스도 높게 나타난다.

가족은 복잡한 체계인 동시에 역동적인 체계이다. 아동이 성장함에 따라 가족요구, 가족 특성도 변하기 때문에 이러한 변화는 적절히 평가되고 거기에 따르는 적절한 해결 방법이 필요하다. 예를 들면, 취학 전 아동에 대해서 부모는 불확실한 진단과 안전의 문제에 직면할 것이며, 청소년에 대해서는 더 이상 부모가 자녀를 돌보아 줄 수 없게 된 이후에 나타날 자녀의 장래문제에 직면하게 될 것이다.

가족 스트레스는 가족의 욕구와 스트레스요인에 대처하는 능력 사이의 불균형으로 인한 결과이다. 스트레스 요인에 성공적으로 적응하기 위한 가족 능력은 가족의 취약성, 자원, 평가, 문제해결, 대처전략에 의해 결정된다. 한 가정의 어머니는 가족구성원 중 특히 자녀를 위해 희생하고 행복을 느끼며 그곳에서 존재 의미를 발견하기도 하지만 아이들을 위한 많은 노력과 시간은 큰 부담이 되기도 한다. 장애아동을 돌보는 어머니는 보다 많은 시간과 노력이 요구되어 자신의 사회활동이나 개발에 필요한 기회와 자원을 박탈당한다. 따라서 이들의 스트레스 또한 높을 수밖에 없다. 이로 인해 종종 피로, 건강, 재정문제, 욕구불만, 좌절감, 만성피로를 호소하게 된다.

장애가족 성원의 출현으로 인한 가족의 취약성은 가족 욕구들의 전체에 영향을 미치는 동시에 일련의 스트레스 요인들이 된다. 잠재적인 스트레스 요인의 범주는 ① 개인과 가족의 전이, ② 이전의 가족긴장, ③ 상황적 전환, ④ 가족의 노력으로 대처한 결과, ⑤ 스트레스 상황에서 필요한 가족 행동의 혼란, ⑥ 가족의 가치, 규칙, 기대에 상충되는 스트레스 요인에 대처하는 기능의 새로운 유형 확립이다. 스트레스요인은 가족체계에서 욕구의 변화나 잠재적인 변화로 정의된다. 장애가족 성원에 대한 주간프로그램의 종결과 거주시설에서의 이동 등은 가족기능과 가족목표뿐만 아니라, 전체 가족성원들에게 영향을 줄 수 있다.

만성적 장애조건에 의해 긴장과 스트레스를 경험하게 되고, 신체장애에 관련한 만성스트레스는 신경증과 개인의 기능을 크게 떨어뜨리거나 부전을 야기시킬 수 있다. 스트레스는 적응을 요하는 어떤 기대나 요구에 대해 개인의 반응과정에서 생기는 것이므로 자극과 반응측면을 모두 포함하고 따라서 개인에 따라 차이가 크며, 스트레스 정도도 다음과 같은 영역에서 개인의 대처능력에 따라 결정된다 (Pollock, 1984).

① 삶의 질

독립성의 수준으로 개인이 일상생활을 선택하는데 있어서 신체적 한계성으로 성격의 변화, 정서적 변화, 부적응 행동을 보이기도 한다.

② 자아개념과 신체상

개인이 자신의 장·단점들에 관한 지각과 신념, 자신의 신체 외모와 기능에 대한 지각, 장애에 대한 심리 사회적 결과가 사회적 존재로서의 자아상에 변화를 가져오게 하고 새로운 적응을 유발하는 스트레스원이 된다.

③ 불확실성

개인의 기능적 능력에 영향을 미치는데 특히 진행성인 경우 그 정도가 심하다.

④ 낙인

낙인 (stigma)은 편견과 스테레오타입화 된 행동으로 낮은 존중감과 열등의식으로 표현된다.

또 Pollock (1984)은 스트레스에 반응하는 인간의 적응은 환경과 상호작용하는 긍정적 과정으로 초점자극, 연관자극, 잔여자극의 작용으로 인해 개인차에 따라 적응수준이 다르게 나타난다고 보았다.

초점자극은 지각이라는 주관적 관점에서 스트레스원으로 장애가 지각된 것이며, 적응효과는 외적인 연관자극과 내적인 잔여자극의 조건 요인과의 관계에서도 나타나게 된다. 초점자극은 장애지각 정도에서 가장 영향력이 큰 요인으로 스트레스 지각의 부정적 원인이 된다.

적응반응은 초점자극, 연관자극, 잔여자극의 요인들이 스트레스에 대한 반응을 중재함으로써 다르게 나타나는 적응수준이다. 연관자극은 연령, 성별, 사회적 지위, 교육수준, 자가치료 등의 인구사회학적 요인이며, 잔여자극은 인성, 성격적 기질, 경험과 같은 강인성으로 행동적인 수준의 유효성을 요구한다. 잔여낙인 (residual stigma)은 동적인 성격과 개념으로 대상자의 훈련 효과에 따라 다르게 나타난다.

적응에 따른 개인의 강인성과 관련하여 다음의 세 가지 요소를 고려해 볼 수 있다.

① 통제성

문제의 원인과 해결점을 조절하고 영향을 미친다.

② 자기투입성

스트레스 저항요인으로 자진해서 긍정적 행동을 산출한다.

③ 조절성

적극적 태도, 변화나 요구를 발전의 계기로 삼는다.

적응이란 개인의 요구와 환경과의 조화를 이루어 욕구를 만족시켜나가는 행동과정이며, 욕구좌절이나 갈등을 합리적으로 해결해 나가는 행동과정으로 ① 환경에 자신을 맞춰 가는 것 ② 환경을 변화시켜 가는 것을 나타낸다. 즉 한 개인이 환경과의 상호 교섭적이며, 역동적인 관계를 맺음으로써 사회적 요구나 문제를 해결하려는 창조의 과정을 통해 스트레스를 극복하고 환경과 만족스런 관계를 맺어 가는 것이 적응이다.

심리적 적응은 스트레스 하에서도 자신의 다양한 역할을 충분히 처리하고 이해하는 일 개념이며, 사회적 적응은 사회에 대한 소속감과 사회화 요구를 반영하고 사회규범, 역할 인식, 윤리적 가치 등을 내포하는 것으로 사회적 활동의 회복과 활성화를 의미한다. 매일의 일을 관리하는 능력으로 생각할 수 있다. 적응 전략으로는 방어기제의 정확한 이해와 사회적 지지망의 증대를 고려할 수 있다.

제2절 가족 평가와 참여

1. 의 의

가족 평가는 가장 구체적인 수준에서 개인적인 스트레스 요인과 광범위한 수준에서 가족의 기본 신뢰에 부여된 가족의 의미로 간주된다. 따라서 가족 평가는 가족에 관한, 전체 세상에 대한 가족의 관계에 관한, 전체 그리고 가족외부의 세상에 관한 전체로 구성된다. 이러한 전제들에 있어서 중요한 결정요소는 가족의 문화적 배경이다.

가족의 장점들에 기초한 대처 전략들에 의한 임상적인 가족 평가와 중재는 매우 중요하다. 예를 들면, 뇌손상에 대해 긍정적인 가족의 적응은 뇌손상을 가진 개인들의 손상 후 발달 잠재력을 높인다. 가족의 지원집단들을 개발하고 수행하는데 대처 차원들은 집단 활동들을 계획하기 위해, 그리고 집단의 논의들과 문제해결을 촉진하기 위해 사용될 수 있다.

가족변화는 조정, 인식, 배려, 적응에 개입하는 스트레스 증가의 시기이다. 가족변화가 비정상적일 때 발생하는 가족들의 문화적 기대와 경험 사이의 차이는 추가적인 스트레스를 발생시킬 수 있으며, 사회적 법규의 부적응 상황을 보다 스트레스적으로 만든다. 사회적 지원은 가족적응에서 중요한 자원이다. 정부, 서비스기관, 자조집단으로부터 받는 공식적 지원과 가족 성원, 친척, 이웃, 동료근로자, 친구로부터 받는 비공식적 지원이 있다. 어머니의 사회적 지원과 형제로부터의 지원과 같은 사회적 지원은 스트레스요인에 대처할 수 있고 가족적응을 촉진시킬 수 있는 중요한 자원으로 이해될 수 있다.

문화적 배경에 따라 가족들이 잠재적 스트레스요인에 대처하는 방식은 다르다. 특별한 문화적 집단의 요인으로는 ① 장애에 대한 인식, ② 가족성원의 고려, ③ 보호자, ④ 의사결정 방식, ⑤ 가족성원이 서로 기대하는 것, ⑥ 친구와 지역사회로부터 받는 지원수준, ⑦ 전통적 가치를 지지하는 폐쇄적인 가족인지, 그리고 ⑧ 가족이 외부 도움을 수용하는지 여부로 나타난다.

2. 후견인 제도

장애로 인해 스스로의 재산이나 인격을 유지할 능력이 결여된 사람들의 대리 의사결정자인 후견인의 의사결정과 자기결정은 중증장애 성인이 살아가는데 있어서 깊은 영향력을 미칠 수 있는 공공정책의 시사점을 보여준다. 자기결정 또한, 심리적으로 권위를 부여하는 방법 안에서 삶에 대한 의사결정에 접근할 수 있도록 한다. 자기결정의 능력, 기술들, 태도와 믿음들, 그리고 조정과 인내에 필요한 환경적 지식의 많은 측면의 하나로서 이러한 역량강화를 개념으로 생각할 수 있다.

보편적인 자기결정의 곤란은 기본권의 제한을 초래하고 자유로운 결정에 제한을 초래할 수 있다. 그러나 중요한 삶의 선택 능력은 성인의 특권처럼 보여진다. 후견인의 의사결정은 개인이 충분한 의사결정을 하지 못할 때에 판사대리인이나 법률적 대리인의 힘에 의해 개인권을 보호하기 위해 모색한다 (Stancliffe, Abery, Springborg, & Elkin, 2000). 중증 장애인의 보호장치로서 법원에서는 종종 후견인 제도를 인정하고 따라서 후견인은 주거, 직업, 치료, 금전 등에 관한 권리를 제한하는 방식으로 행동할 수 있다.

개인으로부터의 모든 법적 의사결정 권위의 이동 형식과 투표권을 포함한 시민권의 상실, 결혼, 운전면허증의 취득, 건강에 관한 독립적인 의사결정, 주택, 취업, 그리고 재산권을 다루게 된다. 후견인 역은 일상에서의 의사결정을 하는 존엄한 개인의 자유를 참해하지 않아야 하고, 후견인은 주요한 의사결정 과정에 있어서 가능한 한 개인과 그들을 포함시킨 결과에 윤리적인 책임을 가진다(Stancliffe et al., 2000).

후견인의 위험 중 한 가지는 권리 보호의 범위를 쉽게 넘거나 다른 사람들로부터 지원과 협조가 이루어진 고유한 의사결정 범위를 조정할 때 발생한다. 개인의 희망사항과 대리인의 결정 사이의 균형과 조화의 부족으로 인한 불안과 같은 문제점들이 나타날 수 있다.

법적으로 지정된 후견인이 없는 성인을 위해 재활서비스 제공자는 그들이 마치 법적인 후견인인 것처럼 가족원으로 의사결정을 하게 된다. 대리인의 의사결정이 필요한 사람은 지적장애를 가진 사람으로 법적으로 능력이 거의 희박하다고 판단된 사람이거나, 법정에서 대리인 의사결정의 권리가 확인된 사람이다. 미국에서 후견인 역과 보호자 역은 자신의 생활에 대해 의사결정 능력이 부족함을 법적으로 판결을 받은 지적장애 성인을 위해 가장 빈번히 채택된다.

경제적인 잘못과 오류로부터 보호받기 위해, 소유권과 경제력을 보호하기 위한 후견인의 관련된 법규에서 항목화 된 모든 권리와 의무를 부여받는다. 주거의 장소 선택, 보호와 안전, 부양, 의료적 치료와 직업적인 보호, 인격을 형성하기 위한 희망, 투표권과 같이 시민권의 결정을 위한 권위를 법정에 의해 부여받는다. 후견인은 사람이 생활하고 참가하는 프로그램이 무엇인가에 대한 것을 포함하여, 인격을 대표하여 결정하도록 만들었다. 개인 의사결정은 스스로 결정을 하기 위하여 기술과, 태도, 지식을 요구하고, 포함한다. 잠재적인 혼동은 ① 적응 행동, ② 지적 기능, 그리고 ③ 생활 준비의 세 가지 대리인 의사결정 구성요소들을 사용함에 의해 조정될 수 있다.

자기결정 능력의 척도에서 유의미한 점은 자기 의사조정 능력이다. 자기결정 능력의 범위는 대리 의사결정 능력에 의해 유지된다. 적법한 능력과 법원의 결정에 따라 시대적으로 이러한 능력은 발전되었고 자기결정 능력의 단계는 높아지고 있다. 보호자의 의무와 후견인의 의무를 합법적으로 규정함에 의해 자기 의사결정 요소를 개인의 통제력 속에 많이 포함시킬 수 있을 것이다 (Stancliffe et al., 2000).

후견인 자격의 부여는 개인의 의사결정과 시민권적 주요 영역을 제한하게 된다. 이러한 후견인 제도의 몇 가지 전제는 다음과 같다 (Stebnicki, 1994, p. 23).

① 중증장애인은 스스로 의사결정을 내리는데 필요한 적절한 선택을 할 수 없고 따라서 학대, 유기, 착취의 위험으로부터 보호해야 한다.

② 후견인은 최대의 이익추구와 중요한 대리 의사결정과 같은 바람직한 행동을 통해 피후견인의 복지를 촉진시키는 방향으로 행동한다.

③ 후견인으로 지정된 부모와 가족성원들은 법률에서 지정한 다른 후견인 체제와 동일한 기준과 윤리적 행동을 취한다.

흔히 후견에 대한 법적 결정은 당사자의 능력이 제한되어 있다는 점을 의사가 보고서를 통해 명시함으로서 이루어진다. 이러한 판단을 위해 사용되는 평가도구들은 간헐적인 능력부족을 노출시키거나 성생활, 출산, 결혼 등 하나 혹은 그 이상의 주요한 생활영역에 있어서 치명적인 능력결함을 보이게 되는 사람들에게 있어서 매우 중요하다. 또 다른 능력평가 방식으로는 과거력, 주거, 직업, 치료선택과 같은 모든 생활영역에서의 기능적 의사결정 능력에 대한 평가가 있다. 정신과적, 신경학적 혹은 정신장애 하나만 가지고서는 비합리적 선택이나 무능에 대한 판단기준을 삼을 수 없다. 이러한 능력평가에 사용되는 영역들은 다음과 같다 (Stebnicki, 1994).

① 선택한 내용에 대한 지식

② 유용한 여러 대안들의 장, 단점에 대한 인식능력

③ 선택한 내용들을 다룰 수 있는 능력

④ 환각과 같이 유해한 병리학적 지각이나 신념이 나타나지 않는 동시에 적절한 정보 이해력

⑤ 유해한 급성 혹은 위기 상황의 정서적 상태를 노출시키지 않는 것

⑥ 어떤 상황과 그 결과에 대한 평가와 같이 합리적으로 정보를 처리할 수 있

는 능력

⑦ 보편적 규준의 일탈된 상태에 대한 인식과 스스로의 의사결정에 대해 다른 사람들이 어떻게 생각하는 가에 대한 인식여부

⑧ 의사결정 능력의 질적 고려는 가족, 전문가, 기타 다른 사람들에 의해 평가되는 개인의 의사결정영역의 장점에 강조를 두는 포괄적 평가 속에서 이루어져야 한다. 그러나 종종 능력과 무능력 사이의 경계에 대한 결정이 매우 어려우므로 서면동의와 대리 의사결정은 능력이 의심되는 사람들에게는 더욱 중요하게 된다 (Stebnicki, 1994).

3. 장애발생으로 인한 가족기능의 변화

1) 가족구조와 기능

하나의 체계로써 장애인 가족구조는 사회학적, 경제적, 심리학적, 인류문화적 관점을 지닌다. 체계이론은 가족이 사회적 환경을 효과적으로 다루는 노력을 시도한다고 본다. 가족성원들은 가족이 환경적 요구에 효과적이고 효율적으로 직면하도록 상호작용하는 가족체계의 요소들이라는 것이다. 따라서 가족체계는 항상성 (homeostasis)이나 균형 상태를 유지하고 새로운 적응을 요구하는 외부적 변화가 있기까지 지속하려는 노력을 한다. 뿐만 아니라, 가족발달과 개인발달은 상호 얽혀있는 역동적인 관계 속에 있기 때문에 가족체계와 개별 구성원 사이의 역동적 관계는 전체 체계를 통해 변화와 영향을 미친다.

가족의 구조적 접근은 ① 체계로서의 가족: 상호간에 영향을 주는 특정한 방법으로 연결된 개인들로 구성된 살아있는 개방체계, 상호작용 유형을 발전시킨다 ② 성장: 살아있는 개방체로서 가족구성원의 무수한 내외적 환경 ③ 규정화: 규칙 및 변화에서 가족과 외부 사이의 삼투막과 같은 경계를 구성하고 변화 요구와 조절을 필요로 한다.

가족기능들은 각각의 개별 가족성원들의 욕구들을 충족하고 스트레스에 대처하기 위해 변화되는 기능들을 유지하는 역동적인 것이다. 장애의 출현은 가족 기능들의 균형에 심각한 변경을 가할 수 있다. 가족성원 한 사람에 대한 가족기능

들이 변화할 때 가족체계 속의 구성원들은 변화를 경험하게 된다.

① 가족기능의 하나는 신체적, 재정적, 사회적, 정서적 지지를 포함한 각각의 지지를 제공하는 것이다.

② 두 번째 기능은 가족체계 속에 개개인의 자치성과 독립성을 확립하는 일이다. 각각의 구성원들이 통합을 유지할 수 있도록 하는 일이며, 가족 정체감은 가족의 역할들에 의해서 설정된다.

③ 가족은 또한 프라이버시, 가족성원의 통합, 권위와 의사결정을 지배하는 가족 내의 필요한 규칙들을 창조한다.

④ 가족성원 사이의 언어적, 비언어적, 묵시적 의사소통은 중요하며, 특히, 정서, 욕구, 선호의 교감 등과 같은 긍정적인 의사소통에 의해 가족기능이 강화된다.

2) 장애가 가족성원들에 미치는 영향

다양하고 만족스런 가치 있는 활동들을 수행해 왔던 사람은 하나의 역할이 장애 발생에 의해 손상될 때 다른 역할들에 필요한 활동을 증가시킴으로서 장애에 잘 적응할 수 있다. 장애를 지닌 가족성원의 역할을 담당하는 것과 같이 가족체계 모형은 이 역할변화와 관련하여 나머지 가족성원들에게 어느 정도의 충격이나 영향이 있을 것이라고 기대한다.

부모들은 자녀의 장애진단과 더불어 정서적 충격을 경험하게 되고 이 충격의 정도는 거의 정서적 위기 수준에 도달한다. 이 때 개인의 정상적 대처기술은 임박한 문제로 인해 일시적으로 정지되기도 하며, 미래의 소망과 같이 어떤 종류의 상실로 받아 들여진다. 따라서 상담사는 위기에 처해있는 부모가 충격을 표현할 만큼 안전하다고 느낄 수 있는 분위기를 만들어 충격의 해소와 이성적 사고를 회복할 수 있도록 신뢰관계를 구축하여야 한다.

장애를 가진 형제자매들은 부모와 유사하거나 부모 이상으로 스트레스를 받는다 (강위영, 권명옥, 1998). 그러나 일반적으로 장애인 성원을 지닌 가족에게 있어서 장래계획과 같은 요소와 관련하여 장애를 지닌 자녀나 혹은 형제자매들은 효과적인 대처방식을 배울 기회가 부족하고 그 장애에 관한 충분한 지식을 활용하지 못한다. 장애인 형제자매들의 적응과 가족기능의 향상에는 토론그룹, 여름캠프, 행동수정 등이 긍정적인 영향을 미치는 것으로 나타나고 있다 (강위영, 권명옥, 1998). 특히, 부모가 수동적이 아니라 공동의 협력자로서 기능할 때 장애와 관련된 모든 조건들이 개선된다.

4. 가족모형

1) 탄성모형

초기 가족스트레스 이론에 근거를 둔 가족 스트레스, 조정, 적응의 회복모형은 가족들이 직면한 위기에 요구되는 변화를 위한 중재를 제공하게 한다. 스트레스와 대처체계에서 가족체계접근에 근거를 두는 유연성 혹은 탄성모형 (The Resiliency Model)은 가족에게 중점을 두고 가족 조정의 이해를 위한 이론적인 근거를 제공한다.

탄성모형의 주요 전제는 효과적인 가족의 대처가 긍정적인 가족의 적응을 용이하게 한다는 것이다. 따라서 탄성모형에서 스트레스 상황과 관련한 불확실성은 가족이 적응문제에 부딪히게 될 가능성을 증가시킬 수 있다고 가정한다.

탄성모형에서 다문화적 배려는 가족평가에 관한 중요한 영향으로 고려된다. 상담사의 능력은 ① 그들이 상담하는 가족 사이의 유사점과 차이점에 대한 민감성, ② 타문화의 가족 수용, ③ 가족 지원의 이용, ④ 각 가족의 독특성 고려에 달려 있다.

가족기능의 정보수집은 ① 스크리닝, ② 문제 정의, ③ 치료계획 수립, ④ 치료과정 모니터링, ⑤ 치료성과 평가가 포함된다. 많이 이용되는 항목들은 다음과 같다. ① 나에게 문제가 발생했을 때 가족에게 도움을 요청할 수 있는 점에 대해 만족한다. ② 내 문제에 대해 나의 가족들이 의논하는 방식에 만족한다. ③ 새로운 행동이나 방향을 결정하는 것을 수용하고 지지하는 나의 가족에 대해 만족한다. ④ 분노, 슬픔, 사랑과 같은 나의 감정에 대한 가족의 반응과 애정표현 방식에 만족한다. ⑤ 나의 가족과 같이 공유하며 보내는 시간의 방식에 만족한다.

가족응집력은 가족성원이 서로 정서적 유대를 느끼는 것이고 가족적응력은 관계의 역할과 규칙을 변화시키는 능력이다. 이는 사회적 지원자원의 유용성에 관한 정보와 그 자원들에 그들이 만족하는지의 기술, 응답자가 인식하는 사회적 지원의 수준에서 결정된다.

탄성모형에서 각 가족은 스스로의 조망개발과 그 결과로 서비스 제공자, 영구적인 계획, 사회적 지원, 다른 문화적 배려의 영향과의 관계를 인식하게 된다. 궁극적으로 가족의 이익은 효과적인 계획을 성취하고, 서비스 제공자와 상호작용하고 필요할 때 사회적 지원을 찾아내며, 재활상담사와 유의미한 상호작용을 할 때 극대화된다. 지적장애의 성인자녀가 있는 가족들이 직면한 주요한 문제들과 관련하여 재활상담사는 가족의 스트레스, 조정, 적응이라는 탄성모형의 체계를 제공하여야 한다. 탄성모형의 핵심은 스트레스요인과 관련된 분열로부터 가족을 완화시키는 가족의 역량과 능력의 이해에 있다. 탄성모형에서 분석은 재활상담사가 가족적응 과정의 이해를 통한 분석에 근거를 둔 중재 체계를 제공하게 한다.

(1) 적응

이 적응 (adjustment)의 단계에서 가족들은 역할들, 상호작용들, 그리고 일상의 이전 가족활동의 지침으로 설정된 규칙들에 대한 패턴을 유지하려는 노력을 한다. 적응 단계는 가족과정과 결과들을 모양 짓는 일련의 상호작용 요소들로 특징지워진다. 이 요소들에는 ① 가족 스트레스원으로 작용하는 가족구성원들의 잔여 문제들, ② 스트레스에 대한 가족취약성, ③ 가족기능 패턴들과 유형들이 있다. 여기서 자원들, 대처능력들, 평가 등이 가족스트레스를 완화하는 가족자원들로 기능한다.

여기서 적응은 가족기능 패턴들의 유지와 환경에 대한 가족 통제를 의미하며, 부적응은 가족 개별성원의 발달 와해, 생활과제들을 성취하기 위한 가족 능력의 와해를 의미한다. 따라서 가족구조의 변화와 상호작용의 패턴을 새롭게 해야 한다.

(2) 순응

순응 (adaptation)은 장애를 지닌 가족 성원을 보호하려는데 초점을 둔 가족의 노력으로 균형, 조화, 응집, 만족 수준을 유지하는데 있다. 위기상황에 반응하는 가족 순응 수준은 요구들의 정도와 위기상황, 생활주기 변화, 긴장들에 의해 야기된 가족체계들의 정도에 달려있다. 즉, 가족유형의 상호작용, 가족강도, 가족 평가, 가족 스키머 (세계관), 사회적 지지망과 문제 및 대처방식들의 상호작용에 달려있다. 이러한 가족순응은 기능의 균형을 이루려는 가족의 노력들을 반영한다.

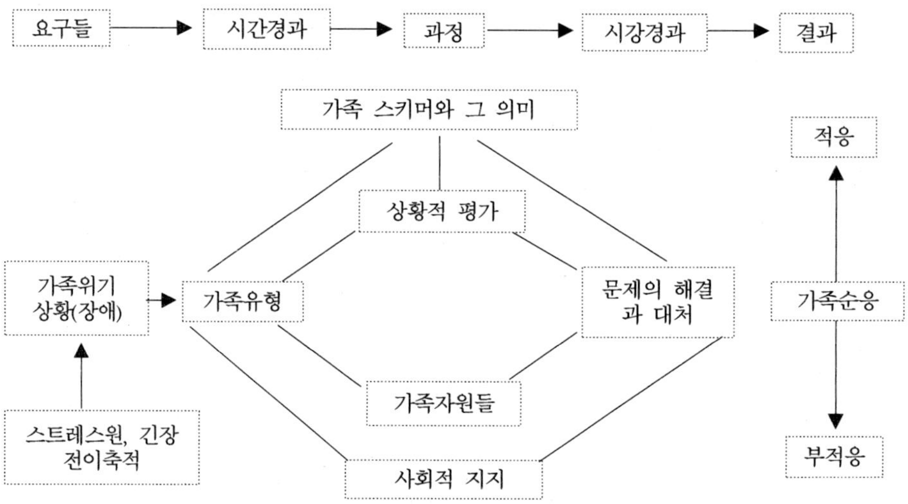

<그림 10> 가족스트레스, 조정, 적응에 대한 탄성모형의 순응단계

① 적응

개별 가족성원들의 긍정적인 신체 및 정신건강, 개별 가족구성원들의 발달 촉진, 가족성원들의 최적의 역할기능을 의미하며, 가족통합과 환경 통제, 가족주기 및 단위의 유지가 되는 상태이다.

② 부적응

가족기능 수준의 불균형이 지속되는 상태이다. 즉, 가족통합과 가족단위의 자치성이 와해되고 가족과 개인, 개인과 지역사회 사이의 불균형이 지속된다. 여기에 따른 스트레스 상황들로는 모호감, 장기 결과과정, 부부 및 형제 긴장, 부모-자녀 갈등, 재정적 곤란 등이 있다.

2) 순환모형

순환(준복합)모형 (circomplex model)은 Olson, Lavee, Rodge 등이 주장한 이론으로 많은 가족연구 결과들의 개념들을 조합한 것이다. 가족 체계들과 이 체계들의 변화에 관한 주요 변수들은 융합도, 적응도, 그리고 의사소통 정도로 요약된다. 따라서 순환모형은 유연성있고 연결된 가족이 잘 적응하고 역할보충성을 만족시킬 것이라고 본다.

① 융합도

가족 구성원들 사이의 정서적 유대로 가족체계 내의 연결과 분리 정도를 의미한다. 이 모형은 네 가지 수준의 융합도를 고려한다. 가장 높은 융합 수준인 균형적 융합도는 가족 내 개별 구성원들이 서로 독립적인 동시에 그들 가족들과 연결되어 있다. '연결과 분리'로 명명될 수 있는 균형 수준으로 가장 높은 융합은 가족이 결혼에 초점을 두는 경향과 가족 외부의 친구들이나 흥미들에는 관심이 낮은 경향을 보이는 얽힌 (enmeshed) 가족이다. 반면, 가장 낮은 융합은 가족 구성원들이 상호작용을 거의 가지지 않고 자신들의 흥미들과 가족 외적 관계들을 추구하는 경향을 지닌 이탈 (disengaged) 가족이다.

② 적응도

가족체계가 스트레스와 반응하여 그 힘의 구조, 역할들, 그리고 관계들을 변화시키는 능력이다. 적응도는 가족성원들의 훈육이나 통제 및 주장성으로 표현된다. 균형잡힌 적응도 수준은 유연하고 구조가 잘 잡힌 가족이라고 간주될 수 있다.

가장 높은 수준의 적응도는 리더십이 제한되고 충동적이며, 의사결정이 심사숙고되지 않는 혼돈된 (chaotic) 적응도이다. 가장 낮은 수준의 적응도는 일반적으로 한 사람이 전적인 통제력을 행사하고 가족체계는 변화를 거부하는 경직된 (rigid) 적응도이다.

③ 의사소통

의사소통은 가족체계에 있어서 융합도와 적응도 영역들로의 이동을 촉진시키는 양측 모두에 긍정적으로 기여하는 요소이다.

이 모형의 주된 요소와 균형 잡힌 가족들은 위기들을 극복하는데 있어서 가장 많은 장점들을 지닌 반면 가장 작은 약점들을 지닌 중간 범위의 형태이다. 하지만 이 모형은 16가지 가족 형태들을 분류하고 이 가족 형태 중 어느 형태가 가족 내의 장애를 가장 잘 대처한다는 전제가 없다. 따라서 여기에 대한 연구가 필요하다.

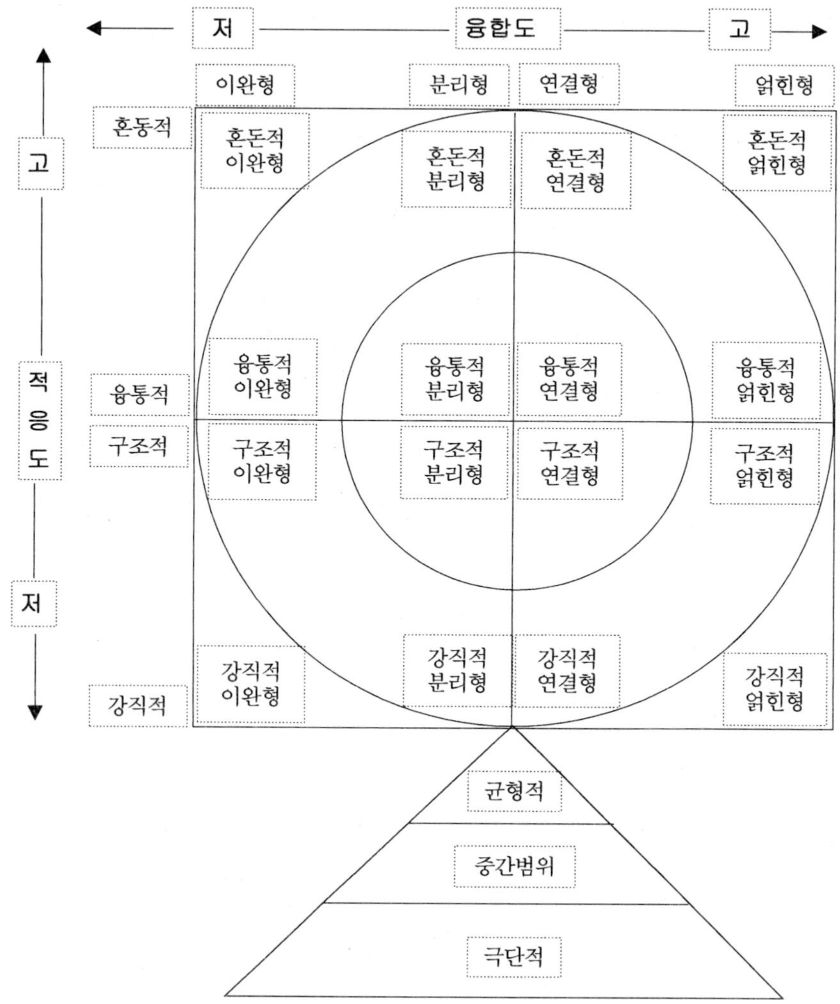

<그림 11> 순환 모형의 열여섯 가지 부부 및 가족 체계 유형

3) 가족역할 모형

Power, Dellorto 등으로 대표되며, 가족 내의 구성원들에 대한 역할들을 평가하는 이론적 모형이다. 여기서의 역할은 다른 구성원들에 의해 학습된 행동이며,

또한 이 행동은 자신에 대한 다른 사람들이 행동 방식에도 영향을 미친다. 적절한 가족체계 기능은 가족성원 사이의 역할 지각, 역할들의 상호작용 정도에 의해 결정된다. 가족생활 주기에 있어서의 변화들에 대한 적응은 부분적으로 가족성원들 각자의 역할들에 대한 지각들 사이의 일치 정도에 의해 결정된다.

장애를 지닌 가족 구성원들에 의해 야기되는 변화들에 대한 적응에 있어서 중요한 역할 개념들로는 다음 내용들을 포함한다.

① 역할보충성

여기서는 가족성원들 사이의 역할들은 서로 얽힌 것이라고 본다. 가족 내의 역할들은 분리되어 일어나지 않고 균형과 항상성 (homeostasis) 유지를 위해 다른 가족성원들의 역할들에 있어서 변화에 영향을 미친다. 역할보충성은 가족이 변화들에 적응하고 계속해서 그 욕구들을 충족시키도록 한다.

② 역할변화

역할변화는 역할보충성을 촉진시키기 위해 일어난다. 가족성원들은 새로운 역할들, 그 가족 내의 역할관계들에 영향을 미칠 수 있는 새로운 역할들에 대한 기대를 가져야 할 것이다. 가족성원 역할들이 변화하면 한 사람의 가족성원은 이전의 역할과제들을 수행할 수 있는 능력 부족과 다른 가족성원들이 부수적인 역할들을 담당하게 됨으로서 부담을 느끼게 되기 때문에 부적절감을 느낄 수 있다. 역할변화는 또한 종종 갈등을 일으킨다.

③ 역할갈등

역할갈등은 두 가족성원들이 가족 내에서 똑같은 역할이 전제될 때 일어난다. 앞서의 역할보충성은 이 갈등이 발견되고 해결되며, 가족성원들이 자신의 행동을 변화시키려는 기꺼움, 의지가 나타나기 전까지는 회복되지 않는다.

④ 역할보존

역할보존은 이전 역할들의 유지는 가족에 부여되고 스트레스를 완화시키도록 돕는다. 가족 체계에 부여된 스트레스는 가족성원들이 자신의 역할들을 포기할 때 증가되며, 위에서처럼 빈번히 갈등을 초래한다.

<토론주제>

1. 당신이 얼굴에 심한 화상자국 (장애)이 있다면,
   1) 결혼전략은?
   2) 구직전략은?

2. 중증장애로 인해 도전받는 한 가족의 상황을 고려해 보자, 가족보호에 중요한 영역들은 무엇일까요?

3. 위 사람들은 심한 장애에도 불구하고 삶과 성장에 필요한 대처전략들은 무엇일까요?

4. 위 사람들의 가족은 위기 시기에 어떻게 극복할 수 있었을까요?

5. 가족지원과 장애인개인관리라는 재활의 촉진요인 중에서 어느 것이 더 중요한지 자신의 견해를 밝히시오.
   1) 가족지원:
   2) 개인관리:

6. 장애인가족발달의 사례를 주변에서 찾아봅시다
   1) 지지체계로 나아갈 수 있도록 하는 장애인가족 변화를 논의합시다.
   2) 장애인가족은 기본적으로 취약하며 추가적인 심리적 스트레스를 받는다. 예(A):, 아니오(B):의 입장에서 토론합니다.

   예(A):

   아니오(B):

7. 가족평가는 장애인가족상담과 가족적응에 도움이 되는가와 관련
   1) 도움된다(A):
   2) 아니다(B):

제
5
장

생명윤리와 장애인 인권

미국이 250년에서 300년에 걸쳐 이룬 경제기적을 우리나라는 25년에서 30년의 단기간에 이루어 이제는 선진국들의 모임인 G7의 가입을 눈앞에 두고 있다. 그러나 우리나라의 경제규모가 세계 10위이고 무역규모 또한 세계 9위라고 자랑하고 있지만, 선진국의 결정여부를 국민소득과 같은 경제지표에만 너무 치우칠 수는 없다. 우리가 모름지기 선진국의 대열에 참여할 수 있기 위해서는 환경과 인권 영역을 소중하게 다루어야 한다. 인권은 인간의 생명과 자유를 존중하고 그것을 보호하기 위해 모든 노력을 아끼지 말아야 하는 것이다. 달리 표현하면, 장애인의 인권이 무시되는 사회는 선진국의 반열에 오를 수 없다. 이런 맥락에서 지금까지 장애인 재활에 대한 노력은 높이 평가되어야 하지만, 한국 정부의 이중적 기준은 장애인의 권리 회복보다는 경제 논리를 우선시 해왔다. 이러한 바탕에는 장애를 지닌 가족성원들을 숨기고 수치로 여기며, 일상의 장면으로부터 제거해 버리려고 노력해 왔던 우리의 관습과 일반 공중의 차별적 태도가 자리잡고 있다. 재활은 장애의 낙인적 이미지를 제거함으로부터 시작한다.

장애인의 꿈이라면 다른 사회구성원들과 마찬가지로 똑같은 배려를 경제, 정치, 사회의 모든 영역에서 받을 수 있는 UN의 인권선언의 가치와 원칙에 상응하는 차별 없는 기회에의 노출이라고 볼 수 있다. UN은 1981년 “국제장애인의 해”를 통해 장애인의 완전참여와 평등 (full participation and equality)를 선언하였다.

즉, 장애인은 외계로부터 온 사람이 아니라 일상적인 인간의 감정과 욕구를 지니고 있는 보통 사람들이라는 것이다. 정부의 가장 중요한 목적 중의 하나가 공정하고 평등한 사회를 건설하는 데 있다면, 교육과 마찬가지로 재활은 별개의 사회적 시혜나 조치가 아니라 하나의 기본적인 인간 권리이며, 사회에 이익을 가져다준다. 그러나 불행하게도 이제까지 재활입법은 교육과는 달리 시민권의 범주에서 제외되어 왔다.

세계적으로 장애인들이 주거, 교육, 직업에 대한 선택의 접근에는 많은 어려움이 있고 이러한 선택에는 복합적인 장벽들이 존재한다. 그러나 장애인들의 잠재력이 자신이 지닌 어떠한 신체적, 심리적 장애로 인해 무조건적으로 제한이 부과될 수는 없다. 장애는 불평등을 정당화시킬 수 없는 인간 다양성의 증거일 뿐이다.

전쟁은 사회의 통합을 와해하며, 경제기반을 파괴한다. 역사를 두고 끊임없이 세계 도처에서 행해지고 있는 전쟁은 예방가능하고 불필요한 수백만의 장애를 직접적으로 발생시키고 전쟁의 심각한 결과로써 야기된 빈곤은 장애발생의 가장 큰 원인이 된다. 영양부족, 질병과 무지는 장애의 징후이다. 예를 들어, 베트남, 캄보디아, 모잠비크, 니카라과, 엘살바도르, 과테말라에서의 내전으로 인해 야기된 상해, 신체절단, 정서적 긴장은 수만 명의 장애인을 발생시켰다. 아이러니컬하게도 세계의 여러 나라들은 자국의 자원을 장애인의 평등기회보장을 위해 사용하기보다는 전쟁을 촉발하고 무기를 비축하기 위해 더욱 많이 사용한다.

Zbigniew Brzezinski는 "세기의 대죽음 (The Century of Megadeath)"에서 20세기 동안에 일어난 정치적 대학살과 전쟁으로 인해 약 1억 7천 오백만 명의 생명이 무고하게 희생된 것으로 보고하고 있다 (이달엽, 1997). 20세기 동안 전쟁은 대부분의 빈곤한 나라에서 수억 건의 장애를 발생시켰다. 전쟁의 심각한 후유증을 겪은 가난한 나라일수록 장애인의 재활을 위한 재정적 자원이 더욱 부족하기 마련이다. 무기를 비축하고 군사력을 증강시키기 위한 이러한 자원들이 국가사회의 가장 긴요한 문제인 빈곤, 무지, 질병을 해결하기 위해 사용된다면 인간의 유토피아는 더욱 가깝게 다가올 것이다. 적자생존의 법칙이 만연하는 사회, 강자의 이익만 보호되는 세계는 동물세계와 다를 바 없다. 인간도 하나의 유기체로써 강자에게는 협력하며, 약자는 착취한다는 나쁜 현상을 국가가 앞장서서 개선하고 균형을 유지하도록 하여야 한다.

인간생활 특히, 장애인의 삶과 관련해서는 사회정의, 공동선, 인간존엄성, 다양성, 소수집단, 재활서비스 등에 대한 다양한 논의가 필요하다. 먼저, 사회가 천명하고 추구하는 공동의 목표는 어떠한 모양을 가지고 있으며, 그 배후에 있는 조건들은 어떠한 것들이 있는가를 살펴보아야 한다. 둘째, 사회가 궁극적으로 추구하는 목표실현을 저해하는 소수집단의 제 문제를 사회정의의 맥락에서 살펴보아 재활서비스가 제공되는 기반에 대한 검토를 시도해야 한다. 셋째, 사회서비스의 한 형태인 재활서비스를 기본적 인권의 차원에서 다루어 보고 하나의 사회현상으로서 장애인에 대한 사회적 반응이 어떻게 형성되고 변화하는가를 살펴보아야 할 것이다. 넷째, 불평등 사회에서 구성원의 자기결정권은 어떻게 실현될 수 있고 왜 실현되어야 하는가에 대한 실증적 토대 위에서 그 당위성을 탐구하여야 한다. 사회가 내적으로는 스스로 지닌 가치에 따라 형성되기 때문에 장애, 성별, 출생과 같은 개인이 지닌 특성들에 어떻게 반응하는가는 정치, 정책, 사회서비스에 있어서 나타나는 여러 가지 특성들을 통해 유추가 가능하다.

제1절 자기책임과 공동선

1. 도덕성, 개인의 생활양식과 사회질서의 관계

사람들의 본성과 삶의 도덕적 형태에 대한 이해는 동시대적 사회에 강하게 뿌리박힌 개인의 자율성에 대한 도덕적 신념을 고려할 때 가능하다. 인간의 중요한 특성 중 하나인 사회적 존재란 사람들이 다른 사람들과의 관계 내에 필연적으로 소속되어 있는 것으로서 인간의 도덕성을 강조한다. 이러한 특성은 사람들 사이의 어떤 종류의 관계들이 개인적 및 선택적 수준 모두에서 선한 삶을 강화하거나, 제한하는 것으로 전도되는지에 대한 의문을 불러일으키기도 한다 (Isaacs & McElroy, 1980).

삶의 도덕적 형태는 모든 사람들이 존중되고 존경을 받는 것이다. 이를 위해서는 사회적인 결정에 의해 영향받을 수 있는 모든 사람들의 관심이 설명되어야 한다. 사회에서 풍요로움을 누리는 사람들의 풍요로움은 다른 사람들에게 지출의무를 지우지 않는 자기와 타인에게 관련 있는 것 모두에 대해 공유된 삶을 윤택하게 해야 한다. 그러나 여러 가지 물질적 상태와 생물학적 삶의 조건들은 개인의 자기실현 과정에 제한을 가한다.

사람들은 본성, 전통, 문화·관습 등에 의해서가 아니라 스스로 적절하다고 보는 것으로써 자신을 창조할 수 있다. 사람들에 대한 설명을 통해 이해할 수 있는 것은 사람들의 도덕성은 필연적으로 사회적이라는 것이다. 따라서 도덕성에 대한 논의는 자기실현을 추구하는데 있어 사회가 그 구성원들을 위해 양질의 삶을 보다 높이 배양하고 강화함으로써, 변화를 위해 집합적으로 공유된 삶의 본성에 대한 주제를 확장함으로써 정교화 될 수 있다.

인간 개인에 대해 익숙하고 전통적인 관점은 개인을 신체와 마음(혹은 영혼)의, 두 개의 서로 분리된 존재로 구성되어 있다고 보는 것이다. 이는 인간의 차별적인 한 특성으로써 합리성에 강조점을 두도록 고무시키고, 사회적 현실성에 대한 개인적 혹은 원자론적 설명을 제공하고 있다 (Isaacs & McElroy, 1980). 유교에서처럼 개인의 수양이나 의지를 강조하다 보면 모든 것이 권력정치로 가게 되고, 여기서는 집단적 사고의 경향 때문에 소수반론이 제기되기 어려워 결국 정치실패를 초래한다. 정치면에서 정부는 그 사회구성원에 대하여 생명, 생활, 노동의 기회를 보장할 의무를 가지며, 이 때 유기체적 사회선과 인격으로서의 개인선을 조화시키는 사회질서가 필요하게 된다 (허창수, 1996). 인간의 존엄성과 인격가치, 사회정의의 실현을 위해 국제노동기구 (ILO)가 설립된 이유가 바로 여기에 있다.

사회진보와 함께 사람들이 지닌 욕구들도 보다 세련된 것들로 대체되고 있고 변화하는 환경이 자아성취와 자주성을 완성하려는 개인의 노력을 방해하기도 한다. 그러나 궁극적으로 모든 사람은 자신의 개인적 삶의 공간을 필요로 한다. 그 안에서 필요한 인적, 물적 자원을 통하여 될 수 있는 한 자주적 삶을 일구어 가는 것이 가능하게 되어야만 한다. 모든 이들은 자주적인 생활을 위해서 생활공간을 확보해야 하고, 구체적 삶의 전망을 발전시킬 수 있어야 하고 이것이 다른 사람들에 의해 규정되어서는 안 된다 (채기화, 1999). 그러나 전체적으로 봐서는 규제성과 자율성이라는 양극단에서 사회공동체의 성향을 판단할 수 있다.

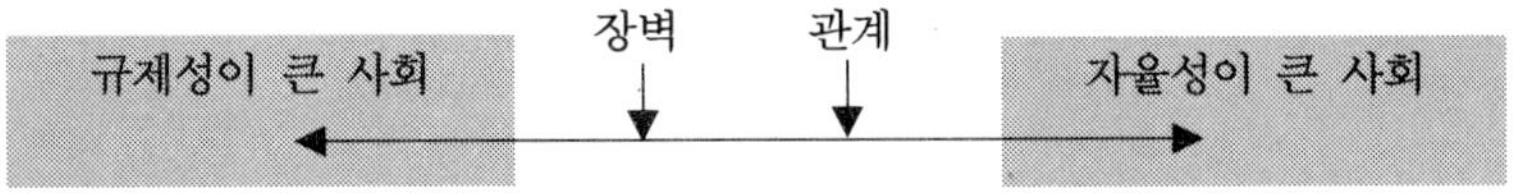

<그림 12> 규제적 사회와 자율적 사회

한 사회의 모든 구성원은 장애가 있든 없든, 다소간의 인적 혹은 물적 도움을 필요로 한다. 그들은 생활공간으로서 제대로 기능이 되는 사회와 온전하고 자연스러운 생활환경에 의지할 뿐만 아니라 이 생활공간에의 공동책임이 있는 참여와 형성에도 의지하고 있다. 따라서 사람은 누구나 개인의 고립에 반해서 신뢰할 수 있는 지속적 관계 대상을 필요로 하며, 모든 이들은 돈독한 우정의 기회를 필요로 한다. 사회의 모든 영역에 낙인찍힘 없이 타인에 의해 간섭받지 않고 정치, 문화, 교통, 경제, 여가 등에서 참여의 가능성이 열려 있어야 한다 (채기화, 1999).

그러나 사회 속에서 중요한 역할들을 규정하는 것이 쉽지 않으며, 자연적으로 타고난 재능이 가장 우수한 사람이 어떻게 사회적으로 가장 높은 지위를 점유하는 가도 의문이다. 실제로 사회적 신분보다는 빈곤과 같은 구조적 장벽들이 사회적 신분상승을 방해한다.

1) 개인의 경험과 사회공동체

장애 유무와 관계없이 사회구성원은 모두 공동선의 조성을 위한 응분의 사회적 기능에 적극 참여할 의무를 지니며, 동시에 공동선을 부여받을 권리를 가지고 있다. 개인의 사회 공동체에 대한 권리와 의무의 선언은 모든 현대 국가들의 헌법 정신에서 나타나고 있다. 또한 개인과 공동체 모두는 지속적인 갱신과 변화를 통해 유지, 발전된다. 그러나 공동체는 개인의 특유한 활동을 억제시키거나 촉진시키기도 한다.

세상에 대한 사람들의 지각들은 신념과 행동에 기초를 제공하는 개념적 도식들을 통해 전달된다. 따라서 장애인을 위한 동등한 가치의 삶은 공동의 경험 상황에서 함께 하는 삶을 어릴 적부터 배울 때 가능해 진다.

경험은 미래 상황이 어떻게 될 것인지에 대한 예상을 가능하게 하는 심상의 기능을 통해 연관짓게 할 수도 있다. 이러한 신념들은 사람들이 현존하는 사태를 변화시키고자 하는 의지를 형성하게 하거나 미래의 활동들을 안내하게 될 의지를 형성하게 하기도 한다. 개념적 도식은 과거에 있었던, 현재에 존재하는, 그리고 무엇이 되고자 하는 것에 대한 신념들을 제공할 뿐만 아니라 또한 행동과 변화를 위한 인식론적 기초를 제공해 주기도 한다 (Isaacs & McElroy, 1980). 따라서 사람들의 행동에는 목적이 있는 것으로 본다.

또 사람들은 심리학적 수준에서 억제될 수 있으며, 신체적 조건의 특성들을 최적화시킬 수 있는 중재기술들을 통해 수정될 수도 있다. 사회적 구조, 지식, 힘, 혹은 부와 같이 그들에게 접근할 수 있는 제한된 수단들을 소유한 사람들에게만 선택적으로 유용한 것들도 있다.

2) 사회통합과 사회적 연대의 조건

통합은 모든 사람에게 동등한 가치에 대한 삶의 기회가 보장되고 준비할 수 있도록 하는 것을 필요로 한다. 통합 (integration)은 "integer"에서 유래되었는데 라틴어의 어원을 보면 "손대지 않은", "다치지 않은", "온전한"이라는 의미가 있다. 따라서 통합은 "전체를 다시 만들어냄"으로 이해할 수 있다 (채기화, 1999, p. 111). "동등한 가치의 삶"은 "똑같은"것이 아니고 사회적 관계나 직업적 편입만을 강조하지 않는다. 그것은 개개인의 독특함, 개인적 삶이 한 사회 안에서 차별을 당하지 않고 참여하며, 누리는 것을 의미한다.

공동책임을 지는, 사회적 참여를 하는, 동등한 가치의 삶에 대한 가능성과 보장으로 이해되는 통합은 모든 이들의 권리이며 장애인에게 혹은 일반인에게만 고립적으로 작용하는 것은 아니다. 따라서 통합은 일반인의 사회에 장애인의 편입을 의미하는 것이 아니라 모든 사람들이 함께 하는 연대적 문화로 이해되어야 한다. 그러므로 통합은 모든 사람들의 다양성을 기초로 한다 (채기화, 1999).

연대적 문화란 사회적, 정치적 단위를 함께 하는 것으로 모든 사람은 유일하고 독특한 존재이다. 그러므로, 모든 이들은 서로 다른 존재이므로 우리는 다른 사람들을 완전히 알 수는 없어도 그들의 존엄을 존중해야 한다. 즉, 사회통합에 이르기 위해서는 사회구성원들이 서로의 차이, 존재와 가치에 대해 존경해야 한다는 것이다.

장애가 있는 사람들은 다른 사람들과 마찬가지로 존엄하고 동등한 삶에 대한 권리를 가지고 있다. 즉 그들은 시민으로서 우리사회 모든 분야에 동등하게 참여하고 다른 사람들처럼 삶에 대한 능력을 키워야 하고 꼭 필요한 도움에 대한 욕구도 가진다. 사람은 또한 다른 사람들이 부정적인 감정을 갖고 있고 함께 하는 삶을 거부할 때 그리고 그들이 상호교류에 대한 준비가 되어있지 않을 때에도 역시 '장애'가 될 수 있다.

3) 사회통합의 과제와 자율성

참여와 사회통합 (social integration)이라는 재활패러다임은 최근에는 다시 포함(inclusion)의 방향으로 빠르게 나아가고 있다. 이러한 사회통합의 구체적 과제를 다음과 같이 살펴 볼 수 있다.

① 사회통합은 개인의 능력, 개인의 독자성, 개인과 사회적인 평등 (능력과 기회의 인정) 등을 포함하는 개인적인 측면에서 언급하여야 한다. 따라서 개인은 사회의 구성원으로서 적절히 활동해야 한다.

② 사회적 측면에서는 개인이 사회통합 과정에 있어서 어떠한 가치있는 역할을 하고 있는가에 대해서 알아야 한다.

또 사회통합에 필요한 개인적 과제들은 다음과 같다.

① 개인적인 능력의 개발이나 재평가

② 개인적 독자성과 공공 정체감

③ 자기 해방 (liberation)

④ 사회적 해방

⑤ 사회적 평가와 적응

여기서 가장 중요한 것은 국가가 시민의 삶을 긍정적으로 변화시키는데 영향을 미칠 수 있다는 점이다.

사람들의 삶은 빈약한 개념적 도식들로 인해 제한될 때 발달 범위가 줄어들 수 있고 자신들의 세계에 대해 단지 제한된 이해와 이에 따른 제한된 기회를 지닐 수 있다. 이러한 개념적 도식들은 신념, 의도, 그리고 사람들이 추구하는 활동들을 제한한다. 한 사람의 삶은 또한 심상의 결핍이나 동기의 결핍에 의해 제한될 수도 있는데 왜냐하면 이러한 것들은 선택의 가능성들이나 실현을 제한하기 때문이다.

따라서 사람의 삶과 자기실현은 사회적 조건들이 지식과 이해를 제공하고, 창조성과 목적성을 지지하는 곳에서 보다 윤택해질 것이다. 미래에 대한 희망의 상실은 무관심, 불안, 고통 및 절망과 같은 파괴적인 증상들을 일반화시킬 수 있는데 왜냐하면 이는 자기실현을 위한 노력을 위협하기 때문이다. 사람들은 사회적 상황, 각 사람들은 자신이 연결된 것으로 보는 관계망을 구성하는 타인에 의해 제한될 수 있다. 이러한 사회적 영향력은 나아가 개인의 정체성에 영향을 미친다.

자율성은 자유에 대한 그리고 자유를 위한 특정 사회적 조건들, 자유롭고 정당한 사회에서 정의에 의해 요구되는 것과 같은 사회적 선에 대한 기회를 요구한다. 개인의 삶은 개인 고유의 성격특성에 의해서 뿐만 아니라 다른 사람들의 특성들에 대한 개인의 지각 등 모두에 의해서 형성된다. 자유는 구성원들의 사기를 드높이고 자발성과 자신감을 심어주며, 구성원들 사이의 합의를 이끌어 낸다. 7,000명의 페르시아 병력이 그 규모가 1/35 밖에 되지 않는 소수의 그리이스에 참패한 원인도 획일성과 자유의 극명한 차이에 있었다. 만화, 영화, 동화 등에 나타나는 미디어의 장애인상은 신체적 및 정신적 장애가 폭력, 범죄, 공포 등과 연관되어 있거나 원인이 된다는 점을 강화시킨다. 자선에 의해 장애인은 도움을 받을 수 있고 따라서 이것이 의존의 이미지를 강화시킨다.

신체적 및 문어적 장벽은 다음과 같이 사회의 각 영역에서 찾아 볼 수 있다.

1948년 유엔총회에서 채택된 세계인권선언의 1조를 보면, '모든 사람은 태어날 때부터 자유롭고, 존엄성과 권리에 있어서 평등하다. 사람은 이성과 양심을 가지고 태어났으니 서로 형제애의 정신으로 처신해야 한다.'라고 규정하고 있다. 사람은 사람답게 살아야 하고 그것은 사람으로서 누구나 주장할 수 있는 권리이다.

그러나 이러한 원칙적 입장에도 불구하고 장애인은 인간으로서의 기본적 권리를 충분히 누리지 못하고 살아가고 있다. 비록 장애인복지법을 비롯한 많은 장애관련법이 제정된 후 장애인에 대한 처우가 개선되어 오긴 했지만 장애인에 대한 기본적 권리의 보장보다는 국가가 장애인에 대한 시혜적 인식이 더 컸다. 하지만 장애인 역시 천부적 인권을 부여받고 태어난 인간이다. 인간의 인권을 보장하는 것은 시혜를 베푸는 것이 아니라 기본적 권리에 대한 사회적 책임인 것이다.

시대가 변하면서 이제 장애인 인권도 국제적으로 인정되고 있다. 이러한 움직임은 1971년 "정신지체장애인의 권리에 대한 선언"으로 시작되어, 1975년 "장애인의 권리에 대한 선언"으로 이어졌다. 그러나 우리나라는 장애인 인권과 관련된 본격적인 움직임이 그리 일찍 시작되지 않았고, 1998년 12월에 와서야 드디어 장애인 인권헌장이 채택되었다. 인권헌장에서는 '장애인은 인간의 존엄과 가치를 가지며 행복을 추구할 권리를 가진다'고 선언하고 있으며, '국가와 사회는 헌법과 국제연합의 장애인 권리선언의 정신에 따라 장애인의 인권을 보호하고 완전한 사회참여와 평등을 이루어 더불어 살아가는 사회를 만들기 위한 여건과 환경을 조성하여야 한다'고 책임을 규정하고 있다(한국장애인 인권백서, 1999).

인간이면 누구나 가지는 인권이 장애인들에게도 있으며 이를 보장하는 정책이 시행되기까지 많은 시간과 장애인들을 비롯한 여러 사람들의 노력이 할애되었다. 하지만 아직 우리나라에서의 장애인 인권은 그들의 삶 전반에 걸쳐 보장되고 있지만은 않다고 생각된다. 그래서 이러한 장애인 인권이 진정한 권리로 인정되기 위해 우선 장애인 인권이 무엇이며, 이런 인권을 바탕으로 장애인들이 자신들의 삶에 주체적인 역할을 하기 위한 자기결정권과 이를 표현하는 한 방법인 내담자 참여는 무엇인지에 대해 알아보는 것이 필요하다고 판단되며, 그에 앞서 천부적 권리인 인권이란 무엇인지에 대해 먼저 살펴보도록 하겠다.

그리고 이 보고서의 주제인 '자기결정, 내담자 참여, 장애인 인권'이라는 것을 따로 분리하여 설명하기 보다는 인권을 기본 바탕으로 이에 관련한 여러 설명을 하는 것이 타당할 것이라 사료되어 먼저 인권에 대해 설명하고자 한다.

제2절 인 권

1. 인권의 개념

인권은 말 그대로 인간이 가지는 기본적 권리로서, 어떤 개인적 조건에도 상관없이 마땅히 누릴 권리를 말한다. 인권은 인간의 본성에 내재된 권리로서 그것 없이 우리는 인간으로서 살아갈 수 없다. 인간은 기본적인 자유와 권리를 가지고 있기 때문에 자신의 성격과 지능, 그리고 재능과 양심을 발전시키고 이용할 수 있으며, 정신적 욕구 및 기타의 욕구를 충족시킬 수 있는 것이다. 또한 인권은 인간이 사회생활을 영위해 가면서 마땅히 누려야 할 권리를 의미한다. 인간이 세상에 태어나 성장해 가면서 바라는 것, 희망하는 것, 요구하는 것들을 권리의 개념으로 승화시킨 것이 바로 인권이다.

인권은 시대가 변하면서 그 시대에 맞는 권리를 찾는 것으로서 이미 정해진 것이 아니라 늘 변하고 새롭게 만들어지고 있는 것이다. 그렇기 때문에 인권이란 바로 이런 것이다라고 한마디로 규정하기가 힘들다. 인권은 시대와 사회적 조건에 따라 늘 변화되고 풍부해지는 역동적인 개념이긴 하지만 '사람이기 때문에 당연히 가지는 권리, 사람이 사람답게 살아가기 위해서라면 반드시 누구에게나 보장되어야 하는 권리'가 인권이라는 생각은 변함이 없다. 인권을 보장하기 위해 구속력 있는 헌법상에 여러 권리들을 규정하고 있다. 이러한 인권의 성격은 첫째, 법률 및 관습의 정당성을 판단하는 기준이 되어 근본적으로는 국가권력을 제한하는 것이다. 둘째, 주변 환경의 변화, 세계관의 차이 등을 반영하는 것으로서 가장 정당한 것에서부터 가장 바람직한 것에 이르는 광범위한 가치 주장을 포함한다. 셋째, 모든 장소의 모든 인간존재가 평등하게 소유하는 것이어야 한다. 넷째, 어떤 특수한 입장에 있는 개인이나 집단의 권리는 다른 사람의 비슷한 권리나 공동의 이익을 위하여 필요한 만큼만 제한되어야 한다.

1) 인권의 역사와 내용

인권개념의 뿌리는 계몽주의 시대의 자연법 사상에서 발견된다. 자연법 사상은 종교와 국가중의에 반대하여 인간적 · 신적인 힘에 의존하지 않고, 이들에 선행하는 타당한 법이 존재한다는 명제를 최고 원칙으로 옹호한다. 루소는 사회계약(1762)을 통해 인간이 그와 같은 예속상태에서 빠져 나올 수 있는 정치 형태를 강력하게 역설했고, 몽테스키외는 법의 정신(1748)에서 권력분립 제도야말로 자유를 위한 정치의 열쇠라고 말하였고, 로크는 정부론(1690)에서 정부의 목적이 생명 · 자유 · 재산이라고 하는 불가침의 인권보장에 있다는 것을 강조하였다.

1948년 '세계인권선언'은 인권운동의 새로운 출발점이 되었다. 이 제 3차 유엔 선언 제 1조는 사람은 누구나 태어날 때부터 자유롭고 존엄하며, 권리에 있어서 평등하다고 하였다. 제 2조는 인종, 피부색, 성, 언어, 종교, 정치적 또는 그 밖의 견해, 민족적 또는 사회적 출신, 재산, 출생, 기타의 지위 등에 따른 어떠한 종류의 구별도 없이 모든 권리와 자유를 누릴 자격이 있다고 규정하고 있다. 제 1차 세계대전과 제 2차 세계대전 그리고 아우슈비츠수용소로 상징되는 반인권의 역사적 경험을 통해 세계인권선언은 '야만의 시대에서 인권의 시대'로, '어둠의 시대에서 빛의 시대'로 향하는 출발점이 되었다. 지금 인권은 새로운 문명사적 가치로 부상하며 더욱 밝은 빛을 향하여 나아가고 있다. 흔히 인권개념을 서구적 산물로 인식하는 경향이 있지만, 동양적 사고에서도 인권의 관념은 존재했었고, 현실화를 위한 노력이 전개되었다. 유엔이 1948년에 선언한 구체적 인권은 다음과 같다. ① 생명권, 신체자유, 안전, ② 노예나 예속 상태에 놓이지 않을 권리, ③ 고문, 잔혹, 비인도적, 모욕적 취급, ④ 법 앞에 인간으로서 인정받을 권리, ⑤ 법의 평등한 보호, ⑥ 기본권 침해 행위에 대해 효과적으로 구제를 받을 권리, ⑦ 임의적인 이유로 체포, 구금, 추방당하지 않을 권리, ⑧ 유죄를 입증 받기까지 무죄 추정 권리, ⑨ 사생활, 명예, 신용 등에 대해 타인의 간섭과 침해로부터 법률의 보호를 받을 권리, ⑩ 이전과 거주의 자유, ⑪ 국적을 가질 권리, ⑫ 혼인하여 가정을 이룰 권리, ⑬ 자신의 재산을 소유할 권리, ⑭ 사상, 양심, 종교의 자유, ⑮ 생각, 의견, 표현의 자유, ⑯ 정치참여 권리, ⑰ 사회보장제도 혜택의 권리, ⑱ 일할 권리, 직업선택권, 근로조건, 실업으로부터 보호의 권리, ⑲ 휴식과 여가를 누릴 권리, ⑳ 인간답게 생존할 권리와 모자의 특별한 보살핌, 도움 받을 권리, Ⓐ 교육을 받을 권리, Ⓑ 문화적 향유와 저작물의 소유에 관한 권리.

2) 인권의 발달

인권개념의 역사는 현실운동의 산물이다. 인권개념은 독자적인 이론체계를 갖추고 자기발전을 해온 개념이 아니라 현실운동의 과정에서 태동해서 현실운동의 성과에 의해 보충되고 발전되어 오늘에 이른 개념이다. 인권개념은 완성형이 아니라 언제나 현재 진행형일 수밖에 없어 여러 생산관계나 생산관계 내에서의 계급간의 변화에 따라 그 내용이 변화되어왔다. 근대 시민헌법의 인권 내용은 명백하지도 영원불변의 것도 아니었다. 지금까지 인권의 변화 속에 등장한 권리의 내용은 보완되고 확대되는 것으로 보아야 한다.

① 1세대 인권 (자유권 혹은 시민·정치적 권리)

봉건시대를 뒤로하고 근대시민혁명을 통해 등장한 '자유권'은 정치권력의 남용과 오용으로부터 각 사람을 보호하기 위한 방패막이였다. 신체적 결사의 자유와 사생활 비밀 등 그래서 자유권은 국가가 개인에게 간섭하지 말 것을 요구하는 성격을 갖는다. 국가 권력의 통제나 압력으로부터 해방을 위미하는 자유권에 해당하는 권리는 세계인권선언에 포함된 권리들로 발전해 왔다.

② 2세대 인권 (사회권 혹은 경제·사회·문화적 권리)

근대시민혁명은 '모든 인간의 인권'을 선언하며 인권의 찬란한 신기원을 열었지만, 사회·경제적 불평등을 적극적으로 고치려 들지 않았다. 그 결과 노동자에게 선거는 먼 나라 얘기였고, 여성에 대한 차별은 분명했으며, 저임금·장시간 노동과 아동노동의 현실은 끔찍한 것이었다. '자유'가 의미를 가지려면 '자유'를 통해 인간다운 생존을 추구할 수 있어야 했고, '자유'를 가지고 뭔가 할 수 있고 누릴 수 있는 물질적 토대가 보장돼야 했던 것이다. 그래서 노동자들은 투쟁을 통해 사회·경제적 약자의 권리 보장과 노동조건의 개선 등을 비롯한 실질적인 평등을 요구했다. 노동자들의 투쟁과 지배세력의 수용을 통해 인권에 새로 등장하게 된 권리들을 '사회권'이라 한다. 사회권의 보장을 위해서는 이전 시대의 역할과 달리 국가가 적극적으로 나서서 분배의 정의를 위해 노력할 것이 요구되었다. 국가에 일정한 적극 배려를 요구하는 사회권은 생존권적 기본권이기도 하다. 1919년 독일 바이마르 헌법 제 151조는 경제 생활의 질서를 천명한다.

③ 3세대 인권 (집단권 혹은 연대의 권리)

앞의 권리가 국가와 개인 간의 관계를 중심으로 각 개인에게 보장되어야 할 권리라면, 3세대 인권은 집단의 권리라 할 수 있다. 인권의 성립과 발전에는 서구 사회가 중심역할을 했고, 오늘날의 인권에는 서구 사회의 인권관이 상당 부분 반영되어 있다. 그러나 서구 사회가 사회경제적 발전을 이루고 인권 보장 체계를 세우는 동안 오늘날 독립 국가를 이루고 있는 제3세계는 철저히 소외되어 왔다. 제3세계의 대다수 국민은 말할 수 없는 억압과 착취를 경험했고, 그 결과 오늘날까지도 심각한 빈곤과 정치적 혼란을 겪고 있다. 인간다운 생존을 보장받기 위해 제3세계 국민들은 권력과 자원, 부, 기타 중요한 가치의 세계적 재분배를 요구하고 있고, 또한 오늘날 인류가 직면한 많은 인권 문제들은 한 나라나 개별 국가의 힘만으론 대처할 수 없는 것들이 많아 국경을 초월한 단결과 연대를 필요로 하고 있다. 이런 배경에서 제3세대 인권을 '집단권' 혹은 '연대의 권리'라고 부른다(장애인 인권지침서, 2000). Solidarity는 사회해체의 위기에서 사회적 인권의 보장을 견고화를 의미하는 것으로 에밀 듀르케임은 기계적 연대와 유기적 연대로 구분한다.

인권을 바라보는 관점은 사람들이 처한 처지에 따라 서로 다르다. 사용자와 노동자, 남성과 여성, 어른과 어린이 등 권력을 가진 사람과 그렇지 못한 사람 사이에는 인권에 대한 생각이 다를 수밖에 없다. 그러나 인권이 만들어지고 발전하는 과정 속에서 대개가 동의하는 성격이 존재하기 마련이다.

첫째, 인권은 기본적이고 필수적인 권리이다.

무엇인가가 대신할 수 없는 것이 바로 인권이다. 인권은 인간다움을 지키기 위한 최후의 보루이기 때문이다. '기본'이나 '필수'라는 말에는 거기서부터 다른 모든 것이 출발된다는 의미가 있다. 그래서 인권을 기본적이고 필수적인 권리라 한다.

둘째, 인권은 보편적이다.

어떤 상황에서 어떤 곳에서나 모든 사람이 인권을 누릴 수 있어야 한다. 사람에 따라 좋고 나쁨이 달라지고 다르게 취급한다면 인권이라고 부를 수 없다. 인권은 어떠한 특권에도 반대하는 것으로 '모든 장소의 모든 사람이 평등하게 갖는 권리'이다. 즉 인종, 피부색, 성, 언어, 종교, 정치적 의견 또는 사상, 출신, 재산, 출생, 지위에 따른 차별없이 누려야 할 권리가 인권이며, 이러한 인권의 성격을 보편성이라 한다.

셋째, 인권은 국가권력의 정당성을 판단하고 국가권력을 제한한다.

모든 사람이 차별 없이 당연하게 누려야 하는 것이 인권이기 때문에 국민들의 인권을 억압하는 국가권력은 정당성을 얻을 수 없다. 국가권력은 권력자 자신을 위해 사용되어서는 안되며, 오직 국민의 인권을 보장받기 위해서만 사용되어야 하기 때문이다. 물론 권력자는 자기에게 주어진 힘을 함부로 사용할 가능성을 항상 갖고 있어서 정부가 권력을 올바로 사용하고 있는지 판단할 잣대인 '인권'이 필요한 것이다. 인권의 보장이야말로 권력이 존재하는 목적이자 이유이기 때문에, 국민은 인권을 억압하는 권력에 언제든지 저항할 수 있고, 인권은 국가권력의 정당성을 판단하며 국가권력을 제한할 수 있다라고 말할 수 있다.

넷째, 인권은 법으로 보장되는 권리 이상의 것이다.

흔히 국내법이나 국제법으로 보장된 권리만 인권이라고 생각할 수 있는데, 물론 법은 인권을 보장하기 위해 만들어지기도 하지만 법이라는 것이 인권보장이 아닌 권력자를 위해 만드는 경우도 있으므로, 인권은 법에 따라 보장되고 있는 권리에만 한정되지 않는다. 현재 존재하고 있는 법이 보장하고 있지 않더라도 인간의 존엄성을 보장하는 데 반드시 필요한 권리라면 인권으로 인정될 수 있다 (장애인 인권지침서, 2000).

제3절 장애인의 인권

장애인 시설이 들어서면 땅값이 떨어진다는 주민들의 항의 때문에 합법적으로 허가를 받은 건축공사가 이뤄지지 못하고 있는 곳이 한 두 군데가 아니다. 이에 대한 사회단체나 언론의 무관심 또한 이 땅에 장애인들이 설 곳을 없애고 만다.

인간의 기본권리가 절대적인 것으로 보장받아야 한다는 것은 인간이 다른 동물에 비해 특별한 능력을 갖고 있기 때문이 아니다. 만약 이성을 가졌기 때문에 인간의 권리가 더 보호받아야 한다면 더 합리적인 사람의 권리가 더 보호받아야 할 것이며 장애인의 인권은 보장받기가 매우 어려울 것이다. 인간의 기본 권리는 단순히 인간이란 사실에 근거한다고 보아야 합당하다. 문명사회는 정의로운 사회라야 하고 정의로운 사회는 그 사회에서 가장 약한 사람이 보호를 받는 사회다. 우리 사회에서는 빈민, 정치적 신념으로 억압당하는 사람 등이 약자로 간주되고 있으나, 장애인만큼 약자도 없을 것이다. 자유롭게 움직일 수 없기 때문에 자신의 권리를 주장할 상황에도 있지 못하는 사람들이 바로 장애인들이다. 약자들 중에서도 사회적으로 불리한 위치에 있는 장애인들의 보호는 인권보호의 차원에서 가장 기본이자 바탕이 되어야 한다.

1. 장애인 인권의 개념

UN은 1948년 12월 10일 제 3차 총회에서 채택한 '세계인권선언'을 근거로 1970년에는 '장애인재활 10년 선언'을 채택하고, 1972년에는 '정신지체인 권리선언', 1976년에는 1981년을 '국제장애인 해'로 결정하고 '10년 행동계획'을 채택하였다. 이 계획이 마무리된 1992년에 UN은 이 날을 기념하기 위해 12월 3일을 '세계 장애인의 날'로 지정하였다. 이와 같은 국제선언이 내포하고 있는 공통적인 의미에는 장애인의 존엄성 존중, 생명 존중, 생존권 존중 등이 있으며 특히 미국의 ADA는 사회 보장과 기회균등 보장을 기본정신으로 하고 있다. 1975년 10월 9일 제 30차 유엔 총회에서 채택한 '장애인 인권 선언'의 구체적 권리 영역은 다음과 같다. ① 장애를 이유로 정치, 경제, 사회, 교육 및 문화생활의 모든 영역에서 차별을 받지 않을 권리, ② 소득, 주거, 의료, 사회복지서비스 등을 보장 받을 권리, ③ 다른 모든 사람과 동등한 시민권 정치적 권리를 갖는다. ④ 필요한 편의를 이동, 시설에서 제공 받아야 하며, 의사표현과 정보이용에 필요한 통신, 수화통역, 자막, 점자, 및 음성도서 등 모든 서비스를 제공 받을 권리, ⑤ 자신의 능력을 개발하기 위하여 장애유형과 정도에 따라 필요한 교육을 받을 권리, ⑥ 능력에 따라 직업을 선택하고 정당한 보수를 받을 권리와 직업을 갖기 어려운 장애인은 국가의 특별한 지원을 받아 일하고 인간다운 생활을 보장 받을 권리, ⑦ 문화, 예술, 체육 및 여가활동에 참여할 권리, ⑧ 가족과 함께 생활할 권리, 전문시설에서 생활할 경우에도 환경이나 생활조건은 같은 나이 사람의 생활과 가능한 한 같아야 한다, ⑨ 사회로부터 분리, 학대 및 멸시 받지 않을 권리, 누구나 장애인을 이용하여 부당한 이익을 취하지 못한다, ⑩ 자신의 인격, 재산 보호를 위해 필요한 법률상 도움을 받을 권리, ⑪ 여성장애인은 임신, 출산, 육아 및 가사 등 생활에 있어서 필요한 보호와 지원을 받을 권리, ⑫ 혼자의 힘으로 의사결정을 하기 힘든 장애인과 그 가족은 인간다운 삶을 영위하기 위하여 필요한 지원을 받을 권리, ⑬ 특수한 욕구는 국가정책의 계획 단계에서부터 우선 고려되어야 하며, 장애인과 가족은 복지증진을 위한 정책결정에 민주적 절차에 따라 참여할 권리를 갖는다.

장애인의 인권은 비교적 새로운 개념이며 아직 일반대중이 널리 이해하지 못하고 있다. 일반적으로 많은 사람들은 인종주의나 성차별은 깨뜨려져야 할 현실로 받아들이는 반면 장애인에 대한 차별은 종종 간과하곤 한다. 장애인에 대한 온정적 행동이나 태도가 받아들여지기도 하는데 이는 실제로 차별적 행동이나 태도가 될 수 있으며 또 장애인이라는 낙인을 찍는 것일 수 있다.

이런 장애인의 인권에서 가장 우선시 되는 것이 바로 장애인들의 이동권 문제가 아닐까 생각된다. 몸이 자유롭지 못한 그들에게 있어 이동은 정보의 습득과 문화의 향유를 위해 꼭 필요한 것이기 때문이다.

1) 장애인 인권헌장

장애인은 인간의 존엄과 가치를 가지며 행복을 추구할 권리를 가진다. 장애인은 건전한 사회구성원으로 책임 있는 삶을 살아가며 자신의 능력을 개발하여야 한다. 국가와 사회는 헌법과 국제연합의 장애인 권리선언의 정신에 따라 장애인의 인권을 보호하고 완전한 사회 참여와 평등을 이루어 살아가는 사회를 만들기 위한 여건과 환경을 조성하여야 한다.

① 장애인은 장애를 이유로 정치·경제·사회·교육 및 문화생활의 모든 영역에서 차별을 받지 아니한다.

② 장애인은 인간다운 삶을 영위할 수 있도록 소득, 주거, 의료 및 사회복지 서비스 등을 보장받을 권리를 가진다.

③ 장애인은 다른 모든 사람과 동등한 시민권과 정치적 권리를 가진다.

④ 장애인은 자유로운 이동과 시설이용에 필요한 편의를 제공받아야 하며, 의사표현과 정보이용에 필요한 통신, 수화통역, 자막, 점자 및 음성도서 등 모든 서비스를 제공받을 권리를 가진다.

⑤ 장애인은 자신의 능력을 개발하기 위하여 장애유형과 정도에 따라 필요한 권리를 가진다.

⑥ 장애인은 능력에 따라 직업을 선택하고 그에 따른 정당한 보수를 받을 권리를 가지면, 직업을 갖기 어려운 장애인은 국가의 특별한 지원을 받아 일하고 인간다운 생활을 보장받을 권리를 가진다.

⑦ 장애인은 문화, 예술, 체육 및 여가활동에 참여할 권리를 갖는다.

⑧ 장애인은 가족과 함께 생활할 권리를 가진다. 장애인이 전문시설에서 생활하는 것이 필요한 경우에도 환경이나 생활조건은 같은 나이 사람의 생활과 가능한 같아야 한다.

⑨ 장애인은 사회로부터 분리, 학대 및 멸시받지 않을 권리를 가지며, 누구든지 장애인을 이용하여 부당한 이득을 취하여서는 안된다.

⑩ 장애인은 자신의 인격과 재산의 보호를 위하여 필요한 법률상의 도움을 받을 권리를 가진다.

⑪ 여성 장애인은 임신, 출산, 육아 및 가사 등에 있어서 생활에 필요한 보호와 지원을 받을 권리를 가진다.

⑫ 혼자 힘으로 의사결정을 하기 힘든 장애인과 그 가족은 인간다운 삶을 영위하기 위하여 필요한 지원을 받을 권리를 가진다.

⑬ 장애인의 특수한 욕구는 국가정책의 계획단계에서부터 우선 고려되어야 하며, 장애인 가족은 복지증진을 위한 정책결정에 민주적 절차에 따라 참여할 권리를 가진다.

2) 장애인의 참정권

미국에서 투표권을 갖고 있는 장애인들은 매우 중요한 투표 진영을 형성한다. 1988년 대통령 선거 때 부시의 포괄적인 노력으로 장애인 유권자들의 표를 얻을 수 있었다고 한 연구는 제시하고 있다. 부시가 선거에서 당선될 수 있도록 장애인의 표가 큰 역할을 담당하였다. 장애인권옹호론자들은 차기 선거 시 장애인의 표를 끌어들이고자 하는 주요 정당 내에서 적극적으로 일하고 있다. 그러나 아직 우리나라는 장애인의 대리투표를 부정선거로 간주하면서도 장애인을 배려하지 않는 투표장소와 선거정보의 제공 등 여러 부분에서 장애인들의 참정권을 가로막는 일이 아직도 많이 일어나고 있다.

3) 장애인의 접근권과 이동권

(1) 접근권의 정의

접근이란 사회적 접근, 경제적 접근, 물리적 접근 등 다양한 의미를 가지고 있으며, 그 의미에 따라 각각의 대책들이 구체적으로 나타난다. 접근권이라는 의미를 법적인 개념으로 살펴보면 권리의 주체로 하여금 권리의 목적이나 대상에 근접하여 그를 이용할 수 있는 기회를 부여함으로써 법률상 부여된 권리를 실질적으로 확보하고자 하는 것이다. 일반적으로 접근권은 이동권을 포함한다. 주거 공간, 교통시설 등에 대한 접근, 문화, 예술, 통신 혹은 정보에의 접근, 각종 서비스에의 접근 등 장애인의 활동을 위한 재원이나 시설에의 물리적인 접근을 뜻한다. 다시 말해 접근이란 개인이 환경에 진입하여 기능하는 능력을 부여하는 것이다. 따라서 장애인에게 건축 환경으로의 접근, 교통 환경 즉 이동으로의 접근, 여러 가지 제품으로의 접근, 문화로의 접근, 정보와 통신, 의사소통으로의 접근 등이 보장되어야 한다.

(2) 법과 제도상으로 본 이동권

① 헌법상의 보장

헌법에서는 직접적으로 이동권을 명시하지는 않았지만, 인간의 이동 권리가 기본권이라고 한다면 국가는 이를 보장할 의무를 갖게 되며, 거주 · 이전의 자유는 일상적 이동과 밀접한 관련을 갖게 된다. 장애인이 도시의 편의시설 미비로 인해 일정한 시설이 갖춰진 장애인 편의시설에만 거주해야 한다면 이는 자유로운 이동이 보장되지 않는 상태에서의 거주 이전의 자유는 보장될 수 없음을 보여 준다.

② 장애인 복지법 상의 보장

장애인 권리보장에 관한 내용은 주로 장애인 복지법에 명시되어 있다. 장애인 복지법 3조에서는 개인의 존엄, 차별의 반대, 참여기회의 보장을 규정하고, 4조에서는 장애인 스스로의 자립노력을 촉구하고 있다. 또한 33조에서는 이동의 권리와 직접적인 관련을 갖는 편의시설에 대하여 규정하고 있다. 이는 모두 장애인의 이동권이 보장되어야 한다는 주장을 뒷받침할 수 있는 규정들로 이러한 규정들이 준수되기 위해서는 이동권이 보장되지 않을 수가 없다.

(3) 장애인의 이동권과 접근권의 확보가 필요한 이유

사람에게는 누구에게나 자신이 원하는 곳에, 자신이 원하는 때에 자유롭게 갈 수 있는 권리가 있다. 장애인도 마찬가지이다. 원하는 곳을 원하는 때에 자유롭게 갈 수 있다는 것은 자유와 평등을 의미한다. 장애인이라는 이유로 다른 모든 사람이 갈 수 있는 곳에 갈 수 없고, 장애인이라는 이유로 자신이 원하는 때에 갈 수 없다면 그것은 차별이며 억압이기 때문이다. 우리가 인간답게 살고 사회에 참여하여 살아가기 위해서는 단순히 공간적인 이동만으로는 불가능하다. 이동과 접근이 보장되어야 하고, 정보에 대한 접근 역시 보장이 되어야만 가능하다. 접근이란 단순히 접촉을 의미하는 것이 아니라 이동과 이동의 목적을 성취하는 것까지를 포함하는 의미가 내포되어 있다. 접근권이란 공간적인 이동과 접근을 보장하는 권리임은 물론 정보에 대한 이용과 접근에 대한 보장까지 포함하는 권리이다. 따라서 이동권이 단순히 공간에 대한 이동만을 보장하는 권리라면 접근권은 한 단계 더 나아가 이동과 정보에 대한 접근을 보장해 주는 권리라고 할 수 있다. 접근권이 의미하는 것은 이러한 이동과 정보에 대한 접근을 보장함으로써 완전한 참여와 평등을 가능하게 해주는 것이다.

(4) 편의증진법

편의시설의 확충과 개선은 법과 인식의 개선이 다함께 이루어질 때 가능하다. 1997년에 제정된 '장애인, 노인, 임산부 등의 편의증진보장에 관한 법률'은 편의시설의 법제화라는 측면에서 커다란 의미를 가지고 있다고 할 수 있다. 편의증진법은 장애인, 노인, 임산부 등 이동약자의 자유로운 이동과 사회 참여를 보장하기 위하여 제정된 법률로서 제정되었고, 1998년부터 시행되고 있는 법률로서, 편의증진법의 특징으로는 첫째, 지금까지의 '장애인 편의시설 및 설비의 설치기준에 관한 규칙'과는 달리 강제성이 부과된 법률이다. 둘째, 청구권이다. 셋째, 접근권의 명시이다. 넷째, 편의시설의 이용대상을 넓힌 점이다. 다섯째, 편의시설 설치촉진을 위한 기금의 설치 등이 있다.

2. 미국장애인법에 나타난 장애인 인권

미국장애인들의 시민권법이라 일컫는 1990년의 미국장애인법(Americans with Disabilities Act: ADA)은 1973년 재활법의 입법 이념을 계승, 확대한 것으로 장애인의 시민권보장(Civil Right Protection)을 포괄적으로 규정하고 있으며, 인권회복의 정신을 대변하고 있다해도 과언이 아니다. 즉 장애인에게 공공기관 및 민간기업에서의 고용, 공공서비스, 공공교통, 대중이용시설과 장소, 일반 대중에게 제공되는 전화서비스 등에 있어 평등한 접근기회를 보장함으로써 미국의 장애인 정책의 획기적인 전환점을 가져온 '장애인 권리장전'이라 할 수 있다.

ADA법은 1990년 7월 26일 부시 대통령의 서명으로 발효된 법으로, 미국장애인에게 더욱 많은 접근권을 보장하도록 미국사회를 만들 의도로 만들어진 광범위한 법률이다. 따라서 그 내용은 공공시설과 상업시설의 편의시설에서부터 교통, 통신, 공공서비스, 고용, 인권까지 장애인 인권과 관련한 거의 모든 것을 포함하고 있다.

ADA 법은 총 5장으로 구성되어 있다. 각 장은 1장은 고용, 2장은 공공서비스, 3장은 공공시설, 4장은 통신, 5장은 1장에서 4장 이외의 내용을 종합하고 있다.

1장은 고용주에게 고용의 모든 측면에서 장애인의 인권을 보장하기 위해 타당한 배려를 제공하도록 규정하고 있다. 15인 이상을 고용하고 있는 모든 기업에서는 장애인에 대해 제반 인사상의 차별을 할 수 없을 뿐만 아니라 작업환경 · 작업절차 등에 있어서 타당한 배려(reasonable accommodation)를 의무화하고 있다. 이 타당한 배려에는 자격을 갖춘 장애인의 고용이나 승진에 대한 차별금지와 장애를 가진 고용인을 위해 작업개혁, 작업장 구조 변경, 장비 수정을 포함한 여러 가지 조치가 있다. 특히 통신과 관련해서는 특수전화기들의 설치 · 제공을 규정하고 있다. 여기에 인권적 측면으로 고용주는 개인의 직업 수행 능력에 대해 질문을 할 수는 있지만 그가 갖고 있는 장애에 대해서나 장애인을 배제하려는 의도로 테스트하는 것을 금지하고 있다.

2장은 공공서비스로서 대중교통을 다루고 있다. 장애를 가진 공공기관의 종사자 및 민원인의 원활한 의사소통 보장을 위해 보조기기와 서비스 제공을 의무화하고 있다. 운송당국은 무거운 짐이 원인이 아니라면 고정 노선버스 서비스를 사용할 수 없는 장애인에 대해 유사 보조교통수단이나 다른 특수 운송 서비스들을 제공해야만 한다는 내용을 담고 있다.

3장은 공공시설은 모든 신축 개축 구조물에 대해 장애인이 접근 가능하도록 규정하고 있다. 현행 편의시설의 장애물의 경우는 쉽게 제거가 가능하면 제거하여야 하고 그렇지 않다면 대체적인 제공방법으로 서비스를 제공해야만 한다. 또한 이들 시설은 시각, 청각, 언어 손상 등 의사소통이 어려운 장애인들에게 지나친 부담이나 근본적인 개조가 아니라면 의사소통 보조기구와 서비스를 제공하도록 되어 있다. 또한 레스토랑, 호텔과 소매점 같은 민간시설은 1992년 6월 26일부터는 장애인들에 대한 차별대우를 해서는 안된다고 나와 있다.

4장 통신 조항은 기간통신사업자의 통신 중계서비스 제공을 의무화하고 있다. 즉 무선 혹은 유선으로 기간통신사업을 운용하는 모든 통신회사는 청각장애나 언어장애를 가진 사람들을 위한 통신 중계서비스를 제공해야 한다는 것이다. 통신 중계서비스는 청각장애나 언어장애를 가진 사람이 비장애인과 유선 · 무선을 통해 의사소통 할 수 있게 해주는 서비스로서, 청각장애인을 위한 통신기기(telecommunication devices for the deaf: TDD)나 기타 비음성 단말기기를 사용하는 사람과 이러한 기기를 사용하지 않는 사람간의 양방향 통신을 가능케 하는 서비스를 포함한다.

5장은 기타 항목으로 미국장애인법(ADA)이 규정하는 권리옹호에 따라 장애인을 돕기 위한 시도나 장애인에 대해 강요하거나 협박하거나 보복하는 것을 금하고 있다(이달엽, 1998).

제4절 장애인 기본권의 성립

1. 현대 복지국가의 등장

1919년의 독일 바이마르 헌법 이래 20세기에 들어와 각국의 헌법전에 등장해 온 사회권 내지 사회적 기본권은 사적소유의 보장과 영업의 자유를 법적 기반으로 형성된 자본주의로부터 발생된 사회문제를 해결하기 위해 노동자와 사회적 약자인 개인 혹은 집단에 대해 인정된 권리이다(김만두, 1988). 즉 사회권은 자본주의의 고도화에 따라 발생한 빈곤과 생활상의 곤란, 장애 등 자본주의의 폐해를 배제하기 위해 국가가 적극적으로 사회·경제에 개입하여 약자를 보호하고 이들의 생활상의 곤란과 장애를 해결하자는 복지국가관에 대응하는 기본적 인권이다.

이러한 복지국가의 실현을 위한 구체적 제도로서 사회보장제도가 요청된다. 사회보장이라는 용어가 실정법상 최초로 사용된 예는 1935년 미국에서 제정, 시행된 '사회보장법'(Social Security Act)에서 찾아볼 수 있으나, 원래 사회보장에 대한 관념, 사상의 출현은 훨씬 그 이전으로 거슬러 올라가 사회보험사상의 출현에서 그 유래를 찾을 수 있다(김유성, 1992). 19세기 중엽 자본주의제도가 발전, 성숙단계에 들어서 서구제국에서 자본가계층은 새로이 강력한 사회세력으로 등장하기 시작한 노동자계층에 대해 정치적 차원에서 불안을 느끼게 되었으며, 종래 원시적 자본축적과 시장경쟁에만 혈안이 되어 오로지 착취의 대상으로만 여겼던 노동력이라는 생산요소가 서서히 마멸되어 가고 있다는 사실에 대하여 자기반성을 하게 되었다. 그 결과 노동자계층에 대하여 사회적, 정치적 양보 및 경제적 대우를 통한 전반적 노동보호정책을 실시하게 되었던 것인데, 이것이 이른바 사회보험사상의 대두이다.

그 후 제2차 세계대전 종료를 계기로 현대의 독점자본주의단계에서는 적극적으로 국가권력이 그 구성원의 사회적인 생활위기나 사회구조의 변화에 대응하여 국민의 사회적, 경제적 필요를 충족시켜야 한다는 관념이 일반화되고, '사회보험에서 사회보장에로' 라는 사상이 출현되기에 이르렀던 것이다. 따라서 사회보장의 관념이나 사항이 전세계적, 일반적으로 알려지게 된 것은 2차대전 종료를 계기로 한 주로 전후의 일이라 할 수 있다.

이와 같이 사회보장사상에 의하여 근로자를 포함한 전국민의 생존권 보장과 그 실현을 목적으로 하는 법의 영역이 나타나게 되었는바, 이를 사회보장법 내지 사회법이라고 한다. 이는 '건강한 (decent) 생활'의 보장과 '적어도 최저 (minimum) 생활 수준을 영위할 수 있는 경제생활'의 보장을 의미한다. 즉, 개인이 질병에 걸렸을 때 비용을 부담할 수 있는 경제력이 없어 치료를 못 받거나 또는 치료를 중단해야만 하는 불행을 방지하고, 또 노령, 장애, 실업 기타 요보호 상태로 인하여 과거부터 영위해 오던 수준의 경제생활이나 또는 최저수준의 경제생활을 영위할 수 있는 소득이 상실, 소멸되어 본인과 피부양자의 생활이 위태롭게 되는 것을 방지하는 것을 의미한다.

건강생활의 유지, 일정한 소득의 보장은 개인을 사회적 위험이나 요보호 상태로 부터 방어 · 보호한다는 소극적 목적을 가졌다. 그러나 오늘날 입법례에 따라서는 그와 같은 소극적 목적 이외에 개인의 '인격의 자유로운 계발'(freje Entfaltung der Persoenlichkeit)이라고 하는 적극적 목적을 사회법의 중요한 목표 중의 하나로 삼고 있다(독일 '사회법전' 제1조). 이렇게 볼 때, 사회보장이라는 것은 사회의 구조적, 제도적 불합리에서 오는 본질적 사고의 존재를 전제로 하고, 그러한 사고의 치유를 위해서는 개인적, 사적 힘만으로는 불가능하다는 논리 위에, 그 사고에 대한 전사회적, 전국가적 해결책을 모색하고 그것을 위한 제도적 장치를 설정하는 것이라 볼 수 있다. 따라서 사회보험과 대비되는 사회보장의 대상영역으로는 사회보장, 공적 부조, 사회복지(서비스)를 들 수 있다.

2. 장애인기본권보장의 의의

장애인은 인간의 존엄과 가치를 지닌 엄연한 인격적 존재이며 권리주체이다. 따라서 헌법상에 보장된 모든 기본권들이 장애라는 조건으로 인하여 제약되어질 수는 없다. 그러므로 장애인은 인간의 권리 또는 국민의 권리로서 헌법상에 규정된 자유권, 생존권, 청구권을 비롯한 모든 기본적 권리들을 당당하게 향유할 수 있으며, 국민으로서의 의무도 지게 된다. 이러한 논리적 전제 위에서, 현실적으로 제약받고 있는 장애인의 기본권을 실현화하기 위한 법제도상의 기본 요건을 정리해 본다.

① 현실성

장애인의 생존권은 어디까지나 현실적으로 시민적 자립의 총합적, 그리고 전면적인 실현에 있다는 것을 염두에 두어야 한다. 장애인은 기본적으로 시민으로서의 '행복을 추구할 자유'를 가지고 있다. 그러나 장애라고 하는 기능, 형태상의 원인에 의해 '사회적으로 불리(handicap)'한 상황에 놓여 있기 때문에 이 handicap의 원인을 가능한 한 제거하거나 혹은 불리한 조건을 대체할 수 있는 특별한 이익을 인정하는 등의 수단을 통해서 장애인의 실질적인 시민적 자립을 확립하고 그 행복추구의 자유를 향유케 할 수 있게 하는 것이 장애인복지의 궁극적인 목적인 것이다.

② 협력

장애인의 생존권 보장은 단지 국가에 의한 보장만이 아니라는 점이다. 자립상실자와 비자립자에 대해 실질적인 시민적 자립을 확립하는 책임은 국가, 지방자치단체, 국민, 사설복지단체, 사적보호자, 그리고 당사자인 본인이 각기 총체적으로 협력하여 이루어 나가야 한다.

③ 제도적 장치

장애인의 생존권 보장을 위해서는 제도적 방법을 도입하는 것이 중요하다는 인식이다. 실천적, 구체적인 차원에서 현실적으로 보장하고 촉진하는 장치가 필요한 것이다.

④ 재활급여

장애인의 현실적인 생존권 보장을 위해서는 다양한 장애유형에 대응하는 재활급여의 확보가 중요하다.

1) 장애인기본권의 구조

장애인은 사회공동체의 동등한 구성원으로서 사회에의 완전한 참여와 평등이 보장되어야 한다. 그러기 위해서는 그 법리적 근거로서 사회법원리에 입각한 포괄적이고 총체적인 장애인기본권 이론이 적극적으로 구성되어야 할 것이다(이흥

재, 1989).

여기서는 장애인기본권의 의미를 '장애인이 장애로 인하여 처하게 되는 사회적 통합의 불리(handicap)를 극복하여 인간다운 생활을 확보하기 위한 제반 권리'로서 이해하고자 한다. 장애인기본권의 개념이 일반화·정형화되어 있는 것은 아니지만 노동법상 노동자가 노동에 의하여 인간의 생존을 확보하기 위한 제반 권리를 노동기본권이라고 한다면, 장애인기본권 이론도 이런 법리적 개념들을 원용하여 구성해 볼 수 있으리라고 생각된다.

장애인기본권의 직접적 근거가 되는 것은 인간다운 생활권과 그것의 파생적 권리인 사회보장권(사회보장을 받을 권리, 사회보장수급권)이지만, 장애인기본권의 법 이념적 기초는 근원적으로 인간으로서의 존엄과 가치 및 행복추구권과 평등권에 있다고 보아야 할 것이다.

인간으로서의 존엄과 가치 및 행복추구권의 보장은 모든 기본권의 이념적 전제가 되고 있지만, 그 이념은 장애인기본권의 근원적인 기초로서 더욱 특별한 의의가 있는 것이다. 이러한 이념적 기초위에서 장애인이 인간다운 생활을 영위하려면 일정한 소득보장 및 의료보장, 교육보장, 복지서비스가 구체적으로 확보되어야 하며, 이의 실현을 위하여 장애인의 절차적 참여 등을 비롯한 자기관철의 권리도 보장되어야 한다. 따라서 장애인기본권은 크게 실체적 권리로서의 사회보장청구권과 이러한 권리를 절차적으로 원활하게 실현키 위한 자기관철의 권리로 나누어 볼 수 있다. 전자는 소득보장청구권, 의료보장청구권, 교육보장청구권, 복지서비스청구권 등으로 이루어지며, 후자는 권리구제쟁송권, 행정 및 입법참여권과 단결권 및 단체교섭권으로 세분해 볼 수 있다.

2) 장애인 기본권의 보장

(1) 인간의 존엄과 가치 및 행복추구권

헌법 제10조는 '모든 국민은 인간으로서의 존엄과 가치를 가지며, 행복을 추구할 권리를 가진다...'라고 규정하고 있다. 이 규정에 의하여 인간으로서의 존엄과 가치는 모든 기본권의 이념적 전제가 되고 기본권 보장의 목적이 되는 헌법적 기본원리를 규범화한 것으로 볼 수 있다. 행복추구권은 인간의 존엄과 가치의 존중원리와 결합하여 기본권 보장의 가치체계에 있어서 그 기초를 이루고 있다.

인간의 존엄은 모든 개인의 천부적 불가침의 속성으로서 자기결정과 자기형성의 능력인 인격에 그 근거가 있다. 개인의 자기존재에 대한 자기신체에 의한 원칙적 처분가능성은 타인에 의한 처분가능성의 부정(Unverfügbarkeit des Menschen für die Anderen)을 의미하는 것이다. 인간의 존엄과 가치는 신체적, 정신적 상태와 독립하여 인정되는 것이며, 따라서 신체기형자, 불치병자, 정신장애인, 정신이상자, 젖먹이아기, 금치산자, 마약중독자, 중범죄자 등에게도 인정된다. '살아갈 가치 있는' 생명과 '살아갈 가치가 없는' 생명을 구별하는 것은 인간의 존엄과 가치에 정면으로 배치되며 헌법위반이다.

이렇게 볼 때, 인간의 존엄과 가치는 장애인기본권의 이념적, 목적적 대전제가 되는 것이며, 이러한 인간의 존엄과 가치가 존중되는 바탕에서 행복을 추구할 권리는 실효성을 갖는다.

(2) 생명권

장애인 인권의 역사는 한마디로 질곡의 역사라고 할 수 있다. 장애인이 살해되고 유기되던 원시적 만행이 있었음을 부인할 수 없고, 또한 현대에 있어서도 잘못된 장애인관에서 비롯되는 장애인에 대한 생명경시가 아직도 완전히 불식되지 않고 있음 또한 사실인 것이다. 그러므로 생명권 보장은 모든 기본권에 앞서 논해야 할 인간의 천부적 권리이다. 생명권은 인신에 관한 실체적 자유권으로서, 우리 헌법상 명문규정은 없지만 신체의 자유의 당연한 전제일 뿐 아니라 인간의 존엄성을 핵으로 하는 우리나라 기본권질서의 논리적인 기초이다.

인간생존의 가장 기초가 되는 '생명에 관한 권리'를 부인하면서 인간의 존엄성을 논할 수 없고, 생명권이 인정되지 않는 경우에는 모든 기본권에 대한 보장이 사실상 무의미해지기 때문이다. 따라서 생명권은 명문규정의 유무에 상관없이 당연한 헌법상의 권리로 인정된다.

(3) 평등권

장애인의 완전한 참여와 평등을 확보하기 위한 실질적인 기초는 평등권의 보장에 있다. 평등권은 기본권 실현의 방법적 기초인 동시에 기본권 실현의 방향을 제시해 주는 것으로서 모든 국민에게 여러 생활영역에서 균등한 기회를 보장해 주는 것을 그 내용으로 한다.

이런 의미로서 우리 헌법은 전문에서 '정치, 경제, 사회, 문화의 모든 영역에 있어서 각인의 기회를 균등히 하고... 국민생활의 균등한 향상을 기하고...'라고 선언하고, 제11조 제1항에서는 법 앞의 평등을 규정하고 있다. 법은 만인에게 평등하며, 모든 영역에 있어서 차별을 받지 않아야 한다.

현대의 평등사상은 평균적 정의의 실현에 국한하지 않고, 배분적 정의의 이념에 근거한 실질적 평등을 주장하고 있다. 즉 근대의 사상이 만인의 평등과 인간의 해방을 추상적인 이념으로 삼은데 비하여, 현대의 사상은 현실의 사회생활 중에 보여지는 구체적인 불평등에 주목하여 이에 따르는 생존의 위협에서 개인을 해방하고 균등하게 인간다운 생활을 보장하려고 한다.

이렇게 볼 때 장애인문제에 있어서의 평등권의 실현은 모든 생활영역에 있어서 소극적으로는 장애인에 대한 부당한 갖가지의 차별을 방지하고, 적극적으로는 장애인에 대한 사회적, 물리적 제약요인을 제거함으로써, '현재적 장애인'과 '잠재적 장애인' 사이에 실질적 평등이 구현되도록 하는 것이다.

(4) 인간다운 생활권

인간다운 생활권은 헌법상 사회적 기본권 중에서도 근간이 되는 권리이다. 따라서 인간다운 생활권을 규정한 헌법 제34조 제1항은 일련의 사회적 기본권에 관한 총칙적 규정이라 할 수 있고, 그 밖의 사회적 기본권은 인간다운 생활권을 실현하기 위한 구체적인 수단이 되는 권리라고 할 수 있다. 우리나라 1962년 제3공화국 헌법 제30조, 1980년 제5공화국 헌법은 사회복지증진 의무를 추가하고 있다 (제32조). 나아가 헌법 제9조는 행복추구권을 규정하고 있다.

장애인기본권 보장의 궁극적인 목적이 인간다운 생활의 실현에 있는 것이라면, 장애인기본권의 직접적인 법이념적 근거가 되는 것은 인간다운 생활권이다. 그러므로 장애인은 건강하고 문화적인 생활을 보장받도록 요구할 수 있는 권리를 가지게 된다.

이와 같은 '인간으로서의 존엄'과 '인간다운 생활'을 확보하도록 하기 위한 수단으로서 헌법은 일련의 사회적 기본권, 즉 교육을 받을 권리, 근로의 권리, 노동3권, 환경권, 보건권 등을 보장하고 있으며, 여기에 그치지 아니하고 모든 국민이 현실적으로 인간다운 생활을 영위할 수 있도록 하기 위하여 헌법 제34조 제2항에서 제6항에 걸쳐 사회보장, 사회복지 등의 실현에 관한 국가적 의무와 더불어 일련의 사회보장권을 규정하고 있다. 19세기에 들어와 주거이전, 직업선택, 재산권의 자유가 보장되고 생존권에 대한 논의가 시작되었다. 1793년 6월 24일 프랑스헌법은 공적 구제에 관한 국가의 의무를 최초로 규정하게 된다 (김철수, 1987).

(5) 사회보장을 받을 권리

사회보장권은 포괄적이고 다의적인 개념으로서 그 규범적 구조는 입법례에 따라 커다란 차이를 보이고 있지만, 그 개념에서 사회보장권(Recht auf soziale Sicherheit)이라 함은 신체장애, 질병, 노령, 분만, 소득능력의 감소, 상실, 실업 등 제사회적 위험으로 인하여 요보호상태에 있는 개인이 인간의 존엄에 상응한 인간다운 생활을 영위하기 위하여 국가에 일정내용의 급여 등의 보호를 요구할 수 있는 권리를 말한다(민경식, 1991).

따라서 사회보장권의 개념적 요소로는 사회적 위험, 요보호상태, 인간다운 생활, 국가의 적극적 급부성 등을 들 수 있다. 현행 헌법에서는 제34조 제2항에서 제6항에 걸쳐 보호를 요하는 주체를 여자, 노인과 청소년, 심신장애인 및 질병, 노령 기타의 사유로 생활능력이 없는 자, 그리고 각종의 재해로 국가적 보호를 요하는 자 등으로 세분하여, 이들에 대한 국가적 보호의무에 관하여 상세히 규정하고 있다.

현대 자본주의국가가 사회보장을 이념으로 하는 복지국가를 지향하고 있다는 의미에서 본다면, 사회보장이 예산에 의하여 좌우될 수 있게 할 것이 아니라 사회보장의 권리를 보장한다는 견지에서 국가예산이 편성되지 않으면 안된다. 이것은 사회보장권이 결코 예산의 유무에 의하여 결정되는 것이 아니고 오히려 이것을 지도 내지 지배하여야 한다는 것을 의미한다. 즉 사회보장을 받을 권리의 인권적 논리를 경제의 논리로 제약하는 것은 타당하지 않다고 보는 것이다. 사회보장권은 장애인기본권과 관련하여 헌법상 가장 구체적이고 직접적인 근거가 되는 권리로서의 의미를 가지게 되는데, 따라서 사회보장권의 내용은 사회보장법체계에 따르게 될 때, 장애인기본권 또한 형성하지 않을 수 없다. 1946년 프랑스 제4공화국 헌법은 전문에서 생활보조에 필요한 공공단체의 의무를 규정하고 사회보험의 확충을 통해 이를 실현하도록 하였다 (김철수, 1987). 생존권은 인간존엄과 가치, 행복추구권의 한 내용이다(헌법 제9조). 생존권의 유형으로는 경제적 생존권, 사회적 생존권, 문화적 생존권, 그리고 평화적 생존권을 생각해 볼 수 있으며, 생존권의 입법적 보장은 사회보장, 생활보호, 사회보험법, 복지관계법을 통해 이루어진다.

<토론주제>

1. 성년장애인의 후견인 제도에 대한 찬성, 반대 논리
   1) 찬성(A):
   2) 반대(B):
2. 인간의 도덕성은 절대적 가치인가요 아니면 문화, 관습, 전통, 인간본성에 따라 좌우되는가요?
3. 사람들은 규제가 없이도 공동체 속에서 질서있게 살아 갈 수 있는 가요, 그 구체적 방법들을 논의해 봅시다.
4. 사회통합이 필요한 이유를 자폐성 장애와 지적 장애 중심으로 토의해 보시오.
5. 유엔인권선언이 우리나라에서 중요한 구체적 이유들을 논의해 보시오.
6. 인권과 장애인 인권, 생명권과 평등권의 유사성과 차이점들을 토의해 보시오.
7. 인권과 인간성 보장을 위해 정부 역할이 중요한 이유와 구체적 노력들을 찾아 보시오.

제 6 장

자기결정과 사회정의

제1절 자기결정(Self-Determination)

1. 인간의 존엄성

인간의 존엄성은 현대 복지의 철학이자 가장 중요한 기본 가치가 되고 있다. 이 존엄성 문제에 있어서 오늘날 개인적, 법률적 인격의 존엄성이 실제로 과연 잘 보호되고 있는지는 한번쯤 생각해 보아야 한다. 그러나 민주주의의 이념체계가 존립하는 한 이 문제는 국민의 기본권리로 보장되어야 하고 또 보장되어질 것이다. 비록 우리에게 가족이나 집단 및 지역사회 나아가서는 전체 공동체가 중요시되기도 하지만 집단을 형성하고 있는 근본적 주체는 역시 개인이며 따라서 개인의 권리와 존엄성은 결코 무시되어서는 안 될 중요한 핵심적 요소가 되고 있다. 이와 같은 존엄성에 대한 철학은 생활에 있어서의 자유와 행복추구의 존중에 대한 중요성과 연관되며 아울러 자기결정권, 기회균등권 및 사회적 책임과도 직결되는 것이다.

2. 자기결정의 개념

장애인 복지를 포함한 모든 사회복지의 궁극적 가치는 인간 존엄성을 존중하는데 있으며, 내담자에게 보다 나은 삶을 살도록 도와주는 역할을 수행하고 있으며, 이러한 과정에서 내담자에게 제공되는 서비스를 내담자가 수용할 것인지에 관한 결정은 내담자의 권리이다.

Biesteck과 Gehrig(1978)은 '인간이 타고난 가치와 존엄성이 사회복지 전문직 최고의 가치임을 강조하면서 내담자의 가치 결정은 바로 이런 최고 가치의 논리적 귀결이다'라고 주장하였는데, 이는 내담자의 자기결정 가치가 '인간은 자신의 삶에 영향을 미치는 것들을 선택하고 결정할 천부적인 권리를 갖고 있다'라는 사실을 보여주는 것이다.

자기결정이란 '인간이 자신의 생활환경과 관련된 행동이나 목적을 선택하기 위해 취하는 행동으로, 외부 압력을 받지 않고 스스로 결정하고 거주지를 선택하며 다른 사람의 충고 없이 결정하거나 행동하는 자유, 다른 국가가 원하는 것과 상관없이 국민 스스로 정부 형태를 결정하는 것' 등으로 정의 내릴 수 있다.

흔히 자기결정과 유사한 의미로 자율성이라는 말이 있는데 이는 의지적 행동과 독립성, 자유, 자율적 조건과 권리로서, Charles Frankel은 자율성이란 '자기 스스로 동의한 것만 실행하고, 자발적으로 받아들인 의미 외에는 받아들이지 않으며, 개인 스스로 주인 역할을 하는 것'이라고 설명하면서 자기 결정에서도 이와 같은 차원을 강조하였다. Salzberg(1979)는 인간 존재의 현상으로서 자기결정을 옹호하면서, 내담자가 자기결정을 행사하지 못한다면 자기결정을 사용할 기회를 잃어버린 것에 불과하다고 주장하였다.

3. 권리로서의 자기결정

McDermott(1975)는 자기결정에 대해 '개인이 스스로 선택하고 결정하는 권리는 단순히 목적을 위한 수단이 아니라, 오랫동안 서구 민주사회가 신봉해 온 가치구조, 즉 정당한 방법으로 추구되는 목적과 그 목적 달성을 위해 선택되는 수단을 결정하는 기본적 가치로 간주되어 왔다'고 하였다.

Biestek(1951)는 자기결정권은 바로 그 권리를 가진 사람의 주체적인 책임으로, '인간은 자기가 궁극적으로 생각하는 인생의 목적을 달성하려는 방식으로 자기의 삶을 살아 갈 책임이 있다. 이 책임과 함께 자신의 인생을 살아가기 위한 수단을 선택하고 결정할 본질적이고도 양도할 수 없는 권리를 갖는다'고 말했다.

자기결정은 어떤 면에서 용이하게, 혹은 필연적으로 타협되는 권리이다. 왜냐하면 타인의 권리나 내담자의 선택 능력, 법적 제한, 사회 규범과 연결되어 있기 때문이다. 자기결정권은 어떤 면에서 자기결정 이외의 법적, 인권적 자유와 특권의 근본 원리가 된다. 이러한 자유와 특권은 비밀 보장, 사생활 보호의 원칙 등이 내포되어 있다.

4. 자기결정과 그 한계

자기결정의 개념이 사회 전반에 걸쳐 매우 중요하기는 하나 내담자의 자기결정이 모든 상황에 적용되는 절대적인 권리는 아니다. Bernstein은 자기결정은 최상이 아닌 최고의 결정이며, Helen Harris Perman은 자기결정이 중요하다 할지라도 어느 정도는 환상이라고 할 정도로 자기결정의 어려움을 표현했다. 내담자의 자기결정 권리를 제한하는 한계는 크게 두 부분으로 나눌 수 있다.

1) 현실 평가에 따른 한계

전문가들은 내담자로 하여금 비현실적 목표추구에서 벗어나 실현 가능하고 만족할 수 있는 결정을 낼 수 있도록 도와주는 과정에서 내담자에게 생기는 한계로, 내담자가 선택에 대한 대안이 전혀 없는 경우나 내담자의 선택 능력에 의한 경우, 내담자의 자기결정이 가져올 예상에서 생기는 경우, 사회규범이나 법률에 의한 제한, 기관과 전문가에 의한 제한 등이 있다.

2) 계약적 성격에 내포된 한계

내담자나 가족은 자신들의 사생활을 노출시켜야 하고, 약점을 드러낸다는 점을 꺼려할 수 있다. 원조 과정에서 내담자가 선택한 결정에 전문가들이 거부권을 행사할 수 있기 때문에 내담자의 자기결정에 대한 권리에 제한을 미칠 수 있다.

2) 법률과 관습에 따른 한계

마약의 사용이나 절도와 같이 그 사회가 정한 법률을 위반하는 자기결정이나 일반 관습이 허용하지 않는 수준의 자기결정이란 결국 보장을 받기가 어렵다.

제2절 사회정의

1. 공정성

최근의 사회현상을 설명하는 유일한 요인이 없다는 것은 공정성 이념, 인간으로서 신분에 상응하는 대우를 받아야 한다는 선별적 헌신과 이러한 이념의 다양한 해석에 상응하는 사회적 과정을 요구하는 다양한 집단들이 추구하는 자기결정 노력 사이의 상호작용으로부터 출발한다. 이러한 역사적 설명은 예측가능 하거나 사회적 교정수단을 주장하는 취약한 사람들의 높은 도덕적 근거가 필연적이어서가 아니라 오히려 상류계층의 사람들이나 집단의 권력에서 발생하는 초기의 이익들로부터 기초한 예측과 모순된다. 이러한 모순은 상이하게 기능하는 사회적 선별력에 있어서 어떠한 변화의 결과가 아니라 사회의 다양한 집단들에 의해 나타난 사회적, 경제적, 기술적 영향의 여러 원천 사이의 상호작용에 있어서의 새로운 의무론이 추가됨으로써 발생한다. 최선의 공정성에 대한 설득적 이념도 최대의 자원을 지배하고 있는 사람들의 양보를 보장하지는 못한다.

사회적 선별주의에 있어서 이러한 요소들의 결과는 장기적인 견해에서 누가 이익을 얻고 누가 손해를 입을 것인지 예측하는 일을 더욱 어렵게 한다. 사실상 오랜 시간에 걸친 사회적 이익의 축적과 상실 경향은 다음과 같은 요소에 달려있다.

① 무엇이 공정하고 누가 규칙에 따라 배려받은 자격이 있는가와 관련된 신념체계의 진보

② 이러한 신념들에 상응하는 사회적 교정수단을 주장하고 논박하는 집단들 사이 권력중심의 변화

③ 개인과 집단 사이의 실제적 권력획득과 상실에 영향을 미치는 기회에 대한 변화하는 환경

이러한 요소들은 시간의 경과와 함께 서로 영향을 미치기 때문에 하나의 요소로부터 예측하기 어려운 다양한 권력의 재구성을 초래하는 상호의존적 기능으로 스스로 변화되었다. 따라서 과거 반세기동안의 사회적 불이익 집단에 대한 사회적 교정수단을 예측하다는 일은 가능하지 않았다.

공정성의 이념은 모든 사람의 자유에 기초를 두고 있다. 모든 사람들의 자유에 대한 이러한 이념의 발전은 수 천년 전의 사회계층 체계를 이루는 사회적 힘을 설명하는 것과 동일하다. 현대의 자유에 대한 사회적 추세는 어떤 집단이 다른 집단을 지배하는 것을 정당화시키도록 하는 이념의 개발을 하지 못하도록 할 정도로 사회체계에 영향을 미치는 권력의 탈 중심화이다. 이러한 상황에서 사회구성원들은 자기결정의 조망이 모든 사람들에 대해 최적화되었을 때 자신이 속한 사회구조에 만족할 수 있다. 왜냐하면, 다른 사람들이 스스로 원하는 것들을 생활 속에서 충족하는 것과 비교하여 나 자신의 조망이 생활에서 원하는 것들을 충족시킬 수 있는 적절한 기회를 허락받기 때문이다.

흔히 공정성의 문제와 정의는 기원전 4세기경에 쓰여진 아리스토텔레스의 윤리학 논문에서 다루어지는데 사회적, 정치적 행복의 산출과 보호에 목적을 두는 사회정의의 기본적 준거는 법률과 공정한 배분이라는 두 가지 기본적 요소에 둔다 (이달엽, 1998). 아리스토텔레스는 정의의 결론은 "사회와 정치적 공동체의 행복을 유지하고 생산하는 것이다"라고 하였고 정의는 정의를 추구하는 자들에게만 유용하다고 지적하였다 (Stevens & Wood, 1992). 사회정의 문제의 기원은 사실상 인간 사회에서의 이해 충돌에 있으며, 각기 자신의 입장을 정당화하기 위하여 객관적 기준에 호소한데서 연유한다. 갈등, 긴장이 존재하는 윤리적 단위는 개인, 단체, 문화로 구분되며, 사회질서 확립 그 자체가 인격의 권리 내용에 속하기 때문에 인격의 기본적 권리를 완전히 보증하는 것이 가장 주요한 과제가 된다.

인격의 기본적 권리는 생명, 생활, 노동, 문화의 제 영역에서 자유를 통해 실현되며, 사회의 발달에 상응하여 진보되고 변화된다. 공정성은 사회구성원 각자가 주장하는 가치의 대립이며, 또 가치판단은 정서적, 주관적인 성질의 것으로서 합리적으로는 인식이 불가능하다. 어디까지나 상대적인 것으로서 판단하는 주체의 가치일 뿐이며, 따라서 정의의 문제는 객관적이고 절대적인 정의의 원리에 근거하여 해결되는 것이 아니고 기존의 사회질서에 의해서 전제된 상대적인 가치기준에 의해서 해결되는 것이다 (이상열, 1990).

사회정의의 기준은 재화의 특별성, 그 사회적 중요성, 그리고 수혜자의 흥미와 능력의 다양성을 반영하도록 요구한다. 따라서 개인의 권리나 보편적 자유를 약속하는 모든 경우에 적용시킬 수 있는 보편적 원리들을 필요로 한다. 상황의 특별성이 갖는 의미를 개발하고 특정 영역들에 적당한 기준을 마련하기 위해 넓은 참여가 가능한 구조가 요구된다.

이러한 사회정의는 사회의 구성원에 의한 생활의 필요와 욕구를 충족시키는 확률을 높이는 공정성의 이념과 일치하며, 생활에 있어서 필요와 욕구를 획득하는 비장애인들의 조망을 극대화시키는 것과 마찬가지로 장애인의 욕구와 필요를 충족시키는 조망을 최적화시키는 배분적 정의라고 하는 공정성의 철학과 일치한다.

분배 패러다임은 사회구성원들 사이의 이익과 부담을 도덕적으로 적당하게 배분하는 것과 관계된다. 여기에는 종종 권리, 기회, 권력 그리고 자기존중과 같은 정신적 재화들을 포함시키기도 한다. 분배적 패러다임은 공정의 문제가 사회의 정치-경제적 구조에 원인이 있다고 본다.

2. 사회정의의 기준과 관점

아이의 양육권과 같이 존재론적 질서 이념인 사회정의는 법에 의해 정해진 권리라기보다는 모든 개인과 공동체가 그 의무의 주체인 동시에 공동선을 부여받을 권리의 성격을 띠게 된다. 정치면에서 정부가 사회구성원의 생명, 생활, 노동의 기회를 보장할 의무를 가지고 이것은 기본 인권의 한 형태가 된다 (이상열, 1990). 아리스토텔레스는 정의에 대해 두 가지 기준이 있다고 한다 (Stevens &

Wood, 1992). 첫째는 법에 관련된 정의이다. 예를 들면, 각 나라의 법률적 문제에 있어서 정당들은 동등한 취급을 받는다. 법은 만약 어떤 사람이 범법 행위를 해 왔는지 그리고 그 상황을 어떻게 교정할 지를 결정해야 한다. 이런 식으로 이해한다면, 정의는 임의성과 편애가 회피되어질 수 있도록 하는 올바른 법률 적용이 된다 (Stevens & Wood, 1992).

아리스토텔레스 논의의 두 번째 기준은 자신의 공정한 몫을 갖는다는 의미를 나타내는 할당의 용어로 공정한 배분의 개념을 설명했다. 그는 물질과 사람들 사이에 있어서 분배되는 것 사이에는 평등이 존재해야 한다고 주장했다. 여기서 동등한 사람은 동등한 소득을 보장받고 불평등한 사람은 불평등하게 보장받는다. 다른 말로 "사람들의 공적에 따라 각자에게 배분하는" 평등의 개념과 정의의 개념 사이의 관계는 역사적으로 밀접한 개념이며, 오늘날에도 그렇게 남아있다 (Stevens & Wood, 1992). 이러한 원칙들은 매우 직설적이지만 아리스토텔레스의 생각처럼 누가, 어떻게, 또 무엇이 보답 받을 가치가 있는 지에 대한 결정에 있어서 모든 사람의 의견이 반드시 일치하는 것은 아니다 (Stevens & Wood, 1992).

우리가 흔히 이야기하는 평등이라는 것은 정의를 공정하게 배분하는 법 앞에서 존재할 수 있다. 또 사회정의와 평등을 논의하려면 사람들은 어떻게 다루어져야 할 것으로 기대되고 실제로 어떻게 다루어지는 가를 살펴보아야 한다. 이러한 논의는 무엇이 옳은가 혹은 무엇이 공정한가와 같은 개념을 다루며, 동등한 기회 문제와 직접 관련되어 있다.

1) 통합정책의 원리

정치-경제적 재구조화를 요구하는 통합의 실천은 삶을 결정하는 가치, 중요성, 기준들을 다루게 된다. 동질성과 획일성의 가정에 기초를 둔 사상은 도덕적 원리들보다는 관리적 편의에 기초한 규칙들에 적용과 순종하기를 요구한다. 따라서 정책수립 시 고려해야 하는 사회, 문화적 요소들, 사회적 정당성, 사회적 영향, 재활서비스도 각 나라의 사회적, 경제적 상황에 맞게 이루어져야 할 것이다.

통합정책을 위한 원리는 모든 것에 대한 동등한 접근과 기회를 강조하는 사회정의에 기초를 두고 있지만 필수적인 의미만을 가지지는 않는다. 사회정의란 생각할 수 있는 모든 도덕적이고 중요한 영역을 뛰어넘으며, 그것을 제시하는 사람에 의해 쉽사리 인식되지 않는다는 점이다. 굶주림과 가난, 그리고 육체적으로 손상된 사람들은 그들의 곤경을 인식할 수 있도록 해주기 위한 추상적 정의를 필요로 하지 않는다. 사회정의는 더 이상 과거 소외에 대한 역사적 판단을 하는 것이 아니라, 단순히 자유시장 상태 하에서 개인의 선택을 보장해 주는 일이다.

미국의 철학자 John Rawls에 따르면 정의는 특별한 사회적 규범들이나 혹은 사회 속의 집단들에 의해 설정된 특별한 사회적 목적들에 달려 있지 않다. 따라서 사회적 협조의 규칙들은 각 사람들이 자신의 삶의 목적들은 다른 사람들과 동등한 정도의 자유를 가질 수 있도록 설정되어야 한다는 것이다. 이 때 우리 사회의 일반적 복지라 하더라도 정의에 대한 개인의 권리를 침해할 수는 없다.

뿐만 아니라 물질적 가치의 사회적 이동에 관심을 가진 하버드 대학교수인 Rawls (1971)는 공정, 즉 개인의 재능과 노력에 기초한 사회가 제공하는 자연적 보상체계는 도덕적으로 옳지 않다고 본다. 심지어 공정한 기회가 차별이나 속임수에 대한 공식적 (합법적) 장치들에 의해 보장되는 것도 공정하지 않다고 본다. 왜냐하면 그러한 보장들은 재능, 특성, 태도들에 기초해서 이루어지기 때문에 개인의 선택과는 관계없는 요소들 (유전적, 환경적)에 의해 통제된다. 달리 말하면 사람들은 출생에 의해 얻어진 우연적인 특성들에 의해서 보장받을 자격은 없는 것이다. 따라서 적어도 사회적 문화적 불이익을 교정하거나 보상하는 체계 이상의 동등 기회로 나아가야 하는 것이다.

나아가 Rawls는 사람들이 지닌 다양한 재능과 장점들은 서로 나누어야 하고, 재능과 장점들로부터 기인된 이익들은 공통의 목적 추구를 위해 분배되어야한다고 본다. 그는 한 개인이 사회로부터 무엇을 갖도록 자격이 부여되는 것은 전혀 있을 수 없다고 보며, 사회체계들 (systems)속에서 사람들이 충족시킬 때 부여받는 이익들을 기대하도록 성장했다고 본다. 따라서 진정한 의미의 사회적 배분이란 그들이 소유한 재능이나 특성들에 의한 자격보다는 사회적 이익들을 배분하는데 사용되는 체계가 공통의 이익을 산출할 재능이나 자원들의 개발을 촉진시키기 위해 확립되어야 한다고 본다 (Stevens & Wood, 1992).

2) 유자격 이론

자유개인주의적 Rawls의 논점을 비판하는 사람들은 그의 분배 이론이 재능을 가지지 않은 사람들에 의한 재능을 가진 사람들의 착취에 이르게 한다고 주장한다. 같은 대학의 후배 교수인 Nozick은 한 개인이 자신의 재능들에 대한 자격이 없을 지라도 적어도 다른 누구보다도 그 재능들에 의해 이익을 얻도록 되어 있다고 한다. 이것이 사회적 이익의 "유자격 (entitlement)" 이론으로 언급된다. 즉 개인의 능력과 재능들은 사실상 그것을 소유한 사람으로부터 분리할 수 없는 것이기 때문에 중요한 점은 사회적 이익들이 산출되는 방식에 있다고 본다. 즉, 개인이 사회적 이익 획득에 관여하는 방법이 정당하다면 그 이익에 대한 자격이 있다는 것이다.

그러나 시장개인주의적 Nozick은 이러한 이익의 분배가 국가에 의해 부과된 어떠한 양식이 아니라 개인의 선택으로부터 이루어져야 한다고 본다. 사회에서 가장 희귀한 자원을 누가 얻을 수 있는가를 결정하는데 있어서 가장 중요하게 고려되는 개인적 특성, 기술, 지식은 무엇인가? 사회서비스의 경우에 있어서 어떤 수준에서 사회적 욕구가 사회에 의해 충족되는가? 라고 질문해야 한다. 만약 그러한 서비스가 훌륭한 사회질서와 정치적인 생존에 필요한 것으로 고려된다면 어떤 수준에서 어떤 기준에 의해 제공되는가? 우리는 바람직한 사회적 서비스의 수준에 관련된 일련의 문제와 그것이 분배되어지는 공정성에 관련된 일련의 문제에 직면하게 된다 (Stevens & Wood, 1992).

3) 공리주의적 관점

반면, 공리주의적 입장은 개인의 선택을 그것이 가져다주는 쾌락과 고통에 관련하여 다루어, 최고의 선은 최고의 즐거움을 가져다주는 것이라고 본다. 여기서 사회정의의 판단은 평균적, 사회적 이익과 보상물들이 가장 높은 성취와 관련하여 이루어진다 (평균적 행복이 최대화되는 시점). 공리주의적 관점에서 가장 귀중한 재능, 노동, 혹은 생산물들을 보상받는 가운데 이루어지기 때문에 최선의 결과는 자유시장 아래에서 이루어진다. 따라서 자유시장 아래에서의 평등기회가 최적의 배분을 초래한다.

4) 규준적 이론

평등주의 규준적 이론가들은 사회적 불평등을 축소하려는 노력 그 자체는 바람직스럽다고 본다. 사실상 불평등주의적 사고는 자유주의 전통에 토대를 두고 있고 평등주의 사고는 사회주의 전통에 토대를 두고 있다. 자유주의 사고는 자유, 개인주의, 민주주의와 그에 따르는 가치들을 존중한다. 이는 Beveridge, Keynes, Galbraith에 의해 대표되는데 Beveridge는 정부의 개입은 사회적 악의 제거에만 사용되어야 한다고 본다. 개인주의 원칙은 자신의 성공과 실패, 성취와 실수, 번영과 복지는 스스로에 의해서 이루어져야 하고 또 그러한 권리와 의무를 지녀야 한다는 것이다. 즉, 인생의 궁극적 도달점은 개인 자신의 손에 놓여 있다는 것이다. 따라서 인간의 행동은 합리주의와 공리주의 원칙에 의해서 설명된다. 진보적 자유주의자들은 최소한 정부가 사회에 존재하는 계층적 차별을 평등화시키기보다는 자유시장에서 낙오된 사람들에게 최소한의 보장을 해주는 일이 필요하다고 본다. 최소한의 생활기준을 정부가 보장하기 위해 다양한 사회복지 조치들이 필요하다. 이것을 통해 개인의 능력과 노력에 따른 차이로부터 기인하는 불평등을 크게 방해하지 않고 빈곤을 해결할 수 있다는 것이다. 사실상 우리나라와 같이 개발이 진행 중인 국가에서는 Galbraith의 말처럼 평등주의의 이상을 실현하기보다 절대 빈곤의 타파가 훨씬 중요할지 모른다.

평등이념은 법 앞에 평등을 의미하는 법적 평등과 경제적 보장의 사회권으로서 기회평등을 의미할 수도 있다. 이러한 맥락에서 미국장애인법(ADA)은 개인의 능력, 경제적 효율성, 그리고 기회평등의 가치를 담고 있다.

복잡한 사회 속에서 단순한 평등의 개념은 바람직하지 않다. 왜냐하면 사람들은 같은 의미나 능력을 가지고 있지 않기 때문이며, 같은 욕구를 가지고 있지도 않기 때문이다. 독특한 요구를 가진 사람들의 통합을 장려하는 시스템은 균등의 가정들을 만족시키지 못할 것이다.

사실상 완전한 자유의 상태에서 선택할 수 있는 사람은 없다. 또한 사람들은 일련의 상황, 사건, 관계들 속에서 기회에 직면하게 된다. 따라서 자유라는 것도 부유한 부모들이나 엘리트 양성 학교들과 같은 독특한 환경에 의해 만들어진 것이라고 볼 수 있다. 사람들은 단지 자유롭도록 허락하는 사회적 물질적 조건들과 경험의 범위 내에서만이 자유로운 것이다.

빈곤한 환경에서 자라난 어린이들은 부유한 환경에서 자라난 어린이들에 비해 그들 선택의 자유에 엄청난 제한점들을 지닌다. 이렇게 볼 때 대부분의 몫은 그 사람들을 그렇게 만든 사람들과 환경 조건들에게 돌아가야 하는 것이다. 다른 한편, 공평한 사회란 욕구가 긴급하고 아주 어려운 상황에 놓인 사람들일수록 많은 보상을 받아야 한다는 것이다. 이러한 경우에는 사회적 기여도나 욕구정도의 등급을 부여하는 일이 필요하게 된다. 공정 혹은 공평 (equity)과 평등 (equality)의 차이점, 준거에서 막스주의자들은 사회적 자원의 배분은 그 욕구와 실적에 따라 분배되어야 한다고 보는 것이다. Pinker와 같은 학자들이 주창하는 규준적 이론 (the normative theories)은 정황적 맥락보다는 이상주의적 기준을 먼저 설정한다.

5) 분석적 이론

분석적 이론(the analytical theories)에서는 이상적인 상태에 대한 논의보다는 현실에 대한 과학적 설명을 중시한다. 사회적 정치적 사고의 흐름과 전통사회가 안고 있는 가치와 이상들을 사고의 출발점으로 삼고 있는 불평등주의 규준적 이론가들은 사람들 사이에 개방되고 자유로운 경쟁으로부터 발생하는 불평등은 제한되지 말아야 한다고 본다.

6) 기능주의

하나의 사회는 질서, 안정, 그리고 동질성에 의해 특징 지워지며, 존속을 위해 목표의 설정과 획득수단, 변화와 환경에의 적응, 체계 내 상이한 부분들의 통합을 필요로 한다. 불평등에 관한 기능주의 사회이론이 이러한 접근을 채택한다. 불평등을 신성한 것으로 보는 맑스주의와는 달리 기능주의자들은 불평등은 질서와 안정을 유지시킬 뿐 차별적이거나 착취적이지 않다는 입장을 견지한다. 모든 사회는 존속을 위해 사회적 분화를 필요로 하기 때문에 불평등은 불가피하며 바람직하다고 본다. 이처럼 사회적 차별은 그 나름의 통합적 기능이 있어서 사회적 질서에 순응하는 가치체계는 보상을 받고 여기서 발생하는 사회적 불평등은 사회통합과 가치체계 강화의 유인제로 작용한다.

Parsons와 같은 미국의 기능주의자들은 사회체계는 각자 자신의 상대적 활동들을 평가하며, 이러한 평가는 결국 존속을 위한 사회의 공통 목적에 귀착된다고 본다. 따라서 이러한 목적에 기여하는 정도에 따라서 권력, 위세, 그리고 부가 차별적으로 분배되는 기능이 발생한다는 것이다. 따라서 사회적 차별은 그 나름대로의 충분한 통합적 기능이 있다고 본다. 가치체계들은 개인, 제도, 직업, 사회적 수준에서 필수적으로 작용한다.

사회는 특수하게 분화된 일련의 역할들, 그리고 이 역할을 수행하고 과제들에 필요한 적절한 개인들로 채워져야 하기 때문에 평등한 사회에서는 재능에 따라 분배할 수 있는 역할이 존재할 수 없다.

7) 자유주의

현대의 자유주의 후생 경제학은 다른 사람의 복지를 축소시키지 않고 적어도 한 개인의 복지를 증대시킨다면 그것은 공정하다고 믿는 것이다. 사회적 불평등을 제거하려는 노력이 바람직하지 않다고 믿는 사람들은 ① 인간자유의 침해, ② 경제적 효율성의 저해, ③ 사회적 위험과 희생의 감수 회피, ④ 개인의 부와 투자의 희생, 그리고 ⑤ 문화의 단순화와 발전 저해 등의 이유를 제시한다.

제3절 사회정의 사상에 의한 분배원칙

사회정의 문제는 주로 가치, 평등, 기회의 개념용어로서 사용되어 왔다. 가치의 개념은 개인이 자유롭고, 사람들은 최상의 이익에 필요한 결정을 할 수 있다는 가정에 의존한다. 즉, 개인은 선택하는데 자유롭고, 그 선택에 대해 도덕적인 책임을 진다. 보상의 기회가 있다는 가정 아래 정당한 사회에서 그것은 보상되어야 할 노력이고, 성취이다 (Stevens & Wood, 1992).

선택의 결과와 목적이 정당한 사회의 개념을 표현하기 위해 가장 자주 사용되는 비유는 도보경주의 비유이다. 비록 그 경주가 공정하게 이루어졌는지 어떤지에 대해 판단을 하는 것이 중요하다 할지라도 지위, 부, 명예를 위한 경주에서

승자와 패자가 있고 정당성은 경주의 결과를 가지고 해야 할 그 무엇이라고 가정을 해보자. 만약 페어플레이가 중요하고 그 실행의 보답이 단지 보상이라고 가정한다면 우리는 노력과 재능과 공정한 경기에서 일어날 수 있는 장벽들에 대해 질문을 던질 수 있다 (Stevens & Wood, 1992). 예를 들면, 재능은 대부분 유전과 환경의 문제인가? 그리고 만약 그렇다면 경주가 처음부터 그에게 유리하게 진행될 때 선수는 보답받을 것인가? 차별과 편애 혹은 가난이 경주의 승리를 뛰어넘을 수 없는 장벽인가?

사회정의에 관한 세 가지 주요한 사상은 자유개인주의, 시장개인주의, 그리고 사회민주주의이다. 자유개인주의는 Rawls (1971)가 말한 공평과 같은 정의를 강조하는 보상이나 공평이라는 용어로 다양하게 사회정의를 개념화하고 있다. 즉, 각 사람은 다른 사람의 자유와 조화로운 가장 광범위한 기본적 자유를 가지며, 주요 사회적 재화를 동등하게 분배받는다는 것이다.

Rawls의 관점에 반해 Nozick (1976)은 시장개인주의에 기초를 둔 사회정의 관점을 주장하였다. Nozick은 폭력, 절도, 사기, 계약자격 등에 대한 보호기능으로 제한된 최소한의 국가를 주장하였다. 그는 사회적, 경제적 정의의 재분배적 개념을 거부한다. 그의 자격이론은 분배적 고려를 위한 중요한 가치로서 개인의 자유를 존중한다. 평등주의는 사실상 사회주의 사상으로부터 많은 영향을 받았다. 프랑스 혁명의 영향을 받은 Fourier는 복잡한 계산 끝에 사회는 남자 810명과 여자 810명으로 구성된 팔란크스 사회공동체 (communal phalanxes)가 이상적이라고 하였다. 이 공동체는 서로 공동으로 노동하여 생산물을 나눌 수 있는 토지와 자원이 필요하다고 보았다.

사회민주주의 전통은 마르크스에 의해 시작된 욕구들의 개념을 강조한다. 사회민주주의 관점에 따르면, 국가 활동은 시장을 대신하여 그 지나친 행위를 바로잡고, 임의로 조장된 비용을 최소화시킨다. 자유, 번영, 그리고 공평은 단지 시장의 확장에 의해 전달된다. 정부의 주요 책임은 자본 축적을 위해 필요한 사회, 문화적 상황들을 잘 관리하는 것이다. 자유시장 개념은 불균형한 방법으로 특권층의 이익을 보장해 준다. 협동은 그들의 이익을 확대시키고, 다른 사람과의 관계를 공유함으로 인해 사람들의 실용적 견해를 확대시킨다. 개인의 이익 이상으로 사회의 일반적 복지에 기여하고 일반적 행복을 이끌어 준다.

스스로 과학적 토대 위에서 사고한다고 믿는 Engels는 합리적 개혁을 통해서 사회주의자들은 개인의 이익추구는 공동선을 지향하도록 해야 하며, 경쟁과 획득은 협동이라는 가치로 대체될 수 있다고 믿는다. 개인주의를 이타주의적 상호원조로 대치하는 것이다. 이타주의적 사고는 자기 이익에 도움이 될 뿐만 아니라 동시에 익명의 다른 사람들의 삶도 풍부하게 하여 사회통합을 앞당긴다고 본다.

사회주의 이론에서는 사람들이 사회 계층상 상이하게 점유되는 과정과 상이한 사람들이 가지는 소득, 부, 권력, 위세 등에 대한 접근성과 보상에 있어서의 차이를 설명하려고 한다. 다양한 사회적 이론에서는 자연적 불평등 원리, 즉 역사적으로 존속해 온 부와 권력에 있어서의 불평등은 인간의 통제 밖에 놓인 사회생활의 본질적 요소라고 본다. 이것을 생물학적 특징, 즉 하나의 작용기제(mechanism)로 보는 것이다.

이러한 성스러운 질서를 바꾸려는 노력은 신성에 대한 하나의 도전으로 간주된다. 예를 들면, 플라톤의 공화국이나 유교에서는 사회적 신분의 차이는 인간의 태생적 재능 차이로 인해 자연적으로 부여된 상이한 결과라고 보며, 이것이 사회적 질서를 유지시키고 모든 사람의 행복을 촉진시킨다고 본다. 이러한 전제는 재능이 탁월한 사람은 다른 사람을 다스리는 반면에 그렇지 못한 사람은 탁월한 사람들을 위해 봉사하는 것이 된다. 생물학적 우열이 사회적 차이를 자연적으로 초래한다고 보는 다윈의 진화론이나 인종상의 우월성을 내세우는 국수주의를 신봉하는 사람들이 그러한 사실을 반영한다.

Rawls는 사회이익의 분배에서 조정을 추구하였다. 하나는 공정한 기회의 평등이며, 두 번째로는 공리주의의 분배 원리이다. 자유주의와 공리주의는 중요한 흐름이고 교육기회 평등의 형식적이고 보상적 해석을 제공한다.

미국의 무상 공교육 체계의 발전역사를 살펴보면, 인근 주민들의 부조를 통해 문맹퇴치를 위한 교사의 급여를 확보하였고 이러한 재원으로 마련된 공교육 서비스는 두 가지 주요한 원칙에 기초를 두었다. 즉, ① 기회의 원칙과 ② 성취(proof)의 원칙이다. 따라서 아동들에게는 참여에 대한 어떠한 사전 제한없이 또래들과 어울려 교육서비스를 제공받을 수 있는 기회가 허용된다. 뿐만 아니라,

성취의 원칙은 학생들의 행동에 대해 질적인 기대치를 충족하도록 요구하기 때문에 개별 클래스에 대한 기준들이 엄격하게 적용되고 일정한 학점을 이수해야 다음 클래스로 나아갈 수 있다 (Clark & Kolstoe, 1990).

교육적 기회의 평등에는 ① 형식적, ② 보상적, ③ 민주적 해석이 있다. 형식적 해석은 교육기관 형식 구조에서 평등한 교육기회의 제공을 의미하며, 도덕적으로 부적합하다고 여겨지는 기준의 형식적 장벽의 제거로 참여하는 형태이다. 보상적 해석은 교육기관에서 불이익을 받는 학생들을 보상해 주기 위한 형태이므로 특수교육은 장애에 대한 보상을 의미한다. 민주적 해석에서 교육은 가치있는 것으로 유지되고 효과적이며 도덕적 방어를 위하여 교육이 추구하는 학생의 생활환경과 배경의 상이점까지 인식해야 한다는 것이다.

형식적 해석에서 교육기회 평등을 위해 접근할 수 있도록 장벽의 제거가 이루어지지만, 단순히 물리적 장벽의 제거로는 부족하다는 것은 명백할 것이다. 다음으로 보상적 해석에서 단순한 참여는 일반교실에서 장애아동을 물리적으로 참여시키지만, 의미있는 참여로부터는 제외되고 교육기회의 평등의 조성은 거의 이루어지기 어렵다. 민주적 해석에서 사회정의는 교육기회의 평등과 일치하지 않는다. 기회를 접근성의 문제로 파악할 때는 동등한 기회를 제공하는 사회시스템이 훌륭한 보상전략이 된다.

제도적 형태로 이루어지는 교육은 그 자체가 사회적 가치를 나타낸다. 이런 사회적 가치는 정의로운 사회가 요구하는 이념과 규칙에 의해서 분배되어야 한다고 할 때 논란의 대상이 된다. 정의론에 입각한 교육기회의 평등은 사람들 사이에 존재하는 사실상의 차이의 인식이다. 그러한 차이에 대하여 어떻게 대응하여 교육을 매개로 하는 실질적 평등을 실현하느냐가 중요하다. 분배적 정의에 있어서 모순은 일견 공평 (equity)이라는 것은 불평등 (inequality)을 의미할 수 있지만 자원이 분배되는 과정이 공정 (fair)하다면 그것이 수용될 수 있다는 것이다.

교육적 배경과 가족의 경제력과의 관계는 실제로 학교에 의해 제공되는 사회적 환경에도 달려있다. 교사는 학생들과 동일한 문화적 집단에서 선정되었는가와 같은 논의도 다루어지는 것이다. 기회 불평등의 근원은 첫째로 가정 자체와 그 개인을 둘러싸고 있는 문화적 영향에 달려 있다. 학교 환경에서 "tracking"을 위한 주요한 이유 중의 하나는 한정된 교수방법 때문이다. 방대하고 넓은 학교 안에서의 문화적인 통합이 가능하도록 만들기 위해서 필요한 것이다.

정부는 국민 개인의 자율성과 다양성 그리고 그들의 역량 강화에 관심을 가지고 있다. 또 교사의 기대는 학생의 노력, 동기화 및 성과에 영향을 미치는 가장 중요한 결정요소 중 하나이다. Rosenthal의 유명한 피그말리온 실험은 교사의 기대가 어떻게 자기 달성적인 예언을 이루어 가는지 입증한다 (Stevens & Wood, 1992). 만약 교사가 어떤 학생이 실패할 것이라고 생각하면 그 아동은 실패할 확률이 높다. 종교나 수입을 기초로 한 교사의 여러 가지 기대가 서로 다른 행동과 성과를 기대하는지 눈치채고 결국 학생의 자아상과, 성취동기 및 목표 수준에 영향을 미치게 된다. 공정한 평가, 학생 활동에 대한 공정한 개입 및 공정한 처벌과 같이 학교와 교실 내에서 공정성을 보장하기 위한 정책과 절차가 필요한 것이다. 부모나 지역사회의 관여도 역시 양질의 교육을 위해 필수적인 구성 요소이다. 부모들이 학교 관계자들과 접촉할 수 있고 아동들의 일에 영향을 미칠 수 있다는 사실을 믿을 때 학교에 대한 신뢰가 생기고 학교에 대한 지원이 이루어진다. 가족과 지역사회는 학교의 노력을 지지하고 학교는 지역사회를 위해 봉사해야 한다 (Stevens & Wood, 1992).

제4절 자기결정과 경제적 동기

기회의 결여와 자연적 권리의 개념적 결합은 소외된 사람들이 정치적 집단에 영향을 미치도록 하였지만 이들은 사회적, 경제적, 기술적 이익에 기초한 적절한 수단이 결여되어 있고 궁극적으로는 자기결정과 그 권리 사이의 불일치를 경험한다. 자기결정의 중요한 구성요소들 중에 하나는 개인의 선택과 일상생활과 미래의 계획을 넘어서 노력하는 목표와 함께 시민권을 직접적으로 행사한다는 것을 의미한다.

자기결정의 조망이 공정하게 분배되었을 때 모든 구성원들에 대해 기회는 평등한 최적 상태(optimal)에 있다고 본다. 따라서 한 개인이 추구하는 가치들이 다른 사람들의 가치들과 다를 경우에도 기회는 평등하다고 본다. 왜냐하면 모든 사람들은 장기적으로 자신의 목표들을 충족하거나 그렇지 않거나 혹은 추구하거나 하지 않는데 있어 대체로 동일한 기회를 가지고 있기 때문이다. 불평등은 자기결정 사항들에 대해 성공하거나 종사하는데 대한 불평등한 기회의 문제라는 것을 의미한다. 스스로 정한 삶의 선한 목표를 개인적으로 추구하기 위한 기회가 사회구성원들 사이에 불공평하게 분배된다면 모든 사람들에 대한 자유의 이상은 위협받는다. 대부분의 자유주의 국가에서 많은 사람들은 스스로 추구하는 일에 종사하지 못하거나 실패하게 되고 따라서 자신의 삶의 조건들에 대한 통제력을 잃게 되고 절망감으로 확대된다. 장애를 촉발시킨 심각한 질병이나 사고 이후에도 소득을 얻기 위한 방법을 모색하거나 특별한 직업목적이 결여된 내담자들에게 있어서 두 가지 중요한 질적인 요소는 희망과 자기 자신에 대한 신뢰이다(Arthur, 1967). 따라서 스스로의 삶에 대한 조망을 개선시킬 수 있는 그들 자신의 능력을 악화시키고 상실되도록 하는 개인적, 사회적, 경제적 쇠퇴의 악순환으로 인해 희생당하게 된다. 이러한 사람들에게는 자기결정의 경험을 재설정할 수 있도록 해주는 원조가 필요하고 그 원조에 대한 권리가 있는 것이다.

자기결정권과 그 권리의 실현 사이의 간격에 대한 설명에서는 사회 속에서 가장 불이익을 받는 집단의 통제 바깥에 있는 상황이 자기결정에 기초한 삶에 이르는 기회 획득의 실패에 이르게 한다고 주장한다. 이 간격의 원인적 요소들이 도덕적이라기보다는 사회적인 측면에 있기 때문에 교정수단은 도덕적 비난보다는 사회적 접근이 된다. 이와 같은 맥락에서 사회적 개입의 궁극적 목표는 다양한 자기결정 노력들을 동등하게 하는 것을 최종상태나 시작으로 삼기보다는 모든 사회구성원 사이의 자기결정권에 대한 조망을 균등화하는데 있다. 개인은 각기 다른 욕구, 관심, 능력을 지니기 때문에 이들을 균질화한다는 것은 사실상 불가능하다. 따라서 기회를 최적화시키는 접근방식들은 상이할 수밖에 없고 이 노력의 결과 상이한 경험을 하게 된다.

인간의 생명활동은 기본적으로 자율적이며, 이것은 자기결정성과 자기행위에 대한 자각과 책임을 의미한다. 생명활동은 일차적으로 물질에 의존하기 때문에 경제성을 지닌다. 또 자기결정권은 이제 개인의 삶의 질을 좌우하는 중요한 요소로 간주되고 있으며, 마르크스는 인간의 경제적 동기를 자기실현 활동으로 보았기 때문에 인간의 본질은 인간이 무엇을 생산하는가에 큰 영향을 받는다.

도덕적 의무론이 검증하는 현상과 이 현상이 사회적 선택과 행동에 미치는 영향의 증대는 이전의 사회 속에서는 전망하지 못했던 방식으로 새로이 기능하는 것이다. 이러한 의무론을 반영하는 권리운동의 출현은 의무론 내부에서 스스로 진화되고 분화되는 현상을 가속화시키는 피드백을 제공할 수 있는 권력의 배분 형태를 변화시키는 속성을 지니고 있다. 도덕적 이념을 실천하려는 노력은 종종 권력을 지닌 사람들의 이익과 방향을 정당화시키는 기존 권력의 분배와 나란히 하기 어렵다. 도덕적으로 공정하다고 믿는 것과 실제적이고 사회적으로 공정한 대우를 기대하는 경향 사이의 모순을 경험하기 쉬운 것이다. 따라서 자기결정의 실제경험과 권리 사이의 간격은 우리 사회가 현재와 미래에 해결해야 할 문제가 된다.

페어플레이 정신을 존중하는 오래된 전통을 지닌 국가들은 정의를 구성하는 것에 대한 신념이 사회정책의 결정에 큰 영향을 미치게 되고 이것은 공정이란 형이상학적 의미의 외부적 권위로부터 나오는 것이 아니라 새로운 사회적 관계와 이상론의 발전에 궁극적으로 영향을 미치는 권력의 배분에 영향을 미치기 때문이다.

교육 수단의 불평등은 국가 안의 모든 영역에 영향을 미치며 오랜 시간 동안 논의되어 왔다. 개인적인 특성에 의존하는 평등은 교육이 부 안에서 그리고 사회적 기준 안에서만 구별되도록 한다. 사회는 평등한 기회의 불평등한 사용으로 인해 실제적인 불평등을 초래한다. 보다 많은 교육을 받은 사람과 교육을 받지 못한 사람들, 남자와 여자들 사이의 생산적인 능력의 차이 등의 다양한 분류는 개인적이며 자연적인 능력 안에서의 평등과 교육의 효력을 결정하는 의미를 가진다. 교육 기회의 평등은 흔히 교육구조라고 하는 형식적 체계와 장애상태를 고려하는 보상적 형태, 그리고 민주적 사회시스템에 의해 장애인에게 가능해 진다.

공교육은 충분한 발달의 권리와 시민의 권리 내에서 간주되어야 한다고 믿는다. 의무 교육법과 교육비의 많은 지출은 민주주의 사회에서 교육의 중요성에 대한 인식을 증명한다. 긍정적 시민권의 기초가 되는 교육은 문화적 가치를 아동이 자각하고 이후 전문적인 훈련을 받도록 준비시키고 환경 안의 정상적인 적응을 돕기 위한 기본적인 도구가 된다.

비슷한 나이의 다른 사람으로부터의 분리는 독특한 방식으로 감정과 마음에 영향을 주는 사회 안에서 그들의 지위에 관해 열등감을 발생시킨다. 격리된 시설들은 본질적으로 불평등하기 때문에 교육 기회의 불공정을 극복하기 위한 공공정책노력이 필요하다. 평등은 선언적이 아니라 효과적이어야 하기 때문에 사회모든 집단의 사람들이 사회 안에서 완전한 참여를 보장받음으로써 준비되어 사회에 나아갈 수 있어야 한다.

제5절 사회정의의 유형

사회정의의 요구는 사회구성원이 인간으로서 발전하고 완성하는데 필요한 여건을 사회로부터 최대한 보장받기 원하는 데에서 출발한다. 유기체적 사회선과 인격으로서의 개인선을 조화시키는 사회질서가 필요하게 된다 (이상열, 1990).

존재론적 질서이념으로서 제한된 사회자원이나 물질적 요소를 다루는 사회정의의 유형으로는 크게 법적 정의, 배분적 정의, 교환적 정의가 있다. 일반적으로 교환적 정의는 배분적 정의에 의존하고, 배분적 정의는 법적 정의에 의존한다고 본다 (이상열, 1990). 미리 정해놓은 기준에 따라 공동체에 이바지 한 사람이 보수를 받는 것은 교환적 정의에 의한 것이고 배분적 정의는 각자의 몫을 올바르게 확정하는 것이다. 교환적 정의는 각자의 몫이 확정되어 있는 것을 전제로 하여 그것을 과부족 없이 주는 정의이고 법적 정의는 개인에게 속하는 것을 공동선에로 질서를 짓는 방식이 된다 (이상열, 1990).

현대적 공공복지와 사회정의는 경제적 약자에 대한 국가의 배려가 사적인 주도력을 마비시키는 국가 후견을 배격하고 개인의 자기책임이나 가족, 기업체 등 사회집단의 자립성을 존중하는 보완적 원리를 포함한다. 궁극적으로 사회기능은 그 구성원들을 파괴하거나 흡수하는 것이 아니라 보조적 성격을 띠어야 한다 (이상열, 1990). 이러한 보조성의 원리는 인간의 자유와 존엄에 근거하여 사회구성체가 아니고서는 실현될 수 없는 과제와 권리의 보장을 위해 개인이나 작은 공동체가 자력으로 해결할 수 없는 과제를 해결할 수 있도록 조력하는 것이다.

어린 아이가 양육되고 교육받을 불가침의 권리를 가진 것처럼 존재론적 질서 이념인 사회정의는 법에 정해진 권리라기보다는 공동체 구성원의 자연적 권리에 근거하기 때문에 사회적 기능에 참여하는 모든 개인이나 공동체가 그 의무의 주체가 된다. 그러나 현실적으로 지금까지 우리나라의 장애정책의 문제는 장애인 개개인의 자존심이나 심리적 요소를 등한시하는 경향에 있다는 점이다. 이러한 경향은 무료입장이나 할인율 제도 등과 같은 소수집단에 대한 사회적 특징인 이중적 분리정책과 시여적 복지프로그램 등에서 나타난다 (Wright, 1980). 사회생활에서 환경 요소들을 분리시킨 심리적 요소는 개인의 기능에 크게 작용한다. 기본적 인권이 거부된 소수집단의 일원으로서 장애인은 기능적 제한보다는 태도장벽과 부정적 태도가 반영된 고용정책으로 인해 완전한 사회참여가 어려운 사람이다.

상황에 대한 통제력의 상실은 심리 내적으로 큰 의미를 지니는데 지속적인 실패의 경험은 사회적 경제적 쇠퇴의 사이클을 초래하는 무용감과 희망의 포기에 이르게 한다. 사람이나 일에 대해 어느 정도의 통제력도 행사할 수 없는 이러한 심리적 상태는 자신의 삶의 전망에 대한 기대를 개선시키는 능력을 악화시키고 무력화시키기 때문에 자기결정권의 경험을 새로이 설정할 수 있는 원조가 필요하게 된다 (Mithaug, 1996). 이러한 요소는 사회진보에 따라 장애인의 사회참여와 권한강화 (empowerment)라고 하는 생산수단의 확보와 소비생활의 질적인 측면까지 다루어져야 하지만 매우 은밀하고 미묘한 형태로 구성되어 있다.

1. 교환적 정의

자본주의 사회는 우선 교환적 정의에 입각하여 사회가 생산성, 능률성을 잃지 않으려고 한다. 이 교환적 정의는 기본적으로 업적주의 (meritocracy), 공정주의 (equity)에 기초하기 때문에 사람들은 성취에 필요한 노력과 고통을 감수하고 인내하려 할 것이며, 사회는 생산극대화와 조화, 균형의 유지를 위해 노력하게 된다.

예를 들면, 막스주의자들은 사회적 자원의 배분은 그 욕구와 실적에 따라 분배되는 것이 자연스럽다고 본다. 개인의 현실적 실적이나 성과를 무시하는 것 자체가 개인의 존엄을 무시하는 것이기 때문에 불평등의 제거는 실적이라는 척도에 의존된다. 그러나 개인 간의 능력 차이로 유발되는 적어도 출발선 상의 장벽들은 종식되어야 하기 때문에 국가가 기회평등의 질서를 만들게 된다.

스스로 정한 삶의 선한 목표를 개인적으로 추구하기 위한 기회들이 사회구성원들 사이에 불공평하게 분배된다면 모든 사람들에 대한 자유의 이상은 위협받는다 (Mithaug, 1996). 따라서 불평등의 교정은 사회정책의 핵심기능으로서 권리, 그리고 사회적 기회에 대한 접근과 요구의 배분을 통해 이루어진다.

2. 배분적 정의

반면, 배분적 정의의 기초는 평등주의 (equality)에 입각하며 공평한 사회란 욕구가 매우 긴급하고 아주 어려운 상황에 놓인 사람들일수록 많은 보상을 하여 평등한 상태를 만들어야 한다는 것이다. 사회적 경제적 불평등, 격차가 커지는 사회에서 이와 같은 배분적 정의를 실현하기 위해서 정부가 개입하게 되지만 시장개입의 형태는 제한적일 것이다. 왜냐하면, 사람들이 스스로의 이익을 포기하고 공동선을 이루기 위한 협동에 순응하기는 쉽지 않을 뿐만 아니라 시장개입을 주도하는 권력의 도덕성과 철학적 토대는 시대 가변적이며 상대적 요소가 있기 때문이다.

Owen은 이러한 협동 (cooperation)이 사회적 갈등, 착취, 그리고 불화의 제거를 위한 핵심이라고 믿는다. 협동과 같은 구성원 사이의 상호의존이 불평등을 감소시킨다고 보기 때문이다. 따라서 정부조직의 문제는 불안정을 초래하게 되며, 정부주도의 무상 직업훈련이나 교육과 같은 간접 방식은 배분적 정의와 욕구에 기초한 접근방법이 될 것이다.

장애를 지닌 시민들은 자신의 능력에 상응하는 기회를 장애를 지니지 않은 시민들만큼 가질 수 있는가의 문제와 더불어 이러한 능력을 기를 수 있는 기회가 조기에 박탈되는 문제를 국가가 해결해야 한다고 보며, 이러한 사회적 개입 형태는 공정성에 토대한다. 이 때 사회정의의 사회적 형태와 배분적 정의 형태와 일치한다.

재활서비스들을 제공하는 기본적 조건은 그것이 가져다주는 결과, 즉 기대되는 산출물, 물질적, 비물질적 가치가 비용을 초과하느냐의 문제에 달려있다. 사회적 배분의 문제와 관련하여서는 사회를 두 집단으로 나누어 생각해 볼 수 있다. ① 재활대상자들과 그 가족들, ② 위 사람들을 제외한 납세자들이다. 여기서 몇 가지 가능한 경우로 ① 누구나 수혜자가 되는 경우, ② 누구도 수혜자가 되지 않는 경우, ③ 재활대상자와 그 가족들은 수혜자가 되지만 납세자가 손해보는 경우, ④ 납세자들은 수혜자가 되지만 재활대상자와 그 가족들은 손해보는 경우를 생각해 볼 수 있다. 여기서 첫 번째 경우가 사회적 이익을 극대화시키게 된다.

소득의 공정한 분배, 지역 간의 균형있는 발전, 의료에서의 기회균등, 주거, 문화욕구의 다양한 충족 등을 통한 구성원들의 복지가 실현되는지를 살피기 위해 배분적 정의가 실현되고 있는지, 또 누가 지불하고 누가 혜택을 받고 있는지도 살펴보아야 할 것이다. 궁극적으로 사회구성원의 경제적 독립은 근본적으로 협동에 의한 경제로 가능해 진다.

경제적·사회적 약자의 보호를 위한 특별 조치가 아니라 각 인격에 부여된 자연적 권리인 사회정의의 실현이 존재론적 사회질서의 일부라고 보는 것이 사회법의 지도원리인 이유도 여기에 있다 (이상열, 1990). 제2차 세계대전의 종전 직전인 1944년 5월 미국 필라델피아에서 개최된 제26차 ILO총회에서 채택된 선언은 제2절에서 ① 모든 인간은 인종, 신조, 또는 성별에 관계없이 자유와 존엄 그리고 경제적 보장과 기회균등의 조건으로 물질적 복지 및 정신적 발전을 추구할 권리를 가진다 ② 이것을 가능하게 하는 상태의 실현이 국가적, 경제적 정책의 중심 목적이 되지 않으면 안 된다 ③ 모든 국가적, 국제적 정책과 조치는 모두, 특히 경제적, 재정적 성질을 띤다고 천명하였다 (이상열, 1990).

ILO의 당초 활동범위는 노동문제의 개선을 위한 것이었는데 필라델피아 선언 이후 그 활동범위가 경제·재정의 개선문제에까지 확대되었다. 이처럼 사회정의는 국제 노동법과 국제연합 등의 강력한 발전이념이 되어왔으며, ILO의 사회정의 개념이 당초 노동에 있어서 비인간적 조건의 배제라는 개념으로부터 경제적 불안전의 배제라는 개념으로 확대되고 이 개념은 기회균등과 밀접한 관련을 가지게 된다. 즉 자유와 인간의 존엄을 바탕으로 평화의 현실적 기초를 구축하는 노력을 강조하는 것이 되었다.

이 보다 앞서 1919년의 바이마르헌법은 제151조에서 경제생활의 질서는 모든 국민에게 인간다운 생활을 보장하는 원칙에 기초하여야 한다고 천명하였고, 그 이후 사회정의의 이념은 국가이념, 정치이념, 그리고 현대법의 이념이 되었다. 1948년 7월 17일 제정된 대한민국 헌법은 제84조에서 "대한민국의 경제 질서는 모든 국민에게 생활의 기본적 수요를 충족할 수 있게 하는 사회정의의 실현과 균형있는 국민경제의 발전을 기함을 기본으로 삼는다. 각 개개인의 경제상 자유는 이 한계 내에서 보장된다"고 하였다 (이상열, 1990). 사회 모든 구성원들의 물질적 보장을 천명하는 평등주의적 선언인 것이다.

3. 법적 정의

개인보다는 공동체의 가치를 우선시 하는 공동선의 개념은 인간들이 자신의 완성을 보다 원만하고 용이하게 이루게 하는 사회생활의 모든 조건들을 포함하는 총합체이다 (이상열, 1990). Thomas Aquinas에 의하면 법적 정의는 법에 선재하여 법을 가능케 하는 정의이다. 공동선을 직접적인 대상으로 하는 정의이기 때문에 일반적 정의라고 불렀다.

사회정의의 내용을 적정하게 입법화하여 운영하는 것이 법적 정의에 속한다. 법적 정의는 공동선의 확립을 과제로 하는 반면 배분적 정의는 공동선을 전제로 하고 있는 것이다. 법적 정의의 목적은 국가와 실정법의 목적인 공공복지가 공동선이 되는 반면에, 사회정의의 목적은 인간사회의 목적으로서의 공동선이다. 인간사회란 가족, 촌락, 국가, 기타 여러 가지 사회와 공동체를 포함하는 인간적 사회이다 (이상열, 1990).

결론적으로 교환적 정의에 높은 가치를 두는 사회는 국제경쟁과 그 구성원의 인적 개발에 큰 관심을 보이게 된다. 인적 개발에 필수적인 개인의 능력과 재능은 타고난 것일까 아니면 단순히 환경에 의해 조성되는 것일까? 사회구성원들이 스스로 규정한 바람직한 삶의 목표들을 추구하기 위한 기회가 공평하지 않을 때 대다수의 사람들은 자신의 삶의 조건들에 대한 통제력을 상실하게 된다. 장애인의 재활과 삶의 질 개선에는 다양하고 고도의 전문적 개입이 필요하며, 자유시장

메카니즘에 맡겨둘 수 없다는 점은 장애인 관련 여러 가지 경제지표들과 통계들의 비교에서도 나타난다 (Lee, 1998).

4. 국가의 사회 서비스 수준과 각 정의의 관계

국가의 도덕적 인격으로 인하여 국가는 국민에게 부여할 재화나 공동선의 보유자이며, 봉사자이다 (이상열, 1990). 사회정의는 공동체 대 개인, 개인 대 개인, 개인 대 공동체간에 성립되는 관계이다. 토마스 아퀴나스를 비롯한 여러 학자들은 사회생활을 영위하는 인간의 목적을 지복에의 도달, 유덕한 생활, 외적 물질적 조건의 충족으로 보고 인간사회의 목적인 공동선의 내용도 이와 동일시한다. 공동선은 사회통합의 개념과 같이 경제적 공동선 이상의 개인과 단체가 완전하고 보다 용이하게 자기완성에 도달할 수 있는 사회생활의 모든 조건들의 총체를 내포한다. 그렇게 볼 때 사회정의는 사회애를 바탕으로 한 자연적 정의이며, 사회선과 조화를 통해 인간이 존엄과 인격의 완성에 이바지하는 정의이다 (이상열, 1990).

형상면에서 보면, 교환적 정의가 균등이고, 배분적 정의가 비례이며, 법적 정의가 질서인데 비하여 사회정의는 사회전체의 복지와 인간고유의 존엄성과 기본권 요구의 실현에 필요한 조화이다. 배분적 정의는 이익, 명예, 재화, 부담 등을 배분하기 위한 준칙을 확립하는 것으로 배분적 정의의 제 의무를 지는 것은 국가의 권위이다. 따라서, 배분적 정의는 입법적 정의이고 교환적 정의는 사법적 (司法的) 정의에 가깝다 (이상열, 1990). 평균적 정의, 곧 교환적 정의가 실현되기 위해서는 먼저 그것에 참여하는 사람들에게 배분적 정의에 의해서 동일한 권리능력이 부여될 필요가 있다. 그러므로 배분적 정의는 정의의 근원적 형식이며, 근본적으로 교환적 정의는 배분적 정의의 구체적 적용이다 (이상열, 1990).

국가와 사회기능은 그 구성원들을 파괴하거나 흡수하는 것이 아닌 지원해 주는 보조적 성격을 띠어야 한다. 이러한 보조성의 원리는 인간의 자유와 존엄에 근거하여 사회구성체가 아니고서는 실현될 수 없는 과제와 권리의 보장을 위해 개인이나 작은 공동체가 자력으로 해결할 수 없는 과제를 해결할 수 있도록 조력하는 것으로 재활철학의 바탕이 된다.

우리 사회가 중증장애인에게 제공하고 있는 사회적 서비스의 수준이 어떠할지를 조사하기 위해서는 세 가지 접근방법이 있다.

① 적당한 최소수준 이론 (decent minimum level theory): 필요한 정도의 서비스,

② 평등주의 이론 (egalitarian theory): 다른 사람이 받는 정도의 서비스,

③ 자유주의 이론 (libertarian theory): 스스로 공급받을 수 있는 정도의 서비스가 그것이다.

즉, 욕구에 의한 것, 신청순위에 의한 것, 욕구해결이 가장 용이한 순서부터 시작하는 효율성에 의한 것이다. 그러나 장애 (disability)와 욕구 (need)는 상대적 개념의 용어이므로 이들 효과는 개인이 처한 환경과 대처 방식에 의존된다 (Carver & Rodda, 1978). 재활서비스의 제공에 있어서 전문가의 역할이 강조되는 이유가 여기에 있다.

사회정의 이론에 의하면 유자격 (entitlement) 프로그램은 욕구가 강할수록 자격 (entitlement)도 강렬해져야 한다고 본다 (Brody, 1988). 따라서 이 경우에는 가장 욕구가 강한 사람에게 서비스 우선순위가 주어진다. 1973년 미국의 재활법은 가장 중증의 장애인에게 재활서비스를 최우선적으로 제공하도록 규정하고 있다. 이 재활법 이전의 직업재활 적격성 판정 기준은 세 가지로 나타난다 (Laski, 1979). ① 신체적 혹은 정신적 장애의 유무, ② 고용에 지장을 초래하는 심각한 핸디캡의 유무, ③ 직업재활서비스가 내담자의 직업종사를 가능하게 할 것이라는 합리적 기대의 유무가 그것이다.

<토론주제>

1. 장애인의 자기결정권이 중요한 이유는 무엇인가?
2. 전문가가 내담자의 자기결정에 대한 책임을 면할 수 있는가?
3. 내담자의 자기결정권의 한계는 어디까지이며 어떻게 결정되는가?
4. 인권실현을 위한 정책사업은 어떠한 모습을 갖춰야 하는가?
5. 장애인의 인권이 사회나 시대를 전제해야 하는 이유는 무엇인가?
6. 지적장애인의 독립생활을 위한 노력에는 어떤 것들이 있겠는가?

제 7 장

장애인 관련 운동

제1절 사회자원의 배분과 정부 기능

인권은 사람들 사이에 발생하는 문제로 핵심은 통제, 신분, 권력이다. 사람을 움직이는 수단으로서 통제와 피통제, 위계와 소득, 그리고 금권력이라고 하는 구매력이 사용된다. 자원의 불일치를 야기시키는 경제시스템은 민주주의를 유지하기 위해서 민주적 통제 하에 놓여져야 하며 이들 시스템은 필수적인 기술들을 가진 사람들에게 보다 유리하다. 인류역사에 있어서 경제적 요인의 중요성에 대한 통찰 결과, 화이트-칼라 근로자들은 공장 근로자들에 비해 상당한 사회적 신분과 특권을 유지한다. 특히 제 3의 소수 엘리트집단, 대기업, 정부, 그리고 조사조직에 있으면서 중요한 사회적 의사결정을 하는 사람들이 중요한 역할을 하며 자본주의 사회의 경제는 정부와 밀접히 관련되어 있다.

반면, Harry Braverman은 통계를 통하여 점증하는 화이트-칼라 근로자들이 어떠한 근로계층의 사람들인가를 보여주었다. 사무직 종사자들이 숙련된 블루-칼라 근로자들 보다 임금이 낮았다. 또 화이트-칼라 계층의 근로자들이 자본주의자들과 경영 관리자들, 엄격한 수퍼비전, 격리 하에 연속적 반복적이고 단조로운 근로활동에 종사하고 있는지를 고찰하였다 (Feagin, 1982).

정부는 군사와 복지 프로그램의 형태로 자본주의의 경제적 과오를 해결하려고 민주주의와 자본주의를 동시에 성취하기 위해 사람들의 역할을 사회화로 확장시키도록 요구한다. 정부계약은 대기업, 특히 군수산업체 등의 이익을 보장하였고 정부 보조와 지원금 그리고 세제 감면 등은 개별 기업을 지원했다. 주택, 실업, 복지정책 등을 확장함으로 근로자 계층의 집단에 대한 저항을 방어해 왔다. 그러나 막스는 근로자 계층이 근대 자본주의 사회의 사회적 변화를 야기하나 가장 중요한 매체로 보지는 않으며, 그것을 비현실적이라고 본다 (Feagin, 1982).

인간의 물질적 기본욕구 (자기성취와 창의성)는 본질적 현실의 중핵이지만, 다른 사람들의 행동에 의해 제한받게 된다. 따라서 착취된 계층의 근로자들은 자신의 이익, 보다 나은 임금, 근로환경을 위해 자본가들과 투쟁하게 된다. 그러나 자본가들은 일반적으로 생산수단을 독점하고 있어서 근로자들보다 더 많은 사회적 자원과 권력을 소지하게 된다. 따라서 자본가들의 세계관과 이념이 사회 속에서 주된 지배 관념을 형성하게 된다. 이러한 주된 사회적 자원과 권력의 불공평이 종종 혁명, 시위 등과 같은 대단위 사회운동을 야기하며, 근로자들 사이에서도 과장된 근로 착취라는 의식이 자라나게 된다 (Feagin, 1982).

심지어는 계층내부 커뮤니케이션의 존재에도 불구하고 경제적 · 정치적 갈등들이 발아되기도 한다. 막스학파들은 자본주의 아래서 중앙 정부도 자본주의 계층으로부터 중립적이고 완전히 독립되었다고 보지 않는다. 본질적으로 중앙 정부도 자본주의 계층이 직접적으로 참여를 통하거나 혹은 간접적으로 정부 관료들이 자본주의 계층의 요구에 응하는 형태로 지배될 수밖에 없다고 본다. 그들은 정부가 불가피하게 자본주의 계층에 편승되고 있다고 본다. 따라서 사회문제는 본질적으로 중앙 정부에 호소하는 기본적인 방법으로는 해결될 수 없다고 본다 (Feagin, 1982).

이러한 특징은 많은 정부 규제와 다소의 사회복지 프로그램을 평범한 사람들이 인내하도록 하지만 정부 프로그램은 항상 절충되거나 위축될 위험성을 내포하고 있다는 면에서 확인된다. 자본주의 국가들은 근본적으로 자본주의 계층과 피지배계층의 사람들 간의 투쟁을 내포하는 정책과 사회프로그램들을 가지고 자본주의 체제를 유지하고 있다 (Feagin, 1982).

1. 소수집단 관점

소수집단은 다양한 형태의 학대와 억압의 대상이 되어 왔고, 이러한 원인은 지배적 다수의 우월한 사회가치에서 찾을 수 있다. 억압받는 집단으로서 장애인에 대한 개념을 정리하는데 있어서의 주된 문제는 그들은 생물학적으로 열등하다는 지배적인 가정과 전제에 있다. 그러나 장애인과 마찬가지로 과거 다른 소수집단들에 부과된 이런 전제는 일차적으로 편견적 태도에서 기인한다.

21세기의 복지사회는 사회구성원의 물질적, 정신적, 사회적 욕구가 충분히 보장되는 사회정의를 강조하고 있지만 급격한 자본주의 산업화의 결과로 인한 소득격차와 사회적 불평등은 오히려 심화되고 있다. 가난이라는 사회적 조건들은 평등권리 (equal rights)에 반대되는 부정의 (injustices)로 간주되며, 불평등은 사실상 기회의 문제로 귀착된다.

공통된 인간성에 기초하여 모든 사회구성원들에게 제공된 자연적 권리의 주장은 사회구성원들에게 사회의 권력집단과 불이익 집단 모두를 포함하여 공정한 처우를 요구할 수 있는 권리를 부여하게 한다.

사회적 선별주의에 있어서 이러한 요소들의 결과는 장기적인 견지에서 누가 이익을 얻고 누가 손해를 입을 것인지 예측하는 일을 더욱 어렵게 한다. 사실상 오랜 시간에 걸친 사회적 이익의 축적과 상실 경향은 다음과 같은 요소에 달려 있다. ① 무엇이 공정하고 누가 규칙에 따라 배려를 받아야 하는 자격이 있는가와 관련된 신념체계의 진보, ② 이러한 신념들에 상응하는 사회적 교정 수단을 주장하고 논박하는 집단들 사이의 권력중심의 변화, ③ 개인과 집단 사이의 실제적 권력획득과 상실에 영향을 미치는 기회에 변화하는 환경이다.

장애는 한 개인이 지닌 특성 중 하나에 지나지 않지만 우리 사회는 장애를 지닌 사람들을 각종 사회서비스, 국가 자원의 배분, 노동참여, 제도적 의사결정 과정 등으로부터 체계적으로 분리시키거나 소외를 초래하는 경우가 많았다. 장애인의 사회참여가 어렵다는 사실은 우리 사회의 전통적인 장애인에 대한 왜곡된 인식, 급속한 산업화 과정, 치열한 경쟁구조의 사회환경, 어려운 경제상황, 일관성이 부족한 국가정책이나 인간에 대한 빈약한 복지서비스체계 등으로 인해 장애인의 고용이 잘 이루어지지 않는다는 점에서 알 수 있다.

즉, 장애라는 인간 다양성을 실제적인 현상이나 사실적 진실에 근거하여 판단하기보다는 편견이나 일반화된 방식으로 다루고 있는 것이다. 장애인은 종종 동반자가 아니라 연구, 치료, 간호, 보살핌의 대상으로 나타난다. 그들이 도움을 필요로 하는 면만이 일방적으로 부각되어 총체적 인간의 모습은 잊혀지고 있다. 이처럼 장애의 불이익 조건은 의료적인 성격보다는 대부분 사회적 성격을 띠는 것으로 여겨진다.

상황 사회학적 관점에서 말하자면, 결국 사회라는 것은 역시 의식이라고 할 수 있다. 사람들은 여러 가지 사회적인 의식에 똑같이 규제되고 있어 태어나면서부터 가정, 학교, 법률, 관습 등을 통해 생활의 룰을 습득하게 된다. 사실 차별이라는 것은 그런 규제 속에서 심화되어 하나의 사회의식으로 형성되고 있는 것이다. 장애가 열등한 사회 가치로서 인식되는 것은 사회적 권력의 결정요인의 기준에 있다. 또 장애인 차별은 계급사회의 구조와 거기에서 파생하는 능력주의 및 자연과 인간 사이의 모순 등 여러 가지 요소들이 서로 복잡하게 얽혀 발생하는 것이다.

장애인 차별의 성립은 최근의 부의 양극화 논쟁처럼 계급사회에 있어서 지배계급의 논리와 그 정책에 기초를 두고 있다고 할 수 있지만, 그밖에도 종교적 편견이나 이물 배제의 환각 더 나아가 지배계급의 피지배계급에 대한 계층화(tracking) 의도에 의한 대중 상호 간의 비교와 경쟁의식 등이 복잡하게 얽혀 형성되고 있으며 따라서 그 뿌리는 한층 더 깊다고 말할 수 있다. 이런 여러 가지 배경 하에서 많은 장애인들은 지금도 끊임없이 생활, 교육, 노동, 건강, 의료 등 모든 분야에서 부당하게 권리를 박탈당하고 있으며, 때로는 생존권마저 위협을 당하는 위기에 노출되어 있는 것이다.

2. 인간다양성

인간 다양성의 요소는 자명하고 그 영향은 너무나 일반적이다. 그래서 좀처럼 학교의 정책, 교과과정, 그리고 교수계획에서 무시되어지지 않는다. 그러나 사람들은 인간의 다양성을 다루는 방법들에 대해 만족하지 않는다. 거대한 사회 내에서 이질성 (heterogeneity)과 동질성 (homogeneity)이 어떻게 보여지는가와 어떻게 변환되고 있는지를 다룰 필요가 있다.

평등과 사회정의의 실현을 위해서는 인간의 차이와 다양성을 이해하고 그러한 인식의 토대 위에 개개인의 자기개발과 능력개발을 위하여 균등한 기회를 제공하여야 한다. 즉, 개인 다양성의 원천을 발견하고 그러한 기초 위에 개인을 평등하게 다루기 위해 노력해야 한다. 인간의 다양성을 다루는 방법들, 즉 물질적 궁핍으로부터의 공포와 사회적 차등의 제거, 공정을 위한 노력, 공동체의 문제를 함께 생각하고 책임지는 사회 속에서 장애인은 정치적, 도덕적, 경제적 권리 중 어느 것을 어느 정도 적절히 누리고 있는가를 살펴보는 일이 중요하게 된다 (Midgley, 1984).

평화란 무엇보다도 사회적 관계 내에서와 공동체 내에서 경험할 수 있고 체계화된다. 그곳에서 한 개인은 다른 사람들로부터 주도되거나 적응하도록 강요됨이 없이 자신의 유일함이 인정되고 참여할 수 있다는 것이 증명되어야 한다.

사람들은 호모사피언스라고 하는 단일 인종학적 분류를 가지고 있지만, 서로 상이한 신체적 특성과 같은 다양한 생물학적 요소뿐만 아니라 복잡한 사회적 요소 역시 가지고 있다. 그러므로 사람은 누구를 막론하고 인간지식과 계산만으로 측정하기 어려운 신비한 정신영역과 생명의 원동력을 가지고 있고 고유한 인격적인 요소와 더불어 신념과 결단의 정신력과 잠재력을 지닌다.

일반적으로 생물학적 요소는 피부색소, 두상, 안면, 모발, 체형, 신장 등과 관련이 되고 사회적 요소는 사회적 관계와 관점, 그리고 집단정체성 등과 관련이 된다 (Atkinson et al., 1993). 수입, 성별, 가정과 같은, 사회적, 경제적, 문화적, 그리고 인구학적 요소들처럼 인구가 지속적으로 변화하는 특징들은 장애와 같은 인간의 다양성이 주요한 제도 내에서 수용될 수 있는 방법들에 영향을 미친다.

한 개인은 다양한 집단에 속하고 개인의 행동은 자신이 속한 모든 집단들의 특성을 반영한다. 여기에는 지능, 욕구, 생활방식, 생활경험, 기질, 정신적, 정서적 그리고 신체적 특징의 조합들이 포함된다 (Hardman, Drew. & Egan, 1996). 21세기의 새로운 인간상은 다양한 지식 정보를 활용하여 가치를 창조하는 다양성에 바탕을 두고 있다. 따라서 다른 사람들과 구별되게 만드는 인간 다양성은 흥미롭고 즐길 만하며, 생산적인 것이다 (Hardman et al., 1996). 이러한 다양성은 창조적 마찰을 가능하게 한다. 심지어 생물의 유전적 다양성이 낮으면 근친교배의 부작용으로 인해 각종 질병에 잘 걸리고 약해져 끝내 소멸되고 만다.

현대 복지사회 구현에 있어 특히 재활이 추구하는 장애인의 권리운동과 사회통합은 인간 존엄성과 권리의 회복에 초점을 두며, 사회일원으로서의 권리와 의무에 대한 사회적 복귀에 있기 때문에 인간 다양성에 관심을 두게 되고 자기 자신의 배경에 대한 반성적 고찰과 함께 임상 전문가들은 문화적 민감성을 높이도록 요구된다.

인간은 누구나 서로 다르게 생겼지만 단지 다른 것에 그치는 것이 아니라 어느 정도 어떻게 다르냐 하는 것이 문제가 된다. 생물학적 요소와는 관계없이, 인종이라는 개념은 동일 집단 내에서 개인을 어떻게 보느냐와 집단 외부에서 어떠한 인종 집단의 성원들을 어떻게 보느냐와 관련하여 중요한 사회적 의미를 지닌다 (Atkinson, et al., 1993). 따라서 대부분의 심리전문가들과 상담전문가들의 훈련 시에는 인성, 정체감 형성, 행동형성에 영향을 미치는 문화적 효과들을 교육하게 되는 것이다.

3. 내담자 참여를 위한 상담기법

1) 상담의 정의

상담이란 도움을 필요로 하는 내담자와 전문적 훈련을 받은 상담사와의 사회적 관계에서 이루어지는 학습과정이다. 단, 상담사는 내담자의 욕구에 맞고 현실적인 생활목표에 적합한 범위 내에서 내담자의 발전을 촉진시키기 위해 내담자 스스로의 자기 탐색을 돕는다. 내담자가 상담사를 믿고 모든 것을 이야기할 수 있는 믿음의 관계를 형성하는 것이 중요하다.

2) 참여관찰자로서의 상담사의 역할

상담사는 내담자의 문제에 능동적 참여자로 참여함과 동시에 내담자로부터 떨어져 어떤 문제가 있는지, 문제의 이유는 무엇인지에 관해 관찰하고 이해하고 통제하는 것이 필요하다. 즉, 객관성을 유지하는 것이 중요하다. 이러한 역할을 수행하기 위해 상담사는 통찰(insight)과 자각(perception)을 할 수 있는 역량을 길러야 한다. 여기에는 인간의 정신기능, 심리적 과정, 심리적 표시에 대한 관심의 흥미가 요구되며 어느 정도 객관성이 요구된다. 또, 공감하는 역량을 길러야 한다. 즉, 자신을 내담자의 입장에 놓고 내담자가 무엇을 느끼고 있는지를 스스로 느끼고 경험할 수 있어야 하며, 그 후 상담사로 되돌아 와 내담자의 입장에서 느꼈던 것을 돌이켜 보아야 한다. 그리고 관찰력이 있어야 한다. 이는 내담자의 말을 경청할 뿐만 아니라 내담자의 비언어적 행동적 표현, 사고과정의 순서, 내담자가 생각하고 있는 문제, 또 상담사 자신 및 자신의 반응까지도 미시적인 동시에 거시적으로 관찰할 수 있는 능력을 말한다. 상담사는 면접에 임하는 데 있어 내담자가 자신의 마음을 다 털어놓을 수 있게끔 피드백적 경청을 해야 하고, 내담자에게 불안과 죄책감을 야기시키는 괴롭고 고통스러운 기억이나 경험을 촉발시킬 수 있어야 한다. 즉, 이러한 것을 끄집어내는 것을 꺼려하거나 스스로 부당한 죄책감을 느끼지 않게 하여야 하며, 내담자의 이 같은 고통스러운 정서적 반응을 견딜 수 있어야 한다.

3) 상담기법에 대한 종합적 관점

상담사가 내담자의 적극적 참여를 이끌어 내는 기법들에는 다음과 같은 것들이 있다.

(1) 수용

내담자의 이야기에 주의를 집중하고 있고, 수용하고 있다는 것을 보여주는 기법이다. 내담자가 자신의 문제를 진술할 때 주로 많이 나타나는 긍정적 언어표현과 함께 표정, 몸짓 등의 비언어적 요소도 포함된다.

(2) 경청

말을 하지 않으면서 면담에 적극적으로 참여하는 것이다. 침묵의 효과적 처리로서 내담자로 하여금 적극적으로 상담과정에 참여하게 하고 또 자신의 이야기에 대해 그렇게 생각한 이유를 통찰할 기회를 제공한다.

(3) 탐색

내담자에게 필요한 정보를 얻거나 내담자의 사고를 미리 지시하거나 내담자가 선택한 주제를 정교화하는 의미를 갖는다.

(4) 안심화

넓은 의미에서 지지를 보장해 주는 것이다. 내담자의 현재 신념체계에 상담을 맞추고, 내담자의 의견에 동조해 줌으로써 불안을 감소시키는 기법이다.

(5) 공감적 반응

공감은 내담자가 경험한 정서를 같이 경험함을 의미하며 동감이나 동정과는 다르다. 상담사는 내담자의 감정을 그의 입장에서 이해하고 느낄 뿐 아니라 이해하고 느낀 감정을 내담자에게 말로 표현해서 전달해 주어야 한다.

(6) 반영

내담자에 의해 표현된 기본적인 태도, 주요 감정을 새로운 용어로 정리해 주는 것이다. 내담자의 말을 그대로 되풀이하거나 그 내용을 반영하는 것이 아니라 그 밑바탕에 흐르고 있는 감정을 파악하는 것이 중요하다.

(7) 명료화

진술의 내용을 반영하는 특별한 방법으로서, 내담자가 이야기한 것을 요약해 주는 것이다. 명료화는 내담자의 문제를 거울에 비춰보듯이 분명하게 하는 작업을 말한다. 내담자의 입장에 서서 문제를 경청하고 그러면서도 객관적 입장을 유지하는 것이 그 전제이며, 내담자의 문제갈등을 분명하게 하는 것뿐만 아니라 문제갈등에 연관된 내부적 진실을 분명히 한다.

(8) 구조화

상담사의 입장에서 면담진행의 성질, 조건, 제한점, 목적들을 제시하는 것이다. 즉 내담자에게 상담의 방향이나 전체적 형태를 제공하는 것이다. 예를 들면 시간, 행동, 역할 등의 제한범위를 분명히 함으로써 효과적인 상담을 수행하는 방법이다.

(9) 연결 · 요약적 반응

한 주제를 끝내거나 면담이 끝날 때 사용되는 것으로 이미 언급된 사항들을 요약해 주거나 다음 약속을 정하는 것 등이 포함된다.

(10) 직면

내담자가 의식할 수 있는 것을 지적해 주고 그것이 내담자 자신의 문제와 어떻게 관련되는지를 생각해 보도록 하는 것이다. 자기표현 훈련이나 역할 연습도 직면의 한 방법이다.

(11) 해석

내담자가 겉으로 나타내는 문제가 내부적 정신작용에 관련되어 있는데도 이를 의식하지 못하거나 깨닫지 못할 때 그 관련성을 설명해서 이해시키는 방식이다. 해석은 내담자가 자신의 문제와 갈등의 근원과 적용의 문제성은 부분적으로 이해하고 있고 자신의 참모습을 직면할 만큼 준비가 되어 있을 때만 효과적으로 받아들여지고 통찰과 이해를 증진시킨다.

제2절 독립생활운동

1. 역 사

넓은 의미에서 볼 때, 독립생활운동(Independent Living Movement)은 미국 수백만 장애인의 인권운동이라 할 수 있다. 이는 장애인의 사회적 격리와 차별에 대한 대항이며 사회 내에서 책임과 권리를 갖고 행복을 누리는 장애인의 권리와 능력에 대한 하나의 신념이라 할 수 있다. 장애인에 대한 정책을 재고하면서 나타난 큰 변화가 독립생활운동이다. 여러 세대에 걸쳐 장애인은 사회 내에서 자선과 동정의 대상으로 여겨져 왔고 무지와 가난의 이유로 차별과 공포, 편견의 대상의 되었다. 그러나 비장애인은 장애인과 시대를 함께 공유하는 인간으로 법 앞에서의 평등이 기본적 생득권이지 특권은 아니다.

미국의 독립생활운동은 1920년 이래 전문가들과 장애인들에 의해 부분적 · 자생적으로 전개되었으며 1960년대와 70년대 들어와 사회 내에서 더 큰 접근성을 보장받기 위해 스스로 조직화한 것을 시작으로 장애인에 대한 고정관념이나 태도를 불식시키기 위한 시도로서 전개되었다. 1960년대 반전운동과 60년대 흑인인권운동, 70년대의 여권신장운동에 영향을 받아 장애인 지도자들은 그들의 인권시장을 위해 계획을 '명료화'하는 동시에 많은 활동에 참여하였다.

장애인의 독립생활운동의 기원은 미국 일리노이대학에서 시행한 장애인을 위한 프로그램이라 할 수 있다. 이 프로그램은 장애학생의 학교생활과 지역사회에서 편리한 생활을 위해 계획한 것으로 1962년 4명의 중증 장애학생들을 이들이 수용되어 있던 중증장애인 수용시설로부터 캠퍼스에서 가까운 수용시설로 이주시켜 대학교육을 받을 수 있는 편의 시설과 보조기구들을 마련하여 주었다. 그 후 장애학생 프로그램은 중요한 자조 노력의 하나로 부상하게 되었으며, 이 대학은 건축상의 장벽을 제거하여 장애인들의 접근이 용이하도록 만드는데 일조를 하였다.

1970년대 독립생활운동은 하나의 자립생활센터로써 조성되어 장애인 권리운동으로 자리 잡게 되었다. 1972년 캘리포니아 주립대학 버클리 캠퍼스에서 호흡기 장애인이자 소아마비인 로버트가 주장한 '장애인을 시설에 수용하지 말고 지역에서 살 수 있게 해야만 한다, 장애인은 치료받는 환자, 보호받을 어린이, 숭배한 하나님도 아니다, 장애인은 서비스를 관리하는 입장에 있는 사람이다, 장애인은 장애 그 자체보다도 사회적 편견 때문에 희생자가 되고 있다' 등에 동참하여 지지자가 생기고 지역 중심의 독립생활센터가 탄생하게 되었다. 이것이 처음의 독립생활 운동의 시작이었다. 다른 장애인들도 여기저기에서 모임을 조직화하기 시작하였다. 예를 들어 1971년 쥬디 휴먼은 뉴욕에서 장애인의 권익보호를 위한 "Disabled in Action"이란 단체를 조직하기도 했다. 미국 지역사회 내에서 구성된 자생조직들은 지역사회에 기반한 서비스를 추구하였으며 이는 곧 의존감만을 심어준 시설이나 서비스를 대신하여 이들에게 독립심을 줄 수 있는 것이었다. 워싱턴에서는 감시와 법률개정을 위한 NCD(전미국장애인시민연합)가 결성되기도 하였다(이달엽, 1998).

미국의 독립생활센터(center for independent living: CIL)에서 제공되는 서비스의 궁극적 목적은 장애인이 자신의 생활을 효율적으로 관리하고 주도권을 행사하여 선택권과 자기결정권을 만끽하며 자신이 속한 지역사회에서 생산적으로 완전 참여를 보장하고자 하는 것이다. 구체적인 서비스 내용은 주택 서비스, 독립생활기술 훈련, 동료상담, 개호 서비스 및 이동 서비스 등이다.

2. 기본 철학

독립생활이란, '기존 장애인 프로그램의 일방적 제공에서 장애인 스스로 자기 개발과 환경개선의 중심에 서도록 정보를 제공하고 지원, 조력하는 새로운 서비스'의 의미로, 즉 타인에게 의존적이던 장애인이 자신의 삶에 주체가 되도록 삶의 모든 부분에서 발생하는 문제를 스스로 해결하도록 돕는 것이다. 독립생활의 기본 핵심은 CHOICE, CONTROL, CHANGE라고 하는 3c에 있다.

독립생활운동의 기본철학은 소비자 주권, 독립, 정치적 경제적 권리 등이다. 이런 철학은 의사결정가로서의 전문가들의 권위를 거부하고 장애를 의학적, 신체적, 정신적 손상으로 보기보다는 사회와 환경과의 상호작용의 결과로 보고 있다.

DeJong(1979)은 지역사회 독립생활운동의 철학과 이념을 다음과 같이 제시하였다.

(1) 소비자 주권(comsumer sovereignty)

자신의 문제는 자신이 제일 잘 알고 있기 때문에 장애인 스스로 자신의 삶의 질에 직 · 간접적 영향을 미칠 수 있는 어떤 재활 서비스를 사용할 것인가를 결정하는 것이다. 이와 관련한 운동으로 다음과 같은 것들이 있다.

① 탈 의료화 운동(demedicalization movement)

서비스의 제공과 재활계획수립이 더 이상 재활상담사, 의학전문가 등의 것이 아닌 장애인 본인의 몫이라는 것에서 출발한 것으로, 1973년 미국재활법에서는 재활상담사와 장애인이 함께 개별재활계획서(individualized written rehabilitation program: IWRP)를 작성하도록 규정하였고, 1998년 법의 개정에서는 이를 다시 개별화고용계획(individualized plan for employment: IPE)으로 개칭하였다.

② 탈 시설화 운동(deinstitutionalization movement)

지역사회를 기반으로 한 재활서비스를 강조하는 것으로 적절한 사회적 자원과 접근권이 보장되면 많은 중증 장애인들이 요양시설 밖에서도 행복하게 살 수 있다.

(2) 자조 자립(self-reliance)

장애인들은 자신의 권익을 획득하기 위해 전문가의 조언보다 자신의 재량과 자원에 의존하는 것이다.

(3) 정치, 경제적 권익(political and economic right)

궁극적으로 정치적, 경제적 권익을 확보하는 것이 중요하다.

3. 필요성

현재 사회변화 속에서 장애인의 독립생활의 필요성과 가치는 매우 높다. 그 중 심한장애에 따른 중증성은 그만큼 독립생활을 준비하고 정착하기에 더 많은 노력과 시간이 필요하기 때문이다. 장애인이 나이가 들어 성인이 된다는 것은 자신의 의사와는 다르게 미래가 결정될 가능성이 있다는 점이다.

장애와 장애인, 그리고 파생되는 많은 문제들은 사회적 측면에서만 이해될 것이 아니라 문화적 측면에서도 이해되어야 한다. 한 장애인이 어릴 때부터 장애를 가지고 살아간다는 것, 그것도 중증의 중복장애를 지니고 평생을 살아간다는 것은 그 장애인만의 아주 특별한 문화(사고방식, 생활방식, 표현방식 등)를 형성하게 된다는 것을 인정해야 한다. 사람은 누구나 자신만의 문화를 가지고 있지만, 장애인은 장애가 심할수록 그 문화가 특별하고 사회통합이나 적응을 위해 장애인 자신에게 변화가 있어야 하겠지만 어떤 제도나 전문적 집단의 편의를 위해 장애인을 획일적으로 표현, 이해하려는 것은 분명히 지양되어야 한다.

제3절 우리나라 장애인 운동

1. 장애인 운동의 발전

1) 개 념

장애인 운동은 사회적인 문제를 해결하기 위한 일반적인 움직임, 즉 운동의 일종이다. 장애인 운동은 이러한 사회운동과 일반적인 특성을 공유하며 또한 나름대로의 특수성을 가진다. 먼저, 운동이란 사회에 속하는 집단이 자기의 권리를 획득하거나 집단의 이익을 관철시키기 위해서 그 집단이 주체가 되어 사회를 개선하려는 노력이며, 장애인 운동이란 '장애인이 자신의 권익을 지켜내고, 나아가 사회가 안고 있는 전반적인 구조적 모순을 해결하려는 목적 지향적인 움직임'이라 정의할 수 있다. 장애인 운동은 시설, 법, 제도, 교육, 노동, 봉사활동, 연구조사 등 여러 분야에서 이뤄지고 있으며, 모두 궁극적인 장애운동의 목적을 지향하고 있다.

장애인 운동의 올바른 방향성에 대하여 다음과 같은 원칙들이 있다.

① 장애인 운동은 장애인 스스로의 주체적 노력, 즉 장애인 운동의 주인은 가능한 한 장애인 자신이어야 한다.

② 장애인 운동을 하는 비장애인의 역할은 장애인의 주체적인 능력의 증대를 위한 기반 마련과 능력 발휘를 위한 여건을 조성하는 것이다.

③ 장애인 운동은 장애인 문제를 전체 사회 속에서 파악해야 한다.

④ 장애해방은 장애 자체로부터의 해방이 아니라 장애로 인한 차별로부터의 해방이 되어야 한다.

⑤ 장애인 운동의 방향성은 현실과 상호작용하면서 수정되어야 한다.

⑥ 장애인 운동은 그 실천방식에 있어 다양한 방향성이 요구된다.

⑦ 방향성과 관련된 비판은 미래지향적이어야 한다.

⑧ 장애인 운동은 그 본질의 인식에 있어 총체적 통일을 기해야 한다.

⑨ 장애인 운동은 장애인의 자립과 사회통합을 지향해야 한다.

2) 역 사

장애인 운동의 시간적 전개를 파악하는 것은 장애인 운동의 단계를 올바로 평가하고 미래에 대한 올바른 전망을 수립하기 위하여 매우 필요하다.

(1) 1960년대와 1970년대

이 시기는 우리나라에서 거의 처음으로 장애인에 대한 사회적 관심이 싹트기 시작한 시기이다. 소아마비 교육기관의 시설을 위해서 버스값을 절약하는 모금운동과 성금운동의 활발히 이뤄지고 이런 노력으로 '한국 소아마비 보육협회'가 창립되었다. 이에 힘입어 지체부자유자들에 대한 관심이 커 가고 입시에서의 장애인 탈락이 문제시되었다. 이에 대한 계속적 건의와 언론의 압력으로 1972년 문교부에서 장애인에 대한 고교입시의 체능검사가 면제되었다. 게다가 1975년에 소아마비 장애인들의 재활을 목표로 각종 시설을 갖춘 '정립회관'이 설립되었다.

이 당시의 장애인 운동은 지체장애인이나 뇌성마비와 소아마비 아동들의 복지향상을 위주로 이루어졌다. 구체적으로 장애인 운동에 중심이 된 단체나 기관은 없었으며, 이 당시 장애인에 대한 개념은 단순한 시혜의 대상에서 벗어나지 못하고 있다. 즉 이 시기의 장애인 운동은 봉사자나 사회사업가들에 의해 주도되어 '어떻게 하면 장애인을 도울 수 있을까'하는 고민들이 주를 이루었다.

초기에는 미약한 장애운동이 발돋움하는 시기였다. 장애인과 관련된 각종 기관이 하나씩 생기기 시작하여 1975년 키비탄, 76년 춘천 소아마비 아동복지회, 78년 한국 뇌성 소아마비 복지회 등이 생겨났다. 또, 이 시기부터 장애인의 권익을 구체적인 법률로써 보장하려는 움직임을 보이기 시작하여, '특수교육진홍법'이 처음으로 국회를 통과하여 시행령이 제정되고 문교부에 의해서 시행되었다. 이때부터 장애인의 특수교육에 대한 관심이 생겨나기 시작하여 일반학교에 특수학급을 설치하고 특수교육에 대한 무상교육을 실시하였다. 시설 면에서도 보도를 낮추거나 휠체어 장애인이 이용하는 공중전화를 설치하는 등의 개선이 이루어졌다. 전체적으로 장애인 운동의 뚜렷한 단체가 없이 개별적인 사건에 대한 사회전체의 여론과 일부 교수, 정립회관 등의 노력으로 법과 시설의 개선을 이루었다.

(2) 1980년대

'심신장애자 복지법' 제정에 관한 방침과 신체장애인의 대학입학 제한을 점차로 축소시켜 나간 문교부의 방침으로 1980년대 우리나라에서 진전된 장애인의 인권 분야가 두드러지게 드러났다고 볼 수 있다.

장애인 운동은 1980년대 후반 장애관련 법제화 운동으로 본격적 계기를 마련하게 된다. 그 후 지금까지 장애인 운동은 시설과 관련된 비리문제와 시설 건립을 위한 기본적 문제를 해결하기 위한 운동에 힘을 쏟기 시작한다. 그러면서 점차 사회운동과의 결합을 모색하게 되는 데 그 주요 단체로 장애인운동청년연합, 장애우권익문제연구소, 전국장애인한가족협회, 한국장애인연맹으로 이어지는 조직적 형태를 갖추게 되었다. 과거부터 지금까지의 장애인 운동의 구체화된 내용을 보면 생존권투쟁을 중심으로 한 주장이 가장 중심적 구호가 되었다가 기타 편의시설 확보 투쟁, 특수교육, 장애여성의 문제 등 다양한 영역으로 운동적 내용이 확산되고 있다.

인간으로서의 권리를 쟁취하고자 하는 운동은 1988년 4월 '장애인 고용촉진법 제정 및 장애인 복지법' 개정을 위한 '400만 전 장애인 공동대책위원회'를 결성한 것에서 비롯되었다. 이에 따라 이 시기 장애인 운동의 주요한 성과로서 심신장애자 복지법이 장애인 복지법으로 전면 개정되었고, 장애인 고용촉진법이 제정되었다.

(3) 1990년대

1990년대는 1980년대와 비교하여 객관적인 사회여건이 많은 변화를 보였다. 장애인 운동에 있어 중대한 변화로는 이른바 문민정부 출범에 따른 사회복지정책의 후퇴를 들 수 있다. 즉 정권의 정통성이 갖춰짐에 따라 정부가 사회복지분야의 투자를 삭감하며, 소위 '신경제'로 대표되는 자본주의 논리에 장애인 복지는 뒷전으로 밀려나고 있는 것이다. 1990년대의 장애인 문제는 사회복지운동, 빈민운동, 시민운동 등과 같이 보다 분명하게 인식되기 시작한 시기라고 할 수 있다. 한국장애인복지대책협의회나 전국장애인한가족협회, 민주노총의 장애인고용 2% 확보를 위한 공동노력이나, 장애인생존권문제가 사회복지계와 연대해 나가는 노력 등 장애인 문제를 일반화시켜 공동으로 대응해나가는 움직임이 활성화되었다.

분명 장애인 운동은 과거보다는 현재에 와서 많이 발전해 왔다. 이전까지의 장애인 생존권 구호에서 장애인 실업문제의 구체성을 제시하며 노동권확보의 문제를 이슈의 중심에 놓아가고 있는 상황이다. 이제 성공적인 장애인 운동이 되기 위해서는 분명 구체적인 내용으로 대중 속에 깊이 들어가 운동의 영역을 확장시켜내는 과제가 남아 있다. 즉 지역에 기반한 대중들이 직접 자기 문제를 해결하기 위해 나서고, 이를 통해 여타 사회부문 속에서 자신의 존재기반을 실현하여 진정한 사회통합을 실현해 나갈 수 있도록 하는 것이다.

우리나라의 헌법에 의하여 전 국민은 존엄성과 근로에 대한 권리와 의무를 인정받고 있다. 그러나 평등한 기회가 모든 국민에게 주어져 있는지에 대해서는 의문이 많이 제기되고 있다. 이는 모든 사람들이 그들의 능력과 소질에 관계없이 동등하게 취급되어야 된다는 것이 아니라 동등한 기회가 보장되어야 한다는 것이다. 사회적 형평이념에 근거하여 복지국가로서 사회에서 약자의 입장에 처해 있는 사람들에게 정책적 혜택을 베푸는 것은 복지국가의 보편적인 원칙인 것이다. 우리나라는 지금까지도 장애인에 대한 사회적 전반적인 인식의 부족과 정부의 소극적 태도로 각종 공채시험에서 장애인이라는 하나의 이유만으로 탈락되거나, 공공시설의 접근을 가로막는 장벽·생명의 위협 등 비통한 사례들이 늘어가고 있다. 물론 이전에 비해 장애인 고용이나 삶 전반에 걸친 문제들이 발전한 것은 부인할 수 없으나 대다수의 장애인들이 자신의 능력에 따른 기회를 공평히 받지 못하고 있는 것이 사실이다.

전통적으로 장애인문제를 다루는 기본적인 입장은 장애인을 어떻게 재활시키는가에 있었다. 즉 장애인을 어떻게 치료, 교육, 훈련시켜 사회가 요구하는 수준의 사회적 능력에 도달하게 할 것인가가 장애인복지정책과 실천에서 주된 관심의 방향이었다. 그러나 장애인이 지역사회에서 자기 능력에 의해 일상적이고 다양한 삶을 누리는 데 있어 어떠한 환경을 구축해야 하는가, 장애인의 능력이 발휘되기 위해 어떠한 기본생활이 전제되어야 하는가에 대해서는 관심을 가지지 못했다. 아무리 훌륭한 직업재활훈련을 받았다 한들 일상생활과 이동, 접근성 등의 인권이 보장되지 않는 환경에서는 그러한 직업적 능력이 무용지물이 되고 만다. 그들의 인권과 이를 바탕으로 한 자기결정권을 중요시하며 일어난 것이 바로 독립생활운동이며 이는 장애인의 독립된 인간으로서의 자기결정을 강조하며, 이러한 점을 충실히 반영하고 있는 개념이다. 자립생활은 특히 그동안 의존적이거나 폐쇄적인 삶을 살았던 중증장애인에게 더욱 강력한 메시지로 부각되고 있다. 여기서 중요한 것은 바로 장애인의 참여와 적극적인 사고방식이다. 더 이상 장애인은 골방의 주인으로 창 밖의 풍경을 보는 삶이 아니라, 동네를 산책하고 영화관에 가며, 식당에서 음식을 먹어보는 삶을 누려야 할 것이다. 그러나 아직도 뉴스에서는 장애인이 지하철 리프트에서 떨어져 사망했다는 소식이나 아버지가 장애를 가진 딸을 살해했다는 소식들이 들려오고 있다. 장애인의 인권과 관련한 이러한 사건들이 완전히 없어지기를 바라지는 않는다. 다만 장애인들이 조금이라도 그들 스스로 내가 사회 요소들을 누릴 수 있다라는 것을 인식할 수 있는 사회가 왔으면 하는 바람이고 그것을 위해서는 장애인 인권을 특권이 아닌 비장애인의 인권처럼 원래 있었던, 특별한 것이 아닌 권리임을 우리 모두가 인식하여야 할 것이다.

2. 장애인 운동에서 다루어야 할 원칙

장애인운동이 지향해야 할 원칙과 방향은 다음과 같다.

1) 개조

개조(reconstruction)는 '새로이 고쳐 다시 만든다'는 뜻으로, 기존 일반주택을 장애인의 상태에 맞춰 새롭게 고치는 행위를 가리킨다. 이는 독립적 안전가옥(Care House)이 절대 부족한 우리 현실에서 기존 주택의 주인과의 마찰 원인이 되고 현실적으로 경제적 여유가 부족한 장애인에게 스스로 자립생활을 하려는 의지를 시험하는 처음이자 가장 큰 걸림돌이 되고 있다.

2) 개선

개선(improvement)은 '잘못을 고쳐서 좋게 한다'는 의미로 앞의 개조가 물리적 · 공간적 개념이라면, 이것은 정신적 · 제도적인 면을 강조하는 개념이다. 장애인이 아무리 능력이 있어도 사회는 장애인들에게 받기보다는 주는 것을 우선적으로 하기 때문에 서로 주고받는 유기적 관계를 형성하는 사회 속에서 장애인이 올바르고 효과적인 사회생활을 하고 장애인이 주체적 독립체로 살아가려면 사회의 많은 부분들이 개선되어야 한다.

(1) 정신적 개선

장애인에 대한 사회 전체의 사고가 바뀌어야 한다는 것으로, 이런 장애인에 대한 사고변화에는 다음의 것들이 있다.

① 존재론적 사고 변화

장애는 죄가 아니며 누구나 장애인이 될 수 있고 장애인은 고귀한 존재이자 신성한 권리와 의무가 있는 시민이라는 인식을 갖는 것이다.

② 기능론적 사고 변화

장애인도 할 수 있다는 인식을 갖는 것으로, 근로욕구와 장애정도에 따른 작업능력과 잠재능력을 소유하고 있으므로 이를 개발하도록 도와야 한다.

③ 자기이해의 변화

장애와 장애인에 대한 사회와 일반인의 사고가 변해야 하듯 장애인 스스로의 사고도 변해야 한다는 것이다. 독립생활운동이 장애인의 권리와 책임을 되찾기 위한 것이므로 장애인의 소극적이고 현실에 타협적인 안일한 사고방식을 버리고 적극적 태도와 사고로 자기변화를 주어야 한다.

(2) 제도적 개선

장애인들이 사회생활을 하려는 것을 가로막는 많은 제도적 제한들을 철폐해 나가자는 것이다. 대학입학에서 차별, 근로자 고용에서 차별 등을 예로 들 수 있다.

3) 반영

반영(reflection)은 '어떤 힘이나 요구, 일, 물건의 영향을 받아 드러낸다'는 것으로, 비록 자신이 직접 체험한 것이 아니더라도 그 경험에서 산출된 결과를 바탕으로 더 나은 생활을 성공적으로 유지하도록 하려는 정신적·육체적 행위들을 가리킨다. 효과적 반영은 장애인과 가족, 지역사회에서 시간적 정력적 낭비(시행착오)를 최소화하여 적적하고 만족할만한 생산적 서비스를 제공하도록 도울 수 있다.

4) 적응

적응(adaptation)은 독립생활운동은 장애인 스스로 주체적 의식을 가지고 자신의 삶을 행복하게 만들려는 결단과 행동을 방해하는 것을 고쳐나가는 것이긴 하나, 현실적으로 모든 것을 다 고칠 수는 없고, 또 그것이 운동의 본래 취지는 아니다.

① 자발적 적응

장애인이 스스로 현재의 능력이나 또는 사회적 도움만으로 자신의 행복을 추구하거나 보호할 수 있다고 생각하여 그 상황에 적극적으로 적응해 나가는 것이다.

② 비자발적 적응

사회와 주변의 상황이 복잡하여 대처할 수 없거나 아직 장애인 개인이나 주변의 도움이 미약하여 주체적으로 자립생활을 영위할 수 없을 때 일정기간이 지나 여건이 성숙하기까지 현재 여건에 적응하는 것을 말한다.

독립생활운동이 가지는 가장 큰 의의는, 내적으로는 장애인이 자신의 삶의 주인이기 때문에 스스로 제공되는 서비스를 결정하고 선택할 권리와 능력이 있다는 것을 증명하고 그 사상을 확산시키는 것이고, 외적으로는 재활 프로그램과 서비스에 대한 개념이 바뀌게 되어 전문가와 장애인(사용자)의 관계가 동등해 졌다는 것이다. 독립생활운동은 한 사람의 장애인이 스스로 독립된 사회인으로서 자신의 의지에 의해 선택하고 결정하며 살아가는 것을 지원하는 프로그램으로 프로그램을 실시하는 과정 속에서 장애인의 주위에서 독립적으로 존재하던 모든 기관과 시설, 인적자원들을 종합적·유기적으로 연결시켜줄 수 있게 되었고, 그들만이 가지고 있는 특별한 가치·기능을 조절하고, 필요한 장애인에게 적적하고 효과적으로 연결하여 그 가치와 역할을 극대화하였다. 그리하여 한사람의 장애인이 하나의 독립된 인격으로 사회에서 인정받고 자리할 수 있게 되었다. 이러한 과정들이 지속적으로 반복되면 많은 모든 장애인들이 사회에 가치 있고 인정받는 동등한 사회의 구성으로 성장하게 될 수 있을 것이다. 그러면 자연스럽게 장애인의 사회통합이 이루어지게 될 것이다(송정아, 2002).

<토론주제>

1. 왜 독립생활이 장애인 영역에서 이슈로 떠오르고 있나?
2. 기초생활수급대상의 선정 절차와 기준은?
3. 장애인의 대리투표가 부정선거인 이유는?

제 8 장

삶의 질 이슈

제1절 사회적 불평등의 문제

1. 불평등 기제

사회계층화는 사회적 희소가치가 불평등하게 분배되고 개인과 집단이 서열화되는 현상으로 다음과 같은 특징들을 지닌다. ① 하나의 지위 내에서는 희소가치가 동일하게 분배됨, ② 상하, 우열의 위계체계를 이루는 현상, ③ 가치소유의 불평등한 위계 현상, ④ 지위와 역할 수행에 따른 분배의 차이이다. 또 사회계층화에 의한 불평등의 양상은 다음과 같이 분류될 수 있다.

① 사회제도적 성격: 차별적 평가와 규범적 개입

② 기능주의적 성격: 개인의 지위와 역할의 차이

③ 갈등이론: 경쟁에 의한 가치의 소유

여기서 파생되는 불평등은 사회 속의 무의식적 힘의 작용에 의해 형성되고 중요한 직업과 지위들은 의식적으로 가장 많은 자격을 소유한 사람들에 의해 채워지게 된다. 따라서 가장 유능하고 지적인 사람들이 필연적으로 정치적, 경제적 상층부로 상승하게 되고 그들의 유전자를 통해 이러한 능력들이 2세에 승계된다는 것이다 (Feagm, 1982). 결국 사회의 계층체계에 있어서 최상위 집단은 유전적으로 능력있는 (meritocratic) 엘리트가 된다. 이처럼 자본주의 사회는 본질적으로 권력이나 자본의 집중구조를 지니고 있어 사회 취약계층에게 불리하다.

또 다른 견해는 정치와 정치인들에 의한 차별, 즉 불평등의 조작이다. 부유 계층의 직업인들은 다양한 정치적 캠페인들을 통해 정치인들이나 정치지망생들에게 영향을 미치는 한편, 체계유지를 위해 법률의 형태를 구성하고 정부에 기본적 통제력을 행사하기 위해 모든 수단을 동원한다는 것이다 (Feagm, 1982). 사실상 차별은 개인의 차이에 대한 부정적인 반응인 동시에 결과라고 생각해 볼 수 있다.

한편, 장애를 열등하게 보는 사회의 일반적 인식과 태도, 종교적 신화의 이데올로기가 장애차별의 근거가 되고 있다. 타고난 인간의 이기주의는 사회화 과정에서 더욱 강화된다. 차별은 ① 이념과 관련된 문제이고, 이로 인한 권리박탈은 ② 실천적 조치와 관련된 문제이다. 차별은 그 대상이 되는 사람들을 공동체의 이해에 맞추어 한 인격으로서 적극적으로 수용하는데서 성립되는 특별한 배려와 공동이해에 따라 인격을 무시하고 배려하는 특별한 배려를 생각해 볼 수 있다. 집단에 소속되어 거기에 의존될 때에는 그 집단의 판단과 평가에 불가분 따르게 된다.

차별의식은 본질상 착취구조를 가지고 있으며, 차별의 대상을 통해서 차별하는 사람들은 자신의 이익과 권력 추구에 대한 수단을 확보하게 되고 존재의의를 증명해 줄 수 있는 유일한 증거를 삼기도 한다. 인간이 노동력 상품으로서의 가치에 의해 결정되는 능력주의와 생산 제일주의 사회에서는 장애인 차별이 공공연하게 이루어져 많은 인권 영역에서 부당한 대우를 받게되므로 소수집단으로서 장애인은 사회의 최하위 집단에 소속된다.

차별의 정의를 미루어 보면 장애인 차별의 발생은 계급사회의 성립과 무관하지 않다. 무계급 사회인 원시공동체에서 장애차별은 인구제한의 수단으로 기능하였을 것이다. 그러나 사회의 차별의식은 자기운동성과 강력한 사회적 규제력을 가지고 장애인의 일상생활을 제한한다. 능력주의와 업적주의를 신봉하는 사회는 근본적으로 차별을 필요로 하고 있으며, 이러한 차별 사회에서 살아가는 사람들은 필연적으로 차별에 가담하지 않을 수 없다. 차별의식은 지배계급과 피지배계급, 계층과 계층 사이를 구분하고 지배 권력의 유지와 존속을 위해 존재하는 착취와 지배체제의 장치이며, 사회통합을 저해하는 중요한 요인이다. 차별의식은 거기에만 머무르는 것이 아니라 지배계급의 이데올로기라는 것을 그 근본 속성으로 하면서, 대중도 또한 상당히 적극적으로 이 의식 위에 영향을 받고 있다. 바로 이 점에 장애인 차별과 거기에 따르는 사회적 의의가 존재하는 것이다.

차별의 개념적 구조에서 일반적으로 사회심리학자들은 집단 간의 반목을 세 가지 상이한 요소 즉, ① 인지적 측면으로서의 고정관념 (stereotype)과 ② 감정적 측면으로서의 편견 (prejudice) 그리고 ③ 행동적 측면으로서의 차별 (discrimination)로 구별하기도 한다 (정철수, 1989, p. 70).

차별메카니즘은 차별배제의 원리를 통해 우리 사회 속에서 자기가 살아 남기 위해서는 끊임없이 타인을 차별하고 배제해야 하는 악순환을 반복하게 하며, 장애인 차별의 구조는 기본적으로 장애인을 주류 사회로부터 배제하는 시스템 속에 존재한다. 어떤 경우에는 장애를 지닌 사람과 장애를 지니지 않은 사람들에 대한 동등한 처우는 부적절할 뿐만 아니라 그 자체로서 차별인 것이다 (Laski, 1979).

계급대립의 관점에서는 장애차별이 특정한 집단의 사람들에게는 미묘한 방식으로 이익을 가져다준다고 볼 수 있다. 차별을 정당화하는 각종 이념들은 특정한 사람들에 대한 멸시와 천시를 뒷받침하는 사상적 근거가 되어 불리한 사회적 조건들을 차별받는 사람들에게 전가시키도록 한다. 건강한 사람들에 의해 만들어진 사회조직은 그들의 기준에 맞게 운영되며, 가치를 만들어 나가고 있는 것이다.

궁극적으로 차별의식이 사회 속에 존재하는 한 장애인은 계속 장애를 느끼게 되고 이러한 사회적 태도가 변화되지 않는 한 장애인은 줄어들지 않을 것이다. 인간은 누구나 신체외모와 기능, 그리고 개성에 있어서 독특한 차이를 가지고 있다. 이러한 특성을 무시한 채 장애라는 요소만 두드러지게 차별하고 구분하는 것은 인간존재 자체를 부정하는 일이 된다. 차별은 모욕적 언어, 고정관념, 편견, 가치관 등의 형태로 나타난다. 또 학교교육제도가 지니는 단점과 계열화가 사회적 차별을 재생산하고 정당화시킨다. 차별의 조건은 오히려 계급사회와 사유재산의 소유제 성립 이전에 자연과 인간이라는 생산력과 생산관계 사이의 모순에서도 찾아볼 수 있다.

역사를 통해 볼 때 지배계급의 모순은 종종 정교한 방식으로 정당화되어 왔다. 안정된 사회질서를 추구하는 지배계급은 지속적으로 특정한 이데올로기를 유지하고 조정하여 왔으며, 권력이 허용되는 한 가급적 대안의 등장을 봉쇄하여 왔다. 이러한 사회 속에서 정당화란 현존 사회조건의 변형이나 개인의 사회결속과 비판적 이해의식의 형성을 방해하도록 하는 일반화된 의식의 조정을 뜻한다. 정당화는 불가피성을 띠는 감정이나 도덕적인 요소에 기초할 수도 있다. 문제가 사회정의에 관련된 것일 때 이 두 감정은 '관습' 혹은 '체험'과 함께 나타난다. 자본주의에 대한 정당화는 개개인의 사생활에서도 비슷하게 나타난다. 개개인이 전반적인 사회 생산관계를 수용해야만 하기 때문에 복잡한 사회 생산관계의 망을 소수의 기술적 능률성의 원칙으로 환원시키는 업적주의의 장점을 강조한다. 능력뿐 아니라 동기, 성취동기, 인내, 희생에 따른 결과를 명시함으로써 지위분배 기제는 고도로 정당화되어 진다 (Elmore & Mclaughlin, 1988).

경제적 합리성이란 말은 개인주의, 자유주의 사상에 바탕을 둔 경제적 효율성의 가치를 지향하는 것으로 이해될 수 있다. 미국을 포함하는 서구사회의 기본적 에토스의 하나는 개인주의 사상이다. 개인의 존엄과 가치에 바탕을 두고 개인의 능력에 따라 사회적 성공을 조장하고 그것을 높이 평가하는 사상이다. 이러한 사회에서 장애인도 하나의 개인이며 자기의 능력에 따라 자립적 생활을 하도록 요청받게 되는 것이다.

개인의 능력과 책임이 강조되는 사회 속에서 중증장애인들에 대한 고용기회는 그들의 능력에 대한 그릇된 생각, 직업지향 프로그램에 대한 배타적인 선발기준 및 부적합한 직업훈련과 같은 요소들 때문에 매우 제한적이다. 그러나 이들이 사회경제적으로 독립된 형태로 살아가기 위해서는 자기결정권(self-determination)이 충분히 확보되어야 한다. 세계적으로 장애인들이 주거, 교육, 직업에 대한 선택의 접근에는 많은 어려움이 있고 이러한 선택에는 복합적인 장벽들이 존재한다. 그러나 장애인들의 잠재력에 있어서 자신이 지닌 어떠한 신체적 심리적 장애로 인해 무조건적으로 제한이 부과될 수는 없다. 고용이 불가능할 정도로 장애가 심하다면, 특수교육으로부터 이익을 얻을 수 있으나 대부분의 중증장애인들도 직업기술들을 연마할 수 있다.

사회적 분위기에 따라 장애나 장애인에 대한 관점이 변화하는 것에 발맞춰 거기에 맞는 이론가들이나 이론들이 등장하게 되었다. 시대적 상황에 따른 이러한 이론의 등장이나 변화들은 필요 불가결한 것이었고 한 때 어떤 이론은 장애인의 중심 이론이 되기도 하였으나 또 다시 시대의 흐름에 따라 비판을 받으며 새롭게 개선된 이론이나 이론가들의 등장이 있었고 그에 따라 입법 과정에도 영향을 미치게 되었다.

2. 불평등 이론

권력과 계급갈등을 간파한 칼 막스 (1818-1883)는 자본주의 사회의 두 가지 지속적 계급갈등을 지적하였다. 남자와 여자, 계층별 권력과 사회자원의 불공평, 그리고 사회문제에 대한 해석의 초점은 왜, 어떻게 지배계층과 피지배계층이 형성, 유지되고 교체되는가에 둔다.

계층에 뿌리를 둔 깊은 갈등과 착취에 대한 관심은 사회를 자본주의 계층과 무산 계층으로 이분화하여 보는 것이다 (Feagin, 1982). 사회계층은 사회의 공동선에 대한 기여보다는 개인이 속한 집단의 영향력에 의해 형성되기 쉽다.

막스는 사람은 본질적으로 일정한 사회계층에 소속되어 출생하며, 자신들의 선택 여지는 없다고 본다. 또 자본주의의 생산과 배분구조는 본질적으로 직접적 지배계층과 피지배계층을 야기한다. 자신들의 근로로 인해 생성되는 수입으로 가족의 생계를 유지하는 많은 수의 근로자들은 소수의 자본가 집단에 의해 착취되고 조종된다. 막스에 따르면 이러한 불공정한 사회계층 구조가 자본주의 사회의 입법, 교육, 제도의 발달에 영향을 미친다 (Feagin, 1982).

막시스트, 네오-막시스트는 사회계층에 초점을 둔 반면, 급진적 페미니스트는 사회문제에 대해 급진적 체계 방법으로 지배제도를 분석한다 (Feagin, 1982). 성별은 문명이 시작한 이래로 지형학적인 위치에 관계없이 모든 문화에서 사람들을 구별해 왔다. 가족의무, 직업상태, 재산권, 정책적 참여, 그리고 교육적 기회는 성별에 의해 정의되어져 왔다. 급진적 권력·갈등론자들은 사회문제의 근본을 착취적, 차별적, 그리고 양분된 사회행동으로 관찰하기 때문에 사회문제를 착취와 억압계층의 두 관점으로부터 분석한다. 즉, 자본주의 아래에서 많은 가난한 근로계층의 사람들과 대자본을 소유한 부자들은 지속적이고 본질적으로 착취와 불안정한 사회체계를 형성한다. 그 표면에는 나타나지 않으나 내재된 사회 요인들이 대중의 저항과 혁명 그리고 폭동을 야기시킨다 (Feagin, 1982). 이처럼 계급투쟁은 불가피한 과정이고 지배에서 탈출 노력과 사회적 갈등은 사회 진보를 가능케 한다고 보는 것이다.

어떠한 욕구를 충족시키기 위해서는 다른 한편의 양보를 필요로 하기 때문에 제한된 사회적 자원을 동원하여 여러 가지 사회적 욕구들을 충족시키는 갈등이 일어나게 된다. 이 때, 불평등이나 가난을 해결하고 미래에 대한 기회를 공평하게 하는 노력이 필요하다. 사회에서 성공하기 위한 개인의 능력은 정확성, 질서들을 따르기 위한 능력, 지적 연구, 실용적 지식, 그리고 표준화된 사회시스템에의 적응 등을 강조하는 노력에 의해서 증대된다. 직장에서의 심리적, 정신적 장애는 그 기능적 특성으로 인해 생산력에 영향을 미치는 제한점으로 작용한다. 예를 들면, 우울증이 있는 사람은 일의 속도 또는 집중을 유지할 수 없고, 밀실 공포증이 있는 사람은 한정된 작업공간에서 일을 할 수 없다. 이처럼 장애의 기능적 특성은 사람의 생산력을 제한할 수 있다 (Kearney, 1994).

사회개혁가들은 정치적, 경제적 불평등의 장벽들 그리고 빈민, 여성, 소수집단의 사람들이 극복하기가 거의 불가능해 보이는 장벽들은 거의 공격하지 않는다. 소수집단의 차별원인이 남성중심 사회의 성차별에 있다는 인식에서 출발한 것이 페미니즘이다. 남녀불평등의 원인과 형태를 분석하며, 변화의 전략을 제시하고 여성의 실체와 여성에 대한 해석을 통해 사회기여에 대한 확신을 갖게 해주는 관점을 제공한다. 사회문제는 지배받는 사람에게서 비롯된 것이 아니라 어떤 집단이 다른 집단을 지배함으로써 일어나는 것임을 인식한 최초의 소수집단 운동인 페미니스트 운동은 권력지배의 사회관계를 사회문제의 근원으로 보고 권력분리를 추구한다.

우리 사회에 만연한 능력주의 (meritocracy)로 인해 사회적 불평등은 증가되기만 하고, 이로 인한 구성원 사이의 무형적 경쟁의 압력은 많은 심리적 스트레스와 불안정을 초래하게 되어 궁극적으로 사회통합과 생산잠재력을 크게 위협하게 된다. 따라서 소수집단에 속한 사람들의 기본권 보장에 대해 최대한 관심과 성의를 가지고 여러 가지 정책방안들을 마련하는 것은 매우 의미가 있는 일이다.

3. 소수집단과 문화

문화는 신념, 행동, 표현 방법의 체계로 사회적 유산을 결정한다. 또한 문화는 삶의 형태, 자세, 세계관, 종교적 의미, 생성, 표현을 갖고 있는 인간에 의해 꾸려지는 전체 세계나 현실을 의미한다.

한 집단의 성격을 정의하는데 있어서 문화적 특징은 그 문화에 속한 사람들을 강화시키는 원천이다. 과학과 같은 것은 보다 높은 수준의 읽고 쓰는 능력, 기술을 요한다. 그러나 문화적 특징은 문화와 연관되어진 사회적 규준을 전달함으로써 고차원의 문화로 안내한다.

문화다원론자들은 인종, 민족성, 언어, 사회경제적 위치, 성별의 차이에 의해 발생하는 공평과 기회의 문제에 초점을 둔다. 편견을 제거하도록 돕기 위한 기술을 발달시키는데 중요한 것은 상담사와 내담자 자신에 대한 행동을 스스로 분석하는 것이다. 행동이 나타내는 의미는 개인 자신의 지각에 의해 가려져 있으므로 다른 사람의 눈을 통해 자신의 행동을 보는 것은 그 행동에 깊이 새겨진 문화적 편견을 제거하는 첫 번째 단계이다 (Stevens & Wood, 1992).

다문화적 사회에서, 민족과 인종은 읽고 쓰는 능력 그 자체의 의미를 만드는 사람이다. 우리가 필요로 하는 것은 다양성에 대한 열정이다. 차이성을 가치있게 여기고 찬양하는 문화 속에서 가치로 평가되는 것은 인간 경험의 풍부함과 다양성 그리고 각 개인의 창조적인 힘이다. 따라서 문화는 각 개인에 대해 깊은 존경심이 존재하는 곳에서만 출현할 수 있다.

소수집단들의 문화적 다양성은 문화의 양적 팽창, 내용의 다차원화와 다채널화, 그리고 광범위한 수준의 발전을 가능하게 한다. 이러한 다양성과 자기 자신만의 독특성을 인식하고 호감을 가지며, 그 진가를 이해하는 것이 사회적 생산성뿐만 아니라 사회구성원들의 자기확신감과 자기가치감을 강화시키는 경험에 이르게 한다 (Atkinson, et al., 1993).

문화적 다원주의(cultural pluralism)는 미국의 the melting pot으로 혹은 salad bar로 표현하여 자랑스럽게 여기는 국가발전의 원동력이 되고 있다. 문화적 다원주의 속에는 매우 다양한 요소들이 서로 섞여 있다. 개인적으로 다양한 경험에 의해 조장되고 성숙되는 자아실현을 가능하게 하는가 하면 상대방의 다양성에 대해 인식하고 애호하는 태도를 가지므로 상대방에 대해 배우는 것을 시작할 수 있다. 그러나 문화적 다원주의는 한편으로 자민족 중심주의나 인종 우월주의를 통해 차별과 편견의 원천으로 작용하기도 한다. 다른 집단보다 자신이 속한 집단을 상위로 인식하는 자민족 중심주의는 스테레오타입화된 사회적 격차, 배타적 민족주의, 그리고 집단의 분류에 이르게 한다.

현대는 소득, 부, 위세, 권력 면에서 불평등한 사회이다. 빈곤과 결핍 상태에서 생활하는 사람들이 있는 반면, 번영과 풍부한 물질적 자유를 누리는 사람들로 있다. 불평등은 사실상 ① 사회 경제적 배분의 문제와 ② 문화적이거나 상징적 문제로 나타난다. 이러한 사람들 중에는 의식주와 같은 기본적 물질적 욕구를 충족시키지 못하는 수준의 소득을 가지는 계층이 존재한다. 전문가, 관료, 정치적 지도자, 부유한 사업가, 지주들과의 인맥이나 관계를 유지하고 잘 구비된 주택과 좋은 옷과 식생활, 그리고 잘 짜여진 각종 공공서비스의 혜택을 마음껏 누리는 계층의 사람들에 비하면 이들은 삶의 전망이나 기회가 상대적으로 열악하다 (Midgley, 1984). 하지만 불평등이 인간의 창조물이라면, 불평등을 변화시키려는 인간의 노력 또한 저항을 받게 마련이다. 따라서 평등주의 원칙들이 사회가치와 체계 속에 우월해 지도록 사회진보를 꾀해야 한다 (Feagm, 1982).

사회적 불평등이 문제가 되는 주된 이유는 ① 사회적 통합을 저해하는 갈등초래, ② 재능있는 사람들의 배제와 사회적 신분 이동의 제약으로 인한 사회 비효율성 증대, ③ 공공서비스 독점으로 인해 초래되는 지역사회에 대한 위해 등이다.

선한 사회를 이룩하기 위해 사람들 사이에서 채택되어야 할 가치와 신념은 무엇인가? 이와 관련하여 공평 (equity)이나 공정 (fairness)의 준거가 종종 평등 (equality)에 대한 논의의 초점이 되어왔다. 불평등주의자들은 권력을 지닌 사람들의 태생적 우월성을 지적하며, 사람들 사이의 억압이나 착취와 같은 현상들을 규명하기 위해 노력한다. 이런 사람들은 계몽 (enlightenment)을 통해서 노예상태에 빠진 집단을 어느 정도 구제할 수 있다고 본다.

그러나 평등주의자이든 불평등주의자이든 흔히 공평은 평등보다 더 중요한 개념이라고 이야기한다. 왜냐하면 자원의 동등한 혹은 일률적 배분보다는 공정하거나 공평한 배분이 더욱 정당화될 수 있다고 보기 때문이다. 이러한 논리는 사회적으로 보다 큰 기여와 책임감을 수행하거나, 보다 어려운 과업들에 종사하는 사람들은 다른 사람들보다는 많은 보상을 받아야 한다고 믿기 때문이다. 이렇게 보면 평등주의자들도 사람들 사이의 차이점을 인정하고 있는 것이다. 즉, 사회의 공동선에 기여하는 크기에 따라 보상을 달리해야 한다는 것이다. 그러나 현대 사회에서는 자유경쟁에서 낙오된 사람들에 대한 최소한의 보호와 보장을 하는 것이 보편적이다.

가정과 문화에 의해 부과되어지는 제한들을 인식하는 시민권리에 대한 책임감, 동등한 법률, 평등한 기회의 보장에 국가나 지방적 수준의 정책을 변화시키는 노력이 필요한 것이다. 여기서 무엇이 평등 기회에 대한 개념을 확장시키며, 우수한 사람에 의해 지배되는 것은 민주주의 신념에 속한 것인가, 사회정의에 대한 어떤 개념이 민주주의에 대한 적당한 균형이라 할 수 있는가를 다루어야 한다 (Stevens & Wood, 1992).

특히, 사회에는 어떤 형태로든 불평등이 존재하기 때문에 불평등의 존재 여부가 중요한 것이 아니라 국민들이 그 불평등을 어떻게 받아들이고 있는가를 고려하는 것이 중요하다. 이러한 불평등 구조의 해결 방안으로 ① 수직이동의 가능성 확대, ② 개인적 배경과 권력의 배제, ③ 세습화되는 현상 배제, ④ 경제 발전, ⑤ 누진세, ⑥ 복지 제도, ⑦ 의식과 태도의 전환을 고려할 수 있다.

제2절 평등기회 이론

평등기회 이론의 전제는 다음과 같다. ① 모든 사람들은 자기결정의 권리가 있다, ② 심리적, 사회적 자유의 조건들이 어떤 개인이나 집단이 스스로의 미래를 결정하는데 있어서 불공평한 이익들을 경험하게 한다, ③ 불운한 사람들의 자기결정 전망 감소는 스스로의 통제밖에 있는 사회적 영향 때문이다, ④ 사회는 이 쇠퇴 (감소)의 결과 좋지 않은 상태에 있는 집단에 대한 자기결정의 전망을 개선시키기 위한 선별적 의무가 있다고 주장함으로써 나쁜 조건을 지닌 사람들을 대신할 수 있는 사회적 개선 조치를 정당화시킨다.

이 이론이 주장하는 선별적 행동은 불운한 사람들이 자발적으로 사고하고 행동할 수 있는 능력을 개선시키고 효과적인 선택과 행동의 기회를 개선하고, 보다 빈번히 자기결정을 표현하도록 권장하는 기회의 구축과 장벽들의 제거를 통해 사회적 기회와 개인 능력 사이의 연결을 고조시킴으로써 자기결정을 위한 전망을 최적화하는 것이다.

평등기회 이론은 ① 노력, ② 기회, ③ 결과라고 하는 자기결정 요소를 다루게 된다. 자유시장 아래에서의 평등기회는 최적의 배분을 초래한다. 뿐만 아니라 평등기회 이론은 개인의 욕구, 관심, 능력에 상응하는 생애목표에 이를 수 있는 기회에 몰두할 수 있는 가능성을 높인다. 그러나 능력과 기회에 있어서의 차이는 자기결정적 사고와 행동의 결과에 의해 영향을 받고 영향을 끼친다. 이 상호작용이 자신의 능력과 사회적 기회에 있어서 심각한 제한을 경험하는 개인의 자기결정 전망을 부정적으로 작용하게 하는 누적된 이익이나 불이익의 싸이클을 산출한다.

이 이론은 사회적 불이익 계층의 사람들에 대한 자기결정 전망을 개선시키는 이러한 누적된 불이익들의 개선 노력을 정당화시킨다. 자기결정권과 실현의 간격 차이는 개인적, 사회적, 경제적 조건들을 스스로 통제할 수 없는 개인들에 대한 능력과 기회의 부족으로부터 기인한다. 더 이상 도덕적 이념을 실천하는 것이 권력을 지닌 사람들의 이익과 방향을 정당화시키는 기존 권력의 분배와는 같을 수 없다. 도덕적으로 사람들이 공정하다고 믿는 것과 실제적이고 사회적으로 공정한 대우를 기대하는 경향 사이에서 모순을 종종 경험하기도 한다. 따라서 자기결정의 실제 경험과 권리 사이의 간격은 우리 사회가 현재와 미래에 해결해야 할 문제가 된다.

사회 모든 구성원들은 자신의 인생에 있어서 선을 추구하는데 필요한 최적의 기회를 누릴 자격이 있다는 점을 강조하면서 이 이론은 공정한 기회 (prospects)

를 보장하는 선별적 (selective) 책임성을 강조하고 있다.

1. 기회평등의 실현과 역할 분배

사실상 오늘날 모든 사람들 사이에서 기회 평등이라는 개념이 받아들여지고는 있지만 이러한 사회적 현상이 충분히 실현될 수 있다고 믿는 사람은 많지 않다. 더욱더 이러한 평등은 법 앞에서만이 가능한 것이라고 믿으며, 추상적인 선언이 아니라 실제적인 보장에 의해서 가능하다고 본다. 교육, 고용, 기타 가치있는 유용한 사회적 활동에 접근할 수 있는 진정한 평등이 보장될 때 자신의 잠재력을 공정한 체계 속에서 실현할 수 있다는 것이다. 이런 경우의 반대로 특정 인구 집단에 대해서는 교육의 특권을 제한하고 유전적 기회를 통제해야 한다.

자신의 이익을 추구하려는 개인 노력으로부터 잉태되는 불평등은 공개적이고 자유롭게 보장되어야 한다. 이것은 평등주의적 사회 질서를 파괴하려고 하기보다는 과도한 권력이나 사회계층과 상속적 특권에 대한 경계 속에서 가능하다. 사회가치의 분배 무조건적으로 평등하게 요구하지 않기 때문에 평등한 기회를 개인들에게 제공하는 한은 불평등은 도덕적으로 수용된다.

신 앞에 평등하다는 이야기는 출생 시에 사회적 계층이나 신분상의 차이가 없다는 선언이다. 그러나 이것은 기회평등이라는 단어로 수정된다. 인간은 천부적으로 법 앞에서 평등할 뿐 아니라 자신의 재능과 능력을 발휘할 수 있고 그러한 기회가 사회적으로 열려있어야 한다는 것이다.

자유와 참여라는 민주주의를 사회주의자와 자유주의자 모두가 인정하지만 그것의 해석에는 차이가 있다. 자유주의자들은 개인의 가치에 대한 능력에 초점을 두는 반면, 사회주의자들은 인간의 기본권 설정뿐만 아니라 실제적인 능력을 고려하여 자유의 실현에 있어서 경제적 권리를 중시한다.

Rawls는 공평이란 사회정의의 토대를 위협하지 않는 범위 내에서 자유와 기회, 소득과 부, 그리고 자기 존중의 기초와 같은 모든 주요한 사회적 선들이 평등하게 분배되는 것이라고 보았다. 역할분배가 효율적으로 이루어지기 위해 권위, 위세, 물질적 유인제들과 같은 것들이 가장 최선의 재능을 지닌 사람들을 유인하는 공개 경쟁체제 속에서 제공된다. 이 때 효율성을 보장하기 위해 상이한 차별적 보상체계가 필요하다는 것이다. 여기서 긴 시간 동안의 비용이 요구되는 복잡한 훈련을 요하는 기능상의 중요도와 공급요소인 상이한 인적 자원의 희소라는 측면이 고려된다.

사실상 일정한 훈련 없이 개인이 전적으로 타고난 재능에 의존하는 중요한 사회적 역할이란 거의 존재할 수 없다. 특히 사유재산의 축적과 소유를 위해, 인간은 타고난 평등 상태를 포기하게 된다고 본다.

모든 집단의 사람들에 대한 자원과 기회의 배분을 결정짓는 하나의 이념을 규정하는 것은 불가능하고 따라서 공정성의 이념에 있어서 다원주의는 개인의 삶을 보장하는 수단으로서 필요한 모든 사람들의 기본적 권리를 보장하는 사회적 계약의 발전을 가능하게 하였다. 이러한 사회적 계약이 지니는 한계는 소수집단의 독특성보다는 모든 사람들에게 공통된 점을 기초로 하여 사회적 조직을 형성하게 한다는 점이다.

정부조직의 이러한 문제는 불안정성을 초래하는 경향에 있다. 공통된 인간성에 기초하여 모든 사회구성원들에게 제공된 자연적 권리의 주장은 사회 모든 구성원들에게 사회의 권력집단과 불이익 집단 모두를 포함하여 공정한 처우를 요구할 수 있는 권리를 부여하게 된다.

2. 동등한 기회와 재활서비스의 성격

물질적 배분과 관련하여 아리스토텔레스는 모든 사람은 자신의 공적에 따라 “평등한 사람은 평등한 몫을 배분받고 평등하지 않은 사람은 불평등한 몫을 배분받는다”고 주장한다. 법률의 올바른 집행을 통해서 독단과 편의주의를 피해야 할 뿐만 아니라, 물질적 재화의 배분에 있어서 공정한 몫이 보장되어야 한다는 것이다. 이처럼 평등과 사회정의는 역사를 통해 밀접한 관련성을 지닌다.

그러나 사람들이 보상받아야 할 것과 보상받을 사람에 대해 모두가 동의하지 않는다고 아리스토텔레스가 지적한 것처럼 어느 사회의 제한된 자원을 누가 어느만큼 가질 것인가를 결정할 수 있는 사람의 지식, 기술, 혹은 다른 개인적 특성들을 발견하기 어렵다. 그러면 어떤 사람에게 보상이나 사회적 이익을 분배할 때 고려해야 할 것은 지적 능력 즉 IQ인가, 업적과 성취인가, 능력인가 아니면 생산성인가? 또한 어느 수준의 욕구가 사회에 의해 충족되어야 하는가?라는 의문이 생긴다.

정의로운 사회라는 것은 그 구성원 모두에게 사회적 불공정을 공정화시키고 평균적인 활동에 미치지 못하는 개인이나 능력이 부족한 구성원들을 우선 배려하는 사회여야 한다. 장애를 지닌 시민들을 대상으로 하는 재활철학은 모든 사람들의 평등기회 보장에 있다. 기능상의 장애를 지니는 사람들도 특별한 서비스를 제공받음으로써 시민으로서 고유한 책임과 권리를 보장받고 고용과 사회참여에 필요한 준비를 갖출 수 있는 것이다 (Rubin & Roessler, 1987).

사람들은 여러 가지 측면에서 상호적인 관계를 가지고 사회라는 공동체를 형성하고 있음으로 개인을 사회적, 직업적, 경제적 신분에 따라 나눌 수 없다. 또 개인의 능력이나 사회적 조화를 이루려는 상태에 대한 반응도 각기 다르다. 그러나 사람은 최소 제한적 환경 속에서 통합의 조건을 발견할 수 있으므로 재활은 개인적 과정으로 기능적 자립, 즉 경제적 자립을 위한 노력의 총체라고 볼 수 있다. 기능적 자립은 유능성의 개념으로 한 개인이 자신의 일을 스스로 해결할 수 있는 능력을 의미하며, 개인과 환경의 관점에서 생활능력과 함께 경제적 자기부양 능력을 의미한다. 따라서 재활은 장애를 지닌 사람들이 실존적 자아와 경제적 자아를 발견해 가도록 원조하는 노력이다.

만약 재활서비스가 사회적 질서와 정치적 안정을 기하기 위해 필요하다고 고려된다면, 어느 수준까지 그리고 얼마만큼의 비용을 지불해야 하는가? 사람의 사회적 기여도가 공정한 분배의 중요한 준거가 된다면 타고난 사회적 신분과 부에 기초하여 분배가 이루어지는 업적주의(meritocracy)가 되고 사람은 스스로 자신의 최대 이익을 위해 의사결정을 자유롭게 할 수 있으며 또 그런 능력이 있다고 전제한다. 이 경우 그 개인은 선택이 자유로우며, 그 선택에 대한 도덕적 책임을 지니고 그에 따른 노력과 성취가 장려된다.

그러나 오늘날 동등한 기회라는 것은 정치적 기회보다는 경제적 기회와 보다 밀접한 관련을 지닌다. 의무교육의 배경이 교육의 기회를 통해서 사회적으로 불이익 집단에 속한 아이들에 대해 경제적 지위 상승의 기회를 확대하려는 것과 같다. 이러한 이념은 인본주의와 자본주의적 생산체계의 기본적 가치를 나타낸다.

우리 사회가 목표로 하는 장애인 재활은 장애를 지닌 모든 시민들도 우리 사회에 필요한 하나의 구성원으로서, 또 평등한 인간으로서 완전한 참여를 이루는 사회통합에 있다. 현대 복지사회, 특히 재활이 추구하는 장애인의 권리운동과 사회통합은 인간 존엄성과 권리의 회복에 초점을 두며, 사회일원으로서의 권리와 의무에 대한 사회적 복귀에 있다. 따라서 재활은 우리 사회 속에서 장애인이 장애를 지니지 않은 사람들에 비해 열등하다거나 일탈된 계층으로 취급되지 않고, 장애라는 신체적 특징을 지닌 평범한 인간으로 인식되고 동등한 인간적 권리와 참여가 보장되는 상태를 목표로 한다. 즉, 동정이나 자선의 대상으로서가 아니라 평등과 우정의 대상이 되어야 하는 것이다.

이러한 논의에도 불구하고 사람들은 장애를 개인의 전체적 특성으로 간주하는 경향이 있다. 예를 들면, 장애인이라고 하면 걷는 것, 말하는 것, 사고하는 것, 그리고 느끼는 것에 모두 장애를 입었다고 여기는 경향이 있다. 사회는 그 자체가 지닌 가치에 따라 형성되기 때문에 이러한 부정적인 사회태도는 건축물 구조와 같은 것에 직접적으로 반영된다. 따라서 장애인은 대다수의 사람들과는 달리 사회에서 중요하지 않고 가치가 없는 사회구성원이라는 메시지를 지속적으로 받게 되고 또 그것을 내면화하게 되는 위험이 있다.

현대 철학에는 마음-신체의 이원론을 부인하고 대신에 인간을 중심적인 주체로서 개인의 본성에 강조점을 둔 인간 개인에 대한 보다 복잡한 특징들을 제안하는 문헌들이 증가하고 있다 (Isaacs & McElroy, 1980). 이는 현상학적 접근법들을 유도하는 사회학자들과 인류학자들에 의해 논의되는 것처럼 인간의 사회적 상황들에 대한 경험을 반영한다. 소수집단과 관련이 있는 부정적 요소와 특성은 매우 파괴적이다. 따라서 사회불평등 현상에 대한 교정 노력을 요구할 수 있는 권한(deserving)을 지닌 장애 인구집단에 대한 심리적 지지와 장애극복을 위한 심리적 원조가 우선되어야 한다. 궁극적으로 평등의 문제에 집중되는 사회정책이 외면적 평등과 더불어 인간내면성을 존중하는 평등에 관심을 기울일 때, 많은 문제가 해결될 것이다. 사회적 평등은 개체의 생명신비와 성스러움에 대한 인정이다.

이를 위해 장애인과 비장애인 사이의 격차를 좁히려는 입법과 제도적 장치 마련과 같은 사회의 적극적인 노력이 필요하고 장애인의 능력에 대한 포괄적인 신뢰와 기대가 필요하다. 이러한 재활의 각기 다른 목표들은 예방, 교정, 보호, 사회통합이다. 재활서비스가 사회화의 주요한 하나의 수단으로서 인식될 때, 장애인의 능력에 대한 신뢰와 사회적 기대는 장애인의 노력, 동기화, 그리고 성과에 영향을 미치는 가장 중요한 요소가 될 것이다.

제3절 사회계층화 이론과 심리적 효과

모든 사회구성원들에 대한 공정한 보장과 관련하여 공정한 기회 (chance)를 균질 (equate)하게 하는 사회계층화 이론의 배경은 다음과 같다. ① 사람들의 불운은 유용한 기회의 혜택을 향유하지 못하는 그들의 실패에서 기인한다. ② Rawls의 정의이론에서처럼 공정하고 공평하게 조정된 제도에 의해 창출된 잉여물의 공정한 배분을 공평한 기회라고 본다. 이것은 집단 속에 있는 사람들의 지위나 신분에 관계없이 모든 사람들의 이익을 보장하는 맥락에서 최소한의 사회적 이익을 누리고 있는 사람들에게 가장 많은 이익을 누리고 있는 사람들의 산출물을 결합(yoke)시키는 것을 의미한다. ③ Nozick의 권리로서 정의이론은 공정한 기회란 다른 사람들에 대한 자기결정권이 침해되지 않고 실현됨을 의미한다. 이 견해에서는 사회적으로 불리한 입장에 있는 사람들을 위한 사회적 노력은 스스로의 자기결정 노력에 의해 공정하게 획득한 사람들의 자원을 불공정하게 전이하도록 요구하기 때문에 가능하지 않다.

능력과 기회에 있어서의 차이는 자기결정적 사고와 행동의 결과에 의해 영향을 받고 또 영향을 끼친다. 이 상호작용은 자신의 능력과 사회적 기회에 있어서 심각한 제한을 경험하는 개인의 자기결정 전망을 부정적으로 작용하게 하는 누적된 이익이나 불이익의 싸이클을 산출한다. 이 이론은 사회적 불이익 계층의 사람들에 대한 자기결정 전망을 개선시키기 위한 노력들을 정당화한다. Rawls는 사회적 불이익 집단은 축소된 자기결정 전망문제를 스스로 해결할 수 없다고 본다.

왜냐하면 차별적 원칙의 적용은 Rawls가 주장하는 자기존중의 기초가 공정한 사회질서로부터 나타난 일차적 선을 잠식 (erode)하기 때문이다. 이것은 협조를 통한 자기결정의 전망들은 개인의 이익과 집단의 기회 사이의 연결에 의존되기 때문이다.

이처럼 현대 사회는 사회적, 경제적, 그리고 문화적 기능에서 생산자 및 소비자의 권리, 기타 활동에 종사하는 인간의 권리를 인정하고 한계를 짓는 것이 요청된다. 그러나 노동은 경제생활과 현세적 질서에 영향을 주는 것, 즉 영적 도덕적 질서에 대한 것이기 때문에 노동의 직분에 종사하는 인권에 관한 것이 가장 긴급한 문제가 된다.

궁극적으로 억압된 소수집단 구성원으로 특징 지워지는 장애인이 하나의 인격적, 사회적 존재로서 지위를 확보하고 사회구성원으로서 인정받기 위해서는 생활능력의 회복과 시민권적 신분보장을 위한 취업의 기회를 부여하는 것이 필요하다. 왜냐하면, 이러한 취업 기회의 부여가 장애인 개인의 존엄성을 높이고 사회에 대한 창조적인 기여를 도울 뿐 아니라 장애인 가족의 기능을 회복시켜 가족구성원의 생활능력을 발휘하게 하는 효과적인 수단인 동시에 도구가 되기 때문이다.

뿐만 아니라, 평등기회의 보장에는 자기확신감과 같은 대상자의 심리적 요소도 매우 중요하게 고려된다. 자기 자신의 운명을 얼마나 효과적으로 조정할 수 있다고 보느냐와 관련하여 개인의 성취는 자기확신감과 밀접한 상관을 보인다. 이러한 측면에서 장애권리 운동은 억압, 강조, 자치성과 같은 단어들의 개념을 다루는 것이다. 여기서 중요한 점은 장애인들은 일반적으로 노동시장에서 그들에게 부과된 평가 절하된 가치를 내면화하는 경향이 있다는 것이다.

계층적 사회에서 사회이동이 일어나는 원인은 ① 지위향상에 대한 열망, ② 지위향상을 위한 개인적, 사회적 노력, ③ 사회구조의 변화 (예, 폐쇄적 구조 → 개방적 구조)로 나타난다.

① 폐쇄적 계층 구조

수직 이동의 제한, 수평이동의 제도화, 세습화가 나타난다. 예를 들면, 노예 제도, 카스트 제도와 같은 것이다.

② 개방적 계층 구조

자유로운 사회 이동, 개인의 능력에 따라 결정되는 것이 일반적이다. 한편, 마르크스의 계급이론은 사회구성원의 경제적 요인 (생산 수단의 소유)을 기준으로 유상계급과 무상계급, 즉 부르주아계급과 프롤레타리아계급으로 나누는데, 구분 기준은 전적으로 경제적 요인에 의존하기 때문에 단일 차원론이라고 한다 (한국사회과학연구소, 1980).

사회이동의 종류로는 ① 수직 이동: 계층의 상승·하강, ② 수평 이동: 계층내의 이동, ③ 세대 간의 이동: 부모와 자녀간의 계층적 위치 변화, ④ 세대내의 이동: 개인의 생애 동안의 계층적 위치 변화, ⑤ 개인적 이동: 주어진 계층 내에서의 변화, ⑥ 사회적 이동 (구조적 이동): 사회 변동으로 인한 계층 구조의 변화를 들 수 있다.

반면, 베버의 다차원적 계층이론은 사람들을 다양한 기준에 따라 다양한 위치로 구분하는데 베버가 경제적 요소인 계급과 사회적 위신인 지위와 정치적 가치인 권력을 종합하여 구성원을 상류층, 중류층, 하류층으로 구분한 것이 오늘날 수입, 교육 수준, 주거 형태, 직업 등을 포함한 개념으로 발전하였다. 이는 지배와 피지배의 관계가 아니라 불평등한 분배 상태를 분석한 것이다.

이와 같은 사회 계층 간의 갈등을 중요시하는 갈등론과 기능론에 대한 이해와 관련하여 두 가지 관점은 상반된 특성을 가지고 있지만 사회적 불평등 현상을 비판적으로 받아들이고 극복 방안을 발견하려는 태도를 가지는 것이 무엇보다 중요하다.

1. 환경과 장애관의 변화

UN이 "장애인의 10년" (1983-1992)을 선언하고 여러 나라들로 하여금 "세계장애인의 해 행동계획"을 수립하여 실행하도록 촉구한 1980년 이후는 1970년대와는 전혀 다른 분위기가 우리나라 장애인 분야에 형성되었다. 유엔총회는 유엔가맹국들이 유엔헌장에 의거하여 여러 가지 현안들에 대해 유엔기구와 상호 협력하도록 하였으므로 유엔가입을 위해 힘쓰던 우리 정부는 각종 유엔선언에 유의할 필요가 있었을 것이며, 유엔산하 전문기관과 세계재활협회 (Rehabilitation

International), 세계장애인연맹 (Disabled Persons International), 세계맹인연합회와 같은 단체들이 국제회의를 열어 International Statements on Disability Policy와 같은 여러 가지 장애정책에 관한 선언을 한 것이 우리나라에 여러 경로를 통해 전달되어 이질적 사회집단을 이루던 장애인 분야에 획기적인 진전을 이루었다.

유엔이 정한 1981년 "세계장애인의 해"에 장애문제 실무 부서인 보건사회부에 재활과가 설치되는 등 국내외적인 장애인 인권운동과 국제정책 및 운동과 같은 여러 가지 영향에 힘입어 장애인재활의 성장기를 맞이하였다. 1980년 이전에는 한 두 곳에 불과하던 병원의 재활의학과와 재활의학과 의원이 1993년 각각 93개소와 31개소로 늘어났으며, 1983년 1,600여명에 불과하던 물리치료사도 1995년에는 약 10,000명으로 늘어났다.

특수학교의 숫자가 1980년 57개에 불과하던 것이 1999년에는 123개로 늘어났고 학생 수는 8,904명에서 29,966명, 그리고 교원 수가 887명에서 4,261명으로 각각 늘어났다. 또한, 장애인 복지시설은 1980년 90개소에 11,281명이 수용되어 시설당 평균 125명이던 것이 1994년에는 216개소에 13,930명으로 시설당 평균 64명으로 낮아졌다. 2002년 11월에는 211개소에 17,742명으로 시설당 평균 84명이며, 직원 수는 모두 8,143명이다. 지금은 전국적으로 정부가 재정 보조하는 장애인 직업재활시설의 수가 400개수를 훨씬 넘어섰다.

제도적 측면에서도 1980년 이후 1981년 심신장애자복지법, 1990년의 장애인고용촉진등에관한법률, 1990년 장애인복지법, 1995년 특수교육진흥법 개정, 각종 세제감면조치 등 활발한 입법활동이 이루어지고 장애인고용촉진공단 설립과 장애인복지체육회의 설립, 장애인복지시설 현대화 3개년 계획, KBS 장애인방송국 개소 등이 이루어졌으나, 활발한 제도적 노력만큼 사회인식과 대중의 태도변화는 따라가지 못하고 있다.

장애인구는 다른 소수 집단들에 비해 규정하기가 매우 어려운데, 왜냐하면 장애인구에 속하는 사람들에 대한 구분은 성별, 종교, 인종과 같은 가시적인 단일특성에 기초한 것이 아니라 장애를 입을 수 있거나 또는 그렇지 않을 수 있는 하나 혹은 그 이상의 건강특성에 의해 이루어지기 때문이다. 미국에서는 170만명이 맹인이고, 1천 3백만명이 시지각적 손상을 입었고, 250만명이 대화를 하는데 어려움을 가지고 있다. 770만명이 청각에 문제가 있고 1천 920만명이 행동에 손상이 있으며 8백만명이 휠체어 사용자이다 (Kearney, 1994).

전통적으로 장애는 기능적 손상에 초점을 두는 의료적 (임상적) 접근방법과 직업적 제한점들을 강조하는 경제적 접근방법에 연구의 초점이 모아졌지만, 1980년대 후반에 미국 남캘리포니아 대학의 정치학 교수인 Hahn (1988)은 새로운 접근방법 즉 사회정치적 접근방법을 제시하고 장애는 개인과 환경 사이에 발생하는 상호작용의 산물이라고 규정하였다. 이러한 견해는 의료적 접근방법의 문제가 하나의 장애에 의해 부과되는 본질적인 제한들은 장애인 개인의 내부에 있다기 보다는 개인이 직면하는 주변 환경에 놓여있다는 것을 인식하지 못하여 발생한다고 본다. 따라서 사회정치적 접근방법의 주장은 장애인이 직면하는 어려움은 개인적 결핍이나 결함보다는 오히려 장애를 조성하는 환경(disabling environment)의 결과로 간주한다.

사회정치적 견해의 두 가지 관점은 첫째, 환경에 의해 인간에게 부과된 기능적 요구조건들은 기본적으로 건축법과 사회제도와 같은 건강한 사람들에 의해 주도되는 공공정책에 의해 결정된다는 것이며, 둘째, 환경은 기본적으로 과거 및 현재의 공공정책에 의해 형성된다는 인식의 기초로 볼 때, 공중의 태도가 장애인들이 싸워야 할 주위환경에 있어서 하나의 주요한 구성요소라는 것이다. 소수집단 접근방법의 관점(minority-group perspective)으로 이러한 어려움들 중 많은 것들은 사회의 태도적 환경에서부터 기원을 찾을 수 있다.

재활정책은 좋은 사회를 만들기 위한 목표와 과정들을 설정하고 그것을 실행하는 과정이다. 장애인들은 독특하고 개별적인 욕구와 특징을 갖기 때문에 정책의 수립, 시행, 평가 시에는 이에 대한 특별한 고려가 필요하다. 적절한 사회적 신분의 획득을 위해 장애인들의 삶에 영향을 미치는 부정적인 요소로부터 긍정적인 요소로의 입법적 전이가 필요하다. 장애인의 권리를 옹호하는 전문가들과 그 가족들은 이들의 인권이 자비와 자선에 의해서라기보다는 법률적 행위에 의해 기본 헌법적 지위를 보장받는데 초점을 두어야 한다 (Laski, 1979).

1) 장애문제와 정책

장애문제와 관련하여 우리 사회는 심리적 요소들을 다루기 이전에 기타 접근성, 옹호와 같은 소수집단에 대해 우선 해결되어야 할 과제를 다루는 일이 중요하다. 따라서 본 절은 장애가 있든 없든 모든 사회 구성원들은 생명, 생활, 노동, 문화적 기회를 보장받아야 하고 공동선의 조성을 위한 응분의 사회적 기능에 참여할 의무와 책임을 동시에 지니고 있다는 인식 하에 사회의 내재적 가치와 소수집단의 문제를 재활서비스의 전달 과정상에서 나타나는 구조와 관련하여 체계적으로 정리하고 설명함으로써 중증 장애인의 삶의 질 개선에 필요한 논리적 개발과 재활서비스의 타당한 이유를 정립하고 확인하는데 초점을 두었다.

기회의 문제와 관련하여 교육과 개인의 경제적 이동, 교육과 공공 복지와의 관련성을 살피는 노력이 필요하다. 1964년에 제정된 미국 민권법 (Civil Rights Act)은 평등교육 기회의 유무에 초점을 두었으며, 1973년 제정된 재활법 (Rehabilitation Act)의 제 504항과 1990년의 'ADA'와 같은 인권법 제정으로 인한 조항들은 고용주들이 장애를 가진 근로자들을 우호적으로 대하도록 하는데 필요한 인센티브를 제공한다. 이와 같은 조치는 장애인들에 대해서도 의료비용과 개인적 보조서비스와 치료, 그리고 세금 면에서도 이익이 된다. 이러한 인센티브 프로그램에 관한 정보를 제공하는 것은 독립생활의 필수적인 부분이 되며, 장애인들이 직면하는 고용문제에 관한 접근이 이들 정책을 설명하는데 필수적이다.

적극적 형태의 장애정책은 ① 재활 (rehabilitation)과 ② 경제적 보호 (security)라는 두 가지 요소가 모두 필요하다. 장애정책이 소수집단에 속한 장애인의 삶의 질에 어떠한 관련성을 가지는가에 대한 뚜렷한 해답은 제공하지 못하고 있지만 장애인의 재활에 필요한 서비스들을 효과적으로 전달하기 위해서는 기존의 장애정책을 더욱 논리적이고 통합적으로 만들어 사업의 효율성을 높이기 위한 노력이 필요할 뿐 아니라 사회변화에 따라 다양해지는 장애인들의 재활욕구에 적절히 대처하려는 노력이 필요한 것이다.

여러 가지 경로를 통해 법률적 투쟁을 전개하는 것은 법률적 이해 당사자뿐만 아니라, 입법, 행정, 그리고 정치적 과정에 영향을 미칠 수 있는 포괄적인 전략으로 채택될 수 있다.

법률은 지금까지 장애인의 교육, 보호, 복지, 훈련, 그리고 재활에 있어서 새로운 대안들을 제공해 줄 수 있는 지식과 조직적 변화와 진보로 인한 이익을 제공하는데 있어서 항상 영향을 미쳤다 (Laski, 1979). 그러나 장애인을 보호하기 위한 이러한 특별한 법률은 하나의 권리라기보다는 자선이라는 인식에 기초하여 제정되었고 따라서 장애인을 격리시키고 사회에 참여하는 그들의 능력을 압제(suffocate)하도록 집행되었다 (Laski, 1979). 종종 이런 사람들의 욕구는 사회복지체계와 박애주의 접근방법들에 의해 흡수되었다.

철학적 측면에서 장애정책은 장애를 지닌 사회구성원들이 직면하는 문제해결을 위해 노력하는 것이다. 생산적 측면에서는 사회적 일탈과 와해상태를 개선하고 사회생활과 사회조건들을 개선하기 위해 관련된 사람들에 의해 만들어진 조건으로 구성된다. 하나의 과정으로서 장애정책은 사회가 안정을 유지하고 구성원들의 상태를 개선하기 위한 기본적인 과정이므로 여러 가지 가치들과 조건들에 따라 끊임없이 변화하는 것이다. 행동 준거로서의 장애정책은 생산물인 동시에 과정이므로 관련된 집단의 조건, 가치, 구조에 있어서 잠재적 변화들에 대한 맥락에서 수행된다. 이러한 노력은 궁극적으로 사회통합을 촉진하고 인간의 취약점들과 격리 현상을 제거한다.

국가의 장애정책은 장애인들의 일상생활과 삶의 질에 큰 영향을 미치며, 재활전문가들에게 있어서도 매우 중요하다. 재활서비스를 이용하는 사람들은 자신의 삶을 영위하는데 있어서 직업훈련, 교육, 고용을 위한 욕구들을 국가정책 속에서 어떻게 충족시킬 수 있는지를 고려해야 하며, 이 가운데 기회와 제한점들에 직면하게 된다 (Schriner, 1995). 한 국가의 장애정책은 장애인들의 일상생활에 중요하게 영향을 미친다. 장애인들이 생활하는데 있어서 장애정책의 중요성은 재활전문가들에 있어서도 매우 중요한 것이다 (Schriner, 1995).

사회가 장애인을 대하는 방식에 따라 장애문제 대처방식도 바뀔 수밖에 없다. 사회는 장애인을 필연적으로 분리된 개인으로 다루는 것이 아니라 유사한 하나의 문제집단으로 간주하기 때문에 보편적인 문제해결 방식을 요구한다. 이러한 과정에서 장애인은 스테레오 타입화된 이미지로 비쳐지기도 하고 일반화된 특성을 지닌 사람으로 묘사되기도 한다. 예를 들면, 장애인은 사회에 부담이 된다든가 혹은 재정적, 도덕적 부담으로 인식되는 경우가 이에 속한다. 사회는 이 부담이 되는 사람에게 부여되는 비용과 재정의 합리적인 중재방법을 발견하고자 노력할 것이다.

2) 장애인에 대한 태도와 국가프로그램의 중요성

먹이가 부족한 동물세계에서는 부적절하거나, 약하거나 장애를 지닌 종족들은 빈번히 제거되거나 추방된다. 그 사회에서 부담이 되는 동물들은 종족의 보존을 위해 제거하는 것이 필수적이다. 건강한 젊은 동물은 궁극적으로 그 집단의 존속을 가능하게 할 것이므로 살아남을 수 있다.

인간사회에서 장애와 질병은 종종 신의 불쾌한 정서적 표현으로 해석되며, 그로 인한 차별이 장애를 유발시켰다는 것이다 (Obermann, 1965). 스파르타 사람들은 장애아동들을 체계적으로 제거시켰는데 이것은 종교적 동기라기보다는 자신의 종족을 향상시키기 위한 하나의 합리적 이유에서였다 (Obermann, 1965). 하지 장애를 의미하는 cripple은 튜튼족에서 기원된 발소리를 죽여서 걷는 느리고 발을 저는 것을 의미한다 (Obermann, 1965).

우리나라에서 불교의 인과응보사상과 윤회사상 및 은둔사상은 기나긴 세월을 거치면서 장애인 숙명론에 커다란 영향을 끼쳐 장애에 대한 체념과 동정을 북돋우는 차별의 직접적인 원인이 되었다 (이경동, 1985). 부모들이 빈곤이나 질병을 이유로 자녀들을 노비로 팔거나 산야에 유기하는 것이 용인되었던 당시, 이 불교사상의 체관과 정관으로 인해 장애인들이 어떠한 수난을 겪었으리라는 것은 충분히 짐작이 된다 (이경동, 1985).

역사적으로 교회 역시 하나님의 은총을 베푼다는 태도 아래 장애인들을 시설에 수용하여 사회로부터 격리시켜 왔으며, 그리스도의 사랑을 실천한다는 명목하에 그들을 한없는 동정과 자선의 대상으로 비인간화시켜 왔다. 또 목회자들도 장애인들을 불쌍한 존재로 여겨 장애인에 대해 관심을 갖게되는 경우가 많았다 (이경동, 1985).

이러한 사회와 대중의 태도가 중요한 점은 장애인의 재활에 필요한 국가프로그램의 성격을 결정한다는 데 있다. 지역사회 주민들이 특수학교와 재활시설들이 필요하다는 것에 공감은 하지만 자기지역에는 안된다는 근거 없는 NIMBY(not in my back yard) 현상은 우리 사회의 장애에 대한 인식수준을 말해주는 것이다. 이러한 일은 사회일반의 잘못된 태도와 장애인에 대한 편견을 해소하기 위한 국가사회적 노력이 부족하기 때문에 나타나는 현상이다. 과거 대구·경북지역 첫 장애인 대안학교인 김천시 어모면 구례 2리 「나눔열린학교」가 주민의 반대로 개교를 못하였다. 여기에는 사회일반의 잘못된 태도와 정부의 장애인에 대한 편견을 해소하기 위한 노력부족이 원인으로 나타난다.

사회일반의 잘못된 태도는 특수학교나 재활시설이 들어설 경우 자녀 교육상 나쁘거나 인근지역이 우범화되거나 혹은 지역사회의 분위기가 나빠지고 땅값이 떨어지며, 주거생활 환경이 불결해져 지역발전에 필요한 투자가 줄어들 것이라는 불안의식이다. 그러나 반대로 지역의 장애인 시설에서 봉사기회를 가져서 자녀들의 심성이 고와지고 양선을 행하여 되며, 부모와 신에 대한 고마움을 느끼게 된다. 또 지역사회 장애인 시설을 이용자와 자원봉사자, 전문가 사이의 교류와 상호이동을 촉진시켜 지역사회를 발전시킨다. 따라서, 재활관계자와 정부는 적극적 자세를 가지고 우리사회의 장애 문제는 경제적 측면보다 국민들의 의식 차원에서 다루어야 한다. 이를 위해 특수학교나 재활시설이 위치하는 지역 주민들에게 시설의 긍정적 측면을 홍보하여 장애인에 대한 무조건적인 편견을 갖지 않도록 해야 하며, 아울러 계획화된 시설건립과 시설운영에 따른 합리적 지원을 해야 한다. 다수결의 원칙에 의해 모든 정치적 의사가 결정되고 중요한 정책이 고려되는 민주사회 제도 자체도 큰 약점을 지닐 수 있다. 다수의 생각이 항상 옳을 수 없다는 점은 다수의 생각과 의견이 외모로, 금전으로, 카리스마로, 혹은 매스미디어의 영향으로 왜곡될 수 있다는 것이다.

개인의 권리일부를 국가에 양도하는 민주사회에서 만약 재활서비스가 사회적 질서와 정치적 안정을 기하기 위해 필요하다고 고려된다면, 어느 수준까지 그리고 얼마만큼의 비용을 지불해야 하는가 하는 논의가 있을 수 있다. 제한된 국가재정은 효율적 프로그램을 촉구하도록 만든다. 이것은 사회경제적 손실, 장애인 인권박탈, 그리고 서비스의 질적 문제와 관련된다.

여기서 국가정책의 수혜대상자와 관련된 사람들의 이익과 그 비용을 부담하는 사람 사이의 절충이 이루어진다. 예를 들면, 사회가 의료보호와 생활보호를 통해 경제 사회적으로 열악한 계층의 사람들에 대한 보편적 삶(decent minimum living)을 보장하도록 하는 것이 국가의 최소한의 배려라고 볼 수 있다.

장애정책과 프로그램들은 권리, 접근권, 자원, 사회적 기회, 재원의 재분배를 통해 사회적 불공정을 완화시키는 노력에 초점이 모아진다. 장애인에 의해 제기된 사회문제들이나 표출된 개인적 욕구들을 충족하기 위한 사회의 조직적 노력들이라고 볼 수 있다. 기본적으로 시민권과 접근성을 강화하는 서비스전달 프로그램의 사용을 권장한다. 적자생존의 법칙이 만연하는 사회, 강자의 이익만 보호되는 세계는 동물세계와 다를 바 없다. 인간 사회도 하나의 유기체로써 강자에게는 협력하며, 약자는 착취한다는 핑계를 국가는 앞장서서 개선하고 균형을 유지하도록 하여야 한다. 정부가 앞장서서 주민들을 계몽하는 장애정책에 적극적인 자세를 가진다면 우리 사회의 장애문제를 경제적으로 해결하기에 앞서 국민의 의식개선이 우선되어야 한다는 사실에 토대하여 계획적이고 합리적으로 해결될 것이다.

재활은 다른 서비스와는 달리 내담자의 참여를 적극적으로 요구하기 때문에 장애를 지닌 사람들에게는 동질성 확보와 주류문화에 편입되기 위한 방편인 동시에 심리적으로도 지대한 영향을 미친다. 학교는 사람들에게 현재와 미래 세계에서 개인적 그리고 공동의 삶을 위한 능력을 길러준다. 재활서비스는 in kind 형태의 서비스이고 연금과 가족수당은 직접서비스 (direct payment of benefits)이므로 재활서비스를 자원의 성격에 따라 세 가지 영역에서 고려해 볼 수 있다.

① 시장에 의해 형성된 자원

② 소유에 의해 축적된 자원

③ 정부와 시장 부문에서 형성된 자원

장애와 관련된 광범위한 프로그램들은 정부의 장애 법령과 관련한 다음과 같은 다섯 가지 범주로 나눌 수 있다.

① 교육적, 직업적 서비스

② 수입유지 (income maintenance) 서비스

③ 보건서비스 (health services)

④ 인권서비스 (civil rights)

⑤ 고용촉진서비스 (incentive programs) 프로그램

3) 재활서비스와 재활교육

특수교육과 직업재활, 직업교육과 같은 직업서비스와 교육서비스를 제공하는 집단에게는 직접적인 정부 프로그램의 구조 내에서 시민권을 보호하는 프로그램과 장애인들에게 직접적인 서비스를 제공하는 프로그램이 있다. 미국의 Carl D. Perkins Vacational Education and Applied Technology Amendment와 장애인들의 직업훈련과 직업배치 서비스를 제공하는데 사용되는 Job Training Partnership Act (JTPA)와 같은 프로그램도 여기에 속한다.

우리나라의 경제규모가 세계 11위이고 무역규모 또한 세계 10위라고 자랑하고 있지만, 선진국의 결정여부를 국민소득과 같은 경제지표에만 너무 치우칠 수는 없다. 우리가 모름지기 선진국의 대열에 참여할 수 있기 위해서는 환경과 인권영역을 소중하게 다루어야 한다. 인권은 인간의 생명과 자유를 존중하고 이를 보호하기 위해 모든 노력을 아끼지 말아야 하는 것이다. 달리 표현하면, 장애인의 인권이 무시되는 사회는 선진국의 반열에 오를 수 없다. 지금까지 장애인 재활에 대한 노력은 높이 평가되어야 하지만, 한국정부의 이중적 기준은 장애인의 권리회복보다는 경제논리를 우선시해 왔다. 이러한 바탕에는 장애를 지닌 가족성원들을 숨기고 수치로 여기며, 일반적 환경에서 제거해 버리려고 노력해 왔던 우리의 관습과 일반공중의 차별적 태도가 자리잡고 있다. 따라서 재활은 장애의 낙인적 이미지를 제거함으로부터 시작한다.

많은 재활전문가들이 인식하는 또 다른 장벽요인들은 사회보장 혜택과 의료프로그램들이다. 우리나라에서 권리로서의 재활프로그램에 대한 인식도 부재하거니와 재활서비스는 매우 제한적으로 국가에 의해 제공되고 있다. 뿐만 아니라 우리나라 기초생활 보장법 수급 장애인의 경우, 재활을 통해 고용되기를 원하더라도 의료혜택과 장애수당의 박탈로 인해 직업생활을 포기하게 된다. 그러나 미국에서 사회보장장애연금(Social Security Disability Insurence: SSDI)와 사회보장보충수당(Supplementary Security Income: SSI)를 이용하는 개인들도 저마다 의료보호 제도와 의료부조 제도로부터 서비스를 제공받는 자격을 가지고 있다.

장애인의 욕구측정을 통해 서비스 대상자들이 필요로 하는 서비스들을 파악하여 우선순위를 정하고 서비스 운영자금을 할당할 기준을 세우고, 현존 서비스의 전달상황을 평가할 수 있어야 한다. 욕구측정은 두 가지 이상의 방법을 동시에 사용해서 보다 포괄적인 정보를 얻는 방식이 바람직하다. 평가방법에는 프로그램의 결과와 비용에 초점을 두고 평가하는 '총괄평가', 프로그램이 운영되는 과정에 초점을 두는 '과정평가' 그리고 결과와 진행절차를 다 같이 종합적으로 보는 '통합평가'의 세 가지 방법이 있다. 이 평가에서도 재활전문가들의 질과 수준이 매우 중요하게 고려되어야 한다. 여기에 대한 사람들의 반응은 현존하는 프로그램들 사이의 효과적 협조와 유용한 정보의 사용에 있다. 미국의 장애정책은 중앙정부와 정책 하부구조의 많은 부서에 의해 운영된다.

한편 재활서비스를 제공하는 인력들에 대한 교육은 스스로 하고 있는 일들과 세계, 그리고 전문가 스스로에 대한 보다 나은 이해에 달려 있으며, 사회진보와 밀접한 관련을 지닌다.

대학의 재활교육 프로그램은 학생들에게 재활의 역사와 철학, 재활시스템의 구조, 상담이론, 직업배치와 같은 재활의 실제에 있어서 필요한 지식과 정보를 제공하지만 국가의 장애정책이 장애인의 삶의 질에 어떠한 관련성을 가지는가에 대한 뚜렷한 해답은 제공하지 못하고 있다. 재활의 법률적, 환경적, 사회적, 문화적 환경이 급속하게 변화하고 있고 재활실제에 필요한 지식의 발전 속도가 가속화되고 있어 미국은 전국 각 지역에 재활연수원(RCEP)을 두고 있다.

장애인들이 경험하는 삶의 질을 향상시키기 위한 재활교육자들의 주요한 목표는 전문 훈련에 있어서 장애정책을 강조함으로 크게 발전되는 것이다. 장애정책 교수법은 무엇보다도 현행 실시되고 있는 정책, 행정에 관한 전반적인 지식을 풍부하게 가지고서 장애인들에게 직접 그 법률, 행정이 적용되도록 하는데 필요한 지식이나 방법에 관한 기술과 조사연구 분야이다.

첫째, 재활전문가들은 무엇보다도 시대적 흐름과 사회적 상황에 민감하게 대처할 수 있는 능력을 가지고 있어야 각각의 장애인에게 필요한 정책, 입법을 유용하게 적용할 수 있다. 둘째, 재활전문가들 사이의 상호적 교류가 활발해야 장애인에게 유용한 것을 쉽게 찾을 수 있다. 셋째, 장애인의 능력, 배경에 대하여 정확하게 파악하고 있어야 한다. 이것을 바탕으로 장애인에게 알맞은 프로그램과 정책, 입법을 적용할 수 있기 때문이다. 넷째, 각 개인에게 적용된 프로그램이나 입법, 정책이 얼마나 유용한가를 판단하고 평가할 수 있어야 한다. 다섯째, 정책담당자와 재활전문가 사이의 활발한 교류가 있어야 입법 제정 시 도움을 줄 수 있다. 그러므로 정책담당자들이 입법이나 정책을 제정할 때 각 재활분야의 전문가들로부터 정보를 얻고, 재활전문가도 정책담당자의 권한에 영향을 미칠 수 있다. 이러한 관계가 이루어졌을 때, 실질적으로 도움이 되는 정책과 입법이 제정될 수 있을 것이다. 여섯째, 재활전문가는 장애인들이 정책, 입법 프로그램에 대한 지식을 가질 수 있도록 도움을 주어 그들의 이해를 향상시켜야 한다. 실제로 서비스를 받는 장애인에 대해 확실하게 알아야만 효과적으로 기능을 발휘할 수 있을 것이다.

이를 위해 필요한 전문가 노력은 다음과 같다.

① 국가 정책의 주요한 유형을 확인하고 장애정책을 분류한다.

② 어떻게 장애정책이 만들어지고 변화하는지 설명한다.

③ 장애정책과 다른 사회 문제에 대한 접근정책 사이의 유사성과 차이점 설명한다.

④ 장애인에게 영향을 미치는 주요한 입법 제정과정을 토론하고 확인한다.

⑤ 어떻게 장애정책이 장애인의 일상생활과 전문적 실행에 영향을 미치는지 설명한다.

⑥ 장애인과 고용주의 요구 충족에 있어 현재 장애정책의 효용성을 평가한다.

⑦ 장애정책을 개선하기 위한 전략을 설명한다.

장애정책의 개정과 수립 과정에 있어서 이해 당사자들의 참여가 증가되고 있고 그들의 의견이 반영될 수 있도록 요구하고 있다. 장애아동들의 교육적 권리에 대한 부모들의 운동, 조직적인 정치적 변화, 재활서비스 이용자들의 모임, 재활서비스 제공자들의 주장과 의견이 입법과정에 반영되며, 또 그렇게 되어야 하는 것이다. 따라서 재활을 공부하는 학생들은 국가의 주요한 장애정책의 유형들, 정책수립과정과 변화과정, 다른 사회문제에 대한 정책과의 접근성 차이, 재활정책의 효율성과 그것이 실제로 장애인의 일상생활과 재활전문직에 미치는 영향, 그리고 정책 개선을 위한 전략에 대한 논의에 익숙해야 한다 (Schriner, 1995).

장애인들의 삶의 질을 개선시키기 위해 노력하는 재활교육자들이 생각하는 주요한 목표는 재활전문가 교육에 있어서 장애정책을 강조함으로서 크게 발전될 수 있다. 미래에 재활전문직을 준비하는 학생들이 재활서비스와 프로그램에 관한 충분한 정보와 유용한 자원에 대해 이해하는 것이 또한 필요하다(Schriner, 1995). 전문 훈련프로그램이 장애정책에 초점을 맞추는 분명한 이유는 서비스 전달과정에서 이를 이용하는 사람에게 전달될 수 있는 지식의 가능성이다. 재활서비스를 이용하는 사람들이 장애정책에 관한 지식이 있으면 강력한 자기만족과 자기결정을 성취할 수 있다(Schriner, 1995).

2. 재활서비스의 전달

1) 서비스 전달체계의 계획과 제공 측면

국가의 프로그램과 서비스들을 통한 사회 모든 구성원들이 지닌 본질적인 인간잠재력의 실현을 도모하는 일은 다원주의적 민주사회에서 매우 중요한 일이며, 그것은 내적 일관성과 포괄성을 지녀야 한다. 사람들이 장애를 정의하고 바라보는 시각이 중요한데 사실 장애를 갖게 된 거의 모든 사람에게 있어 장애 그 자체는 극복불가능의 대상은 아니다. 오히려, 좌절과 고통을 초래하는 주체는 사회와 환경이다. 따라서 장애인의 현실을 개선하기 위해서는 장애 그 자체의 극복과 아울러 사회적 환경 전반의 변화를 포함하는 광범위한 노력이 요청된다 (이익섭, 1992).

장애정책은 다양한 집단 사회 내의 단위에 의해 채택되고 추구되는 행동과정들이나 지도원칙들이다. 장애정책은 장애를 지닌 사람들이 살기 좋은 사회를 만들기 위한 목표와 과정들을 설정하고 그것을 실현하는 과정이다. 정책담당자와 지역사회는 장애인들이 법에 의하여 차별적인 처우로부터 보호를 받거나 그렇지 않다면 장애인들의 자격을 지켜 주고 필요한 장애 서비스 프로그램을 제공해야 한다. 재활서비스는 장애인들이 국가 노동력에 참여하는 준비를 하는데 요구되는 훈련과 교육의 기회제공으로 평가된다. 서비스 전달에 따른 재활서비스 이용자들의 욕구에 대한 강조점, 서비스를 이용하는 다른 사람들처럼 장애인들은 그들의 요구를 충족시키도록 고안된 프로그램의 계획과 수행에서 의견이 적극적으로 수렴되도록 요구되었다.

재활이라는 공통된 목적을 달성하기 위해 사회 여러 분야에서 고안되고 채택된 정책들을 통합하고 끊임없이 개선하려는 노력이 필수적이다. 장애인이 독립적으로 생활하는데 필요한 지식과 기술을 습득하는 것을 원조하기 위해 의도된 서비스들의 일관성과 복잡성에 대해 이해하는 노력이 필요하다.

이러한 요소들은 시간의 경과와 함께 서로 영향을 미치기 때문에 하나의 요소로부터 예측하기 어려운 다양한 권력의 재구성을 초래하는 상호의존적 기능으로서 스스로 변화되었다. 따라서 과거 반세기 동안의 사회적 불이익 집단에 대한 사회적 교정수단을 예측하는 일은 가능하지 않았다. 모든 사람들에 대한 자유의 선별적 선호를 구체화시키는 신념체계가 사회적 불이익 집단을 위한 사회적 교정수단에 대한 사회적 선별의 방향에 있어서 변화를 자극했다. 이러한 변화는 이전에 주장했던 것 보다 더욱 예측하기 어려운 상황들을 초래했다는 것을 알 수 있다. 편견을 초래하지 않는 장애인에게 필요한 교육과 재활서비스의 원칙으로는 ① 정부정책에 모두 참여 ② 무상교육 ③ 최소 제한적 교육장면 ④ 산출에 대한 무고려를 들 수 있다 (Mithaug, 1996).

재활서비스를 이용하는 사람들은 그들의 삶을 영위하는데 있어 기회와 구속과 같은 무수한 행정상황에 직면한다. 장애인들은 국가정책 체계 속에서 가사일, 도우미, 직업훈련, 교육을 위한 욕구를 어떻게 충족시킬 수 있는지 고려해야 한다. 장애정책의 기초는 장애인들의 요구와 바람에 관한 직업상담과 유용한 교제, 이해를 제공한다 (Schriner, 1995). 또 재활은 단지 재활전문가가 장애인에게 도움을 주는 일방적인 관계는 아니다. 장애인들도 재활전문가에게 영향을 미칠 수 있으며, 무엇보다도 재활과정에는 장애인의 적극적인 참여가 중요하다. 장애인 스스로가 하고자 하는 의욕과 잘 할 수 있다는 자신감을 가질 때만 좋은 결과를 기대할 수 있다.

서비스 전달체계는 서비스의 효과성이나 능률성을 높이는데 매우 중요한 요소로 인식되고 있어 장애정책과 밀접한 관계가 있다. 서비스 전달체계는 장애정책과 계획을 수립하고 집행하는 기능을 수행하고 있기 때문에 정책의 분석은 ① 자원 할당의 기초, ② 할당될 사회적 급여의 형태, ③ 사회적 급여의 전달전략, ④ 사회적 급여의 재원전달 방법의 과정으로 이루어진다. 그리하여 정책분석의

한 중요한 과정은 서비스 전달과정을 살펴보는 것이다.

이러한 분석틀은 선택의 차원으로 ① 할당의 기초는 “누가 무엇을 받는가”라는 문제, ② 수혜자에게 제공할 사회적 급여의 형태 결정, ③ 전달 전략에 관한 것이다. 서비스 전달은 주로 재활서비스 조직을 통해 이루어지고 있는데, 이는 서비스 전달체계의 주요 기능이 된다. 그리고 마지막 선택차원은 서비스를 제공하는 재원조달 방법이다. 이는 재원조달 방식이 공적인가, 사적인가 아니면 이들의 혼합인가를, 그리고 이용하는 정부의 수준과 공공재원의 조달을 위한 세금 등에 관한 것을 결정하는 것이다.

민간부문은 다양하고 복잡한 사회문제에 대처하여 융통성 있는 다양한 프로그램을 실시할 수 있고 서비스의 효율성과 질을 높일 수 있지만 정부를 대신할 수 있는 재원을 마련하는 능력이 있는 것은 아니다. 장애인에게는 서비스를 선택하고 거부할 수 있는 자기결정권을 지닐 수 있어 시설 운영자에 대해 영향력을 갖춰나가는 것이 필요하다. 민간부문의 문제로 비전문성, 과다한 종교적 관여, 재정부족, 우수한 인력 확보 미흡 등이 지적되고 있다. 정부의 역할을 축소하려 하고 비현실적으로 적은 보조금을 민간 법인에 지원하면서 민간에 의존하려는 정부의 정책이 서비스의 질적 저하를 초래하고 있는 것이다.

공적 책임 아래에서 민간주도형의 서비스제공이 추진되면 공적 책임은 민간사업에 대한 관리 통제적 기능을 가지며, 그 공적 책임성의 비중도 높아진다. 장애문제를 보는 시민들의 의식 변화 역시 행정적인 제도에 의해서가 아니라 민간의 노력이 이루어낸 성과물이라 할 수 있을 것이다. 공사책임분리에 따라 나타난 공적 책임성에는 민간사업에 대해 민간 노력의 자발성을 보장하고 사회서비스에서의 인권성을 보장하기 위하여 통제력을 강화해야 하고 개별 실정법에서 명기해야 할 생존권보장의 책임이 있다는 것 등의 세 가지 의미가 혼재한다 (송근원, 1994). 생활시설의 문제에 더하여 혜택을 누릴 수 있는 재가 장애인들은 전체 장애인 중에 극히 일부에 국한되어 있다.

2) 재활서비스의 수요와 공급과 장애등록

물질적 이익과 비용에 관련하여 한쪽 상지가 절단된 사람이 지하철 신문 가판

대에 앉아서 일하는 것은 사회복지비용을 축소시킴으로써 재활대상자와 납세자 모두를 이롭게 한다. 스웨덴에서 장애인 직업재활은 장애인 정부위원회에 의해 1943년-1948년까지 이루어진 광범위한 투자의 결과에 의해 직접적으로 만들어졌다. 이러한 재활서비스를 수요와 공급의 측면에서 살펴보자.

① 서비스 수요

서비스에 대한 전체 수요는 인구 내에서 대상자의 수와 서비스에 대한 1인당 수요에 의해 영향을 받는다. 1인당 서비스 수요는 비인구 통계학적 요소에 의해 일차적으로 결정될 것이다. 그러나 1인당 수요가 변하지 않고, 인구 크기가 증가하면 대부분의 서비스에 대한 전체 수요가 증가하고 반면에 전체 인구 크기가 감소하면 전체 수요도 감소한다 (Weller, Terrie, & Serow, 1990).

② 서비스와 자기결정권

권한부여, 선택의 문제가 현재의 재활서비스 체계 내에서 장애인들에게 많은 제한을 가하고 있다. 프로그램의 책무성에 대한 요구와 소비자의 참여가 소비자의 재활서비스에 대한 만족도를 설명해 줄 수 있다. 미국에서 재활법 개정안 등의 효과적인 실행에 대한 평가는 소비자의 만족도에 따르게 된 것이다. 서비스 이용자 만족도에 따른 결과는 서비스 이용자의 전체적 만족도를 평가하고 다양한 하위 이용자 그룹에 대한 서비스 전달의 효과성을 평가하고 기관 및 재활전문가의 수행성을 평가할 수 있게 해준다.

전문적이지 못한 장애인 시설의 수익사업은 이미지만 실추될 뿐 실질적인 재정 확보에는 별다른 도움이 안 되는 경우도 있다. 대부분의 장애인 시설에서 주로 이루어지는 일들도 영세한 자본으로 시작하기 쉬운 농작물 경작, 축산, 단순생산 등이어서 수익이 열악하다. 이러한 시설 서비스를 선택하고 거부할 수 있는 자기결정권을 내담자에게 실질적으로 보장하여 시설운영자에 대해 영향력을 갖춰나가는 것이 필요하다.

서비스 이용자의 권리와 의견에 대한 사회적 관심이 높아지고 전통적 평가의 타당성에 대한 의문이 제기됨으로써 소비자의 만족도 평가와 같은 성공적 재활을 측정할 방안이 고무되었다. 이용자 만족을 정의하는 명확한 이론적 틀은 없으나 평가는 형식, 용어, 목적에 따라 다양하다. 시설분야의 개선을 위해서는 ① 시설의 사회화, 대형시설의 대체 등과 같은 개선, ② 시설운영 주체의 다양화와 운영의 투명성 확보, ③ 직업재활을 포함하는 재활서비스 수행의 질적 향상, ④ 프로그램에 관한 평가 시스템, ⑤ 적재적소의 전문가 투입에 대한 논의가 필요하다.

고용과 관련하여 우리나라는 재원마련의 이유로 처벌위주의 장애인의무고용할당제 (punishment-oriented quota system)에만 의존하여 장애인 고용에 대한 부정적 이미지를 심화시키고 국가의 책임을 기업에 전가시킨 반면, 직업훈련분담금, 공해분담금, 산재보험, 기타 규제적 조치들로 인해 국제경쟁 시대의 위기에 직면한 국내기업들의 욕구에 제대로 부응하지 못하고 있다. 어떤 목적을 추구하든지 기본 수단으로 도덕성과 투명성의 확보가 무엇보다 중요하다는 점을 보여주는 하나의 교훈이 되고 있다.

특히, 우리 사회의 심각한 문제인 140만 명으로 추산되는 정신장애인은 2000년 관련법의 개정을 통해서 국가 고용정책과 복지정책의 적용대상이 되기 시작했다. 1995년 정부의 장애인 생활 실태조사에 의하면 장애인 가구의 연 평균소득은 일반가구의 64% 수준에 불과하고, 전체 장애인 가구의 12.1%가 생활보호대상자로 국가의 보호를 받고 있는 것으로 나타났으며, 장애인의 취업률은 38.4%에 그치고 있다. 대졸이상의 학력이 일반인은 16.1%이나 장애인은 6%, 고졸이하가 일반인이 32.2%인데 반하여, 장애인은 61.2%로 나타나 아직도 교육기회의 형평측면에서 문제가 있음을 알 수 있다.

이러한 바탕에는 장애를 지닌 가족성원들을 숨기고 수치로 여기던 우리의 관습과 일반 대중의 차별적 태도가 자리잡고 있다. 정부의 각종 서비스프로그램을 이용하기 위해서 동사무소, 의료기관에서 장애등급을 판정받고 장애인 수첩을 소지해야 하는 등 장애인을 낙인시하고 (labeling) 열등감을 심화시키고 있는데, 장애인은 자기 부양능력이 부족하고 의존적이거나 무능하고 열등하다는 전제에 기인한 차별과 편견은 무료입장, 항공료 및 통일호 열차운임료 50%할인 등과 같은 온정주의적 공공정책으로 표현되어 장애인의 완전참여와 평등이라는 철학과 입법취지와는 부합되지 않는다. 특히, 장애인 등록제도는 장애인의 정상화 (normalization) 철학과 정면으로 배치되는 것이다.

장애인의 전인적인 재활을 위해서는 의료적, 사회심리적, 교육적, 직업적 재활

등의 종합적인 서비스가 동시에 주어져야 한다. 이러한 종합적인 서비스를 계획하기 위해서는 개별화된 구체적인 정보와 자료가 필수 불가결하므로 장애인등록을 통한 자료 수집은 필요한 측면이 있다. 그러나 장애인 개개인의 신상을 국가가 별도로 관리해야 하는지의 문제, 국가행정 기록의 비연속성 등의 문제들이 제기되며, 무엇보다 장애인인구의 '과소 파악현상'이 가장 큰 단점으로 지적되고 있다. 1988년 11월에 전국적인 장애인등록제도가 실시되었으나 장애인의 시각에 의해서가 아니라 행정가의 시각에서 단순 분석되는 불합리성이 있었다. 즉 등록에 따른 긍정적인 측면이 이차적 이득을 등록유인책으로 제시하였으나 이차적 이득에 따른 부정적인 측면 (낙인)에 관해서는 고려하지 못한 것이었다.

현재의 장애인복지시책이 31가지 이상이 되어 외형적으로 장애인복지가 많이 향상되었다고 말하고 있으나 연금지급과 같은 소득보장 등이 이루어지지 않고 있으며 지하철 요금, 국·공립 박물관 및 공원이용료 면제 등 과시적이고 시혜적인 시책이 주류를 이루어 이러한 시책들은 장애인 스스로에게 장애인이라는 낙인과 의존성만 더 부여하고 있는 실정이다. 혜택을 보다 많이 받기 위한 사회적 이유로 장애 재진단을 요구하는 등 장애인 등록제도의 오용, 남용현상이 나타나고 있으며, 현행 장애등급 기준표가 신체적 손상 또는 기능장애에만 초점을 맞춘 의료적 등급만을 사용함으로서 장애인의 일상생활능력, 교육 및 작업능력, 사회적응능력 등이 반영되지 못하고 있어 장애등급이 장애인의 통합적인 재활지표로서의 역할을 하지 못하고 있다. 또, 장애등급이 객관적이지 못하여 동일 장애인의 장애등급이 진단기관에 따라 달리 진단되는 등 인위적인 등급이 만들어지고 있다. 지체장애인의 경우 마비 및 절단 부위별로 등급을 규정하고 장애인의 능력은 고려치 않아 등급이 높은 장애인의 능력이 더 우수한 경우도 있다. 사실 장애인을 영속적으로 의존적이게 하는 시혜자와 수혜자로 가르는 서비스프로그램을 경계하고 전문가와 서비스이용자가 대등한 상호의존적인 관계로 나아가야 할 것이다.

정책입안자들의 온정주의적 태도로 인해 만들어지는 의존성을 조장시키는 복지정책에 대해 경계하고 장애인들의 독립심과 자치성을 높여주는 재활정책을 수립, 시행하도록 하는 일이 필요하다. 또 장애정책은 사회의 공유된 가치를 기반으로 하는 정책적 행동과 결정을 통해 이루어지므로, 사회의 의식과 태도변화에는 장애를 지니지 않은 다수의 비장애인들의 협조가 필수적이며, 인간이 부과한 장벽들을 제거함으로써 바람직한 장애인 재활과 복지상태가 성취될 수 있다.

<토론주제>

1. 사회적 약자의 신분인 소수자는 이해부족으로 인해 존중받지 못할 위험에 놓여 있다고 가정할 때 이들의 삶의 질을 보장하기 위한 구체적 방안들을 논의해 보시오.
2. 존재적 실존양식의 전제조건은 독립, 자유, 이성이며, 가장 본질적 특성은 능동성이다. 인간의 힘을 생산적으로 사용할 수 방식들을 장애인 삶의 질과 관련지어 논의해 보시오.
3. 기쁨은 생산적 활동에 수반되며, 쾌락은 절정의 체험이다, 기쁨이 없는 쾌락이 만연되어 있는 오늘날 자기실현의 목표를 향해서 나아갈 때 기쁨을 체험하게 된다. 자기 자신의 개인적 경험을 삶의 질에 비추어 구체적으로 토의해 보시오.

제9장

거시적 논의와 역량강화

제1절 정책적 접근과 평가

1. 정책분석과 평가

우리는 사회정책의 목적과, 정책대상자들이 어떤 취급받기를 기대하는가, 그리고 그들이 실질적으로 어떻게 취급되는가를 반드시 다루어야 한다 (Stevens & Wood, 1992). 예를 들면, 각종 재활이나 복지 서비스에서 적격성 eligibility 기준들의 변화를 살펴 보는 것이다.

의학적 모형은 장애에 대해 각종 의료적 증상들을 치료하거나 충격을 최소화시키고 적절한 처치를 하는 것으로 사람들이 문제를 가지고 있다는 전제 아래 있다. 그런 관점은 완벽하게 건강한 사람이 설정한 표준적 가정들의 범위에 기초를 두고 있다. 그러나 의학적 모형의 이러한 가정들은 도덕적 구성에 의문을 종종 제기한다.

정책이란 정부가 사회의 각 분야별 사회문화, 가치, 규범, 형태, 물리적 환경 등 사회적 상태나 조건들을 유지하거나 또는 변경시키고자 할 때 사용하는 수단인 것이다. 간단히 말하면 정책이란 정부가 어떠한 사회를 만들겠다고 하는 것을 결정하고 선택해 놓은 수단이다. 따라서 재활정책 분석에는 사회의 신념체계들이 재활서비스와 법률들을 어떻게 형성하여 왔는지 그리고 어떻게 이데올로기들이 사회화과정을 거쳐 장애정책들로 전환되어 왔는지를 살펴보아야 한다. 단순하게 생각할 때 이데올로기의 기능은 현상 (status quo)의 설명과 정당화하는 지배적인 신념체계 그리고 현상에 도전하는 상대적인 이데올로기들은 일반적으로 어느 사회체계 속에서나 찾아볼 수 있다.

정책은 정책목표, 수단, 대상, 산출로 구성되어 있다. 정책목표는 정책을 통하여 이룩하고자 하는 바람직한 사회 또는 상태이다. 정책수단은 정책목표를 달성하기 위하여 정부기관이 사용할 수 있는 각종의 수단이다. 정책대상은 정책의 집행을 통하여 구조, 가치관, 문화, 질서, 규범, 형태 등을 바꾸고자 하는 개인이나 집단 또는 사회적 · 경제적 · 물리적 조건들이다. 정책산출은 정책의 집행으로 나타나는 일차적인 결과인 것이다 (Dunn, 1944). 정책의 성격은 ① 목표지향적, ② 수단과 방법의 내포, ③ 변화대응적 성격, ④ 가치배분성, ⑤ 문제 해결 지향성, ⑥ 효과성, ⑦ 공식성, ⑧ 의사결정망의 포괄성, ⑨ 합리적 분석, 선택과 협상의 산물로서의 내면성, ⑩ 강제성과 제약성, ⑪ 결정수단의 상위성을 지니고 있다.

지식을 생산하는 과정으로서 정책분석은 다양한 형태의 탐구활동을 포함한다 (Dunn, 1944). 전문화된 활동으로서의 정책분석은 생산기술의 새로운 형태와 비교적 안정적인 인류의 정착 양식을 수반한 사회조직의 변화에 뒤따라 생겨났다. 18세기에 접어들면서 미국과 영국에서 처음으로 인구조사가 이루어졌고, 통계학(국가의 산술)과 인구 통계학이 전문 분야로 발전되기 시작한 것도 바로 이 시기였다. 19세기에는 정책관련 지식의 산출을 위한 방법에 중요한 변천을 겪게 되었는데, 자연과 사회에 관한 지식은 더 이상 권위와의 일치, 의식 또는 철학적 원칙에 따라 판단되지 않고 경험적 관찰과의 일관성에 따라 평가되었다. 그러나 이러한 변천은 경험주의와 과학적 방법의 기준에 의한 결과라기보다는 농업문명으로부터 산업문명으로 전환됨에 따른 불확실성 증가의 결과였다. 과학은 공리나 궁극적 원리를 드러냄으로써 그것으로부터 도출된 가치판단의 내적 일관성을 평가할 수 있다. 그러나 이러한 경험과학의 한계는 누구에게나 무엇을 해야 한다고 말할 수 없고 오히려 무엇을 할 수 있고 어떠한 상황 하에서 무엇을 하고자 한다는 것을 말할 수 있다.

제 2차 세계대전 후에 정책분석 발달을 위한 커다란 진전은 기술자, 전략연구가, 체제분석가 및 응용수학자들의 활동결과로서 나타나 '분석'이라는 생각은 문제를 근본적인 구성요소로 분리하거나 쪼개는 노력과 관련이 있게 되었다. 전쟁 후 분석 중심적 관점으로의 변화는 민간재단의 급속한 증가로 균형이 맞추어지게 되었다. 주요 정책대안은 공동체의 각 집단이 가진 상호 대립되는 가치관을 반영하며, 가치의 갈등은 정치체제의 정치적 권력의 불균형과 관련이 있다. 정책결정자는 갈등을 억누르고 정치적인 이유로 택해진 선택을 정당화하기 위하여 정책분석가에 의하여 생산된 과학적·기술적 정당화 논리를 사용한다. 역사적으로 정책분석의 목표는 정책결정자에게 정책 문제에 대한 해결책을 찾는데 있어서 이성적인 판단을 행사하기 위하여 사용될 수 있는 정보를 제공하는 것이다. 따라서 정책분석은 응용 사회 과학과 모든 면에서 비슷한 실제적인 성향을 갖는다. 공공문제의 해결에 기여할 정보의 산출을 위한 새롭고 보다 나은 절차를 개발하려는 노력은 단순히 과학적 혹은 지적인 임무가 아니라 근본적으로 정치적 성격을 띤다. 정책분석은 공동체의 각기 다른 집단이 상호 향상에 대한 자기 자신의 시각을 추구함에 따라 서로 가치관의 갈등을 반영하게 되는 정치적 과정에 묻혀 있다.

지식, 사회경제적 상태, 인종, 민족성, 언어 그리고 성의 차이점에 반응하는 관습들을 다루는 일은 해법과 관계된다. 세 가지 일반적인 방법들은 첫째, 우리는 그 차이점들을 무시할 수 있다. 둘째, 우리는 부수적인 차이점들을 비교해 볼 수 있다. 셋째, 우리는 비교보다 더욱 중요한 논거로 차이점들을 평가할 수 있다.

대중정책의 가치기준 사이의 선택은 건강, 부, 안정, 평화, 공정, 평등, 자유와 같이 종종 가치기준이 서로 상충되는 것들 사이의 선택에 달려있다 (Dunn, 1944). 하나의 가치를 선택하거나 우선순위를 정하는 것은 단지 기술적 판단만은 아니다. 그것은 도덕상의 이유와 능률을 개선하는 지식을 창조하려고 시도한다 (Dunn, 1944).

정책분석의 방법론은 인간문제 해결에 대한 많은 노력의 결과로서 다섯 가지 일반적 절차를 통합하였다. ① 정의, ② 예측, ③ 규범, ④ 서술, 그리고 ⑤ 평가라는 정책분석의 과정은 시간을 통해 배열된 상호 독립적 단계들의 계열로 구성될 수 있다 (Dunn, 1944). 정책분석은 정책결정 과정의 이러한 단계들 내에서 정책관련 지식을 창조하여 비평적 분석을 하고 전달하려고 노력한다. 이들 단계들은 시간을 통해 발생하는 활동원과 연결되고 이전에 채택되었던 정책의 결과에 관한 지식과 관련하여 다양한 정책적 지표에 의해서 정책들의 결과물과 영향들을 검토한다.

정책관련 지식의 전달은 종종 ① 정책분석, ② 자료개발, ③ 상호전달, ④ 지식이용의 4단계 과정으로 이루어진다. 정책 분석자들은 정책문제들, 정책의 미래, 정책활동, 정책결과물, 그리고 정책수행에 관련된 지식을 창조하고 비평적으로 평가한다 (Dunn, 1944). 평가는 개인의견이 아니라 사실적 증거수집과 발견을 위한 체계적 노력으로 주관적 사실과 객관적 사실의 균형이 필요하다. 평가에서 다루어야 할 일차적인 내용들은 서비스 단위로 이루어진 것을 결정하는 효과성, 적당한 이용자에게 잘 제공되고 있는지를 알게 해주는 접근성, 그리고 서비스가 내담자의 욕구에 알맞은가하는 적절성의 요소들이 고려되어야 한다.

<표 9> 정책결정 과정의 단계들

단 계	특 징	내 용
의제설정	문제 제기	검토와 승인을 통해 법안을 준비한다.
정책공식화	문제를 다루기 위한 방안과 정책을 공식화한다. 규정, 입법상의 결의의 형태	정책이 다루어져야 할 내용을 숙고한다.
정책채택	정책방안은 입법부의 과반수 법정결정의 지지로 채택	여성의 낙태에 대한 결정에 이른다.
정책수행	채택된 정책은 재정지원과 인적자원을 동원하는 행정단위에 의해 수행	병원은 새로운 법에 의해 추가적인 직원을 채용한다.
정책평가	입법부와 법원은 정부단위들이 정책의 법정 요구와 정책의 목적을 준수하였는지 아닌지 결정	회계감시원은 사회프로그램을 감사한다.

한 국가의 프로그램 및 서비스들을 통한 사회 모든 구성원들이 지닌 본질적인 인간 잠재력의 실현을 도모하는 일은 다원주의적 민주사회에서 매우 중요한 일이며, 그것은 내적 일관성과 포괄성을 지녀야 한다. 따라서 재활정책을 몇 가지 차원에서 고려해 볼 수 있다.

① 철학적 개념으로서의 재활정책

사회구성원들이 문제해결을 위해 노력하는 것이다.

② 하나의 생산물로서 재활정책

사회의 일탈과 와해를 개선하고 사회생활과 지역 사회조건들을 개선하기 위해 관련된 사람들에 의해 만들어진 결론들로 구성된다.

③ 하나의 과정으로서 재활정책

사회가 안정을 유지하고 구성원들의 상태를 개선하기 위한 기본적인 과정이다. 따라서 가치들과 조건들에 따라 끊임없이 변화하는 것이다.

④ 행동준거로서의 재활정책

행동을 위한 준거로서의 재활정책은 생산물인 동시에 과정이다. 따라서 관련된 집단의 조건, 가치, 구조에 있어서의 잠재적 변화들에 대한 맥락에서 수행된다.

사회정책의 개념적 모형에 있어서 일차적인 목적은 그 일반적인 영역인 초점을 발견하는 것이다. 정책 및 활동들의 범위, 목적, 내용은 삶의 질, 인간관계들, 생활 상황들 (situation)과 관련된다. 사회정책의 영역은 다음과 같은 세 가지 보편적이고 상황과 관련된 과정 혹은 사회적 기제들 (mechanism)로 나누어진다.

① 자원개발

생애 강화 등을 위한 자원, 상동 서비스 재료, 수정의 개발 우선 순위의 결정으로 본질적인 물질적 자원이 충족되면 비물질적, 비본질적인 자원이 요구된다.

② 노동, 과제 혹은 인력의 배분

사회 전반에 걸쳐 개발되고 배분되어야 할 구체적 과제들을 개인 혹은 집단에 할당하는 일

③ 권리의 배분

일반적인 권리 (entitlements) 과제, 보상, 제한 등을 통해 개인 집단에게 특수한 권리를 배분하는 것

2. 정책논의의 형태

정책논의의 형태는 정책 요구 속으로 정책과 관련된 정보를 전달하는 수레와 같다. 정보를 전달하는 여덟 가지 논의형태는 정보를 요구로 이끌어 내는데 사용되는 논의형태와 대조될 수도 있다.

① 권위적인 형태

이 형태는 권위로부터의 논의에 기반을 두어, 정보는 정치적 정보들을 만드는 사람의 사회적 지위나 성공이라는 기본적인 가정 하에 요구로 움직인다. 노련한 정치 관찰자는 정치의 장점을 인정하기 위한 요구를 논의의 한 부분으로 사용해 왔다.

② 통계학적인 형태

이 형태는 표본으로부터의 토의에 기반을 둔다. 정보는 표본 집단의 사람들이 집단에 포함되어 있지 않은 사람들에게도 동일하다는 전제 하에 전달된다. 예를 들면, 30명 혹은 그 이상의 무작위 표본에 의한 사람을 모집단을 대표하기 위해 표집한다. 또한 비확률 표본들이 모집단을 대표하기도 한다.

③ 분류적 형태

이 형태는 구성원들의 토의에 기반을 둔다. 정보는 분류된 사람들이 명확하다는 가정 하에 전달된다. 예를 들면, 분류적 토의는 개인 속성을 가진다는 대전제 아래 이루어지기 때문에 타당하다. 성별, 인종 차별 혹은 이념과 같은 것이 종종 분류적 토의형태에 포함된다.

④ 직관적 형태

이 형태는 통찰력으로부터의 발생된 전제에 기반을 둔다. 정보는 정책관련 정보들을 만드는 사람들의 내적 정신상태에 관한 기본적 전제 아래에 이루어진다. 예를 들면, 국회의원들의 관찰력, 판단력, 잠재된 지식들을 특별한 충고를 수용하기 위한 토의의 한 부분으로 인용한다.

⑤ 분석적 형태

이 분석 중심적 형태는 방법으로부터의 토의에 기반을 둔다. 정보는 방법의 정당성이나 분석가에 의해 채택된 타당한 방법들과 규칙들에 관한 기본적 전제 하에 전달된다. 예를 들면, 정치적 권리 (요구)는 정치분석가들이 잘 쓰는 수학, 시스템 분석, 경제에서 유래된 "보편적 선택의 법칙"이라는 토의에 기반을 두고 나올 것이다.

⑥ 해석상 (설명적) 형태

보편적으로 선택된 규칙들에 근거한 전제에 의해 수학, 경제학, 체제 분석 등 정책분석가들이 사용한 정보가 전달된다. 예를 들면, 정책주장은 조직적 행동이나 정책결정에 관한 이론들 속에 담고 있는 법칙들이다. 일반전제들에 기초하여 설정된다.

⑦ 실용주의적 형태

이 형태는 동기부여, 유사성, 동일사례에 의한 토의에 기반을 둔다. 정보는 동기부여적 목적 가치 그리고 의도에 관한 기본적 가정에 기초한다. 의사결정면이나 둘 이상의 의사결정 사례들의 유사성에 관한 전제들에 기초한다. 예를 들면, 정책주장은 어떠한 목표달성에 관한 동기와 같은 도구로써 기본이 된다.

⑧ 가치-비평 형태

이 형태는 윤리학에 논의의 기반을 둔다. 정보는 공정이나 부정, 옳고 그름과 같은 결과들에 관한 전제에 기초하여 전달된다. 예를 들면, 정책주장은 평등과 같은 도덕적 원리나 특별한 집단의 도덕적 타당성과 같은 윤리적 규범들에 의해 설정될 수 있다.

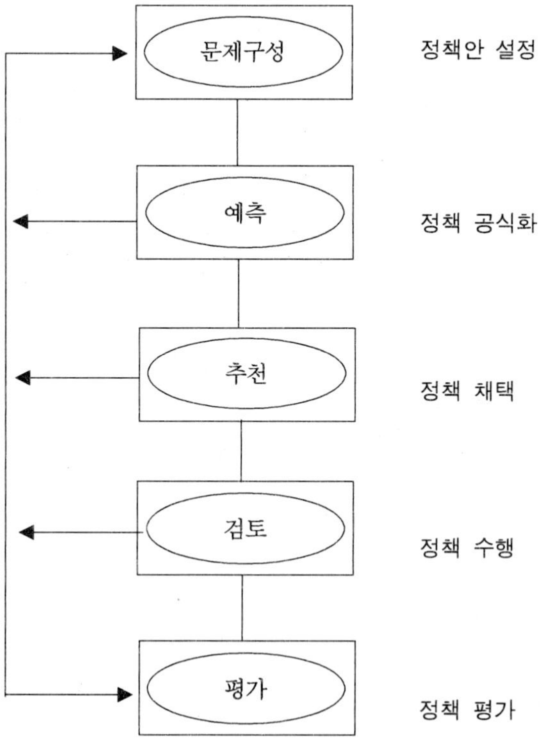

<그림 13> 정책 결정의 단계

3. 재활서비스 평가

재활서비스에 대한 인도주의 철학은 삶의 구체적인 성취와 그 결과에 초점을 맞추게 된다. 성공적인 고용, 독립생활 그리고 지역사회의 참여가 재활서비스 프로그램의 최종적인 목표가 된다. 이러한 전망은 내담자 스스로가 인식한 개인의 적응과 성격의 변화 그리고 기대된 행동의 결과에 대한 성취를 나타내는 것이고 내담자 이익의 측정을 포함한다. 많은 측정 도구들은 일어나게 될 변화를 계산하거나 일어나는 사건을 목록화하거나 내담자의 진보를 평가하기 위해 사용되어지곤 한다. 재활에서 내담자의 성공을 설명하거나 기여하는 요소들을 이해하고 경제적 사회적 모든 결과들을 고려하게 된다.

Bolton (2001)은 재활결과 평가를 위해 22개의 측정도구를 사용하였다. 22개의 도구들은 네 가지 기본 영역을 다룬다. ① 경제(E), 직업(V), 또는 심리사회적(P), ② 협회(A), ③ 내담자(C), ④ 고용주(E) 전망이다. 내담자들의 노력에 대한 영향을 평가하기에 유용한 점으로 발견하게 되는 실제적인 정보를 제공하는 22개의 도구들은 네 가지 기초적인 측정에 대한 결과에 따라 분류하고 있다. 첫째로, 모든 도구는 변하기 쉬운 3개의 종류 (경제, 직업, 또는 심리사회)중 하나 또는 그 이상의 평가를 한다. 둘째로, 도구의 대부분은 3개 (협회, 내담자, 고용주)의 관련 전망 중 적어도 하나로부터 정보를 얻는다. 셋째, 각 도구는 3영역 (초기점수, 두번째 점수의 요소, 총 점수)에서 하나 그 이상에서 총 점수에 대한 정보를 제공한다. 마지막으로 서비스 시작 전에 초기 평가, 사례종결, 사후지도의 각 도구는 한번 또는 그 이상 사용된다.

22 가지 도구의 이름을 나열하면 다음과 같다.

ⓐ 장애수용척도 (Acceptance of Disability Scale: ADS)
ⓑ Becker 직업적응 프로파일 (BUNAP)
ⓒ California 심리검사 (CPI)
ⓓ 장애요인 척도- 일반 (DFS-G)
ⓔ 고용성숙도검사 (Employability Maturity Inventory Computer Report: EMICR)
ⓕ 기능평가검사 (Functional Assessment Inventory: FAI)

ⓖ 장애문제검사 (Handicap Problems Inventory: HPI)
ⓗ 독립생활 행동검사 (Independent Living Behavior Checklist: ILBC)
ⓘ 미네소타 만족척도 (Minnesota Satisfaction Questionnaire: MSQ)
ⓙ 미네소타 고용만족 척도 (Minnesota Satisfactoriness Scales: MSS)
ⓚ 미네소타 고용 경험 검사 (Minnesota Survey of Employment Experiences: MSEE)
ⓛ 개인 독립성 척도 (Personal Independence Profile: PIP)
ⓜ 예비 진단 척도 (Preliminary Diagnostic Questionnaire: PDQ)
ⓝ 개인의견척도 (Personal Opinions Questionnaire: POQ)
ⓞ 정신진단 면접지 (Psychiatric Diagnostic Interview-Revised: PDI-R)
ⓟ 재활득점척도 (Rehabilitation Gain Scale: RGS)
ⓠ 재활지표 (Rehabilitation Indicators: RIs)
ⓡ 서비스 성과 측정 척도 (Service Outcome Measurement Form: SOMF)
ⓢ 16인성요인 질문지 E형 (Sixteen Personality Factor Questionnaire-Form E: 16PF-E)
ⓣ 직업행동체크리스트 (Vocational Behavior Checklist: VBC)
ⓤ 직업적응척도 (Work Adjustment Rating Form: WARF)
ⓥ 직업인성프로파일 (Work Personality Profile: WPP)

4. 내담자 평가

재활서비스의 제공과 관련하여 내담자 평가는 항상 중요하게 고려된다. 서비스에 대한 내담자의 만족은 접근성 서비스를 제공하는 직원, 장애와 환경, 서비스의 내용과 질 등 여러 측면에서 나타나게 된다. 장애는 장애를 입은 사람 내부의 결핍이나 결함을 나타내는 생물학적 장애로 보는 것과 같이, 장애에 대한 우리의 사고를 의미있게 조형하도록 하여 왔다. 사람들은 자신을 중심에 두고 독특한 시공간적 틀에 따라 세상에서 그들의 존재를 구성할 수 있다. 그들이 있는 곳을 공간적으로나 시간적으로 확인할 수 있고 다른 사람들과의 관계와 세상에서 자신이 누구인지를 확인할 수 있다. 이를 ① 개인 정체성, ② 가족 정체성, ③ 직업적 정체성, ④ 정치적 정체성, ⑤ 윤리적 정체성, ⑥ 도덕적 정체성 등으로 이야기하기도 한다.

내담자 평가를 위해 중요한 점들은 아래와 같다.

① 내담자들이 만족할 수 있도록 한다.

② 공간, 기술, 서비스 전달을 보조하는 행정 서비스의 비용을 효율적으로 한다.

③ 서비스 전달 단계의 어떤 과정에서라도 고용 기회에 접근 할 수 있도록 한다.

④ 서비스를 개별화하고 서비스에 편리하게 접근할 수 있도록 한다.

⑤ 보다 효과적인 지원과정을 확립한다.

⑥ 결과에 보다 초점을 맞추고 내담자의 요구와 필요에 대한 관심 집중과 열린 대화가 필요하다.

⑦ 끊임없는 개선 방법과 전략이 필요하다.

⑧ 직원을 개발하는 투자를 해야한다.

⑨ 내담자의 요구를 충족시켜야 한다.

⑩ 기술에 투자한다.

⑪ 현명하고 더 효율적으로 일하는 방법 갖도록 보조해야만 한다.

⑫ 결과에 대하여 높은 수준의 기대를 해야 한다.

⑬ 주요한 결과를 매일의 운영과정에서 사용하도록 한다.

제2절 역량강화의 원리

1. 원 리

지난 세기동안 일어난 소련체제의 붕괴와 중공의 개방정책과 같은 변화는 이념의 대립양상에서 나아가 예측하기 힘든 문명의 충돌이라든지 민주주의와 자본주의의 대결이라는 새로운 세계질서와 환경을 만들어 내고 있다. 이러한 변화는 우리 사회의 내부에서도 살펴 볼 수 있는데 동아일보 2004년도 1월 3일자 (토요일) 2면은 2003년에는 2003년에 비해 30대 근로자 5명 중 1명이 직장을 잃거나 일을 그만 둔 것으로 보도하고 있다. 15세에서 29세 사이의 청년 실업률은 8%이며, 앞으로 더욱 가속화 될 것으로 전망하고 있다. 또 고학력 현상은 전문대졸 이상의 신규 노동시장 진입자가 과거 1990년에는 35.6%이었으나 2002년에는 75.4%에 이르고 있으며, 370만 명에 이르는 금융상의 신용불량자 문제는 우리나라 경제활동 인구의 5명당 1명이 재산상 파산상태에 놓여 있다는 것을 가리킨다. 2012년에는 약 600만명이 금융채무 불이행자로 파악되었는데, 이는 성인 4명중 1명이 채무를 지고도 전혀 갚지 못하고 있다는 이야기이다. 산업구조에서도 지난 10년 간 제조업 일자리 수는 74만 개가 감소되고 농림어업에서도 60만개의 일자리가 감소된 반면, 서비스업에서 448만 개의 일자리가 증가하였다. 산업구조의 변화와 생산과정의 변화는 경기변동과 더불어 노동력 수요에 크게 영향을 미친다. 이러한 변화는 장애인 직업재활 분야에서도 예외가 아니어서 재활전문가는 2,000여만 개의 일자리 속에서 자기 자신과 장애인 내담자를 준비시키지 않으면 안 되게 되었다.

전통적으로 재활서비스는 일차적으로 기능회복과 재훈련(retraining)에 초점을 두고 장애인의 심리적 조건이나 신체적 조건, 혹은 둘 모두를 변화시키는데 치중하였다. 그러나 재활잠재력에 큰 영향을 미칠 수 있는 환경적 요인들 중에 중요한 것은 유용한 서비스의 본질이라는 인식이 증대되어 오면서 재활 전문인력의 능력과 전문성, 경제적 자원, 지역사회 서비스에 대한 관심을 두게 되었다 (Nagi, 1969).

2003년 11월 중국 베이징에서는 국제장애인권리협약 제정을 위한 UNESCAP 및 지역회의가 열렸다. 이 정부 간 회의에서는 아·태지역 약 21개국 80여명의 정부, 장애관련 NGO 대표들이 참석하여 장애인의 권리증진을 위한 국제적인 선언문을 채택하였는데, 주로장애인의 경제, 사회, 정치적 권리에 초점이 맞춰졌으며, 차별금지와 평등권이 협약의 기초 원리로서 대두되었다. 우리나라에서도 장애인의 역량강화와 삶의 질 향상에 대한 관심이 어느 때보다 높아지고 있다.

장애 유무와 관계없이 사회구성원은 모두 공동선의 조성을 위한 응분의 사회적 기능에 적극 참여할 의무를 지니며, 동시에 공동선을 부여받을 권리를 가지고 있다. 개인의 사회공동체에 대한 권리와 의무의 선언은 모든 현대 국가들의 헌법정신에서 나타나고 있다. 또한 개인과 공동체 모두는 지속적인 갱신과 변화를 통해 유지, 발전된다. 그러나 공동체는 개인의 특유한 활동을 억제시키거나 촉진시키기도 한다.

역량강화는 문제에 당면한 당사자들이 그들의 문제를 스스로 해결하기 위한 방법에 대하여 배우고 학습하는 것이다 (Hogan, 2000). 문제해결 능력이 박탈된 역량의 회복이 없이는 역량을 이야기하기 어려우며, 따라서 역량강화는 개인이 자신의 문제와 상황에 대한 책임을 인식하는데서 출발한다고도 볼 수 있다. 이러한 역량강화 활동은 흔히 개인, 조직, 그리고 지역사회 수준에서 다루어진다.

Hopson & Scally (1981)는 역량강화는 일회성이거나 종결적인 것이 아니며, 모든 인간이 경험하는 과정이라고 지적한 바 있다. 우리는 삶의 과정에서 우리 자신의 존엄성과 우리가 개발할 수 있는 기술 그리고 환경의 영향에 따라 어느 정도는 역량강화가 있었던 것을 기억한다. 다른 점이 있다면 역량강화에도 개인차가 있다는 점이다.

역량강화는 사람들로 하여금 자신들을 정의하고 자신들의 정체성을 구축하도록 한다. 소수가 아닌 모든 사람의 역량이 증가된 것을 강조한다. 역량이 증가되었다는 것은 증가된 역량만큼 책임이 뒤따름을 의미한다. 역량강화의 부분적 요소는 자신의 삶에 영향을 미치는 결정에 대한 통제력을 상실하게 하여 자신을 정의하고 정체성 구축하도록 하는 능력을 저하시키는 활동과 행동을 인지하는 학습 과정이다. 무엇에, 어느 점에 집중을 할 것인가를 선택하는 것도 역량강화적 사고이다.

자조적 역량강화 (self empowerment)는 자신과 자기의 삶에 대해 점차로 더 큰 책임을 감수하는 것을 의미하며, 정체성의 확립 등 자신의 삶에 영향을 미치는 결정을 통제할 수 있는 능력을 획득해 나가는 학습 과정으로 볼 수 있다. 따라서 역량강화는 하나의 지속적 과정이며, 역량 곧 권력 그 자체로는 가치중립적으로 본다 (Hogan, 2000).

권력의 형태에는 합법적 권력, 보상적 권력, 강제적 권력, 전문가 권력, 관계성의 권력이 있다. 동산, 소득, 부와 같은 형태의 권리는 상속에 의해 다음 세대로 이전된다.

여러 가지 형태의 착취와 차별이 존재하는 자본주의 경제체제에서 권력의 확보는 개인이 시장에서 서비스와 상품, 그리고 생존에 필요한 자원을 점유하는 하나의 중요한 자원이 된다. 따라서 권력의 배분은 자연스럽게 국가의 기능과 개인의 일상생활에 있어서 중요한 부분이 된다. 개인의 직업도 특정한 형태의 권력이라고 볼 수 있다. 직업에는 사회적 가치, 위세, 존재방식, 생존활동, 생명강화와 자원분배 등 많은 요소들이 녹아 들어가 있다.

역량강화가 이루어지려면 이러한 권력에 효과적으로 작용하는 실로 다양한 전략과 방법의 동원이 필요하다. 이것은 삶의 한 단계에서 이루어지고 종료되는 것이 아니며, 역량강화와 관련된 추상적인 개념은 전략적 사고와 방법으로 전환시키는 것이다.

역량강화적 재활상담의 목표는 장애를 지닌 사람들이 직면한 문제와 잠재력에 대한 스스로의 이해를 통해 기능적인 독립을 성취하고 효과적인 적응을 성취할 수 있도록 원조하는 것이기 때문에 임상에서 상담을 진행하는 재활전문가는 각종 장애에 대한 포괄적 기초 지식과 이해를 필요로 한다 (Riggar, Maki, & Wolf, 1986).

2. 역량강화 촉진 모형

역량 혹은 권력(power)이라는 주제는 전혀 새로운 것이 아니다. 새로운 것이 있다면 이제는 권력의 이동(power shift)의 시대에 살고 있다는 것이며, 금전, 이미지, 정보 등 과거의 막강하던 권력이라는 개념이 여러 가지 양상을 띠고 우리 앞에 등장해 있다는 것이다.

자유 시장경제 아래에서는 상품과 서비스가 개인의 소득력에 따라 구매된다. 따라서 사람들의 구매력의 양과 질은 크게 자신의 소득크기와 자원의 정도에 따라 결정된다. 구매력은 일종의 권력 (purchasing power)이 된다. 궁극적으로 복지국가에서 구매력은 다시 부를 야기시키는 소득의 범위, 직업의 안정성과 보상수준, 정부로부터 지급받는 간접적 직접적 보상수준 (transfer payments)에 영향을 받는다 (Gil, 1981).

이러한 많은 사회변화에도 불구하고 아직도 권력은 소수의 힘이 있는 사람들의 소유물로 남아 있는 듯하고 너무 추상적이고 이론적이어서 쉽게 접근하기가 어렵다. 사람들이 관심을 갖는 역량강화란 한 마디로 삶 속에서 당면하게 되는 문제를 해결하고, 삶을 이끌어 나갈 수 있도록 하는 선택이며 능력인 것이다. 권력이란 삶을 효과적으로 유도하고 문제해결에 필요한 여러 가지 대안들을 창조하여 항상 많은 사람들을 움직이고 관심을 끈다.

다른 말로 하자면, 역량강화는 자기 자신의 문제 상황에 대한 책임의식의 인식이라고 할 수도 있다. 결국 장애인에게 있어서 문제해결 능력을 박탈한 저하 된 역량의 회복 없이는 역량강화를 이야기 할 수 없기 때문이다. 여기서 흥미를 끄는 사실은 힘과 권력은 항상 한 자리에 있는 것이 아니고 자리바꿈을 하며 재정의 된다는 것이다.

역량강화는 자신을 이러한 주기 속에 포함시켜 자신이 소유하고 있는 힘 혹은 역량의 근원을 재발견하고 재 정의하여 새로운 이름을 부여하는 행위이다. 따라서 역량강화 그 자체에 '좋은 것'혹은 '긍정적'이라는 가치 판단을 주저하며, 단지 회복 된 역량을 어떻게 활용할 것들인가에 주목한다. 역량강화 주기는 각기 ① 역량박탈과 역량강화 경험의 상기; ② 역량박탈과 역량강화를 위한 이유 토론; ③ 하나의 문제나 과제 확인하기; ④ 유용한 파워베이스 인; ⑤ 행동계획 개발과 방법으로 이루어진다 (Hogan, 2000).

이러한 맥락에서, 역량강화(empowerment)는 장애인들에게 힘을 부여하고 권한과 능력을 부여하는 것으로 enabled의 뜻을 가지고 있다 (유동철, 2003). 최근 재활 분야에서 관심을 끌고 있는 이 역량강화 이론은 우리나라에서는 비교적 새로운 개념으로, 인사경영에서 인적 자원과 능력개발 (facilitation)의 노력의 일환으로 발전되었다 (Hogan, 2002).

인간관계 모형 (human relations model)에 뿌리를 두고 있는 역량강화 이론은 촉진훈련가들이 근로자들에 대해 집단적인 노력, 팀워크와 단합의 성취, 대인관계 문제해결을 위해 체계적인 훈련의 기초를 제공하였다.

20세기 교육개혁자들은 문제해결과 의사결정 과정에 능동적으로 참여하는 경험이 얼마나 많은 내적 성장기회를 사람들에게 제공할 수 있는지 보여주었으며, Knowles와 같은 학자는 권위주의적 교사역할에 비해 인간적인 격려를 중요시하는 민주적 교사역할이 교육적 효과가 더욱 크다는 것을 실증적으로 보여 주었다 (Hogan, 2002). 따라서 다음의 그림과 같이 Kolb는 네 단계의 학습 사이클로 제시된 실험적 학습 모형을 개발하였다. 이들은 훈련 (training) 보다는 학습장면에 참여하는 사람들 사이의 신뢰와 믿음을 강조하는 촉진 (facilitating)이라는 단어를 선호하고 있다.

사고와 행동이 지체된 장애학생들에게는 다양한 행동의 경험과 생활의욕을 높여 직업인으로서 필요한 기능의 습득을 통해서 전인적 발달을 이루고 장차 지역사회 속에서 독립적으로 살아갈 수 있도록 준비시키는 노력이 필수적이다. 역량강화는 한 개인으로서 우리 모두 각자의 책임이라고 생각한다.

그럼에도 불구하고 '역량강화 전문가' 또는 '역량강화 구조'에 의해서 역량강화는 촉진될 수도 있다. 따라서 역량강화에 관심있는 책임자는 조직성원들로 하여금 일상의 업무에 솔선하여 역량강화를 기할 수 있는 환경, 자원 및 과정을 제공할 수 있다. 조직 또한 역량강화를 위한 구조를 제공할 수 있지만 궁극적으로 역량강화를 할 것인지의 여부는 조직자체의 선택이다. 어느 누구도 억지로 '역량강화'를 강요할 수는 없다. 역량강화란 자신의 삶과 개발에 대하여 책임을 감수한다는 것이며 이 점은 아무리 강조해도 지나칠 수 없다.

즉, 역량강화를 통하여 결정에 기여하고, 프로젝트를 관리하며 또는 억압상태에 저항하는 등의 모든 과정에 대한 책임은 개인과 집단에게 있다. 우리는 또한 권력 · 힘의 윤리적 활용에 대해서도 민감해야 된다.

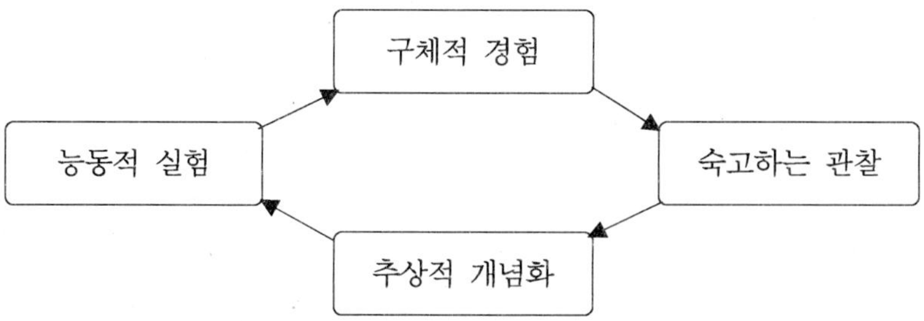

<그림 14> 실험적 학습모형 (Hogan, 2002, p. 29)

이론적으로 개인, 조직, 지역사회, 국가의 네 가지 수준에서 역량강화적 변화를

유도하는 과정을 다룰 수 있다. 개인적 수준에서 역량강화적 변화는 직장, 가정, 여가 생활에서 삶의 질을 변화시키고 자기주도적인 생활과 인적 개발을 통해 보다 효율적이고 자발적인 존재가 되는 것이며, 여기에는 책임이 뒤따른다. Hogan (2000)은 60 가지의 행동주의적인 역량강화 기법들을 소개하고 있는데 능동적인 듣기 (active listening)는 새로운 정보를 흡수하여 과거의 경험과 연결짓는 방식으로 개인을 역량강화시킨다. 즉, 자신의 이야기에 대해 상대방이 적절히 경청하는 그 자체만으로도 상당한 정도의 역량강화적 경험이 일어나고 내적 사고의 재구성이 가능하며, 경험이 개방적으로 논의되고 비교될 때 그 의미가 깊이 재해석되고 이해된다는 것이다.

Hogan은 기본적으로 구조화된 하루 동안의 워크숍 프로그램을 통해 자신이 고안한 역량강화 기법들을 장애인과 같이 역량 약화된 사람들에게 사용해 보도록 적극 권장하고 있다.

제3절 다양성의 해석과 역량강화를 위한 서비스 형태

한 개인은 다양한 집단에 속하고 개인의 행동은 자신이 속한 모든 집단들의 특성을 반영한다. 여기에는 지능, 욕구, 생활방식, 생활경험, 기질, 정신적, 정서적 그리고 신체적 특징의 조합이 포함된다 (Hardman, Drew, & Egan, 1996). 21세기의 새로운 인간상은 다양한 지식 정보를 활용하여 가치를 창조하는 다양성에 바탕을 두고 있다. 따라서 다른 사람들과 구별되게 만드는 인간 다양성은 흥미롭고 즐길 만하며, 생산적인 것이다 (Hardman et al., 1996). 이러한 다양성은 창조적 마찰을 가능하게 한다. 심지어 지구상의 모든 생물은 유전적 다양성이 낮으면 근친교배의 부작용으로 인해 각종 질병에 잘 걸리고 약해져 끝내 소멸되고 만다.

문화다원론자들은 인종, 민족성, 언어, 사회경제적 위치, 성별의 차이에 의해 발생하는 공평과 기회의 문제에 초점을 둔다. 다문화적 사회에서, 민족과 인종은 읽고 쓰는 능력 그 자체의 의미를 만드는 사람이다. 편견을 제거하도록 돕기 위한 기술을 발달시키는데 중요한 것은 상담사와 내담자 자신에 대한 행동을 스스로 분석하는 것이다. 행동이 나타내는 의미는 개인 자신의 지각에 의해 가리어져 있으므로 다른 사람의 눈을 통해 자신의 행동을 보는 것은 그 행동에 깊이 새겨진 문화적 편견을 제거하는 첫 번째 단계이다 (Stevens & Wood, 1992).

전문가의 자질은 다음과 같은 전문지식과 윤리를 토대로 이루어진다.

1) 자기분석

① 심리적 장, 단점, 전문가의 자세

② 부정적 가치관 (시각)의 극복

③ 가정교육(배경)

④ 성격의 개방성

⑤ 안목 (포용력), 상대를 폭 넓게 수용

⑥ 이타성, 사랑, 애정

2) 인간 구별, 차별, 내담자의 개인적 특성에 기초한 편견, 선입견, 스테레오타입 극복

① 개인에 대한 믿음: 인간관, 신앙, 문화적 배경, 가족 배경

② 사회적 인간관계: 사회관, 태도, 인생관

③ 경제적 결핍욕구

④ 객관성과 판단력: 폭넓은 상식과 직무만족, 개발 노력, 전문 가치체계에 대한 확인

⑤ 책임성

3) 정서적 특질

① 기질의 변동성

② 자기전문성의 한계 인식: 책임을 담당할 수 없다는 결정, 자신감

대체로 문화적인 요소는 어떤 사건이나 재해와 같은 외적인 요소에 대해서보다는 운명과 내적인 요소에 대한 통제에 대해서 차이점이 많은 것 같다. 우리가

필요로 하는 것은 다양성에 대한 열정이다. 차이와 다양성을 가치있게 여기고 찬양하는 문화 속에서 가치로 평가되는 것은 인간 경험의 풍부함과 다양성 그리고 각 개인의 창조적인 힘이다. 따라서 문화는 각 개인에 대해 깊은 존경심이 존재하는 곳에서만 출현할 수 있다.

소수집단들의 문화적 다양성은 문화의 양적 팽창, 내용의 다차원화와 다채널화, 그리고 광범위한 수준의 발전을 가능하게 한다. 이러한 다양성과 자기 자신만의 독특성을 인식하고 호감을 가지며, 그 진가를 이해하는 것이 사회적 생산성뿐만 아니라 사회구성원들의 자기확신감과 자기가치감을 강화시키는 경험에 이르게 한다.

1882년 미국의회는 중국인 배제법 (the Chinese Exclusion Act)를 제정하여 특정 이민자 집단이 미국 문화에 발생시킬 영향을 최소화하기 위해 노력하였다. 제한 없는 이민이 미국의 심장을 천천히 잠식해 갈 것을 우려한 초기 이민자들의 후손은 자신의 가치와 관습이 이 소수집단에 의해 변화되는 것을 불안하게 여긴 것이다. 따라서 당시에 보편적으로 영어를 사용하는 공교육은 존재하고 있는 미국문화에 사람들을 영속시키기 위한 최초의 공공기관이었던 셈이다. 도가니 이론과 동화 이론에서 한 걸음 나아가 문화다원론의 발생은 종종 문화적 스튜로 비유된다. 한 덩어리로 녹아지는 것보다 다양한 성분들이 서로 뒤섞이는 것이 단독으로 나누어지기보다는 풍부한 전체에 공헌한다는 것이다. 이 경우에 그 구성물은 완전하고 구별 가능한 것만 존재한다.

다양화는 정부가 단체가 주도해서 얻을 수 있는 결과가 아니라 자생적 현상이기 때문에 각자의 개성을 존중해 주면 저절로 생겨난다 (조벽, 2002). 다양화와 특성화는 서로 다를 뿐 수평적 구조를 지닌다.

현대 복지사회 구현에 있어 특히 재활이 추구하는 장애인의 권리운동과 사회통합은 인간 존엄성과 권리의 회복에 초점을 두며, 사회일원으로서의 권리와 의무에 대한 사회적 복귀에 있기 때문에 인간 다양성에 관심을 두게 되고 임상 전문가들은 문화적 민감성을 높이도록 요구된다. 인간은 누구나 서로 다르게 생겼지만 단지 다른 것에 그치는 것이 아니라 어느 정도 어떻게 다르냐 하는 것이 문제가 된다.

생물학적 요소와는 관계없이, 인종이라는 개념은 동일 집단 내에서 개인을 어떻게 보느냐와 집단 외부에서 어떠한 인종 집단의 성원들을 어떻게 보느냐와 관련하여 중요한 사회적 의미를 지닌다. 따라서 대부분의 심리전문가들과 상담전문가들의 훈련 시에는 인성, 정체감 형성, 행동형성에 영향을 미치는 문화적 효과들을 교육하게 되는 것이다. 재활서비스의 고안과 제공에도 이러한 원리가 변함없이 작용할 것이다.

<토론주제>

1. 모든 유형의 장애인들이 주요 핵심 생활영역에서 평등기회, 존엄성, 동등성을 보장받을 수 있는 역량강화 노력들, 옹호 노력들을 서술해 보시오.
2. 장애인 재활서비스의 전달행동과 전달체계에 영향을 미치는 전문가 역할을 토의 하시오.
3. 자기자신의 개인 경험들을 역량강화 촉진모형에 착안하여 논의하시오.
4. 장애인 재활에 있어서 공학, 상담, 교육, 의료전문가, 심리전문가, 사회복지사 등 팀웍 접근의 장, 단점을 논의해 보시오.

1) 장점:

2) 단점:

제10장

차별 탐구

제1절 심리적 측면

원칙적으로 장애인은 비장애인을 전제로만 존재성립이 가능해진다. 이러한 구분을 가능하게 하는 공통의 본질이나 속성이라는 것은 매우 상대적이며, 상황 의존적이다. 차별을 살펴보기 위해서는 차별의 주체인 차별자와 객체인 피차별자의 성격을 규명하고 그 동기를 파악해야 한다. 왜냐하면 인간의 의식과 사회구조와 태도를 변형시키기 위한 실천이 요구되기 때문이다.

심미적 불안은 개인의 미와 매력에 대한 광범위한 문화적 강조에 의해 일어나지만 실존적 불안은 장애인과 비장애인 관찰자 사이의 식별과정에 토대한 것으로 보인다. 예를 들면, 장애인을 채용하기를 꺼리거나 무자격자로 보는 태도는 실존적 불안을 반영한다. 장애인의 욕구에 적합하지 않은 환경에서는 실존적 불안보다 심미적 불안이 정당화하기에 더욱 어렵다 (Bogdan & Biklen, 1977). 사람들은 보다 심미적이고 성적 매력을 유지하기 위해 성형수술을 하며, 외모를 가꾼다 (Berstein, 1976).

장애인 (handicapped people)이란 용어는 자연적 혹은 객관적인 조건이라기보다는 사회적으로 창조된 것이다. 장애차별 (handicapism)은 인종차별, 성차별과 유사하며, 신체적, 정신적 혹은 행동적 차이로 인해 차별과 불평등을 촉진시키는 일련의 과정들과 실제들의 집합체이다. 장애차별은 그것이 어떠한 교육적 사회적

이익을 지닌다는 아무런 증거없이 장애 아동들을 특수학급이나 심지어 특수학교로 분리시키는 것과 같이 장애인에 대한 차별을 발생시키는 정책과 실제에서 일어나기도 한다.

심리적 측면의 면대면 접촉에 있어서 장애인과 장애를 지니지 않은 사람들은 서로 상대방에 의해 어떻게 지각될 지에 대해 긴장과 불안을 야기하게 된다. 사회적 수준에서의 장애차별을 강화시키는 것은 ① 미디어의 장애인상, ② 참여에 있어서 신체적 및 문어적 장벽, ③ 차별적 법률, 규칙, 규정들, ④ 기본적 사회조직으로부터의 제외라는 네 가지 영역에서 찾아볼 수 있다.

만약, 당신이 학력이나 경제력 때문에 관공서, 공중화장실, 전철 등에 출입이 금지된다면, 차별이라고 법에 호소하지 않겠는가. 휠체어를 이용하는 사람들은 이러한 접근으로부터 소외된다. 언어로 된 지시문과 공고문, 그리고 사회적 구조물과 접근성의 정도가 중요한 사회적 참여를 가로막을 때 장애차별이 된다. 또 장애를 지닌 사람들 스스로 삶의 방향과 의미를 견고히하는 심리적 정체성의 확립은 장애를 지니지 않은 사람과 다를 바 없이 중요하다.

장애차별은 재활에 대한 공식적 의무가 있는 조직과 제도 속에도 존재하는데, 법률, 규칙, 규정 등에 있어서 차별은 신체검사를 요구하는 직업, 특수목적고와 같이 제외규정을 둔 교육, 주류사회로부터 격리된 장애인 프로그램, 대중교통수단 뿐만 아니라 장애인 삶의 질을 개선시키고 서비스전달을 촉진하기 위해 전형적인 인구로부터 장애 인구를 격리시키는 다수의 전문가들에 의해서도 이루어진다. 또 장애인들을 위한 서비스체계의 문화와 구조가 장애차별을 촉진시킨다.

제2절 정치적 제도적 측면

정치적으로 차별을 수단화하고 있다는 느낌은 최근 정부의 여러 행태에서도 반영된다. 최근 국정홍보처장의 명의로 사회 각처에 발송된 서신에서도 나타난다. 예를 들면, 한국발전산업노조의 전력산업 민영화 반대파업과 관련한 서신은 사회 각계의 지도층을 형성하고 계신 여러분들에게 이해와 협조를 요청 드리기 위해 서신을 올리게 되었다고 표현하고 있다. 장애를 지닌 사람들이 직업사회와 같은 노동 세계르 진입할 수 있는 차별없는 과정을 만들기 위해서는 정치적 제도적 조건들을 장애인에게 알맞게 갖추어야 한다. 직업, 교용, 교육, 스포츠, 문화와 사회생활 측면에서 모든 권리보장을 위한 노력이 필요한데 개개인의 성질과 필요에 알맞게 조성되어야 한다. 정치적 제도적 차별을 없애는 것이 사람경쟁력 시대에 사회 모든 구성원들의 가치를 높이는 진정한 노력으로 평가 받을 수 있다.

제도적 차별은 학교교육 체계에서도 나타나는데 대부분의 외국어 고등학교의 경우 입학 조건의 하나로 해외거주 5년 이상을 전제하고 있고 청력장애, 시각장애, 언어장애, 그리고 정신질환을 학생의 수학 능력과는 관계없이 합격배제 조건으로 규정하고 있다. 차별과 관련하여 고정관념은 인지적 측면, 편견은 감정 측면, 그리고 차별은 행동 측면에서의 결과를 가리킨다.

이러한 차별문제와 관련하여 1964년 미국 개정 민권법 (Civil Rights Act)은 핸디캡에 기초한 차별을 특별히 금지하였고 1973년 재활법은 정부 재정지원을 받는 기관들이 불필요하게 분리되거나 상이한 서비스를 제공하는 것은 차별성 있는 것이라고 규정하였다 (Laski, 1979). 이 재활법은 그 기관으로부터 제공되는 모든 원조, 수혜서비스들은 장애인의 참여 기회를 거부하지 않아야 하며, 장애를 지니지 않은 다른 사람들에게 제공되는 것과 동일한 정도로 효과적으로 제공되어야 한다고 보고 그렇지 않으면 다른 사람들이 향유하는 원조, 수혜, 서비스의 기회, 권리, 특권을 제한하는 것이라고 문서화하였다 (Laski, 1979). 뚜렷한 차별요소뿐만 아니라 차별효과를 지니는 요소들까지 금지하여 국가는 소극적 동등처우에 그칠 것이 아니라 적극적으로 동등기회를 제공하는 것이 장애에 기초한 차별을 제거하는데 필수적이라고 본 것이다. 이 법의 법률적 강화는 ① 통합, ② 적극적 계획(action), 그리고 ③ 의미있는 서비스의 조건들에 초점을 둔다.

이와 관련하여 시카고 정부의 재정보조를 받는 모든 버스회사는 장애인에게 충분히 접근 가능한 버스를 구입하여야 하고 미국 교통부가 1973년 재활법 504장의 이행을 강제하도록 해야 한다는 Loyd 판결은 유명하다. 시카고 지역 운송국(Chicago Regional Transportation Authority)의 항소이유는 장애인들이 일방적으로 버스를 이용하도록 하는 보편적 접근(universal access) 대신에 장애인을 위한 별도의 특수 버스 서비스가 법규의 504장의 조건을 만족시킨다는 것이었다. 그러나 법정 판결은 시 정부와 기관들은 적극적인 (affirmative) 의무가 있으며, 불필요한 분리된 서비스를 금지한다고 하였다 (Laski, 1979).

뒤이은 적극적 행동조건의 판결에서도 청각장애 학생의 입학을 편의 시설과 서비스 제공에 필요한 추가비용을 이유로 거절한 대학의 항소를 기각하였다. 이러한 법원의 결정이 중요한 이유는 장애인이 효과적으로 이용할 수 있는 서비스의 기준은 서비스의 수정(modification)과 같은 처우를 통해 평등하게 제공받을 수 있어야 한다는 점과 소극적인 방식의 접근성만 보장하는 것과 같은 동등한 처우는 차별을 구성한다는 점이다. 심지어 1974년 Lau와 니콜스 사례에서는 비영어 사용 학생들에게 영어를 사용한 교육도 1964년 개정 민권법의 6장 (Title VI)에 대한 위반이라고 판정하였다 (Laski, 1979).

장애인의 자아상과 가치감을 고취시키는 것은 물론 장애를 지니지 않은 대상자들에 대해 올바른 의식을 심어 주어야 한다. 이러한 배려는 한 개인에게 그가 속한 사회의 문화와 기초적 삶의 기술을 가르쳐 주며, 자아실현을 할 수 있는 기회를 제공해 준다. 사회 속에서 장애가 형성되는 조건을 분석하고 소수집단에 대한 편견이 어떻게 역할을 하고 작용하는가에 대한 탐구는 우리 사회가 장애를 극복하는 계기를 마련해 줄뿐만 아니라 거시적 정책마련과 더불어 재활과정에 전인적 도움을 가능하게 하는 매우 시급하고 절실한 과제이다.

미국은 1948년 신체장애를 이유로 공무원 채용을 제한하지 못하도록 의회가 포고한 후 20만명이 넘는 장애인들이 이후 25년 동안 경쟁시험을 통해 연방정부의 직업을 갖게 되었다 (Arthur, 1967). 1965년 23만명을 채용하고 있는 402개의 연방정부 기관들에 대한 US Civil Service Commission의 광범위한 조사결과 그들의 10분의 1이상이 장애인 피고용자들로 노동력을 구성하고 있다는 것이 밝혀졌다 (Arthur, 1967).

또한, Civil Service Commission의 이 조사에서 신체적 최소 요구조건들을 설정하기 위한 분석결과 15,000개의 다른 종류의 정부직업들에 대한 수천개의 새로운 직업들이 공훈제도(merit system) 아래에서 장애인들에게 허용되었다 (Arthur,

1967). 오클라호마 시에 있는 틴커 공군부대(Tinker Air Base)의 피고용인들 중 약 20%가 신체장애인들로 구성되어 있다 (Arthur, 1967). 미 공군, 육군, 해안경비대(coast guard), 해군 모두 장애인 고용을 위한 조정관(chief coordinator)을 워싱톤시에 1960년대 이전부터 두고 있다 (Arthur, 1967).

택시회사에서 차를 바꾸면서 오토가 아닌 스틱으로 차를 뽑아 장애인을 한꺼번에 해고한 사건, 중도에 장애를 입어 쉬운 업무를 달라고 했더니 더 힘들고 바쁜 업무를 주는 바람에 퇴직할 수밖에 없었던 일, 장애 때문에 병가를 냈지만 더 이상 일을 할 수 없다며 복직을 시켜주지 않으려고 했던 일 등이 있다.

<표 10> 노동시장에서의 장애인 고용차별

구분	주요 내용
모집 및 채용단계	- 채용 공고에 장애인을 배제하는 문구나 신체 또는 외모에 대한 조건을 명시하여 장애인의 응시자격이나 기회를 제한 - 장애인의 접근성 등 장애에 적합한 시험환경의 부재 - 모집 및 채용단계에서의 정당한 편의 제공 부재 - 모집 및 채용단계에서의 장애인 여부 조사를 위한 의학적 검사실시
사업장 접근성	- 장애인이 사업장에 접근할 수 있는 정당한 편의 제공 부재
배치 및 직무조정	- 직무배치나 직무변경 시 정당한 편의 제공 부재 - 근로시간, 편의시설, 작업설비 공간, 출퇴근 차량 등의 배려 부재
교육 및 훈련	- 교육 및 훈련 시 정당한 편의 제공 부재 - 직무 수행능력 향상과 승진 기회가 부여될 교육 및 훈련 참여에 있어서의 장애인 차별
업무수행 및 의사소통	- 장애인근로자가 해당 직무를 수행하는 데 있어 비장애인과 동등한 근로조건에서 일할 수 있도록 하는 정당한 편의 제공 부재 - 비장애인근로자에게 제공되는 정보가 장애인근로자에게도 동등하게 전달될 수 있는 편의 제공 부재
시험 및 평가	- 시험 및 평가에서 장애인에 대한 정당한 편의 제공 부재
임금 및 복리후생	- 임금 및 복리후생에서의 장애인 차별
승진	- 승진에서의 장애인 차별 - 장애인이 승진을 위한 근무평정 절차에 동등하게 참여하기 위하여 필요한 정당한 편의 제공 부재
정년, 퇴직 및 해고	- 정년, 퇴직 및 해고에서의 장애인 차별
노동조합 가입 및 활동	- 노동조합 가입 및 활동에서의 장애인 차별
의학적 검사 및 기록	- 채용 이후 장애인 여부를 조사하기 위한 의학적 검사 실시

출처: 남용현, 최종철, 류정진 (2010). 장애인고용차별 체크리스트 개발, p. 54

장애인들이 교육훈련 기회와 관련된 차별의 예를 살펴보면, 장애인을 위한 직업훈련 직종이 너무 한정되어 있다는 것이다(장애인복지신문, 1990. 3. 2.). 2000년 한국장애인인권백서에 의하면, 초등학교 이하의 학력이 전부인 여성장애인이 80% 정도인데, 교육수준이 낮을수록 일상에서 더 많은 차별을 받는 것으로 나타났다. 교육에서의 차별은 교육지원, 입학거부, 전학거절, 입금거부, 편의제공 거절에서 찾을 수 있고 교내외 활동과 정보제공, 별도의 면접, 시험, 모욕, 비하행위, 학업 시수 위반과 같은 사례로 빈번히 일어난다.

「장애인고용촉진및직업재활법」 제3조는 서비스, 일상생활, 노동 등 여성장애인의 권리에 대한 내용이 담겨져 있으나 의무규정이 아니라 선언적 차원의 임의조항이고, 구체적인 시행령과 제도적 장치가 마련되지 않아 실효성이 떨어지고 있다.

여성장애인은 '장애'를 가졌다는 이유로 이혼과 함께 양육권 포기를 요구받고 심지어는 낙태를 강요받기도 하는데, 단적인 예로 지난 1999년 김홍신 의원의 조사에 의해 밝혀진 시설생활자들의 강제불임사건이다. 장애인 되물림 되는 것이 아님에도 불구하고 시설만이 아니라 일반 가정에서 부모의 뜻에 따라 행해지는 것으로도 나타났다.

여성장애인, 특히 정신지체를 갖고 있는 여성장애인들은 방어능력의 부족으로 성폭력의 위험에 노출되어 있다. 한국장애인인권백서(한국장애인단체총연맹, 1999)에 따르면 취학 시 특수학교 진학을 강요당한 경험과 일반학교의 입학을 거부당한 경험이 있는 사람이 응답자의 45.9%인 것으로 나타났다. 또 입학 때 특별조건(각서 등)을 요구받은 경우도 45.0%로 나타났고, 적절한 학교가 없어서 진학하지 못한 경우도 42%로 나타나 장애인 교육권 침해도 심각한 것으로 드러났다.

교사로부터 차별이나 부당한 대우, 학급 친구들로부터의 따돌림이나 놀림, 학급의 학부모들로부터의 항의나 따돌림도 심각하고, 교육환경의 부재도 차별과 부당한 대우를 심화시키고 있다. 2000년 1월 청주대에 편입원서를 제출하려던 황선경(29세, 시각장애 1급, 한성대 졸업)씨는 "개교 이래 시각장애인이 학교를 다닌 적이 없다. 편의시설이 마련되어 있지 않아 오히려 역차별을 당할 것이다"는 학교 측의 거부에 대해 소송으로 맞섰고, 드디어 학교 측은 '입학을 허가할테니 소를 취하해 달라'고 요청해 왔다. 그러나 그 과정에서도 '학교에서 사고가 났을 경우, 전적으로 본인의 책임, 학교에 어떤 것도 요구하지 않겠음'이라는 내용이 기재된 각서를 요구받기도 했다. 또 서울교대에 특차합격했지만 '신체검사'에서 한 쪽 시력이 없다는 이유로 부당하게 탈락한 김훈태(시각장애 6급) 학생도 장애우권익문제연구소와 함께 소송을 제기했고, 그 후 학교 측의 합의 요청으로 입학허가를 받았다. 최근에는 시각장애인이 사법연수원을 수료하고 법관 임명을 눈앞에 두고 있다. 또 1999년 12월 서원대학교에 원서를 접수하려다 학교 측이 '장애인 편의시설이 없다'는 이유로 거부하여 원서 자체를 제출하지 못했던 서주현(뇌성마비 1급)씨는 손해배상청구소송에서 500만원의 배상판결을 받았으며, 학교 측에는 50만원의 벌금형이 부과되었다.

연세대 인문학부에 입학한 뇌성마비장애인 윤두선(35세)씨는 학교 다닐 일이 큰 걱정으로 강의실 문이 좁아 휠체어를 타고는 들어갈 수 없고 도서관 입구 역시 통과하기가 불가능하였다. 수업시간이면 다음 강의를 위해 이동할 걱정에 집중이 안되고 간신히 강의실을 옮기고 나면 온 몸이 땀에 흠뻑 젖어 파김치가 될 지경이었다.

제3절 문화와 사회생활 측면

가족의 행사시 따돌림을 당하거나 아니면 결혼에 있어서 가장 큰 어려움을 당하고 있는 것으로 나타나고 있다. 구체적인 사례를 예시해 보면, 가족의 외출이나 여행 등 행사시에 장애인인 본인을 제외하거나 본인의 의사를 무시하는 경우가 있었다. 주위사람들이 장애인 가족이라는 이유로 곱지 않은 시선을 보내거나 놀림을 당하는 경우와 경조사 시 친척들이 수치스럽게 생각하는 점 등이 가장 빈번한 것으로 나타나고 있었다.

장애인의 문화욕구는 비장애인과 크게 다르지 않다. 장애인도 비장애인과 마찬가지로 삶을 총체적으로 영위하며, 당연한 권리를 갖고 있기 때문에 정신적, 문화적 삶의 질을 개선시키려는 문화영역은 반드시 필요한 요소이다. 그러나 장애인은 문화를 누리는 데 있어서도 많은 제한적인 상태로 문화를 즐기는 데 가장 어려운 점이 무엇이냐는 질문에는 '관람료 등 경제적 문제'가 38.8%, '장애인편의시설 미비'가 19.8%, '시·청각 등의 장애로 제대로 관람할 수 없다'가 13.6%를 차지해 경제적 문제와 장애유형과 정도에 맞는 편의시설 부재가 가장 큰 이유로 드러났다.

생존권은 절대적 빈곤으로 목숨을 연명할 수 없는 상태에 이른 사람들이 살아갈 수 있는 권리를 말한다. 교육의 기회를 갖지 못해 자연스럽게 직업을 갖지 못하며, 결국 빈곤에 직면하게 되는 경우가 많다. 노점상들의 분신자살사건으로 1급 지체장애인인 최정환 씨가 1995년 3월 폭력적인 노점단속에 항의하며 서초구청에서 분신자살한 이후로 1995년 10월에는 인천의 이덕인 씨가, 1996년 7월에는 부산의 이동재 씨 등이 모두 생존권을 요구하며 싸우던 과정에서 사망하거나 중산을 입게 된 노점상들이다.

UN인권위원회는 장애인 인권 보고서에 시민적·정치적권리규약 중 형사상 권리로 '일반적이고 불필요한 체포의 방지', '체포 시 그 사유를 알 권리', '의사소통의 문제로 재판과정에서의 불이익 방지'등에 관한 내용을 언급하고 있다. 또 이는 장애인의 「형사상의 권리」와 연관하여 정신(지체)장애인이 일방적이고 불필요한 구금이나 다른 종류의 제도적 학대의 대상이 되지 않도록 하기 위해서 매우 중요하다고 밝히고 있다.

서울고법 형사제4부(재판장 구욱서)는 12살 정신지체소녀를 성폭행한 혐의로 기소되어 1심에서 무죄가 선고된 이모(52세)씨에 대하여 '성폭행범의 신체적 특징에 대한 기억이 일관된다'면서 정신지체소녀의 진술을 증거로 인정하여 피고인에게 징역 3년을 선고한 바 있다.

1997년 시각장애인협회가 방송 3사를 상대로 한 수화자막방송실시를 위한 가처분신청을 한 것을 시작으로 2000년 투표시설미비로 인한 참정권침해 및 시설내 대리투표사건 등을 거치면서 본격적으로 논의되기 시작하였다.

2000년 총선 당시 투표소가 2층에 설치돼 선거권을 행사하지 못했다며 중증신체장애인 8명이 국가를 상대로 낸 손해배상청구소송(2000가단146549)에서 서울지방법원 민사제37단독(장준현 판사)은 "장애인의 선거권행사와 관련한 법규정에 의하면, 장애인을 포함한 만 20세 이상의 모든 국민은 대통령 및 국회의원 선거권을 가지고, 국가인 피고는 선거권자가 선거권을 행사할 수 있도록 필요한 조치를 하여야 하며, 장애인의 선거권 행사의 편의를 편의시설, 설비의 설치, 선거권 행사에 관한 홍보, 선거용 보조기구의 개발, 보급 등 필요한 조치를 강구하여야 할 의무가 있는바, 위 관련 법규정의 내용에 비추어 피고는 장애인 선거권자의 선거권 행사를 실질적으로 보장하여야 할 의무가 있다고 할 것이고 그 정도는 비장애인의 선거권행사가 보장되는 것과 같은 수준이 되어야 할 것이다"라면서 각 원고에게 위자료 50만원씩을 배상하라는 판결을 선고하였다.

2002년 장애인복지예산 측면에서 살펴보면, 시설에 대한 예산이 전체의 약 50% 이상을 차지하고 있는데, 시설에서 생활하는 장애인의 수는 겨우 5만명에 지나지 않는다. 따라서 우리나라 장애인 예산과 이를 뒷받침 하는 법률들이 얼마나 취약하고 편향되어 있는지를 알 수 있다.

'차별'로 인한 '인권침해'는 단순히 그 사안에서 끝나지 않는다. 단 한 번의 차별 경험이라 할지라도 그 파장은 피해자의 삶 전체에 영향을 미치게 된다. 우여곡절 끝에 사과를 받거나 원상회복 조치가 취해지더라도 당사자에게 남아있는 상처는 사안에 따라 평생을 갈 수도 있기 때문이다. 다음과 같은 사례들이 가슴에 와 닿는다.

① 오랜만에 친구를 만나 술한잔을 하기 위해 호프집을 찾아갔지만 자리가 없다는 핑계를 대며 "나가라"고 합니다.

② 언어장애가 있는 뇌성마비 장애인이 114에 전화를 했더니 그 부정확한 발음과 말하는 방식을 따라하며 놀리더니 일방적으로 전화를 끊어버립니다.

③ 2007년 12월 21일에 개정된 우리나라 도로교통법규에 따르면 18세 이상의 모든 시민은 운전면허 시험을 치르고 취득할 수 있다. 그러나 장애인 운전면허 제도에도 불구하고 일정한 범위의 결격 사유가 정해져 있는데 해당분야의 전문의 결정이 매우 중요하다. 신체상태에 따라 운전면허를 교부 받을 수 있는 조건과 기준에는 자동차 등의 구조와 보조수단에 영향을 받도록 되어 있다. 장애부위에 따른 운전보조장치의 예로는 오른발 장애가 있을때 좌측 가속페달을 들 수 있다. 또한 자동차 구입시 장애인 본인이 운전면허증이 없는 경우에 주민등록상 함께 거주하는 가족들의 명의나 혹은 공동명의로 등록할 수 있는데 공동명의 경

우까지 면세 혜택이 제공된다. 자동차가 성인의 필수품이 되어가는 사회에서 차량은 문화와 직업 생활을 촉진시키는 주요수단이고 활력소가 되는 것이다.

편의시설 역시 정치적 제도적 심리적 측면에서 뿐만 아니라 광범위한 사회생활의 전제조건이 된다. 여기에는 문화접근권을 포함하는 무형의 요소와 대중교통수단과 운송체계, 정보, 주택, 건축물에 이르기까지 매우 다양한 요소들이 포함된다. 접근권은 이동권과 자원이나 지리적 거리감까지 다루는 포괄적인 시민권 개념이다. 접근권 확보를 위해서는 건축물, 대중교통, 정보통신, 투표소, 문화유적지 이용권리, 체육시설을 이용할 수 있는 모든 권리가 실질적으로 보장되어야 한다. 미국은 1986년 건축장벽철폐법 (Architectural Barriers Act)과 1973년 재활법 (Rehabilitation Act)을 통해 법적 권리를 향상시켰다.

우리나라는 1997년 3월 17일 장애인 · 노인 · 임산부 등의 편의증진(보장에 관한)법이 제정 되었다. 접근권의 보장을 위해서는 건축물 설비와 장비 등에서 사람들이 어떠한 불편을 느끼지 않도록 해야 하며 경사로, 기기, 화장실, 지하철 출입문, 비상대피 시설에 이르기까지 장벽없는 공간이 확립되어야 하는 것이다. 이런 원리는 시각장애와 청각장애를 지닌 사람들에게도 동일하게 적용된다.

제4절 생물학적 차별

미국은 19세기 초엽에 단종법 (Sterilization law)을 제정하여 유전적 열등성을 제기하기 위한 시도를 1940년까지 실시하였다. 19세기 만연하였던 우생학 (eugenics)은 사람의 유전적 우량성을 높이기 위한 하나의 시도로 사회적으로 바람직하지 않다고 생각되는 인구집단에 대해 강제이주와 생식능력의 거세 (sterilization)를 일삼았고, 각 주마다 법률을 제정하여 수 많은 지적장애인, 정신장애인, 중범죄자들을 제거하였다. 단종법은 사회를 개량하는 하나의 효과적 수단이라는 광범위한 사회적 인식과 승인이 자리를 잡고 있었다. 독일 역시 아리안족의 우월성을 신뢰하여 1934년 1월 단종법을 제정, 공포하고 일본도 황국의 신민이라는 명분아래 많은 주변 국가들을 침탈하는 근거로서 민족적 우월성을 내세웠다(이달엽, 2006).

우생학은 허버트 스펜스를 대표되는 사회진화론자 (Social Darwinism Philosophers) 들은 사회는 적자생존의 자연법칙 (the natural selection of the fittest)을 통해서만이 고도의 진보와 도덕성을 완성할 수 있다고 믿었다.

사회진화론은 다윈의 생물진화론에 기초한 사회이론으로 인간사회의 생존경쟁과 적자생존을 통해 인구의 질이 계속 향상된다고 믿었다. 개인과 마찬가지로 사회도 유기체로 진화하는데 자유방임주의적 자본주의와 보수주의의 정치적 기반을 지지하는데 이용되기도 하였다. 이 경우 부는 사회적 성공의 상징이 된다.

제5절 차별의 분류와 형태

'장애인 차별금지법'에서는 이상의 차별행위가 삶의 전 분야, 즉 고용, 교육, 재화와 용역의 제공 및 이용, 사법·행정절차 및 서비스와 참정권, 모·부성권, 성, 가족·가정· 복지시설, 건강권에서 발생하는 것을 금지하고 있다. 특히, 장애여성과 장애아동, 정신적 장애를 가진 사람 등은 이러한 차별행위에 취약하므로 별도의 장으로 규정하고 있다. 이러한 사실에서 알 수 있는 바와 같이 장애인의 삶의 전반에서 발생하는 차별행위가 곧 장애인의 인권침해 행위라 할 수 있다.

1. 직접차별

직접차별은 정당한 사유없이 장애를 이류로 배제, 제한, 분리, 거부를 통해 불리하게 대하는 것이다. 제한은 도서관 이용 시간, 장소를 제한하는 예에서 찾을 수 있고 배제는 심사 대상에서 배제하고 진행하는 것, 휠체어 이용자를 교실에 방치하는 행위 등이다. 분리는 일상 환경이 아닌 곳에서 복지 시설을 건립하는 예에서 찾을 수 있다. 거부는 장애인용 화장실 설치 요구를 거부하거나 찜질방 출입을 거부하는 행위 등이다.

2. 간접 차별

간접차별은 배제, 제한, 차별, 분리, 거부에 위하진 않지만, 정당한 사유없이 장애를 고려하지 않는 기준을 적용하여 불리한 결과를 초래하는 것이다. 예를 들면, 공무원 시험 시간이 부족하여 점역을 다 읽거나 기록하지 못하는 경우를 들 수 있다.

3. 정당한 편의 제공 거부에 의한 차별

정당한 사유없이 장애인에 대하여 정당한 편의 제공을 거부하는 경우에 '정당한 편의'라 함은 장애인이 장애가 없는 사람과 동등하게 같은 활동에 참여할 수 있도록 장애인의 성별, 장애의 유형 및 정도, 특성 등을 고려한 편의시설·설비·도구·서비스 등 인적·물적 제반 수단과 조치를 말한다.

4. 광고에 의한 차별

정당한 사유 없이 장애인에 대한 제한·배제·분리·거부 등 불리한 대우를 표시·조장하는 광고를 직접 행하거나 그러한 광고를 허용·조장하는 경우로 광고는 통상적으로 불리한 대우를 조장하는 광고 효과가 있는 것으로 인정되는 행위를 포함한다.

5. 장애인 관련자에 대한 차별

장애인을 돕기 위한 목적에서 장애인을 대리·동행하는 자, 즉 장애인의 보호자 또는 후견인, 그 밖에 장애인을 돕기 위한 자임이 통상적으로 인정되는 자를 포함하여 위의 ①~④까지의 행위를 하는 경우이다.

6 보조견, 보장구 사용 방해에 의한 차별

보조견 또는 장애인 보장구 등의 정당한 사용을 방해하거나 보조견 및 장애인 보조기구 등을 대상으로 위에서 금지된 행위를 하는 경우이다.

‘장애인 차별금지법’ 제4조에 규정된 법률로 금지된 차별행위가 특정 직무나 사업 수행의 성질상 불가피한 경우인 정당한 사유에 해당하는 사례는 다음과 같다. ① 장애의 유형·정도·특성, 그리고 성별에 맞지 않거나 불필요한 경우, ② 과도한 경제적 부담 등 경영상 곤경에 처하는 경우, ③ 대상시설 등의 구조변경 또는 시설설치가 불가능한 경우, ④ 구조변경 또는 시설설치가 위험을 초래할 경우, ⑤ 구조변경 또는 시설 설치를 시설주가 동의하지 않는 경우, ⑥ 정당한 편의제공으로 본래의 목적을 훼손하거나 상실할 경우, ⑦ 해당 시점에 정당한 편의가 존재하지 않을 경우이다. 그러나 일반적으로 인간 사이의 관계에 본질을 두는 차별을 해소하기 위해서는 다음의 장애 영역별 접근성 영역별 노력을 전개해야 한다.

① 장애 영역

1) 스쿠터, 지팡이, 클러치, 언어보조기구, 휠체어와 같은 장비를 사용하는 신체장애
2) 자폐, 다운증후군, 뇌손상, 치매와 같은 지적 장애나 발달장애
3) 다발성 경화증, 뇌성마비, 근육디스트로피, 겸상적혈구 질환, 만성 폐쇄성 호흡기 질환 (COPD), 만성 통증, 류머티스, Lupus, AIDS와 같은 만성 장애 조건들과 질환
4) 양극장애, 강박 충동장애, 혹은 정신분열과 같은 정신장애나 심리사회적 장애
5) 학습장애
6) 농
7) 청각장애
8) 시각장애
9) 맹
10) 기타

② 접근성 영역

1) 일반 정보 : 고용, 개인 생활, 학업, 의료
2) 서비스 : 의료, 응급처치, 전문의

3) 보건

4) 교통

5) 건물, 사무실, 치료와 진료실, 실험실, 전화, 화장실, 승강기

6) 의료장비

7) 대안적 방식

8) 통역, 릴레이 서비스

9) 정신건강 서비스

제6절 우리나라 국가인권위원회

1946년 UN의 경제사회이사회를 통해 채택된 권장 사항들이 발전하여 1993년 12월 파리원칙을 채택하게 된다. 이 원칙은 국제사회의 보편적 준칙과 국가인권기구의 설립에 관한 내용들을 다루고 있다.

우리나라에서도 2001년 5월 국가인권위원회 법이 제정·공포되어 2011년 11월 국가인권위원회가 출범하게 된다. 국가인권위원회는 입법, 사법, 행정의 3부로부터 독립되어 간섭받지 않는 업무를 수행해 오고 있다. 이런 직무의 독립성과 다양성을 바탕으로 사회적 약자와 소수자의 보호, 권익 옹호를 위해 노력하고 있다.

<토론주제>

1. 장애인의 각종 권리에 대한 직접차별과 간접차별에 대해 토론해 봅시다.
2. 장애인의 접근권과 이동권에 대해 간접, 직접 차별과 관련지어 토론해 봅시다.
3. 장애인의 주거권, 건강권, 안전권에 대해 토론해 봅시다.
4. 장애인의 노동권과 교육권에 대해 토론해 봅시다.
5. 장애인의 문화생활권, 여가, 레저권에 대해 토론해 봅시다.
6. 장애인의 모성권과 부성권, 결혼에 대해 토론해 봅시다.

7. 장애인에 대한 간접 차별과 직접 차별 사례에서 어느 것이 더 심각한지 두 입장 중 하나에 서서 견해를 밝히시오.

1) 간접 차별:

2) 직접 차별:

부 록

국가인권위원회(2009)의 체크리스트

I. 모집 채용 과정

1. 모집자료, 채용광고 등은 장애인이 동등하게 이용 가능합니다.

2. 지원서와 기타 양식은 장애인이 스스로 인식하고 작성할 수 있는 형식으로 제공되고 있습니다.

3. 모집 장소는 장애인의 접근이 가능합니다.

II. 채용 이후

가. 사업장의 접근성

4. 사업장의 주출입구와 이동통로에는 높이차이가 없어 휠체어를 이용하는 장애인의 출입이 자유롭습니다.

5. 문은 휠체어를 사용하는 사람이 통과하기에 충분히 넓습니다.

6. 건물 내에서 회의실, 훈련실, 식당, 휴게실 등의 공간에 접근하거나 다른 층으로 이동하는데 어려움이 없도록 턱낮추기, 경사로, 엘리베이터 등의 필요한 수단이 제공됩니다.

7. 화장실은 장애인근로자가 이용하기에 적합합니다.

나. 사업장 내에서의 의사소통 및 업무수행

8. 사용자는 장애의 특성과 유형을 고려하여 장애인 근로자가 비장애인근로자와 동등하게 정보에 접근할 수 있도록 편의를 제공하고 있습니다. (접근성이 보장된 인트라넷 등)

9. 장애의 특성을 고려하여 장애인 근로자가 인지할 수 있는 작업지침서 및 작업지시서가 제공됩니다.

10. 정보접근 및 업무수행을 위하여 화면낭독·확대프로그램, 무지점자단말기, 확대독서기, 인쇄물음성변환출력기 등 장애인 보조기구가 제공됩니다.

11. 필요한 경우 의사소통 및 업무수행을 위하여 낭독자 및 수화통역자를 제공합니다.

12. 장애의 유형을 고려하여 작업수행을 위한 높낮이 조절용 작업대 등 시설이나 기계, 장비를 설치 또는 개조합니다.

다. 교육 훈련

13. 장애인이 쉽게 접근할 수 있는 장소와 시설에서 교육 및 훈련이 이루어집니다.

14. 장애의 유형을 고려한 교재(점자자료 등)가 제공되며, 필요한 경우 낭독자 및 수화통역사와 같은 보조인력이 제공됩니다.

15. 사용자는 필요한 경우 높낮이 조절용 책상, 화면확대프로그램 등 교육에 필요한 보조수단을 제공합니다.

16. 교육·훈련을 외부 업체에 위탁할 경우에도 장애인 근로자에게 정당한 편의가 제공될 수 있도록 합니다.

라. 시험 평가

17. 사용자는 장애인 근로자를 위하여 시험 및 평가를 위한 적절한 보조수단(확대시험지, 특수키보드 등) 이나 보조인력을 제공합니다.

18. 장애의 특성 및 유형을 고려하여 시험 및 평가시간을 연장합니다.

19. 시험 및 평가를 함에 있어 장애의 특성을 고려한 평가방식(시험방식의 변경)을 운용하여 동등한 경쟁을 할 수 있도록 합니다.

마. 직무나 정책의 조정

20. 사용자는 필요한 경우 장애인 근로자의 재활, 기능평가, 치료 등을 위하여 작업일정 및 근로시간을 변경하고 있습니다.

21. 정당한 편의를 제공하기 위하여 사업장 방침을 적절히 조정·변경합니다.

부 록

1913년 맹학교 직업교육 (점역, 교정)
1950년 군사원호법, 1951년 경찰원호법
1961년 군사원호대상자고용법
1963년 산업재해보상보험법
1967년 3월 직업안정 및 고용촉진에 관한 법률
1977년 특수교육진흥법
1981년 6월 심신장애자복지법 제정
1981년 11월 보건사회부 재활과 설치
1982년 12월 생활보호법
1982년 7월 장애인취업알선사업 지원(한국장애자재활협회)
1983년 12월 복지수공예품공판장 운영사업(한국사회복지협의회)
1986년 국립재활원 개소(정진학교)
1986년 장애인취업알선사업 확대 (시각 및 청각장애자 복지회)
1986년 장애인 수용시설에 22개 보호작업장 설치
1985년-1987년 장애인복지시설 현대화사업 추진 (3개년 계획)
1988년 8월 장애자복지대책위원회 규정공포
1989년 12월 심신장애자복지법 전문개정 (장애인복지법)
1990년 장애인고용촉진 등에 관한 법률 제정
1991년 노동부 장애인고용과 신설
1991년 장애인고용촉진공단 발족
1993년 고용보험법, 고용정책기본법 (고령자, 장애인 기타 취업곤란자)
1993년 장애인종합복지관 9개소 확충
1994년 특수교육진흥법 개정
1996년 상설 장애인복지대책위원회 설립
1998년 장애인, 노인, 임산부 등의 편의증진 보장에 관한 법률
2005멈 7월 장애인기업활동 촉진법
2008년 3월 중증장애인생산품 우선구매 특별법
2010년 7월 장애인 연금법 시행
2011년 1월 장애인 활동지원에 관한 법률

참고문헌

강소향(1996). 재활서비스 정보데이터베이스 구축을 위한 기초연구: 대전시를 중심으로. 미간행 석사학위논문. 공주대학교 교육대학원.

강위영 (1991). 장애인 직업재활대책에 관한 연구. 직업재활연구, 1, 5-28.

강위영 (1993). 중증장애인을 위한 지원고용프로그램의 모형. 직업재활연구, 3, 5-22.

강위영 (1996/가을호). 미국의 재활행정: NRA의 역사와 그 역할을 중심으로. 서울: 한국장애인복지체육회, 곰두리, 27, 18-22.

강위영, 권명옥(1998). 자폐성 아동의 이해: 부모상담 및 유아교사 지도서, 서울: 도서출판 특수교육.

강위영, 조인수, 구대희 (1993). 재활개론 (역). 서울: 도서출판 성원사.

강위영, 조인수, 정대영 (1993). 직업재활과 지원고용. 서울: 도서출판 성원사.

곽지영, 조정아 (2006). 여성장애인의 직업 선택 및 유지 과정 경험에 관한 질적 연구. 職業能力開發硏究, 9(2), 29-61.

국민일보, 1996년 10월 22일자 (화요일), 11면.

권도용 (1995). 장애인 재활복지. 서울: 홍익제.

권도용 (1995). 장애인 재활복지의 이념과 목적. 서울: 아·태 장애인 10년 연구모임. 아·태 장애인 10년에 대처할 국가적 장기전략 및 정책대안모색을 위한 자료집. pp. 3-22.

권선진 (1996). 지체장애인 고용촉진 활성화 방안. 서울: 한국장애인고용촉진공단. '96장애인 고용촉진세미나 자료집. pp. 7-30.

김국도·박옥희·하길웅 (1992). 장애인 직업재활시설 개선방안 연구. 서울: 한국보건사회연구원.

김남현 (1978). 조직행동의 관리. 서울: 경문사.

김만두 (1988). 인권으로서의 사회복지에 대한 체계적 연구 서설, 강남사회복지학교 사회사업논집, 11, 15-17.

김병인 (1988). 비영리법인 조직구성원의 사기앙양에 관한 연구: 심신장애자 복지시설을 중심으로. 서울: 연세대학교 경영대학원. 미간행 석사학위논문.

김병하 (1992). 특수교육의 역사적 이해. 대구: 형설출판사.

김병하, 전재일, 박석돈, 이달엽, 정용석 (1996). 장애인 복지시설의 실태와 그 운영개선방안. 대구: 장애인종합연구소. 1996년 보고서.

김성애 (1996). 유럽에서의 장애인의 사회통합 토론 II. 대구: 대구대학교 장애인종합연구소. 특수교육 및 재활전문가 초청 국제학술심포지움. pp. 179-188.

김영철 (1995). 두부외상 환자의 만성기 후유증에 대한 약물치료. 대한정신약물학회 심포지움자료집, pp.1-43.

김영환 (1993). 장애인의 근로권 보장. 직업재활연구, 3, 121-142.

김영환 (1996). 특수교육의 개혁. 대구: 한국정신지체아 교육연구회. 제 38회 전국특수교육연수회자료집. pp. 33-39.

김유성 (1992). 사회보장법. 서울: 법문사.

김재은 (1981). 부모-자녀관계의 일반적 특질. 서울: 이화여자대학교 출판부.

김재익 (2011). 뇌성마비근로자의 직업유지에 미치는 예측요인에 관한 연구. 대구: 대구대학교 대학원, 미간행박사학위 논문.

김정권 (1994). 한국특수교육 100년의 역사적 의미. 특수교육학회지, 15(1), 111-128.

김정권 (1996). 21세기 장애인의 사회통합방향. 대구: 대구대학교. 장애인 종합연구소 자료집. pp. 1-20.

김정규, 박찬주 (1991). 도덕적 발달과 측정: 인지 발달론적 접근과 DIT. 서울: 도서출판 성원사.

김정우 (1995). 미국의 장애인 복지행정 장애인 고용, 봄호, 23-30.

김정원 (1995). 적응심리에서의 동기와 학습. 서울: 도서출판 상조사.

김중대 (1989). 장애자 복지론. 대구: 홍익출판사.

김통원 (1995). 장애의 정의, 분류, 통계, 등록. 서울: 아・태 장애인 10년 연구모임. 아・태 장애인 10년에 대처할 국가적 장기전략 및 정책대안모색을 위한 자료집. pp. 43-84.

김철수 (1987). 헌법학 개론, 서울: 박영사.

김형식 (1996). T. H. Marshall의 시민적 권리론에 관한 소고. 한국사회복지학, 26, 77-109.

나동석 (1992). 장애인의 사회적응과 사회적 지지의 활용에 관한 연구. 재활재단 논문집, 1, 3-26.

나운환 (1990). 중증장애인을 위한 보호작업장의 모형개발에 관한 연구. 서울: 단국대. 민간행 석사학위 논문.

나운환 (1996a). 중증장애인을 위한 재활공학의 실태와 발전방향. 대구: 대구경북 장애인재활협회. 제 4회 대구재활심포지움자료집. pp. 59-77.

나운환 (1996b). 중증장애인 보호작업장 활성화 방안. 제 5회 재활심포지엄 자료집. 서울: 한국장애인재활협회. pp. 95-139.

남용현, 최종철, 류정진 (2010). 장애인고용차별 체크리스트 개발, 분당, 경기도: 장애인고용개발원. p. 54

문철영 (1996). 한국장애인복지변천사. 서울: 재활재단. pp. 19-31.

민경식 (1991). 현대국가에 있어서의 사회보장권의 보호. 한국공법학회 제 19회 학술발표회자료집, pp. 13-14.

민군식 (1995). 국제협력. 서울: 한국 아·태 장애인 10년 연구 모임 연구논문집. 675-683.

민영순 (1986). 발달심리학. 서울: 敎育出版社

민은식, 구본권 (1983). 한국의 지체부자유아 재활복지 발생과 발전과정. 재활연구, 9, 5-21.

박봉화, 백승대, 서정일, 신구갑현, 염홍태, 허재윤, 허진영 (1990). 르네상스 휴머니즘의 현대적 의의. 경산: 영남대학교출판부.

박석돈 (1995). 삶의 질과 사회복지시설의 확충. 제 5회 대구 사회복지대회 자료집.

박석돈, 이상욱, 정대영 (1993). 지원고용프로그램의 계획과 실행에 관한 연구. 직업재활연구, 3, 23-59.

박성수 (1987). 생활지도. 서울: 정민사.

박옥희, 권중돈 (1994). 장애인 복지의 현황과 정책과제. 서울: 한국보건사회연구원.
박태영 (1995). 사회복지시설과 지역사회. 서울: 백산출판사.
박희찬 (1994). 정신지체인의 고용확대방안: 고용 체계 및 지원 방안을 중심으로. 장애인 고용, 14, 34-37.
박희찬, 김은영, 김선옥, 유병주 (1994). 장애인직업. 서울: 인간과복지.
박희찬, 이종남, 양숙미, 허경아, 이원형 (1996). 장애인재활. 서울: 도서출판특수교육.
배연창 (1995). 장애인 교육과 복지정책의 개선과제. 대구: 대구대학교 장애인종합연구소. 장애인 교육과 복지정책의 과제. 특수교육 및 재활·복지 전문직 세미나 자료집. 1-12.
보건복지부 (1995). 장애인보호작업장 실태조사결과.
보건복지부 (1998). 1998년도 정신보건사업지침. 보건복지부.
서광윤 (1992). 인권과 장애: 장애인의 능동적 참여와 기회균등. 제1회 한국DPI 국내지도자 연수세미나 자료집. pp. 9-29.
서울시남부장애자종합복지관 (1989). 장애자재활서어비스 개선을 위한 기초연구 보고서.
소병욱 (1996). 생명윤리: 기초부터 알자. 왜관: 성분도출판사.
손연기 (1997). 장애인과 복지정보통신. 서울: 한국정보문화센터. 정보사회와 장애인. 정보정책리포터. pp. 24-35.
송근원 (1994). 사회복지와 정책과정. 서울: 대영문화사.
신영전 (2000). 국가 정신보건의 새로운 모색. 국가정신보건전달체계 전문가 내부토론회 자료집. 보건복지부.
신현순 (1985). 장애자에 대한 인식. 성지모음집 (1호에서 100호까지). 서울: 서울시장애자종합복지관, 431.
안병즙 (1994). 한국특수교육의 회고발제 I. 특수교육학회지, 15(1), 129-184.
안병즙, 강위영, 우재현 (1984). 장애자의 직업재활. 대구: 형설출판사.
안병즙·강위영·박석돈 (1994). 직업평가. 대구: 문창사.
안상헌 (1994). 윤리학 강의. 서울: 도서출판 문원.

안태윤 (1968). 한국 맹인의 고등교육에 관한 일연구. 특수교육연구, 1, 7-25.

양옥경 외 (1993). 사회복지 실천과 윤리. 서울: 도서출판 한울.

엄정식 (1996). 윤리학 입문: 지혜의 윤리학. 서울: 도서출판 벽호.

오혜경 (2002). 여성장애인의 경제활동 실태 및 취업에 영향을 미치는 요인. 상황과 복지, 13, 113-146.

유수현 (2001). 지역사회복지관에서의 정신장애인 재활프로그램의 개발 필요성. 정신보건과 사회사업, 11. 30-52.

유정희 (1995). 정신지체특수학교의 직업교육 실태와 개선방안에 관한 연구. 대구: 대구대학교 재활과학대학원. 미간행 석사학위 논문.

윤급섭 외 (1995). 사회학의 이해. 서울: 삼우사.

윤현숙 (1995). Sickness impact profile을 이용한 신체질환자의 삶의 질에 관한 연구. 한국사회복지학, 26, 105-128.

윤호석 (1983). 삶, 상담, 상담자. 서울: 문지사.

이경동 (1985). 우리나라의 심신장애자 복지에 관한 사적 고찰, 서울: 서울대학교 보건대학원 미간행 석사학위 논문.

이규태 (1981). 장애자 복지에 대한 한국인의 의식구조. 정주영 (편). 현대사회와 장애자 복지. 서울: 아산사회복지재단. 46-47.

이달엽 (1995a). 중증장애인 고용정책진단과 실천적 대안. 서울: 한국장애인재활협회. 제4회 재활 심포지엄 자료집. pp. 15-44.

이달엽 (1995b). 직업평가 정보의 유형 및 충분성에 관한 일연구. 한국사회복지학회 춘계학술대회 자료집. 대구.

이달엽 (1995c). 장애인복지의 정책과제 토의 I. 대구: 대구대학교 장애인종합연구소: 특수교육 및 재활 · 복지 전문직 세미나 자료집. pp. 26-31.

이달엽 (1996). 장애인의 삶의 질과 권리. 대구: 대구대학교사회과학연구소. 21C 삶의질 향상을 위한 전망과 과제. 대구대학교 학원창립 50주년 개교 40주년 기념학술대회자료집, pp. 165-196.

이달엽 (1997). 재활과학론. 서울: 형설출판사.

이달엽 (1998). 장애편람 (역). 대구; 대구대학교 출판부.

이달엽 (2003). 장애와 상담. 서울: 교육과학사.

이달엽 (2006). 재활과학론. 서울: 형성출판사.

이달엽 (2008). 재활과학론. 서울: 형성출판사.

이부영 (1995). 정신장애인의 심리사회재활. 서울: 한국심리사회재휠협회. 정신장애인의 재활을 위한 국제심포지움자료집. pp. 67-86.

이상복, 김진희, 김진일 (2001). 자폐 및 정서·행동장애 아동의 약물치료에 대한 이해: 부모, 행동치료사, 교사, 비의료 전문인들을 위한 안내서(역). 서울: 시그마프레스.

이상열 (1990). 사회정의의 원리. 왜관: 분도출판사.

이영태 (1988). 한국장애자 직업재활사업에 관한 연구: 행정적 측면을 중심으로. 서울: 한양대학교 대학원. 미간행 박사학위논문.

이익섭 (1992a). 인권과 장애 (역). 서울: 한국DPI.

이익섭 (1992b). 장애인의 인권과 장애인단체의 역할. 제 1회 한국 DPI 국내 지도자 연수 세미나 자료집. pp. 31-37.

이익섭 (1995). 아·태 장애인 10년의 역사적 배경. 서울: 아·태 장애인 10년 연구모임. 아·태 장애인 10년에 대처할 국가적 장기전략 및 정책대안모색을 위한 자료집. pp. 23-41.

이장호 (1986). 상담심리학 입문. 서울: 박영사.

이청자 (1989). 직업재활전문가의 관점에서 본 장애인 복지서어비스 전달체계의 개선방향. 서울: 한국장애인재활협회 부설 장애인재활연구소. 재활연구연보 I.

이청자 (1990). 정신지체자 직업재활제도 형성에 관한 연구. 서울: 이화여자대학교 대학원. 미간행 석사학위논문.

이태영 (1980). 심신장애자의 복지: 권리로서 추구되어져야 할 심신장애자의 복지문제. 서울: 한국 사회사업가 협회, 제 8회 전국 사회사업가 세미나 자료집, 3-27

이태영 (1984). 특수아동의 심리. 대구: 대구대학교 출판부.

이홍재 (1989). 장애인 인권의 사회법적 보장. 장애인복지법 법무자료 122집(p. 14).

임성만 (1995). 장애인 복지시설 운영사례. 장애인 교육과 복지전문직 세미나. 대

구: 대구대학교. 장애인 종합연구소 자료집. pp. 71-93.

임안수 (1986). 한국 맹인직업사 연구. 서울: 단국대학교 대학원. 미간행 박사학위 논문.

장애인복지법시행령 (1990). 1990년 12월 1일. 대통령령 제13173호..

장애인신문, 1996년 10월 14일자, 1면.

장인협, 오세란 (1996). 사회지지 체계론 (역). 서울: 사회복지실천연구소. 16-21.

전겸구 (1988). 스트레스, 스트레스 관리 및 건강, 1998학년도 제 1차 재활과학대학 교수세미나 자료집. pp. 1-11. 대구: 대구대학교.

정기원, 권선진, 김용하, 변용찬, 계훈방, 권도용, 김원식, 조흥식, 황성철 (1996). 장애인 취업실태와 고용의 경제적 효과. 서울: 한국인구보건연구원.

정대영, 강위영 (1992). 지원고용 체제 내의 재활상담 실행 개념모델과 상담요원 양성. 직업재활연구, 2, 5-22.

정철수 (1989). 사회심리학. 서울: 법문사.

조성렬 (1986). 문학작품을 통해 본 한국인과의 장애자관. 서울: 단국대학교 대학원. 미간행 석사학위논문.

채기화 (1999). 장애인의 사회통합은 연대적인 문화를 필요로 한다. 대구재활연구, 6, 109-119.

천노엘 (1990). 미국에서의 대규모 수용시설로부터 지역사회 거주시설로의 변화 경향연구. 광주: 정신지체 연구, 1, 17-22.

최승희 (1990). 상담의 특성과 목표에 관한 고찰. 한국농업교육학회지, 22(3), 55-64.

최찬규 (1986). 장애자 고용촉진 사업의 실태와 발전적 방향. 대구대학교. 미간행 석사학위논문.

최해경 (1995). 프로그램 계획과 평가방법. 대구: 사회복지개발연구원. 미간행 연수교육자료집.

한국보건사회연구원 (1990). 1990년 장애인 실태조사보고.

한국보건사회연구원 (2000). 장애인 실태조사보고.

한국사회과학연구소 (1980). 한국사회론. 서울: 민음사.

한국장애인연맹 (1993). 아시아 태평양 장애인 10년 자료집 1993-2002.

허정 (1993). 역사적으로 본 우리나라의 전통적 복지 이념과 사회정책. 서울: 한국장애인재활협회. 제 2차 재활심포지엄 자료집. pp. 5-16.

허창수 (1996). 자본주의의 도덕성과 비도덕성: 경제윤리적 소고. 왜관: 분도출판사.

허창수, 김종민 (1995). 경제활동 : 사람은 어디 있는가? 왜관: 분도출판사.

홍승홍 (1993). 한국의 재활공학의 현실과 발전방향. 서울: 한국장애인 재활협회 제 2회 재활심포지엄 자료집. pp. 64-77.

황경식 (1993). 응용 윤리학. 서울: 종로서적 출판사 (주).

황경식 (1996). 윤리학. 서울: 종로서적 출판사 (주).

황의경, 배광웅 (1991). 심신장애인 재활복지론. 서울: 홍익제.

Ackerman, R. (1982). Mental retardation and society: The ethics and politics of normalization. *Ethics, 93*, 81-101.

Acton, N. (1972/December). Statements of guidelines for the future in medial rehabilitation. *Rehabilitation International.* in Vocational Rehabilitation.

Adami, H., & Neubert, D. (1991). A follow-up vocational assessment recommendations and placement in secondary vocational education programs for students with disabilities. *Vocational Evaluation and Work Adjustment Bulletin, 24*(3), 101-107.

Alberto, P. A., & Troutman, A. C. (1991). *Applied behavior analysis for teachers* (3rd ed.). New York: Macmillan Publishing Company.

Alreck, R. L., & Settle, R. B. (1985). *The survey research handbook.* Homewood, IL: Irwin Inc.

Americans *with Disabilities Act of 1990: Pub. L. No. 101-336*, 104 Stat 327 (1990).

Anstey, T. J., & Gaskin, M. (1985). Service providers understanding of the concept of normalization. *Australia and New Zealand Journal of Developmental Disabilities, 11*(2), 91-95.

Arias, O. (1996). *18th World Rehabilitation International World Congress keynote speech*, Auckland, New Zealand.

Armstrong, C. (1991). Emotional changes following brain injury: Physical and neurological components of depression, denial and anxiety. Journal of Rehabilitation, 57(2), 15-22.

Arthur, J. K. (1967). *Employment for the handicapped: A guide for the disabled, their families, and their counselors.* Nashville, Tennessee: Abingdon Press.

Atkinson, J. W. (1958). Toward experimental analysis of human motivation in terms of motives, expectations, and incentives. In J. W. Atkinson (Ed.), *Motives in Fantasy, Action, and Society.* Van Nostrand, New York: John Wiley & Sons, Inc.

Azrin, N. H., Flores, J., & Kaplan, S. J. (1977). Job-finding club: A group-assisted program for obtaining employment. *Rehabilitation Counseling Bulletin, 21*(2), 130-140.

Barker, J. T.(1982) *Woman as leaders in the field of rehabilitation. 48(1)*, 9-18.

Barnartt, S. N. (1996). Disability culture or disability consciousness? *Journal of Disability, 7(2)*, pp.1-19.

Barton, L. & Tomlinson, S. (1984). *Special education and social interests.* Beckenham, Kent: Croom Helm Ltd.

Baumeister, A. A., & Butterfield, E. (1970). *Residential facilities for the mentally retarded.* Chicago, IL: Aldine Publishing Company.

Bayley, M. (1991). Normalization or "social role valorization": An adequate philosophy? In S. Baldwin & J. Hattersley (Eds.), Mental handicap: Social science perspectives (pp. 87-99). London: Routledge.

Beatice A. W. (1983). *Physical Disability-A Psychosocial Approach: Social Sources of Attitudes.* New York: Harper & Row, Publishers, 442-456 p.

Beauchamp, T., & Childress, J. (1989). *Principle of biomedical ethics* (3rd ed.). New York: Oxford University Press.

Bellamy, G. T. (1976). Habilitation of the severely and profoundly retarded: A review of research on work productivity. In G. T. Bellamy (Ed.), *Habilitation of severely and profoundly retarded adults*. Eugene, Oregon: University of Oregon Specialized Training Program and Rehabilitation Research and Training Center in Mental Retardation.

Bellamy, G. T., O'Connor, G. O., & Karan, O. C. (1979). *Vocational rehabilitation of severely handicapped persons: Contemporary service strategies* (Eds.). Baltimore: University Park Press.

Bellamy, G. T., Rhodes, L. E., Mank, D. M., & Albin, J. M. (1988). *Supported employment: A community implementation guide*. Baltimore: Paul H. Brookes Publishing Co.

Biklen, D. C., & Bogdan, R. (1978, October 28). Handicapism in America. *Win.*

Bischoff, H., & Wilcox, D. (1990). Prevention of drug and alcohol abuse. *School Psychology International, 11*, 221-226.

Black, B. J. (1986). Work as therapy and rehabilitation for the mentally ill (Ed.). New York: Altro Health and Rehabilitation Services.

Bogdan, R., & Biklen, D. C. (1977). Handicapism. *Social Policy, 2*(5), 14-19.

Bolles, R. C. (1967). *Theory of motivation*. New York: Harper & Row Publishers

Bolton, B. (1972). Factor analysis in rehabilitation research. *Rehabilitation Counseling Bulletin, 16*(2), 94-103.

Botterbusch, K. F. (1983). *Short-term vocational evaluation*. Menomonie, WI: Materials Development Center.

Brody, B. A. (1988). Justice in the allocation of public resources to disabled citizens. *Arch Phys Med Rehabil, 69(5)*, pp.333-336.

Brolin, D. E.(1982). *Vocational preparation of persons with handicaps* (2nd ed.). Columbus, OH: A Bell & Howell Company.

Brown, C. D., & Sink, J. M. (1986). Congruence of expectations between referral source and vocational evaluator on selected vocational factors. *Vocational Evaluation and Work Adjustment Bulletin*, 19, 129-133.

Bryer, S. J. (1975). The vocational rehabilitation workshop and the mentally ill. In B. Schumacher (Ed.), Rehabilitation of the mentally ill (pp. 62-71). Washington, D. C.: National Consult on Rehabilitation of the Mentally Ill.

Burkhead, E. J. (1987). Computer applications in rehabilitation. 247-281.

Byrd, E. K. (1989). A study of depiction of specific characteristics of characters with disability in film. *Journal of Applied Rehabilitation Counseling, 20*(2), 43-45.

Byrd, E. K., & Byrd, P. D. (1993). A listing of Biblical references to healing that may be useful as Bibliotherapy to the empowerment of rehabilitation clients. *Journal of Rehabilitation, 59*(3), 46-54.

Byron, W. (1978). Psychological adjustment to spinal cord injury: A literature review, 1950 - 1977. *Rehabilitation Psychology, 25(3)*, pp.119-134.

Carney, N. C. (1996). State federal program issues and trends. Vocational Rehabilitation: Preparing for the 21st century. *A Report on the 18th Mary E. Switzer Memorial Seminar*. pp. 10-12.

Carver, V. & Rodda, M.(1978). *Disability and the environment.* London : Elek Book Ltd.

Charney, R. H., & Eyman, R. K(2000), Patterns in mortality over 60 years among persons with mental retardation in a residential facility, Mental Retardettion, 38(3), 289~293.

Chan, F., McCollum, P. S., & Pool, D. A. (1985). Computer-assisted rehabilitation services: A preliminary draft Texas casework model. *Rehabilitation Counseling Bulletin, 28*(4), 211-218.

Chan, F., Parker, H. J., Dial, J. G., Lam, C. S., Carter, H. S. (1986). Factorial validity of the McCarron-Dial Work Evaluation System. *Vocational Evaluation and Work Adjustment Bulletin, 19*(3), 91-99.

Chapman, R. S., & Hesketh, L. J. (2000). Behavioral phenotype of individuals with Down Syndrome. *MRDD Research Reviews, 6,* 85-95.

Chappell, A. L. (1992). Towards a sociological critique of the normalization principle.

Disability, Handicap and Society, 7(1), 35-51.

Chouinard E. L., & Garrett, J. F. (Undated). Workshops for the disabled: A vocational rehabilitation resource. Office of Vocational Rehabilitation, U.S. Department of Health, Education, and Welfare.

Chouinard, E. L. (Undated). Current trends and developments in the workshop field. In E. L. Chouinard and J. F. Garrett (Eds.), *Workshops for the disabled: A vocational rehabilitation resource* (pp. 1-13). Washington, D.C.: U.S. Department of Health, Education, and Welfare, Office of Vocational Rehabilitation.

Clark, G. M., & Kolstoe, O. P. (1990). Career development and transition education for adolescents with disabilities. Need Ham Heights, MA: Allyn and Bacon.

Cohen, A (Undated). Sheltered workshops integrated with vocational service agencies. In E. L. Chouinard and J. F. Garrett (Eds.), *Workshops for the disabled: A vocational rehabilitation resource* (pp. 64-78). Washington, D.C.: U.S. Department of Health, Education, and Welfare, Office of Vocational Rehabilitation.

Commission on Accreditation of Rehabilitation Facilities (1977). *Standard manual for rehabilitation facilities.*

Commission on Certification of Work Adjustment and Vocational Evaluation Specialists (1992). *Standards and procedures manual for certification in vocational evaluation.* Bethesda, MD: Author.

Comrey, A. L., & Lee, H. B. (1992). *A first course in factor analysis* (2nd ed.). Hillsdale, New Jersey: Lawrence Erlbaum Associates, Publishers.

Corthell, D. W. & Smith, L. (1989). *The provisions of technical assistance for vocational rehabilitation.* Menomonie, Wisconsin: Research and Training Center.

Corthell, D. W., & Boone, L. (1982). *Marketing: An approach to placement.* Menomonie, Wisconsin: Ninth Institute on Rehabilitation Issues.

Corthell, D. W., & Griswold, P. P. (1987). *The use of Vocational evaluation in VR.* Wisconsin-Stout: Stout Vocational Rehabilitation Institute.

Corthell, D. W., & Tooman, M. (1985): *Rehabilitation of traumatic brain injury.*

Menomonie, WI: Research and Training Center.

Cotter, V. (1971). Effects on music on performance of manual tasks with retarded adolescent females, *American Journal of Mental Deficiency, 76*, 242-248.

Cull, J. G. & Hardy R. E. (1973). *Adjustment to Work.* (Eds.). Springfield, IL: Charles C. Thomas Publisher.

Cull, J. G., & Hardy, R. E. (1974). Administrative techniques of rehabilitation facility operation (Eds.). Splingfield, IL: Charles C. Thomas Publisher.

DeJong, G. (1979). *Report of the national conference on independent living service regulations per P. L. 95-602.* Boston: Tufts University medical Rehabilitation Research and Training Center.

Dougherty, C. J., (1991). Value in rehabilitation: Happiness, freedom, and fairness. *Journal of rehabilitation, 44(2)*, pp.34-36.

Dougherty, C. J., (1991). Value in rehabilitation: Happiness, freedom, and fairness. *Journal of Rehabilitation, 57*(1), 7-12.

Dowd, E. T., & Emener, W. G. (1978). Lifeboat counseling: The issues of survival decisions. *Journal of Rehabilitation, 44*(2), 34-36

Dowd, E.T., & Wallbrown, F. (1993). Motivational components of client reactance. *Journal of Counseling and Development, 71*(5), 533-538.

Dunn, W. N. (1944) *public policy analysis: An introduction(2nd ed.).* Englewood Cliffs; NJ: Prentice Hall, Inc.

Dwyre, A. E., & Trach, J. S. (1996). Consumer choice for people with cognitive disabilities: Who makes the choices in the job search process? *Journal of Applied Rehabilitation Counseling*, 27(3), 42-47.

Early, J. K., & Bordieri, J. E. (1992). A comparison of the job tasks and functions of work adjustment specialists with other selected occupations. *Vocational Evaluation and Work Adjustment Bulletin, 25*(1), 7-14.

Eaton, B., Condon, E., & Mast, M. (2001). Making employment a reality. *Journal of Vocational Rehabilitation, 16,* 9-14.

Eldredge, G. M., Fried, J. & Grissom, J. K. (1991). Vocational evaluator training needs: Food for thought. *Vocational Evaluation and Work Adjustment Bulletin, 24*(1), 11-13.

Elmore. R. F., & Mclaughlin. M. W. (1988). *Steady work; Policy, practice, and the reform of American education.* Santa Monica, CA; Rand Corporation.

Emener, W. G. (1991). Empowerment in rehabilitation: An empowerment philosophy for rehabilitation in the 20th century. *Journal of Rehabilitation, 57*(4), 7-16.

Evans, G., & Spradlin, J. (1966). Incentives and instructions as controlling variables in productivity. *American Journal of Mental Deficiency, 71*, 129-132.

Fabiano, R J., Goran, DA (1992): A principal component analysis of the Katz adjustment scale in a traumatic brain injury rehabilitation sample. *Rehabilitation Psychology 37(2):* 75-85.

Fabiano, R. J., & Goran, D. A. (1992). A principal component analysis of the Katz Adjustment Scale in a traumatic brain injury rehabilitation sample. *Rehabilitation Psychology, 37*(2), 75-85.

Falvo, D. (1991). Medical and psychosocial aspects of chronic illness and disability. Gaithersburg, MD: Aspen.

Falvo, R. D. (1991). *Medical and psychosocial aspects of chronic illness*

Feagim, J. R. (1982). *Social problems: A critical power-conflict perspective.* Englewood Cliffs, New Jersey, Prentice-Hall, Inc.

Ferster, C. B., & DeMyer, M. K. (1962). A method for the experimental analysis of the behavior of autistic children. *Am. J. Orthopsychiatry, 1*, 87-110.

Fischer, J. M. (1993) People with learning disabilities: Moral and ethical rights to equal opportunities. *Journal of Applied Rehabilitation Counseling, 24(1),* 3-7.

Flexer, R. W., & Martin, A. S., & Friedenberg, W. P. (1977). Increasing the productivity of the severely retarded with monetary reinforcement: Developing a work ethic. *Mental Retardation, 15*(6), 44-45.

Fowler, C., & Wadsworth, J. (1991). Individualism and equality: Critical values in

North American culture and the impact on disability. *Journal of Applied Rehabilitation Counseling, 22*(4), 19-23.

Franks, C. M. (1969). Behavior therapy: Appraisal and status. New York: McGraw-Hill Book Company.

Friedman, L. N. (1978). *The Wildcat experiment: An early test of supported work in drug abuse rehabilitation.* Washington D.C.: Department of Health, Education, and Welfare.

Fulcher, G. (1996). Beyond normalization but not utopia. In L. Braton(Ed.). *Disability and society: Emerging issues and insights(pp. 167-190).* New york: Addison wesley Longman Ltd.

Gannaway, T. W., & Wattenbarger, W. (1979). The relationship of vocational evaluation and vocational placement functions in vocational rehabilitation. In D. Vandergoot, & J. D. Worrall (Eds.), *Placement in rehabilitation: A career development perspective* (pp. 43-58). Austin, Texas: Pro-ed.

Gardner, J. F., Chapman, M. S., Donaldson, G., & Jacobson, S. G (1988). *Toward supported employment: A process guide for planned change.* Baltimore: Paul H. Brookes Publishing Co.

Gatens-Robinson, E., & Rubin, S. E. (1995). Societal values that shape disability policy and service delivery behavior. In S. E. Rubin & R. T. Roessler (Eds.), *Foundations of the vocational rehabilitation process* (4th ed.). Austin, Texas: Pro-ed.

Gibbs, J. P. (1981). Norms, deviance, and social control. New York: Elsevier.

Gibson, D. L., Weiss, D. J., Dawis, R. V. & Lofquist, L. H. (1970). Minnesota studies in vocational rehabilitation: xxvii. *Manual for the Minnesota Satisfactoriness Scales Bulletin 53.* Minneapolis, MN: Work Adjustment Project Industrial Relations Center.

Gilbert, W. C. (1962). *The Counselor in a Changing World.* Washington D. C.: American Personnel and Guidance Association.

Gilland, B. E., James, R. K.., & Bowman, J. T. (1989). *Theories and strategies in counseling and psychotherapy* (2nd ed.). Englewood Cliffs, New Jersey: Prentice-Hall, Inc.

Gold, M. W.(1972). Stimulus factors in skill training of retarded adolescents on a complex assembly task: Acquisition, transfer, and retention. *American Journal of Mental Deficiency, 76*, 517-526.

Golden, TP, Smith, SA, Golden, JH (1993): A review of current strategies and trends for the enhancement of vocational outcomes following brain injury. *Journal of Rehabilitation 59(4)*: 55-60.

Goldstein, F. C., & Levin, H. S. (1991). Question-asking strategies after severe closed head injury. *Brain and Cognition, 17*, 23-30.

Gordon, E. D., Minnes, P. M., & Holden, R. R. (1990). The structure of attitudes toward persons with a disability, when specific disability and context are considered. *Rehabilitation Psychology, 35*(2), 79-90.

Gordon, S., O'Connor, H., & Tizard, J. (1955). Some effects on incentives on the performance of imbeciles on a repetitive task. *American Journal of Mental Deficiency, 60*, 371-377.

Gouview, W. D., Steiner, D. D., Jackson, W. T., Schlater, D., & Rain, J. S. (1991). Employment discrimination against handicapped job candidates: An analog study of the effects of neurological causation, visibility of handicap, and public contact. *Rehabilitation Psychology, 36*(2), 121-129.

Gray, C. A. (1995). Teaching children with autism to "read" social situations. In K. A. Quill (Ed.), *Teaching children with autism: Strategies to enhance communication and socialization (pp. 219-241)*. Albany, NY: Delmar.

Greenleigh Associates (1976). *The role of the sheltered workshop in the rehabilitation of the severely handicapped.* New York: Greenleigh Associates, Inc.

Greissey, M. S., & Rosen, M. (1986). Institutions for the mentally retarded: A changing role in changing times. Austin, Texas: Pro-ed. Inc.

Guthrie, D. (1981). *Disability, legislation and practice.* London: The Macmillan Press, Ltd.

Gysbers, N. C. & Moore, E. J. (1987). *Career counseling: Skills and techniques for practitioners.* Englewood Cliffs, NJ: Prentice-Hall, Inc.

Hadley, R. G., & Brodwin, M. G. (1988). Language about people with disabilities. *Journal of Counseling and Development, 67,* 147-149. Independent Living Research Utilization

Haglin, C (1996): Insight into mild brain injury from an Adlerian perspective. *Journal of Rehabilitation 62(4)*: 37-42.

Hahn, H. (1984). *The issue of equality: European perceptions of employment for disabled persons.* New York: World Rehabilitation Fund.

Hahn, H. (1985). Disability policy and the problem of discrimination. *American Behavioral Scientist, 28,* 293-318.

Hahn, H. (1987). Civil rights for disabled Americans: The foundation of a political agenda. In A. Gartner & T. Joe (Eds.), *Image of the disabled. disabling images* (pp. 181-203). New York: Praeger.

Hahn, H. (1988). The politics of physical differences: Disability and discrimination. *Journal of Social Issues, 44*(1), 39-47.

Hahn, H. (1988). The politics of physical differences: Disability and discrimination. *Journal of Social Issues, 44(1)*, 39-47.

Haley, J. (1987). *Problem-solving therapy*, San Francisco: Jossey-Bass Publishers.

Hanley-Maxwell, C. H., & Bordieri, J. E. (1989). Purchasing supported employment: Evaluating the services. *Journal of Rehabilitation Counseling, 20*(3), 4-11.

Hanley-Maxwell, CH, Bordieri, JE (1989): Purchasing supported employment: Evaluating the services. *Journal of Applied Rehabilitation Counseling 20(3)*: 4-11.

Hansen, J. C. & Campbell, D. P. (1985). *Manual for the Strong Interest Inventory.* Stanford, California: Standford University Press.

Hardman, M. L., Drew, C. J., & Egan, M. W. (1996). *Human exceptionality: Society,*

School, and Family. Boston: Allyn and Bacon.

Hardy, R. E. (1975). *Services of the rehabilitation facility* (Ed.). Springfield, IL: Charles C. Thomas Publisher.

Hattersley, J. (1991). The future of normalization. In S. Baldwin & J. Hattersley (Eds.), Mental handicap: Social science perspectives. London: Routledge.

Henderson, W. H. (1974). Standards for rehabilitation facilities. In J. G. Cull, & R. E. Hardy (Eds.), Administrative techniques of rehabilitation facility operation (pp. 96-112). Splingfield, IL: Charles C. Thomas Publisher.

Herketh, B. (1993). Toward a better adjusted theory of work adjustment. *Journal of Vocational Behavior, 43*, 75-83.

Hershenson, D. B. (1979). Work behavior development and placement. In D. Vandergoot, & J. D. Worrall (Eds.), *Placement in rehabilitation: A career development perspective* (pp. 59-70). Austin, Texas: Pro-ed.

Hesketh, B. (1993). Toward a better adjusted theory of work adjustment. *Journal of Vocational Behavior, 43*, 75-83.

Hoffmaster, B. (1982). Caring for retarded persons: Ethical ideas. In S. Hauerwas (Ed.), *Responsibility for devalued person* (pp. 28-65). Springfield, IL: Charles C. Thomas.

Horwitz, A. V. (1990). *The logic of social control*. New York: Pleum Press.

Howie, J. Gatens-Robinson, E., & Rubin, S. E. (1991). Ethical principles in rehabilitation counseling, *Rehabilitation Education, 6*, 41-55.

Huddle, D. (1967). Work performance of trainable adults as influenced by competition, cooperation, and monetary reward. *American Journal of Mental Deficiency, 72*, 198-211.

Hunt, J. G., & Zimmerman, J. (1969). Stimulating productivity in a simulated sheltered workshop setting. *American Journal of Mental Deficiency, 74*, 43-49.

Hursh, N. C., Rogers, E. S., & Anthony, W. A. (1988). Vocational evaluation with people who are psychiatrically disabled: Results of a national survey. *Vocational*

Evaluation and Work Adjustment Bulletin, 21(4), 149-155.

Hurt, GD (1991): Mild brain injury: Critical factors in vocational rehabilitation. *Journal of Rehabilitation 57(4)*: 36-40.

ILO (1978). *Adaptation of job for the disabled* (6th ed.).

International Labour Office (1985). Vocational rehabilitation of disabled persons: Third Item on the Agenda.

Irvin, L. K. (1976). General utility of easy to hard discrimination training procedures with the severely retarded. *Educ/Train. Ment. Retard., 11*, 247-250.

Isaacs, J., & McElroy, M. R. (1980). Psychosocial aspects of chronic illness in children. *The Journal of School Health, 50*, 318-321.

Jageman, L. W. (1984). *Adaptive fixtures for Handicapped Workers*. Menomomie-WI: Stout Rehabilitation Institute, Materials Development Center.

Jaques, M. E., & Burleigh, D. L., & Lee, G. (1973). Reactions to disabilities in China: A comparative, structural, and descriptive analysis. *Rehabilitation Counseling Bulletin, 16*(4), 206-217.

Johnson, R. P., & Johnson, R. T. (1989). *Cooperation and competition: Theory and research*. Minneapolis. MN: International Book Company.

Kaiser, H. F. (1970). A second generation of Little Jiffy. *Psychometrika, 35*, 401-415.

Kazdin, A. E. (1973). Methodological and assessment considerations in evaluating reinforcement programs in applied settings. *Journal of Applied Behavior Analysis, 6*, 517-531.

Kearney, D. S. (1994). *Reasonable accommodations: Job descriptions in the age of ADA, OSHA, and Workers Compensation*. New York: Van Nostrand Reinhold.

Kell, P.D. (1989). On-the-job evaluations: Past, present, and future trends. In R. Fry (Ed.), *The Issues Papers: Fourth National Forum on Issues in Vocational Assessment* (pp. 49-54). Menomonie, WI: Materials Development Center, Stout Vocational Rehabilitation Institute.

Kitchener, K. S. (1984). Institution, critical evaluation and ethical principles: The foundation for ethical decisions in counseling psychology. *The Counseling Psychologist, 12*(3), 43-55.

Kitchener, K. S. (1984). Institution, critical evaluation and ethical principles: The foundation for ethical decisions in counseling psychology. *The Counseling Psychologist, 12*(3), 43-55.

Koch, L, Merz, MA, Lynch, RT (1995): Screening for mild traumatic brain injury: A guide for rehabilitation counselors. *Journal of Rehabilitation 61(4)*: 50-56.

Kontosh, Larry G. (2000). Ethical rehabilitation counseling in a managed-care environment. *Journal of Rehabilitation, 66(2),* 5-9.

Korn, A. H., & Geigel, W. E. (1974). Legal aspects of workshop operations. In J. G. Cull, & R. E. Hardy (Eds.), Administrative techniques of rehabilitation facility operation (pp. 88-95). Splingfield, IL: Charles C. Thomas Publisher.

Kornblau, B. L. (1993). Job interviews under the Americans with Disabilities Act. In R. Fry and W. Garner (Eds.), *The Issue Paper: Six National Forum on Issues in Vocational Assessment* (pp. 73-78). Menomonie, WI: Materials Development Center.

Kosciulek, JF, McCubbin MA, McCubbin, HI (1993): A theoretical framework for family adaptation to head injury. *Journal of Rehabilitation 59(3)*: 40-45.

Kosciulek, JK (1991): The impact of traumatic brain injury of work adjustment development. *Vocational Evaluation and Work Adjustment Bulletin 24(4)*: 137-140.

Kosciulek, JK (1994): Conceptions of head injury: Implications for vocational rehabilitation. *Journal of Rehabilitation 60(3)*: 61-63.

Kosciulek, JK (1995): On identifying head injury family types. *Journal of Applied Rehabilitation Counseling 26(3)*: 13-18.

Krantzler, M. (1970). Workshops and disadvantaged black youth: Challenge and opportunity. *Journal of Rehabilitation, 36*(2), 27-29.

Krejcie, R. V., & Morgan, D. W. (1970). Determining sample size for research activities. *Educational and Psychological Measurement, 30*, 607-610.

Laarman, L. M. (1992). A second look at the ADA: Recent events may indicate costly threat to health plans. *Business Insurance, 26*, 23-24.

Lam, C. F. & McMahon, B. T. (1991): Factorial structure of the change assessment questionnaire for individuals with traumatic head injuries. *Rehabilitation Psychology 36(3)*: 189-196.

Lam, C. S. (1984). Modern technology in sheltered workshop production. *Journal of Rehabilitation, 50*(3), 24-27.

Langton, A. J. (1993). Making more effective use of assistive technology in the vocational evaluation process. *Vocational Evaluation and Work Adjustment Bulletin, 26*(1), 13-19.

Laski F. J. (1979). Legal strategies to secure entitlement to services for severely handicapped persons. In T. Bellamy, G. Oconner, & O. Karan (Eds.), *Vocational rehabilitation of severely handicapped persons: Contemporary service strategies*(pp.1-32). Baltimore, Maryland: University Park Press.

Lavery, S. M. (Undated). *Disability and employment: The more to market power.* New Zealand: Workbridge.

Lee, D. Y., Taylor, D. W., & Rubin, S. E. (1994). Rehabilitation Counselors' perceived value of vocational evaluation information. *Vocational Evaluation and Work Adjustment Bulletin, 27*(2), 33-37.

Leland, M, Lewis, FD, Hinman, S, Carrillo, R (1988): Functional retraining of traumatic brain injured adults in a transdisciplinary environment. *Rehabilitation Counseling Bulletin 31(1)*: 289-297.

Lem, C. S., Chan, F., & McMahon, B. T. (1991). Factorial structure of the change assessment questionnaire for individuals with traumatic head injuries. *Rehabilitation Psychology, 36*(3), 189-196.

Lesh, K, & Marshall, C, (1984). Rehabilitation: Focus on disabled women as a special population. *J. of Applied Rehabilitation Counseling, 15(1)*, pp.18-21.

Levy. C. W. (Date unknown). *A people's history of the independent movement.*

Houston, Texas: RTC/IL

Lindsley, O. (1964). Direct prosthesis of retarded behavior. *Journal of Education, 144*, 62-81.

Livneh, H. (1982). Origins of negative attitude toward people with disabilities. *Rehabilitation Literature, 43*, 338-347.

Livneh, H., & Antonak, R. F. (1990). Reaction to disability: An empirical investigation of their nature and structure. *Journal of Applied Rehabilitation Counseling, 21*(4), 13-21.

Livneh, H., & Male, R. (1993). Functional limitations: A review of their characteristics and vocational impact. *Journal of Rehabilitation*, 59(4), 44-50.

Locke, E. A., Mento, A. K., & Katcher, B. C. (1978). The interaction of ability and motivation in performance: An exploration of the meaning of moderators. *Personnel Psychology, 31*, 269-280.

Locke, E.A.(1968). Toward a theory of task motivation and incentives. *Organ. Behav. Hum. Perfom, 3*, 157-189.

Lofquist, L. H. & Dawis, R. V. (l969). Adjustment to work: A psychological view of man's problems in a work-oriented society. New York: MEREDITH CORPORATION.

Lorimer, P. A., Simpson, R. L., Myles, B. S., & Ganz, J. B. (2002). The use of social stories as a preventative behavioral intervention in a home setting with a child with autism. *Journal of positive Behavior Intervention, 4 (1),* 53-60.

Maholick, L. T., & Turner, D. W. (1979). Termination: That difficult farewell. American *Journal of Psychotherapy, 33*. 583-591.

Mamilton, L. S., & Muthard, J. E. (1973). *Reducing economic dependency among welfare recipients*. Gainesville, Florida: Regional Rehabilitation Research Institute.

Marinell, R. P., & Kelz, J. W. (1973). Anxiety and attitudes toward visually disabled persons. *Rehabilitation Counseling Bulletin, 16*(4), 198-205.

Martin, A. S., & Flexer, R. W. (1975). Three studies on training work skills and work adjustment with the severely retarded. *Monograph number 5*. Lubbock, Texas: Research and Training Center in Mental Retardation. Texas Tech University.

Martin, F. H., Bartholomen, E. F., & Welch, K. (2000). *The Human body: In health and disease.* New Jersey: Prentice Hall.

Martinez, R., & Sewell, K. W. (1996). Self-Concept of Adults with Visual Impairment. *Journal of Rehabilitation, 62(2),* 55-58.

McCue, M, & Katz-Garris, L. (1983). The severely disabled psychiatric patients and the adjustment to work. *Journal of Rehabilitation, 49*(4), 52-58.

McDaniel, R. S. & McClanahan, M. C. (1993). Selecting vocational evaluation tools. *The Issues Paper, Sixth National Forum on Issues in Vocational Assessment* (pp. 39-40). Menomonie, WI: The Materials Development Center.

McGinn. F., Flowers, C. H., & Rubin, S. E. (1990). In request of an explicit multicultural emphasis in ethical standard for rehabilitation counselors. *Rehabilitation Education,*

McGowan, J. F. (1969). Referral, evaluation and treatment. In D. Malikin(Ed.), *Vocational rehabilitation of the disabled: An overview.* New York. John Wiley & Sons, Inc.

McGowan, J. F., & Poter, T. L. (1967). An introduction to the vocational rehabilitation process. Washington, D.C.: U.S. Department of Health, Education, and Welfare.

McGowan, J. F., & Poter, T.L. (1967). *An introduction to the vocational rehabilitation process.* Washington, D.C.: U.S. department of Health, Education, and Welfare.

Mcloughein, C. S., Garner, J. B., & Callahan, M. J. (1987). *Getting employed, staying employed: Job development and training for persons with severe handicaps* (Eds.). Baltimore: Paul H. Brookes Publishing Co.

McMahon, BT, Shaw, LR, Mahaffey, DP (1988): Career opportunities and professional preparation in head injury rehabilitation. *Rehabilitation Counseling Bulletin 31(1)*: 344-356.

McShane, S. L., & Karp, J. (1993). Employment following spinal cord injury: A covariance structure analysis. *Rehabilitation Psychology,38*(1), 27-40.

Midgley, J. (1984). *Social security, inequality, and the third word.* New York: John Wiley & Sons Ltd.

Midgley, J. (1984). *Social security, inequality, and the third world. New York*: John Wiley & Sons Ltd.

Missouri Link (1990). *Supported Employment training manual.* Columbia, Missouri: University of Missouri-Columbia.

Mithaug, D. E. (1996). *Equal opportunity theory.* Thousand Oaks, CA: Sage Publications, Inc.

Moon, M. S., Inge, K. J., Wehman, P., Brooke, V., & Barcus, J. M. (1990). *Helping persons with severe mental retardation get and keep employment: Supported employment issues and strategies*. Baltimore, Maryland: Paul H. Brookes Publishing Co.

Moore, RL, Bartlow, CL (1989): Vocational limitations and assessment of the traumatic brain injured client. *Vocational Evaluation and Work Adjustment Bulletin 21(3)*: 89-94.

Mucue, M, & Katz-Garris, L.(1983). The severely disabled psychiatric patients and the adjustment to work. *Journal of Rehabilitation, 49(4)*, pp.52-58.

Muklewicz, C., & Bender, M. (1988). *Competitive job-finding guide for persons with handicaps*. Boston: Little, Brown and Company.

Musante, SE (1983): Issues relevant to the vocational evaluation of the traumatically head injured client. *Vocational Evaluation and Work Adjustment Bulletin 16(1)*: 45-50.

Myers, M. S. (1970). *Every employee: A manager*. McGraw-Hill Book Company, New York.

National Occupational Information Coordinating Committee (1986). *Using labor market information career exploration and decision making: A resource Guide*. p. 39.

Neff, W. S. (1977). *Work and human behavior* (2nd ed.). Chicago, IL: Aldine Publishing Company.

Nelson, N. (1971). *Workshops for the handicapped in the United States: An historical and developmental perspective*. Springfield, IL: Charles C. Thomas Publisher.

Nelson-Jones, R. (1982). *The theory and practice of counselling psychology*. London: Holt, Rinehart and Winston.

Nester, M. A. (1984). Employment testing for handicapped persons. *Public Personnel Management Journal*, 13, 417-434.

Nirje, B. (1969). The normalization principle and its human management implications. In R. Kugel & A. Shearer (Eds.), *Changing patterns in residential service for the mentally retarded*. President's Committee for the Mentally Retarded, Washington, D.C.

Nirje, B. (1985). The basis and logic of the normalization principle. *Australia and New Zealand Journal of Developmental Disabilities, 11*(2), 65-68.

Nisbet, J., & Hagner, D. (1988). Natural supports in the workplace: A reexamination of supported employment. *Journal of The Association for Persons with Severe Handicaps, 13*(4), 260-267.

Noe, S. R. (1997): Discrimination against individuals with mental illness, *Journal of Rehabilitation, 63(1)*, pp.20-24.

Nosek, M. (1987). Independent living rehabilitation, In Rubin, S. E., & Roessler, R. T. *Foundations of the vocational rehabilitation process* (3rd eds.). Austin-Texas: Pro-ed.

Oberman, C.E. (1965). *A history of vocational rehabilitation in america.* Minneapolisinn, T.S. Denison on Company, INC.

Oliver, M. (1983). *Social work with disabled people*. London: The Macmillan Press Ltd.

Oliver, M.(1996). *Understanding disability : From theory to practice.* London: MacMillan Press LTD.

Pacinell, R. (1974). Staff development in rehabilitation facilities. In J. G. Cull, & R. E. Hardy (Eds.), *Administrative techniques of rehabilitation facility operation* (pp. 55-87). Splingfield, IL: Charles C. Thomas Publisher.

Palmer-Erbs, V. K., & Uhger, K. V. (1997). Supported education, *Journal of Psychosocial Nursing, 35(1)*, 16-21.

Parker R. M. (1987). *Rehabilitation counseling: Basics & beyond.* Austin, Texas: Pro-ed.

Parkinson, B., & Colman, A. M.(1995). *Emotion and motivation.* London: Longman.

Patja, K., Livanainen, M., Vesala, H., Oksanen, H., Ruoppila, I. (2000). Lige expectancy of people with intellectual disability: 35-year follow-up study, Journal of Intellectual Disability Research, 44(5), 591-599.

Perarsky, D. (1981). Normalcy, exceptionality and mainstreaming. *Journal of Education, 163*(4), 320-334.

Perlman, L. G., & Kirk, F. S. (1991). Key disability and rehabilitation legislation. *Journal of Applied Rehabilitation Counseling, 22*(3), 21-27.

Perrin, B., & Nirje, B. (1985). Setting the record straight: A critique of some frequent misconceptions of the normalization principle. *Australia and New Zealand Journal of Developmental Disabilities, 11*(2), 69-74.

Peters, R. H., Scalia, V. A., & Fried, J. H. (1993). The effectiveness of vocational evaluation program recommendations and successful outcome by disability types. *Vocational Evaluation and Work Adjustment Bulletin, 26*(3), 47-52.

Phillips, E. L. (1977). *Counseling and psychotherapy: A behavioral approach.* New York: John Wiley & Sons, Inc.

Phillips, M. J. (1985). "Try harder": the experience of disability and the dilemma of normalization. *The Social Science Journal, 22*, 45-57.

Pimentel, R., Bissonnette-Lamendella, D., & Wright, A. L. (1987). *Job placement for the industrially injured worker.* Northridge, California: Miet Wright and Association, Inc.

Pollock, S. E. (1984). Human responses to chronic illness: Physiologic & psychological adaptation, *Nursing Research, 35(2)*, pp.90-95

Poor, C. R. (1975). Vocational rehabilitation of persons with spinal cord injuries. *Rehabilitation Counseling Bulletin, 18*(4), 264-271.

Posavac, E. J., & Carey, R. G. (1992). *Program evaluation: Methods and case studies (4th ed.)*. Englewood Cliffs: Prentice Hall, Inc.

Power, P. W. (1991). *A guide to vocational assessment* (2nd ed.). Austin-Texas: Pro-ed.

Pruitt, W.A. (1986). *Vocational evaluation.* Menomonie, Wisconsin: Walt Pruitt Associates.

Pruitt. W. A. (1983). *Work adjustment.* Stout, Wisconsin: Walt Pruitt Associates.

Rape, RN, Bush, JP, Slavin, LA (1992): Toward a member's head injury: A critique of developmental stage model. *Rehabilitation Psychology 37(1)*, 3-8.

Rawls, J. (1971). *A theory of justice.* Cambridge: Harvard University

Redkey, H. (1975). *A way of looking at sheltered workshops for the 1970's.* Menomonie, Wisconsin: Stout Vocational Rehabilitation Institute.

Rehab Brief (Date unknown). Washington, D. C.: National Institute on Disability and Rehabilitation Research.

Rehabilitation Act of 1973 (Public Law 93-112). 93rd Congress, 2nd session, HR 8070, September 26, 1973.

Renwick, R. M., & Krywonis, M. (1992). Personal and environmental factors related to employment: Implications for substance abuse intervention. *Journal of Rehabilitation, 58*(1), 23-28.

Ridley, B (1989): family response in head injury: Denial...or hope for the future. *Social Service and Medicine 29(4)*: 555-561.

Riggar, T. F., Maki, D. R. & Wolf, A. W. (1986). *Applied rehabilitation counseling.*

New York: Springer Publishing Company.

Robinson, L. (1989). The controversy over community residences for the mentally retarded. *Law and Psychology Review, 13*, 119-130.

Roessler, R. (1982). *The role of the independent living counselor*. Fayetteville, Arkansas: Arkansas Rehabilitation Research and Training Center.

Roessler, R. T. & Bolton, B. (1985b). The Work Personality Profile: An experimental rating instrument for assessing job maintenance. *Vocational Evaluation and Work Adjustment Bulletin, 18*(1), 8-11.

Roessler, R. T. & Rubin, S. E. (1982). *Case management and rehabilitation counseling: Procedures and techniques*. Austin-Texas: Pro-ed.

Roessler, R. T. (2001). Job retention services for employees with spinal cord injuries: A critical need in vocational rehabilitation. *Journal of Applied Rehabilitation Counseling. 32(1)*, pp.3-9.

Rogalski, C. J. (1987). Factor structure of the addiction severity index in an inpatient detoxification sample. *The International Journal of the Addiction, 22*(10), 981-992.

Rogan, P., & Hanger, D. (1990). Vocational evaluation in supported employment. *Journal of Rehabilitation, 56*(1), 45-51.

Rogan, P., & Murphy, S. (1991). Supported employment and vocational rehabilitation: Merger or misadventure? *Journal Rehabilitation, 57*(2), 39-45.

Rogers, E. S., Sciarappa, K., & Anthony, W. A. (1991). Development and evaluation of situational assessment instruments and procedures for persons with psychatric disability. *Vocational Evaluation and Work Adjustment Bulletin, 24*(2), 61-67.

Rohrer, D., Paulsen, J. S., Salmon, D. P., & Wixted, J. T. (1999). The disparate effects of Alzheimer's disease and Huntington's disease on semantic memory. *Neuropsychology, 13(3)*, pp.381-338.

Rosenberg, B. (1976). *Vocational evaluation: Status and direction*. Stout-Wisconsin:

Stout Vocational Rehabilitation Institute. University of Wisconsin-Stout.

Rossit, E. A., & Graybeal, E. R. (1971). Sheltered Workshop Certification. *Journal of Rehabilitation, 37*(2), 30-31.

Royse, D. (1992). *Program evaluation: An introduction.* Chicago: Nelson-Hall Publishers.

RTC/IL Briefs (1991/winter). *Independent Living Forum.* Laurence, Kansas: The Research and Training Center on Independent Living: The University of Kansas.

Rubin, S. E, Gancia, J., Millard, R. J., & Wong, H. D. (1988). Preparing rehabilitation counselors to deal with ethical dilemmas: A major challenge for rehabilitation education. In S. E. Rubin, & N. M. Rubin (Eds.), *Contemporary challenges to the rehabilitation counseling profession* (pp 303 - 315). Baltimore: Paul Brookes.

Rubin, S. E, Gancia, J., Millard, R. J., & Wong, H. D. (1988). Preparing rehabilitation counselors to deal with ethical dilemmas: A major challenge for rehabilitation education. In S. E. Rubin, & N. M. Rubin (Eds.), *Contemporary challenges to the rehabilitation counseling profession* (pp 303 - 315). Baltimore: Paul Brookes.

Rubin, S. E. & Roessler, R. T. (2001). *Foundations of the vocational rehabilitation process* (4th ed.). Austin, Texas: Pro-ed.

Rubin, S. E., & Millard, R. (1991). Ethical principles and American public policy on disability. *Journal of Rehabilitation, 57*(1), 13-16.

Rubin, S. E., & Roessler, R. T. (1987). *Foundations of the Vocational Rehabilitation Process* (2rd ed.). Austin, Texas: Pro-ed.

Rubin, S. E., & Roessler, R. T. (1987). *Foundations of the Vocational Rehabilitation Process* (3rd ed.). Austin, Texas: Pro-ed.

Rubin, S. E., & Roessler, R. T. (1995). *Foundations of the Vocational Rehabilitation Process* (3rd ed.). Austin, Texas: Pro-ed.

Rubin, S. E., Matkin, R. E., Ashley, J., Beardsley, M. M., May, V. R., Onstott, K.,

& Puckett, F. D. (1984). Roles and functions of certified rehabilitation counselors. *Rehabilitation Counseling Bulletin, 27*(4), 199-224.

Rybin, J., & Thomas, F. (1987). *The Politics of Mental Handicap.* London: Free Association Press.

Rynders, J. E., Scheien, S. J., Meyer, L. H., Vandercook, T. L., Mustonen, T., Colond, J. S., & Olson, K. (1993). Improving integration outcomes for children with and without severe disabilities through cooperatively structured recreation activities: A synthesis of research. *The Journal of Special Education, 26*(4), 386-407.

Sabin, M. C., Cuvo, A. J., & Musgrave, J. R. (1987). Developing a client satisfaction scale in a vocational evaluation setting. *Vocational Evaluation and Work Adjustment Bulletin, 20*(3), 107-113.

Sales A. (1995). The National Rehabilitation Association. *Journal of Rehabilitation, 61*(3). 8-13.

Salkind, I. (1974). The training of workshop directors. In J. G. Cull, & R. E. Hardy (Eds.), *Administrative techniques of rehabilitation facility operation* (pp. 44-54). Springfield, IL: Charles C. Thomas Publisher.

Sands, H. S. & Radin, J. (1978). *The mentally disabled rehabilitant: Post employment service.* New York: Postgraduate Center for Mental Health.

SAS Institute Inc. (1992). *SAS/STAT user's guide: Releases 6.03 Edition.* Cary, North Carolina.

Schriner, K. (1995). Improving rehabilitation education: A case for teaching policy to rehabilitation student. *Rehabilitation Education, 9(4)*, pp.337-337.

Scotch, R. (1988). Disability as the basis for social movement: Advocacy and the politics of definition. *Journal of Social Issues, 44*(1), 159-172.

Shapiro, A., & Margolis, H. (1989). Changing negative peer attitudes toward students with learning disabilities. *Journal of Reading, Writing, and Learning Disabilities International, 4*(2), 133-146.

Shontz, F. C. (1985). Reactions of crisis. *Volta Review, 67*, 364-370.

Shulman, L. (1979). *The skill of helping individuals and group.* Itasca, IL: Peacock.

Simpson, R. L. (1981). Modifying the attitudes of regular class students toward the handicapped. *Focus on Exceptional Children, 13*(3), 1-11.

Singelman, C. K., Vengroff, L. P., & Spanhel, C. L. (1979). Disability and the concept of life functions. *Rehabilitation Counseling Bulletin, 23*(2), 103-113.

Singh, A. P. (1988). Industrial productivity: *A psychological perspective.* Newburypark, CA: Sage Publications.

Singleton, W. T. (1989). *The mind of work: Psychological ergonomics* Cambridge: Great Britain at the University Press.

Solomon, K. E., & Annis, H. M. (1989). Development of a scale to measure outcome expectancy in alcoholics. *Cognitive Therapy and Research, 13*(5), 409-421.

Spence, J., Woods, J. N., & Young, P. L. (1984). The Computer: Expanded uses in a sheltered workshop. *Journal of Rehabilitation, 50*(3), 64-67.

SPSS Inc. (1988). *SPSS-X user's guide* (3rd ed.). Chicago, Illinois.

Stancliffe, R. J., Abery, B. H., Springborg, H. & Elkin. S. (2000). Substitute decision- making and personal control: Implications for self-determination. *Mental Retardation, 38(5).* pp.407-421.

Stebnicki, M. A. (1994). Ethical dilemmas in adult guardianship and substitute decision making: consideration for rehabilitation professionals. *Journal of Rehabilitation 60(2)*, 23-27.

Steers, R. M., & Porter, L. W. (1974). The role of task-goal attributes in employee performance. *Psychology Bulletin, 81*, 434-452.

Stevens, E. Jr., & Wood, G. H. (1992). *Justice, ideology, and education: An introduction to the social foundations of education (2nd ed.).* New York: McGraw-Hill, Inc.

Stolov, W. C., & Clowers, M. R. (1981). *Handbook of severe disability.* U.S.

Department of Education Rehabilitation Service Administration.

Strauser, D. R. (1995). Applications of self-efficacy theory in rehabilitation counseling. *Journal of Rehabilitation, 61,* 7-13.

Stude, E.W. (1986). Special education and vocational rehabilitation in the Federal Republic of Germany, *Journal of Rehabilitation, 52*(2), 32-36.

Szivos, S. E., & Travers, E. (1988). Consciousness raising among mentally handicapped people: A critique of the implications of normalization. *Human Relations, 41*, 641-653.

Tarvydas, V. M. (1987). Decision-making models in ethics: Models for increased clarity and wisdom. *Journal of Applied Rehabilitation Counseling, 18*(4), 50-52.

Taylor, D. W., Bordieri, J. E., Crimando, W., & Janikowski, T. P. (1993). Job tasks and functions of vocational evaluators in three sectors of practice. *Vocational Evaluation and Work Adjustment Bulletin, 26*(2), 39-46.

Terborg, J. R. (1977). Validation and extension of an individual differences model of work performance. *Organizational Behavior and Human Performance, 13*, 229-241

Terborgt, J. R. (1976). The motivational components of goal setting. *Applied Psychology, 61*, 613-621.

Thoman, D. L. (1989). Vocational rehabilitation counselor's understanding, utilization, and perceived value of vocational evaluation services. *Unpublished master's manuscript.* Columbia, MO: University of Missouri-Coloumbia.

Thomas, S. W. (1986). *Report writing in assessment and evaluation.* Menomonie, WI: University of Wisconsin-Stout, Materials Development Center.

Thomas, S. W. (1991). *Vocational evaluation and traumatic brain injury: A procedural manual.* Menomonie-Wisconsin: Materials Development Center.

Tinsley, H. E. (1993). Special issue on the theory of work adjustment. *Journal of Vocational Behavior, 43*, 1-4.

Tranberg, M., Slane, S., & Ekeberg, S. E. (1993). The relation between interest congruence and satisfaction: A metaanalysis. *Journal of Vocational Behavior,*

42(3), 253-264.

Trapani, E. A. (Undated). General description of what workshops are. In E. L., Chouinard, & J. F. Garrett (Eds.), *Workshops for the disabled: A vocational rehabilitation resource* (pp. 14-23). Office of Vocational Rehabilitation, U.S. Department of Health, Education, and Welfare.

Trotter, S, Minkoff, K, Harrison, K, Hoops, J (1988): Supported work: An innovative approach to the vocational rehabilitation of persons who are psychiatrically disabled. *Rehabilitation Psychology 33(1)*: 27-36.

Twist, D. J. 1985). : Effect of wrapping technique on passive range of motion in a spastic upper extremity. *Physical Therapy, 65,* 299-304.

Vandergood, D, Jacobsen, R., & Worrall, J. D. (1979). New directions for placement practice in vocational rehabilitation. In D. Vandergood & J. D. Worrall (Eds). *Placement in rehabilitation: A career development perspective* (pp. 1-41). Austin, Texas: Pro-ed.

Vandergoot, D., & Worrall, J. D. (1979). *Placement in rehabilitation: A career development perspective* (Eds.). Austin, Texas: Pro-ed.

Vash, C. (1987). Fighting another's battles: When is it helpful? Professional? Ethical? *Journal of Applied Rehabilitation Counseling, 18*(4), 15-16.

Vash, C. L. (1981). *The psychology of disability.* New York: Springer Publishing Company, Inc.

Walsh, W. B. (1979). Vocational behavior and career development, 1978: A review. *Journal of Vocational Behavior, 15*(2), 119-154.

Wehman, P, Kreutzer, J, Wood, W, Morton, MV, Sherron, P (1988): Supported work model for persons with traumatic brain injury: Toward job placement and retention. *Rehabilitation Counseling Bulletin 31(4),* 344-356.

Wehman, P., & Moon, M.S. (1988). *Vocational rehabilitation and supported employment.* Baltimore, Maryland: paul H. Brooks Publishing Co.

Wehman, P., Kregel, J., Banks, P. D., Hill, M., & Moon, M. S. (1987). Sheltered versus supported work program: A second look. *Rehabilitation Counseling Bulletin, 31*(3), 42-50.

Wehman, P., Kreutzer, J., Wood, W., Morton, M. V., & Sherron, P. (1988). Supported work model for persons with traumatic brain injury: Toward job placement and retention. *Rehabilitation Counseling Bulletin, 31*(4), 298-312.

Weinberg, N., & Sebian, C. (1980). The Bible and disability. *Rehabilitation Counseling Bulletin, 23*(4), 273-279.

Weinstein, H. P. (1978). *The impact of facility-based vocational evaluation services on referring Michigan Bureau of Rehabilitation counselors*. Dissertation Abstracts International, 39, 6554A. (University Microfilm No, 79-07425).

Weller, R. H., Terrie, E. W. & Serow, W. J.(1990) Migration and Demand for Developmental Disabilities Services, *Journal of Disability Policy Studies, 1(2)*, 85-98.

Wendell, S. (1989). Feminist theory of disability. *Hypatia, 4*(2), 104-124.

Wesolek, J. S., & McFarlane, F. R. (1991). Perceived needs for vocational assessment information as determined by those who utilize assessment results. *Vocational Evaluation and Work Adjustment Bulletin, 24*(2), 55-60.

West, M. D., & Parent, W. S. (1992). Consumer choice and empowerment in supported employment services: Issues and strategies. *Journal of The Association for Persons with Severe Handicaps, 17*(1), 47-52.

Whitehead, C. W. (1979). Sheltered workshops in the decade ahead: Work and wages or welfare. In G. T. Bellamy, G. O'Connor, & O. C. Karan (Ed.), *Vocational rehabilitation of Severely handicapped persons: Contemporary service strategies* (pp. 71-84). Baltimore: University Park Press.

Whitehouse, F. A.(1976). The importance of habilitation philosophy. *Journal of Rehabilitation, 42(5),* 2.

Witt, M.A. (1992). *Job strategies for people with disability.* Princeton, New Jersey: Peterson's Guides.

Wolfensberger, W. (1972). *Normalization.* Toronto, Canada: National Institute on Mental Retardation.

Wolfensberger, W. (1983). Social role valorization: A proposed new term for the principle of normalization. *Mental Retardation, 21*, 234-239.

Wolfensberger, W., & Glenn, L. (1975). *Pass 3: A method for the quantitative evaluation of human services*. Toronto, Canada: National Institute on Mental Retardation.

Wright, B. A. (1975). Social-psychological leads to enhance rehabilitation effectiveness. *Rehabilitation Counseling Bulletin, 18*(14), 214-223.

Wright, G. N. (1980). *Total Rehabilitation.* Boston: Litter, Brown and Company.

Wright. G. (1989) The miscommunication of nonverbal behavior of person with physical disabilities and the implication for vocational assessment. *Vocational Evaluation and Work Adjustment Bulletin, 22*(4), 147-150.

Yuker, H. E. (1977). Attitudes of the general public towards handicapped individuals. *The White House Conference on Handicapped Individuals.* Washington, D. C., pp. 89-105.

Zandy, J. J. (1979). Planning for job placement. In D. Vandergood & J. D. Worrall (Eds). *Placement in rehabilitation: A career development perspective* (pp. 71-82). Austin, Texas: Pro-ed.

Zastlow, C.(1982). *Introduction to social welfare institutions: Social problems, services, and current issues*(2nd ed.). Homewood, IL: the Dorsey Press.

Zeaman, D., & House, B. J. (1963). The role of attention in retardate discrimination learning. In N. R. Ellis (Ed.), *Handbook of Mental Deficiency.* McGraw-Hill Book Company, New York..

Zola, I. K. (1982). *Missing pieces: A chronicle of living with a disability.* Philadelphia: Temple University Press.

http://www.neuropsychiatry.co.kr/protect.htm

찾아보기

(ㄱ)
가격/반가격(coup/contracoup) 손상_27
가족관계_79
가족구성원_102
가족발달_98
가족의 적응(family adaptation)_113
가족체계_26
간질(epilepsy)_12
강직-경련 발작(tonic-clonic)_13
개념적 도식_136
개념체계_67
개선(improvement)_199
개조(reconstruction)_199
공격성_54
공동체_133
공리주의적 관점_166
공정한 배분_162
관점(minority-group perspective)_220
교감신경계_8
교환적 정의_177
국제간질연맹(International League Against Epilepsy)_12
국제장애분류_60
규준적 이론_167
기능주의_168
기저핵_4

(ㄴ)
내담자 평가_244
뇌간_4
뇌성마비(cerebral palsy: CP)_10
뇌손상_26
뇌졸중(stroke)_8, 9
뇌척수액(cerebrospinal fluid: CSF)_4

(ㄷ)
다발성 경화증(multiple sclerosis)_14
다양성_130
단종법_264
대뇌손상_54
독립생활_193
동물세계_130
두정엽_3

(ㅁ)
말초신경계_7
미국 민권법(Civil Rights Act)_221, 257

(ㅂ)
반복성_92
반사행동_52
반영(reflection)_200
반응패턴_49
배경맥락_62
배분적 정의_178
범주체계_72

범주형_49
법률_162
법적 정의_180
벤더-케스탈트_46
보조기억_48
보편적 접근(universal access)_258
보호작업장_44
분류체계_81
분석적 이론_168
불능_64
불평등_130
불평등 이론_206

(ㅅ)
사례연구_91
사회보장법(Social Security Act)_150
사회정의_132
사회진보_132
사회통합_135
생애과정_97
서비스체계_100
소뇌_4
소리 실어증(失語症)_52
소수집단_131
수행평가_69
순응(adaptation)_123
순환모형(circomplex model)_125
신경조직_1
신경행동학_47
실어증_52
실행증_52

(ㅇ)
안면기형_77
여성장애인_105
역량강화_97, 247, 249
역량강화 촉진 모형_248
역할보충성_127
연대적 문화_134, 135
완전참여_129
외상성 뇌손상(traumatic brain injury, TBI)_24
우리나라 법적 장애_91
워닉스 구역(Wernick's area)_6
워닉스 실어증_53
유자격 이론_166
육체노동자_75
인간다양성_186
인간존엄성_131
인격의 자유로운 계발(freje Entfaltung der Pers nlichkeit)_151
일본의 소득보장 관계법_89
일상활동_69

(ㅈ)
자기실현_132
자기충족_63
자유주의_169
자율성_136
자율신경계_7
자조적 역량강화(self empowerment)_247
자폐성_92
잔여자극_115
잔여효과_47
잔존영향_51
장애범주_91
장애인 기본권 보장_153
장애인(handicapped people)_255
장애인의무고용할당제(punishment-oriented quota system)_233

장애차별(handicapism)_255
재활계획_113
재활법_58, 221
재활서비스_131
재활서비스 평가_243
재활입법_130
재활전문의_67
재활패러다임_135
저각성_29
적응(adaptation)_200
적응(adjustment)_123
적응수준_115
적자생존_130
전두-측두엽 타박(fronto-temporal contusions)_26
전두엽_3
정상화_44
중국인 배제법(the Chinese Exclusion Act)_253
중추신경계_2
지원고용과 재활서비스_43
직업보유율_44
직접서비스(direct payment of benefits)_225
진행성_51
집단적 사고_132

(ㅊ)
척수_4
척수손상의 적응단계_19
척수에 손상(spinal cord injury: SCI)_15
천골_4
출산의 권리_103
출혈성 뇌졸중(hemorrhagic strock)_9
측두엽_4
측정수단_79

(ㅌ)
통합_134
통합정책의 원리_164
(ㅍ)
평등_129
포함_135

(ㅎ)
하위분류_83
항상성_127
핸디캡_64, 78
행동제약_60
허혈성 뇌졸중(ischemic stroke)_9
혈액검사_71
확산성 축삭손상(diffuse axonal injury)_27
환경(disabling environment)_220
환경수정_48
활동제약_69
후견인_118
후두엽_4

(A)
anosognosia_50

(C)
choreoathetosis_11
Comsumer sovereignty_193
constraint형 질문_49

(D)
decent minimum level theory_182
decent minimum living_224
Deinstitutionalization Movement_193
Demedicalization Movement_193
Disabled in Action_192

disablement_67
dyskinesia_10

(E)
egalitarian theory_182

(I)
International Classification of Impairments, Activities, and Participation: ICIAP_83
International Classification of Impairments, Disabilities, and Handicaps: ICIDH-2_82

(J)
Job Training Partnership Act(JTPA)_226

(L)
libertarian theory_182

(M)
Memory Assessment Scales(MAS)_9
motor disorde_11

(P)
Political and economic right_194
pseudo-constraint형 질문_49

(R)
Resiliency Model_107

(S)
Self-reliance_193
social integration_135
Social Security Disability Insurence: SSDI_226
Supplementary Security Income: SSI_226

(T)
the Employment Service Division_89
traction_17

(W)
WHO 2001년 국제장애분류(International Classification of Functioning, Disability and Health: ICF)_84

(Z)
Zbigniew Brzezinski의 세기의 대죽음_130